O Fenómeno do Doping no Desporto

O Fenómeno do Doping no Desporto
O Atleta Responsável e o Irresponsável

Sérgio Nuno Coimbra Castanheira

2011

Dissertação de Mestrado em Ciências Jurídico-Civilísticas
na Faculdade de Direito da Universidade de Coimbra

O FENÓMENO DO DOPING NO DESPORTO
O Atleta Responsável e o Irresponsável
AUTOR
Sérgio Nuno Coimbra Castanheira
EDITOR
EDIÇÕES ALMEDINA, S.A.
Rua Fernandes Tomás nºs 76, 78, 80
3000-167 Coimbra
Tel.: 239 851 904 · Fax: 239 851 901
www.almedina.net · editora@almedina.net
DESIGN DE CAPA
FBA.
PRÉ-IMPRESSÃO
AASA
IMPRESSÃO E ACABAMENTO
DPS - Digital Printing Services,LDA

Agosto, 2011
DEPÓSITO LEGAL
333686/11

Apesar do cuidado e rigor colocados na elaboração da presente obra, devem os diplomas legais dela constantes ser sempre objecto de confirmação com as publicações oficiais.
Toda a reprodução desta obra, por fotocópia ou outro qualquer processo, sem prévia autorização escrita do Editor, é ilícita e passível de procedimento judicial contra o infractor.

 GRUPOALMEDINA

BIBLIOTECA NACIONAL DE PORTUGAL – CATALOGAÇÃO NA PUBLICAÇÃO
CASTANHEIRA , Sérgio Nuno Coimbra
O fenómeno do doping no desporto : o atleta responsável e o irresponsável
ISBN 978-972-40-4532-0
CDU 347
       796/799
       615

A meus queridos avós
A meus pais, sem eles não seria possível
A meus irmãos, Gonçalo *e* Joaninha
À Cuca, *por tudo o que significa*

NOTA PRÉVIA

O trabalho que agora se publica corresponde, no essencial, à dissertação de Mestrado em Ciências Jurídico-Civilísticas na Faculdade de Direito da Universidade de Coimbra, apresentada em Outubro de 2007 e defendida em Outubro de 2008, perante um júri constituído pelo Prof. Doutor Paulo Sousa Mendes, pelo Prof. Doutor Fernando Sinde Monteiro e pelo Prof. Doutor João Leal Amado.

Fundamentalmente corrigimos aspectos formais e procedemos a actualizações motivadas por alterações entretanto ocorridas no plano jurídico, nomeadamente a entrada em vigor do Código Mundial Antidopagem de 2009, do novo Regime Jurídico da Luta Contra a Dopagem no Desporto, consagrado na Lei nº 27/2009, de 19 de Junho, e do novo Regime Jurídico das Federações Desportivas, previsto no Decreto-Lei nº 248-B/2008, de 31 de Dezembro.

Nesta importante etapa da vida académica agradecemos profundamente ao Prof. Doutor João Leal Amado. Ao leccionar a disciplina de Direito do Desporto, no ano escolar do Mestrado, propôs-nos a elaboração do presente trabalho e, a final, a sua publicação, prestando, desta forma, um incentivo decisivo. Um agradecimento especial é-lhe devido pela soberba orientação dos trabalhos e pelas importantes pistas científicas sugeridas, sempre com a delicadeza e simplicidade dos grandes mestres.

Por fim, um sentido obrigado a todos os Professores, colegas e amigos com quem fomos trocando ideias e que de alguma forma se preocuparam connosco. Sem eles não teríamos chegado aqui.

ABREVIATURAS

AAA	American Arbitration Association
ADOP	Autoridade Antidopagem de Portugal
AcTC	Acórdão do Tribunal Constitucional
AFT	Autorização para Fins Terapêuticos
AMA/WADA	Agência Mundial Antidopagem
ATP	Associação dos Tenistas Professionais
BALCO	Bay Area Laboratory Co-operative
CCiv	Código Civil
CNAD	Conselho Nacional Antidopagem
Código AMA	Código Mundial Antidopagem
COI	Comité Olímpico Internacional
CONI	Comité Olímpico Nacional Italiano
CPC	Código de Processo Civil
CPP	Código de Processo Penal
CRP	Constituição da República Portuguesa
CT	Código do Trabalho
DR	Diário da República
EPO	Eritropoietina
EUA/US	Estados Unidos da América
FED.NAA	Federação Nacional Alemã de Atletismo
FILA	Federação Internacional de Lutas Associadas
FINA	Federação Internacional de Natação
FIS	Federação Internacional de Ski
FISA	Federação Internacional de Remo
FPF	Federação Portuguesa de Futebol
IAAF	International Association of Athletics Federatons

IDP	Instituto do Desporto de Portugal
IJF	International Judo Federation
IOC	International Olympico Comitee
ITF	International Tennis Federation
ITTF	International Table Tennis Federation
IWF	International Weightlifting Federation
LBAFD	Lei de Bases da Actividade Física e do Desporto
MP	Ministério Público
NBA	National Basketball Association
PGR	Procuradoria-Geral da República
PRACE	Programa de Reestruturação da Administração Central do Estado
RDA	República Democrática Alemã
RUT	Random, Unannounced Out-of-Competition Testing
STA	Supremo Tribunal Administrattivo
STJ	Supremo Tribunal de Justiça
TAD/CAS/TAS	Tribunal Arbitral de Desporto
THG	Tetrahidrogestrinona
UCI	União Ciclista Internacional
UE	União Europeia
UEFA	União Europeia de Futebol
UIT/ITU	International Triathlon Union
UNESCO	Organização das Nações Unidas para a Educação, Ciência e Cultura
USADA	United States Anti-Doping Agency
USS	Federação Norte Americana de Natação

INTRODUÇÃO

1. *Escrever sobre doping é correr o risco de pisar terrenos lamacentos, nos quais os pés se afundam a cada passo. Em termos técnicos, as regras do jogo são claras: há substâncias proibidas e os que as tomam sujeitam-se às consequências da sua batota. Quando são apanhados, claro!*[1]

Assumimos correr este risco sem pretender avançar com uma "poção mágica" capaz de pôr fim ao "inimigo", ao contrário do sucedido com o druida "Panoramix" nas famosas histórias de "Astérix". Apesar de as instituições internacionais desportivas apontarem sempre a eliminação do fenómeno da dopagem no desporto como um dos seus objectivos principais, cremos que tal propósito não se torna possível de alcançar.

De Sício regressaram cobertos de prata, com taças para o vinho. De Pelena, com o dorso coberto de tecidos macios. Os prémios de bronze, aos milhares, nem podem enumerar-se... o vencedor goza, para o resto da vida, uma ventura doce como mel, graças aos prémios. Mas estes prémios não são o único móbil que tem de ser levado em consideração quando se fala em *doping*: *Olímpia, mãe dos jogos de áureas coroas, senhora da verdade, onde os adivinhos, observando o fogo dos sacrifícios, experimentam Zeus, senhor do raio coruscante, sobre os seus desígnios para com os homens de espírito ansioso por atingir a supremacia ilustre, repouso dos seus trabalhos. Numa palavra a "glória"*[2].

---

[1] Afonso de Melo/Rogério Azevedo, *A triste vida do super-homem*, Cadernos Dom Quixote Reportagem, 04, 2004, p. 11.
[2] Píndaro, no andante majestoso da abertura da VIII Olímpica de Píndaro, *apud* Maria Helena da Rocha Pereira, "Os vencedores dos jogos: A glória na arte", *O Espírito Olímpico no novo milénio*, Coimbra, Imprensa da Universidade, 2000, p. 23 e 25.

Conscientes de que prémios e glória continuarão a motivar o recurso a substâncias dopantes para o aumento do rendimento desportivo, propomo-nos numa primeira parte – o fenómeno do *doping* no desporto – analisar os vários fundamentos frequentemente apontados para justificar o combate à dopagem, não sem antes deixarmos duas breves anotações: uma sobre a etimologia e definição de *doping*; e outra sobre a origem histórica da dopagem. Ainda nesta primeira parte analisaremos o combate à dopagem no plano do direito comparado – Itália, Espanha e França – e no plano internacional – Conselho da Europa, União Europeia, Agência Mundial Antidopagem e UNESCO. Dedicamos o penúltimo capítulo da primeira parte ao combate ao *doping* em Portugal. Para finalizar efectuamos uma breve reflexão sobre a análise da ligação entre os órgãos jurisdicionais federativos portugueses e as instâncias internacionais de recurso, nomeadamente o TAS.

Perante a inexistência, no nosso país, de um estudo jurídico aprofundado sobre *doping*, pretendemos com a primeira parte da presente dissertação introduzir o leitor neste complexo fenómeno desportivo, tentando mostrar o que foi, o que é, o que mobiliza o combate, e como se tem combatido, a nível nacional e mundial, a dopagem no desporto. Por fim, prentendemos atribuir o leitor dos principais conceitos sobre a matéria em análise por forma a melhor entender as questões analisadas na segunda parte.

Mas este é, ao mesmo tempo, um jogo de polícias e ladrões, em que os ladrões também andam, geralmente, um pequeno passo à frente dos polícias[3].

Se é verdade que em muitas situações são os próprios desportistas que procuram as substâncias dopantes, outras vezes, apesar de terem conhecimento de as estarem a ingerir, são "obrigados" a consumi-las sob pena de não poderem representar o seu país ou de verem o seu contrato profissional desportivo findar. Outras situações há, ainda, em que os desportistas nem sequer têm conhecimento de lhes terem sido administradas substâncias ou de terem sido sujeitos a métodos considerados dopantes. A verdade é que nem sempre o praticante desportivo é o principal responsável. É precisamente sobre a responsabilidade do praticante desportivo nos casos de *doping* que versa a segunda parte da dissertação.

---

[3] Afonso de Melo/Rogério Azevedo, *A triste vida do super-homem*, Cadernos Dom Quixote Reportagem, 04, 2004, p. 11.

Com a segunda parte do nosso estudo pretendemos aferir da exigibilidade ou não exigibilidade legal de culpa do atleta de modo a poder ser-lhe aplicada uma determinada sanção aquando de um exame laboratorial de controlo *antidoping* positivo. Ao longo dessa análise, em que teremos principalmente como referência a legislação nacional e o Código AMA, procuraremos avançar com o nosso entendimento sobre o tipo de responsabilidade (objectiva/subjectiva) a aplicar às várias situações de forma a percebermos o lugar que o legislador reservou ao atleta no cada vez mais mediático espectáculo do combate ao fenómeno do *doping* desportivo. Analisando em separado as sanções de natureza distinta – desportivas, disciplinares, laborais e civis – aplicáveis após a verificação de um exame de controlo *antidoping* positivo, deixamos o nosso entendimento sobre várias outras questões relativas a estas sanções, de modo a ensaiarmos uma posição global sobre a responsabilidade do atleta que nos parece a mais adequada para combater este *jogo de escondidas: há sempre muita gente que sabe muita coisa, mas que nada diz. Ou porque tem medo das consequências ou porque, simplesmente, não tem provas que sustentem os factos que conhece*[4].

O ensaio de uma posição global sobre a reponsabilidade do atleta para combater o *doping* não pretende, como já referimos, erradicar totalmente o *doping* do desporto, mas tão só tutelar da melhor forma possível determinados bens jurídicos – entre os quais se destacam a verdade, a igualdade e o espírito desportivos – limitando no mínimo os princípios gerais de um Estado de direito e os direitos fundamentais dos atletas.

Se a segunda parte da dissertação pode ser classificada de *sui generis*, por trespassar por três ramos jurídicos autónomos – disciplinar, laboral e civil –, não deixa de haver quem entenda que *o «jurista do Desporto» se vê obrigado, à partida, a ser um jurista de «corpo inteiro», quando visto o Direito na sua plenitude, pois deste irá beber as lições imprescindíveis à leitura das «especialidades» ditadas pelo desporto*[5].

2. Temos a consciência de que grande parte da dissertação se insere no direito público, apesar de a área de mestrado por nós escolhida ser de direito

---

[4] Afonso de Melo/Rogério Azevedo, *A triste vida do super-homem*, Cadernos Dom Quixote Reportagem, 04, 2004, p. 11.
[5] José Manuel Meirim, "Desporto e Direito ou Direito do Desporto?", *Temas de Direito do Desporto*, Coimbra Editora, 2006, pp. 288 [5].

privado – ciências jurídico-civilísticas. Vários factores contribuíram para esta circunstância que desde o incício não desconhecemos.

O tema da dissertação foi-nos sugerido pelo nosso orientador, João Leal Amado, na sequência de um pequeno trabalho, por nós elaborado no âmbito da disciplina opcional – direito do desporto – da fase escolar do mestrado, sobre as consequências laborais do *doping*. Não nos foi possível, então, alterar o ramo de direito previamente escolhido. Mesmo que tivéssemos tido a oportunidade de efectuar tal alteração, certo é que a Faculdade de Direito da Universidade de Coimbra não tem, no que ao Mestrado diz respeito, a área de "direito do desporto" como uma opção autónoma em relação a outros ramos de direito. Ou seja, apenas nos restava, como fizemos, inscrever na cadeira opcional de "direito do desporto".

Não obstante, e como já referimos, abordar de uma perspectiva jurídica uma determinada matéria relacionada com o desporto – p. ex. *doping* – obriga, na grande maioria das vezes, a que se tenha de percorrer vários ramos de direito sob pena de não se efectuar uma leitura correcta do fenómeno social pretendido estudar. Por fim, para além de um capítulo específico relativo à indemnização civil, ao longo de toda a dissertação, nomeadamente da segunda parte, recorremos a conceitos, termos e "institutos jurídicos" familiares ao direito civil e processual civil.

1ª PARTE
O Fenómeno do Doping no Desporto

Capítulo 1º
Etimologia e definição do conceito de doping[6]

Sem se encontrar ligada directamente ao desporto, a palavra *doping* surge pela primeira vez em 1889 no dicionário Inglês como a prática de dar aos cavalos ópio ou outras drogas. É a partir de 1933, no entanto, que a palavra *doping* é aceite a nível internacional, ainda que sempre considerada em termos gerais, extra-desportivos.

---

[6] Sobre o conceito de doping v., entre muitos, Klaus Vieweg/Christian Paul, "The definition of Doping and the Proof of a doping Offence", *The International Sports Law Journal*, T.M.C. Asser Institut, 2002/1, pp. 1-2; Recuerda Girela, "La nueva regulación del dopaje en españa: Ámbito de aplicación de la ley y atribuición de competencias", *Comentários a la Ley Orgánica de Protección de la Salud e de Lucha contra el Dopaje en el Deporte*, Bosch, Barcelona, 2007, pp. 61-65; Sidónio Serpa, *Dopagem e Psicologia*, Centro de Estudos e Formação Desportiva, 2000, Lisboa, pp. 23--25; Antonio Gordillo, Dopage y Deporte Antecedentes y Evolución, Universidad de Las Palmas de Gran Canaria, 2000, pp. 29-38; Antonio Gordillo, "Un problema continuado y sin final: la definición de dopaje", *Revista Jurídica del Deporte*, Ano 2004 – 1, nº 11, Aranzadi, pp. 349-355; Antonio Millán Garrido, *Régimen jurídico del dopaje en el deporte*, Bosch, Culiacán (sinaloa), 2004, pp. 60-66; Wayne Wilson and Edward Derse, *Doping in Elite Sport – The Politics of Drugs in the Olympic Movement*, Human Kinetics, 2001, pp. 1-28; Cecília Rogriguez Bueno, "Perspectiva Actual de la detección de las sustancias dopantes en el deporte", *Revista Jurídica del Deporte*, Ano 2001 – 2, nº 6, Aranzadi, pp. 29-35; Ana Olmedo Gaya, "La normativa Italiana de represion del dopaje deportivo", *Revista Española de Derecho Desportivo*, nº 14, Julho/Dezembro, 2001, pp. 223-224; Giacomo Aiello, "Prime Riflessioni Sulla Legge Antidoping", *Rivista Di Diritto Sportivo*, Ano LII, nº 1-2, Aprile-Giungno, 2000, pp. 7-21; Luigi Fadalti, "Il delitto di doping nella giurisprudenza di legittimità", *Rivista Penale*, anno CXXX, nº 4, aprile, 2004, pp. 434-435.

Muitas teorias têm sido defendidas sobre a etimologia da palavra *doping*. Enquanto uns defendem que a palavra tem origem na expressão Kafir "dop" – licor forte, utilizado como estimulante por tribos da África do Sul durante os cultos cerimoniais ou religiosos – outros defendem que a palavra se relaciona com a palavra inglesa "dope" que originariamente significava líquido espesso utilizado como alimento[7]. Há ainda quem defenda que a palavra *doping* deriva do Francês *dup* ou do holandês *dop*, significando esta última "coragem holandesa" e que se relaciona com o consumo de uma substância antes da execução de uma tarefa árdua[8]. Outra origem possível para a palavra *doping* relaciona-se com uma misteriosa preparação utilizada nas solas dos sapatos com a finalidade de facilitar o deslizamento na neve[9]. Recentemente a palavra *doping* aparece associada à dopa ou à dopamina – neurotransmissor que ajuda a transmitir mensagens entre as diversas áreas do cérebro que controlam o movimento corporal[10].

Ao contrário do que se poderia e seria legítimo pensar, não existe uma definição universal de *doping*. Muitas das definições que têm sido avançadas apresentam entre si enormes semelhanças, apesar de haver outras que apresentam diferenças substanciais.

Conforme evidenciou Dumas, "todas las definiciones sobre el *doping* presentan lagunas y reflejan algunas divergências: una definición precisa no es absolutamente necesario establecerla *a priori*. Lo importante es comprender el problema. No podemos conformarnos con el concepto de los que se dopan y saben muy bien lo que buscan en semejante práctica: (Una mejor preparación, un mejor rendimiento, una recuperación más rápida) gracias a unos medios artificiales, más o menos eficaces y por veces peligrosos"[11].

Ao longo da evolução do combate ao *doping* as Federações Internacionais e Nacionais, os Estados, o COI e o Conselho da Europa, foram ela-

---

[7] Antonio Gordillo, *ob. cit.* [1], p. 31.
[8] Cfr. Sidónio Serpa, *ob. cit.*, p. 28.
[9] Antonio Gordillo, *ob. cit.* [1], p. 32.
[10] Definição de dopamina avançada pela Administração Regional de Saúde do Centro em http://www.arsc.online.pt.
[11] Dumas, *Aspects pratiques du dopage*, Congrés Medecina du Sport, París, 1972, *apud* António Gordillo, *ob. cit.* [1], p. 29.

borando definições de dopagem cujas diferenças entre si nunca permitiram a coexistência pacífica de uma única definição no seio de todas essas instituições. Apesar de tudo, e como consequência da estrutura hierárquica das instituições, verifica-se uma tendência de as instituições de nível nacional adoptarem as definições de *doping* utilizadas pelas instituições de nível internacional. Não obstante, nunca se conseguiu alcançar uma definição universal. Foram tantas as definições de dopagem que Gordillo escreveu "... si la definición existiese y fuese reconocida a nível universal se daría un paso más en la lucha contra el dopaje"[12].

Sem prejuízo da afirmação anteriormente feita, pode afirmar-se que a definição constante do Código de Antidopagem do Movimento Olímpico constituiu uma "quasi-standard" definição de *doping*, devido à exigência que recaía sobre as organizações desportivas internacionais no sentido da adopção das regras vertidas no código, sob pena de não participarem nos Jogos Olímpicos[13].

Em 1963, um grupo de estudo especial do Conselho da Europa elaborou uma definição de Dopagem que foi reconhecida oficialmente durante cerca de 20 anos. *Doping* era então entendido como "a administração a um indivíduo são, ou a utilização, por ele próprio e por qualquer meio que seja, de uma substância estranha ao organismo (substância fisiológica em quantidade ou por via anormal), com o fim único de aumentar, artificial e deslealmente, o seu rendimento, durante a participação numa competição. Certos processos psicológicos, criados com a mesma finalidade, podem considerar-se igualmente como *doping*"[14].

Esta definição resultou das diferentes definições dadas pelos países presentes nesse grupo – Áustria, Bélgica, Dinamarca, Itália, Países Baixos, Espanha, Suíça, Turquia e Grã-Bretanha[15]. Tal como muitas outras, esta definição partilha de alguma ambiguidade no que diz respeito a atletas doentes. Isto porque, como é do conhecimento geral, grande parte das substâncias proibidas são, simultaneamente, fármacos utilizados para fins terapêuticos. Em 1972 o nadador Rick de Mont teve de devolver a medalha de ouro conquistada nos jogos Olímpicos de Munique por lhe ter sido

---

[12] Antonio Gordillo, *ob. cit.*, [1], p. 32.
[13] Neste sentido Klaus Vieweg/Christian Paul, *ob. cit.*, p. 1.
[14] Preâmbulo do Decreto-Lei nº 374/79, de 8 de Setembro.
[15] Antonio Gordillo, *ob. cit.*[1], p. 35.

detectada efedrina, substância que estava contida num medicamento antiasmático – Marax – e que lhe tinha sido prescrito pelo seu médico[16].

De modo a evitar estas situações acrescentou-se posteriormente àquela definição o seguinte: "quando o atleta ou desportista é ferido ou adoece, só um médico o pode tratar, ou alguém por responsabilidade deste. Também só o médico tem competência para autorizar ou não a participação do atleta, ferido ou doente e sob tratamento, numa competição. No caso de a prescrição médica compreender um agente ou uma substância (qualquer que seja a sua natureza, dosagem, preparação ou via de administração) que, pelos seus efeitos, possam modificar, artificial e deslealmente, o rendimento do praticante, durante o período das provas desportivas, é-lhe vedada, nessa altura, a competição por dever considerar-se dopado. Para os médicos que se ocupam do tratamento dos atletas, amadores ou profissionais, deverá estabelecer-se uma lista (não fixa, dinâmica, de fácil maleabilização) de preparações farmacológicas que, prescritas embora clinicamente, interditam a participação em provas desportivas durante o período de tratamento"[17].

Em 21 de Abril de 1986 a comissão médica do COI definiu *doping* como "o uso no desporto de métodos de dopagem e de classes de agentes dopantes, incluídos em diversos grupos farmacológicos". Como salienta Gordillo, esta definição permite, em qualquer momento, a proibição de uma determinada substância descoberta ou criada para aqueles fins, mediante a sua introdução nas respectivas listas de substâncias proibidas[18].

A Convenção Contra o Doping do Conselho da Europa de 1989 considerou «*doping* no desporto» como "a administração aos desportistas ou o uso por estes de classes farmacológicas de agentes de doping ou de métodos de doping"[19]. Sendo que, para efeitos deste diploma, "entende-se por classes farmacológicas de agentes de *doping* ou de métodos de *doping* as classes de agentes de *doping* e de métodos de *doping* proibidas pelas organizações desportivas internacionais competentes e que figurem nas listas aprovadas pelo grupo de fiscalização..."[20].

---

[16] Sidónio Serpa, *ob. cit.*, pp. 23-24.
[17] Preâmbulo do Decreto-Lei nº 374/79, de 8 de Setembro.
[18] Antonio Gordillo, *ob. cit.* [1], p. 37.
[19] Cfr. art. 2º, nº 1, alínea a).
[20] Cfr. art. 2º, nº 2, alínea b).

Passados onze anos o Comité Olímpico Internacional avançou com uma nova definição de dopagem. Assim, por dopagem entendia-se: "1 – O uso de um artifício (substância ou método) potencialmente perigoso para a saúde dos atletas e/ou susceptível de melhorar a sua prestação, ou, 2 – A presença no organismo do atleta de uma substância interdita, a constatação do uso de uma destas substâncias, ou a constatação da aplicação de um método interdito."

O legislador português, após ter integrado no Decreto-Lei nº 474/79, de 8 de Setembro, a definição dada pelo Conselho da Europa em 1963, no art. 2º do Decreto-Lei nº 105/90, de 23 de Março, considera dopado "qualquer praticante desportivo em relação ao qual o respectivo controlo antidopagem acuse a administração de substâncias ou produtos, ou a utilização de outros métodos[21], susceptíveis de alterarem artificialmente o seu rendimento desportivo, quer em competição quer nos períodos fora de competição, e que sejam interditos pelas competentes autoridades desportivas." Mais tarde, e de forma semelhante, definiu-se dopagem, no art. 2º, nº 1 do Decreto-Lei nº 183/97, de 26 de Julho, como "a administração aos praticantes desportivos ou o uso por estes de classes farmacológicas de substâncias ou de métodos constantes das listas aprovadas pelas organizações desportivas nacionais e internacionais competentes".

Uma das limitações que é apontada a todas aquelas definições diz respeito ao facto de as listas de substâncias e métodos proibidos não serem uniformes a nível mundial. A título de exemplo refira-se que em 1988, no

---

[21] De entre os métodos considerados dopantes destacou-se ao longo dos tempos o aumento de eritropoietina (EPO) e consequentemente de glóbulos vermelhos no sangue, mediante a administração de sangue antes das competições – dopagem sanguínea. Actualmente, os mesmos efeitos são atingidos pelo uso da substância eritropoietina (EPO), que "é uma hormona produzida pelo rim humano que, modificada geneticamente — o equivalente sintético denomina-se Epoetina Alpha — aumenta o hematócrito, percentagem de glóbulos vermelhos no sangue, e a produção de hemoglobina, proteína utilizada por todos os vertebrados e por alguns invertebrados para o transporte de oxigénio até aos músculos (existe nos glóbulos vermelhos, conferindo-lhes a sua cor característica). É usada essencialmente por atletas especializados em provas de esforço longo, daí os vários escândalos no ciclismo e no atletismo. A EPO melhora o desempenho dos atletas em 15 por cento e isso foi suficiente para se tornar no dopante da moda, apesar de o seu consumo poder provocar coágulos no sangue, ataques cardíacos e derrames cerebrais, e por vezes, ainda que raramente, deformações dos ossos, diabetes, cancro, artrite, miopatia, problemas na tiróide e até Creutzfeld Jacob, versão humana da doença das vacas loucas." – Duarte Ladeiras *in* www.podium.publico.pt.

Tour de France, o ciclista espanhol Pedro Delgado acusou positivo no teste devido a uma substância que constava na lista do COI, mas não na lista da UCI, escapando por este motivo à punição.

Contudo, as críticas não ficam por aqui. Analisando a definição de dopagem do COI, que se tornou quase universal, verificamos que ao definir-se *doping* podem ser seguidos dois caminhos. Um mais *material* – "o uso de um artifício (substância ou método) potencialmente perigoso para a saúde dos atletas e/ou susceptível de melhorar a sua prestação"; e outro mais *formal* – "a presença no organismo do atleta de uma substância interdita, a constatação do uso de uma destas substâncias, ou a constatação da aplicação de um método interdito". Uma definição puramente *material* deixa aberta a questão de saber onde começa o *doping*. Conforme referem Klaus Vieweg e Christian Paul, "without any further criteria, this question is considered almost unanswerable. Therefore, such an abstract definition must be regarded as being insufficiently precise and therefore – consequently – not legally binding"[22].

Passou-se, então, a definir dopagem de acordo com o elemento mais formal. Apesar de as listas de substâncias proibidas elaboradas pelas organizações desportivas terem adquirido enorme relevo, devido à impossibilidade de conterem todas as substâncias e ao constante desenvolvimento da Medicina passaram a conter a expressão, depois da enumeração das substâncias mais comuns, "...e substâncias aparentadas" ("related substance").

Ora, de acordo com o Capítulo I, Art. 1º do Código Antidopagem do Movimento Olímpico, "related substance means any substance having pharmacological action and/or chemical structure similar to a prohibited substance or any other substance referred to in this code." Desta forma, sem a ajuda de um médico especialista jamais poderá um atleta, num caso concreto, saber se determinada substância é similar ou não de outras proibidas. A expressão "substâncias aparentadas" parece, então, encontrar-se em contradição com o princípio geral de direito da certeza e segurança jurídica. De acordo com este princípio um atleta deverá sempre poder distinguir se determinada substância é permitida ou proibida[23]. Consequentemente, as listas de substâncias proibidas deverão conter o

---

[22] Klaus Vieweg/Christian Paul, *ob.cit.*, p. 1.
[23] Neste sentido, Klaus Vieweg/Christian Paul, *ob. cit.*, p. 1.

maior número possível de substâncias, de modo a limitar-se ao mínimo a violação do referido princípio.

Definição bastante diferente das anteriores, mas que nem por isso deixa de colocar os mesmos problemas, é dada pela AMA no Código Mundial Antidopagem. No art. 1º do referido código define-se "dopagem" como a verificação de uma ou mais violações das normas antidopagem enunciadas nos artigos 2.1 a 2.8. Violações, estas, que vão desde o uso de substâncias e de métodos, passando pela recusa ou falta sem justificação válida a uma recolha de amostras, até à violação das exigências de disponibilidade dos praticantes desportivos relativamente à realização de controlos fora de competição. Ou seja, alterou-se a técnica legislativa com o intuito de se ampliar o conceito de dopagem.

Destarte, "são consideradas como violações das normas antidopagem:

2.1. A presença de uma substância Proibida, dos seus Metabolitos ou Marcadores, numa amostra recolhida a partir de um praticante desportivo.

2.1.1. É um dever pessoal de cada praticante desportivo assegurar que não introduz no seu organismo nenhuma substância proibida. Os praticantes desportivos são responsáveis por qualquer substância proibida, ou os seus marcadores metabolitos ou marcadores que sejam encontrados nas suas amostras orgânicas. Deste modo, não é necessário fazer prova da intenção, culpa, negligência, ou do uso consciente por parte do praticante desportivo de forma a determinar a existência de uma violação das normas antidopagem nos termos do art. 2.1.

2.2. Utilização ou tentativa de utilização de uma substância proibida ou de um método proibido.

2.3. A recusa ou uma falta sem justificação válida a uma recolha de amostras após notificação, em conformidade com as regras antidopagem vigentes, ou ainda qualquer comportamento que se traduza numa fuga à recolha de amostras.

2.4. A violação das exigências de disponibilidade dos praticantes desportivos relativamente à realização dos controlos fora de competição, incluindo o desrespeito, por parte dos praticantes desportivos, da obrigação de fornecerem informações sobre a sua localização bem como controlos declarados como não realizados com base em regras adequadas.

2.5. A falsificação, ou tentativa de falsificação de qualquer elemento integrante do controlo de dopagem.
2.6. Posse de substâncias e métodos proibidos.
2.7. O tráfico ou tentativa de trafico de qualquer substância proibida ou método proibido.
2.8. A administração, ou tentativa de administração de uma substância proibida ou método proibido a qualquer praticante desportivo, ou ainda apoiar, incitar, contribuir, instigar ou dissimular qualquer outro tipo de cumplicidade envolvendo uma violação de uma norma antidopagem ou qualquer outra tentativa de violação."

Como refere Recuerda Girela, acerca da Ley Orgánica 7/2006, de 21 de Noviembre, de Protección de la salud y de lucha contra el dopaje en el deporte, "se incluyen, por tanto, en la definición de dopaje, criterios materiales (la introdución en el organismo de sustancias prohibidas), así como de criterios formales (el incumplimiento de la obligación de localización)"[24].

Em suma, o Código Mundial Antidopagem recorre a uma definição mais ampla do que a tradicional, optando por uma técnica legislativa, em nossa opinião, menos adequada. Isto porque, para proibir certas e determinadas condutas não se torna necessário pôr fim a um conceito há muito enraizado entre a comunidade desportiva e no mundo jurídico. Para tal, bastava proibir essas mesmas acções ou omissões caracterizando-as como usualmente conexionadas com a dopagem[25].

Actualmente, e numa clara aproximação ao Código Mundial Antidopagem da AMA, Portugal deixou também de ter uma definição legal de doping. A lei nº 27/2009, de 19 de Junho, apenas refere que "é proibida a dopagem a todos os praticantes desportivos dentro e fora das competições desportivas organizadas em território nacional" – artigo 3º, nº 1 – descrevendo, no nº 2 do mesmo artigo, o que cosntitui violação às normas antidopagem.

---

[24] Recuerda Girela, *ob. cit.*, p. 62.
[25] Neste sentido Recuerda Girela, *ob. cit.*, p. 65.

Capítulo 2º
Breve resenha histórica sobre a origem da dopagem e a evolução do combate ao fenómeno do doping no desporto

A origem da dopagem remonta à origem do desporto e encontra-se intimamente relacionada com o desporto de competição, onde se tem verificado, mediante a realização de controlos, um abuso das mais variadas substâncias proibidas que não permite dissociar aqueles dois fenómenos.

O fenómeno do *doping* no desporto afigura-se como uma questão paradoxal, na medida em que os desportistas são, por um lado, condenados pelo consumo de substâncias dopantes; e, por outro, por não conseguirem alcançar os resultados pretendidos[26]. É a própria sociedade que fomenta este paradoxo, criando desde muito cedo um estado de espírito conflituante nas mentalidades dos praticantes desportivos. "Atletas e treinadores necessitam de oferecer medalhas aos deuses dos pódios nos alteres dos sacrifícios, para lograrem sobreviver"[27]. O síndroma de *Popeye*[28] encontra-se enraizado no mundo do desporto em que todos, atletas, treinadores, dirigentes e médicos desportivos, à imagem de Obelix[29], procu-

---

[26] Neste sentido Sidónio Serpa, *ob. cit.*, p. 11.
[27] Sidónio Serpa, *ob. cit.*, p. 11.
[28] Sidónio Serpa, *ob.cit.*, p. 17.
[29] Obélix é uma personagem de banda desenhada criada em 1959 em França por Albert Uderzo e René Goscinny. É o melhor amigo da personagem principal desta banda desenhada, Astérix, e possui uma força sobre-humana por ter caído no caldeirão de poção mágica do druida Panoramix quando era criança.

ram insaciavelmente a substância mágica que lhes facilite ou permita a obtenção dos resultados desportivos pretendidos.

No entanto, temos de ter presente que não é só no desporto que o indivíduo consome substâncias capazes de aumentar o rendimento individual. O ser humano, em qualquer domínio social em que se encontra, caracteriza-se pela luta de superação dos seus próprios limites, pela luta de superação de si próprio. Esta característica, inerente ao ser humano, tem-se tornado evidente ao longo da história da humanidade e assim continuará. Aquilo a que se chamou de poção mágica e hoje se chama de *doping* no futuro poderá ser denominado de qualquer outra forma, apesar de em termos substanciais estarmos perante comportamentos semelhantes e com as mesmas finalidades.

Torna-se necessário remontar a tempos bastante longínquos para que nos possamos aperceber da importância que o uso de substâncias capazes de melhorar o rendimento pessoal tem tido ao longo da história. Já na mitologia nórdica os guerreiros Bersekers aumentavam até duas vezes a sua força de combate com o recurso ao cogumelo *amanita muscaria*, que contém um alcalóide denominado *muscarina*, e que provoca uma embriaguez delirante através de uma estimulação produzida ao nível do parasimpático[30]. Noutras civilizações, como na China, também encontramos situações semelhantes. Há mais de cinco mil anos que os chineses conhecem as potencialidades da *efedrina*, elemento contido na planta Efedra[31]. No continente americano a planta que mais se evidenciou foi a Coca. A cocaína, alcalóide da Coca, para além de provocar um efeito estimulante, diminui o cansaço. Os índios, para realizarem percursos de centenas de quilómetros num curto espaço de tempo, mastigavam a folha da Coca. Reza a história que em cinco dias chegaram a percorrer 1.750 quilómetros, tendo esta caminhada dado origem a uma medida de compri-

---

[30] Neste sentido e para maiores desenvolvimentos Cfr. António Gordillo, *ob. cit.* [1], p. 22.
[31] Cfr. Antonio Gordillo, *ob.cit.* [1], p. 23. V., também, *www.infarmed.pt/infarmedia*, «A Efedra é uma planta contendo várias substâncias naturais estimulantes, incluindo alcalóides da efedrina. Nos últimos anos, o seu uso popularizou-se como "suplemento alimentar", sobretudo com fins anorexígenos e/ou estimulantes ("reduzir o peso", "aumentar a força", "melhorar o desempenho na actividade desportiva"). Esta utilização leiga e não controlada da efedra tem levantado grandes preocupações à comunidade científica e às autoridades regulamentares de vários países, pelos riscos que apresenta para a saúde individual e pública, sobretudo pela sua acção hipertensora e de sobrecarga do sistema cardiovascular»

mento denominada "cocada"[32]. Também no continente africano se consumiam substâncias que hoje são utilizadas em produtos dopantes. Da planta conhecida como Kat extraía-se a catina, que é um alcalóide com efeitos estimulantes muito semelhantes ao que produz a norefedrina[33].

O uso de todas estas substâncias na Antiguidade tinha como objectivo diminuir a sensação de cansaço e aumentar a confiança do indivíduo por forma a tornar-se mais agressivo nos combates[34].

Ainda fora do âmbito desportivo, e já na época contemporânea, o recurso a substâncias capazes de aumentar o rendimento físico foi utilizado nos conflitos bélicos. A importância destas substâncias foi tal que se estima que na Segunda Guerra Mundial o exército britânico consumiu setenta e dois milhões de comprimidos de anfetaminas. Os pilotos alemães e ingleses utilizavam as anfetaminas em voos muito prolongados que exigiam a máxima atenção. A vantagem de consumir estas substâncias baseava-se na diminuição da noção do perigo, apesar de provocarem perda de reflexos quando ingeridas em demasiadas quantidades.

No que ao desporto diz respeito, remontamos aos antigos Jogos Olímpicos Gregos, datados de 775 a.C., para referir que o que se verificava nesta época estava mais relacionado com a toma de alimentos e poções do que com *doping* propriamente dito[35]. Os praticantes ingeriam enormes quantidades de carne de acordo com a modalidade que praticavam. Nesta época o sangue ocupava o lugar de destaque, sendo que a carne de cabra era ingerida principalmente pelos saltadores, a de touro pelos lançadores e a de porco pelos lutadores[36]. Conforme descreve Antonio Gordillo, "era tal la importância que se daba a la victoria, que incluso algunos de los atletas, en situaciones límites, llegaban a la extirpación del bazo cuando el mismo se inflamaba y reflejaba fuertes dolores, representando por conseguinte esta alteración, una dificuldat para desarrollar una carrera con mayor rapidez, lo que le llevaba a disminuir su rendimiento"[37].

---

[32] António Gordillo, *ob. cit.* [1], p. 24.
[33] António Gordillo, *ob. cit.* [1], p. 26.
[34] Lesseps Lourenço Reys, "DOPAGEM, Abuso de drogas no desporto", *Colóquio Sobre a "Problemática da Droga em Portugal"*, Publicações do II Centenário da Academia das Ciências de Lisboa, Lisboa, 1987, p. 213.
[35] Cfr. Antonio Millán Garrido, *ob. cit.*, p. 60.
[36] Antonio Gordillo, *ob. cit.* [1], p. 38.
[37] Antonio Gordillo, *ob. cit.* [1], p. 39.

Este tipo de métodos não só se praticava na Grécia clássica como também na antiga Roma. Os atletas romanos tentavam melhorar o seu rendimento tomando drogas tonificantes que acabavam frequentemente por ter consequências nocivas. O espírito de vitória e de supremacia era levado ao extremo, registando-se casos em que eram administradas substâncias específicas ao adversário de modo a diminuir a sua capacidade competitiva.

Os métodos de dopagem não só eram aplicados aos praticantes desportivos como também aos cavalos de competição. A estes eram administradas poções de hidromel, que como o próprio nome indica eram soluções aquosas compostas com mel e que, uma vez fermentadas, produziam álcool etílico com efeitos estimulantes. Esta prática foi ganhando tanta notoriedade que os Imperadores Romanos passaram a utilizá-la frequentemente nos seus cavalos e nos gladiadores.

Não obstante, e apesar de todas estas situações serem tidas como completamente normais, não proibidas, nem todos viram com bons olhos a utilização de substâncias dopantes nos cavalos e nos indivíduos. De entre estes destacou-se o imperador Tibério, que chegou a confiscar propriedades de um cidadão romano que se tinha dopado, vindo mais tarde a bani-lo das competições[38].

Só passados muitos anos, com o advento do desporto moderno, nomeadamente com o desporto de competição – século XIX – é que o espírito de vitória, de supremacia, volta a instalar-se na sociedade, dando lugar novamente à utilização de substâncias susceptíveis de aumentar o rendimento desportivo dos atletas.

É a partir deste momento que se fala em dopagem propriamente dita, em que a utilização de bebidas ou poções mágicas dá lugar à administração e consumo de drogas de laboratório ou farmacológicas. Assim, e apesar de a prática da dopagem na época contemporânea ser conhecida há mais de um século, é nos finais da década de 50, do século XX, que o *doping* começa a causar preocupações nos meios médico-desportivos[39].

---

[38] Antonio Gordillo, *Dopaje y Deporte Antecedentes y Evolución*, Universidad de Las Palmas de Gran Canaria, 2000, p. 40.
[39] Lesseps Lourenço Reys, "DOPAGEM, Abuso de drogas no desporto", *Colóquio Sobre a "Problemática da Droga em Portugal"*, Publicações do II Centenário da Academia das Ciências de Lisboa, Lisboa, 1987, p. 215.

Na verdade, em 1865 os nadadores que atravessavam os canais de Amesterdão em competição já recorriam a substâncias dopantes. Da mesma forma, e pela mesma altura, também os ciclistas que competiam nas corridas dos "Seis Dias" utilizavam substâncias dopantes compostas de heroína e cocaína, denominadas *speedball*.

Com o advento dos Jogos Olímpicos da era moderna – Atenas, 1896 – e pela mão do o seu principal mentor, Pierre de Coubertain (que instituiu o ideal olímpico representado na expressão *Citius, Altius, Fortius*), as práticas de dopagem passam a sofrer uma maior censura fruto da sua crescente visibilidade.

Nos Jogos Olímpicos de 1904, em St. Louis, o atleta Tom Hicks, depois de se encontrar em grandes dificuldades durante os últimos dezasseis quilómetros da maratona, acabou por entrar em colapso ao cortar a meta. Posteriormente veio a saber-se que o seu treinador lhe injectou por duas vezes um miligrama de sulfato de estricnina juntamente com a administração de conhaque.

Em 1908, no Jogos Olímpicos de Londres, o atleta italiano Dorando Pietri caiu três vezes durante os últimos setenta metros da maratona, necessitando sempre de ajuda para se levantar. O maratonista italiano acabou por ser desclassificado da prova apesar de nunca se ter tido a certeza de que se encontrava dopado. Estes Jogos Olímpicos ficaram também marcados pela célebre frase de Pierre de Coubertain durante a cerimónia de abertura dos jogos, "o importante não é ganhar, mas participar".

Cumpre referir que foi em 1910 que tiveram início os primeiros controlos de dopagem[40]. Tais controlos foram efectuados à saliva dos cavalos e dos galgos.

Em 1932, nos Jogos Olímpicos de Los Angeles, vários nadadores japoneses, entre os quais Kusuo Kitamura, utilizaram plantas cuja composição química era composta por trinitrina e nitroglicerina (TNT). Ainda antes da Segunda Guerra Mundial, durante os Jogos Olímpicos de Berlim (1936), os nadadores japoneses continuaram a socorrer-se de técnicas dopantes – oxigenoterapia – e o nadador alemão Harbig, que ganhou a prova dos 400 metros, utilizou anfetaminas. Parece ser nesta altura que o uso de afentaminas no desporto começa a ganhar adeptos.

---

[40] Cfr. Lesseps Lourenço Reys, *ob. cit.*, p. 215.

Terminada a Segunda Guerra Mundial, nos Jogos Olímpicos de 1948 o maratonista belga Etienne Gailly entra em primeiro lugar no estádio de Wembley, e já nos 300 metros finais, apresentando fortes sinais de fraqueza com uma corrida bastante alterada pelo cansaço, é ultrapassado pelo argentino Delfo Cabrera e pelo Inglês Thomas Richards. Posteriormente a este episódio, Gailly justificou-se dizendo que não se encontrava dopado, mas que tinha tomado umas pastilhas que alteraram o seu sistema nervoso e que seguramente havia ultrapassado os seus limites normais de resistência[41].

O uso de anfetaminas tornou-se popular na década de 50, não só entre os desportistas, mas também entre camionistas, estudantes e outras profissões que exigiam muito esforço e concentração. Como realça Lesseps Lourenço Reys, "nessa década de 50 os ciclistas levavam sempre o seu fornecimento de anfetaminas nas provas em que participavam. É conhecido o caso do famoso ciclista italiano Fausto Coppi, que inclusivamente se fazia acompanhar por uma médica («a mulher de branco»), que lhe administrava os medicamentos. Ele e outros ciclistas famosos afirmavam publicamente que se dopavam e, mais ainda, que sem o recurso a esse método seria impossível alcançarem os resultados que os notabilizaram".

Apesar de termos vindo a referenciar apenas nomes de atletas, como se estes fossem os únicos responsáveis pela ocorrência de tais situações, a verdade é que muitos destes casos se devem à pressão de todos os que se encontram em torno daqueles. Aliás, estas situações são muitas vezes protagonizadas pelos próprios dirigentes das federações, pelos treinadores dos atletas e mesmo pelos médicos desportivos. No início da década de 50, a dopagem era ainda considerada uma prática comum, por muitos tolerada. O mundo do desporto, e toda a sua comunidade, só acordou verdadeiramente para os problemas relacionados com o fenómeno do *doping* quando começaram a suceder algumas fatalidades. Uma situação bastante mediatizada foi a morte do ciclista dinamarquês Knud Jensen, ocorrida durante os Jogos Olímpicos de Roma, no ano de 1960, devido à ingestão de uma mistura de ácido nicotínico e anfetaminas que lhe foi administrada pelo seu treinador. Jamais se tinha assistido a práticas de *doping* em tão grande escala como nestes Jogos Olímpicos de Roma.

---

[41] Antonio Gordillo, *ob. cit.* [1], p. 48.

Enquanto nos balneários ficavam os medicamentos, as ampolas, as seringas e demais vestígios de práticas dopantes, as equipas transportavam consigo autênticas farmácias[42]. A morte do ciclista dinamarquês[43] foi o sinal de alarme definitivo que colocou os responsáveis desportivos ante a necessidade de se instaurarem os controles de dopagem de uma forma séria e regular, tendo sido criada em 1961 uma primeira comissão médica do COI que mais tarde, em 1967, deu lugar à actualmente existente[44].

Corria o ano de 1962 quando é instalado um dos primeiros laboratórios de controlos de dopagem e, um ano mais tarde, a Federação Italiana de Medicina Desportiva juntamente com a Federação Italiana de Futebol e com a União Italiana de Ciclismo estabelecem acordos no sentido de tornar os controlos obrigatórios.

O primeiro Simpósio Internacional sobre a dopagem ocorre em 1964 sob os auspícios da UNESCO, no mesmo ano em que por falta de regulamentação adequada os desportistas boicotaram a realização de controlos de dopagem informais durante os Jogos Olímpicos de Tóquio.

Foi precisamente este boicote que deu origem à apresentação pelo médico Albert Dirix, durante a sessão do COI realizada em Madrid em 1965, de um trabalho que teve como título "O Problema da Dopagem nos Jogos Olímpicos".

As primeiras leis antidopagem foram promulgadas na Bélgica e em França em 1965, sendo que o primeiro controlo oficial e legal foi realizado em França, no ano de 1966, durante o Tour, mais precisamente no final da etapa desenrolada entre Royan e Bordéus. Dos cincos controlos realizados quatro deram positivo, tendo sido sancionados dois ciclistas franceses e dois belgas. No entanto, passado um ano Tommy Simpson, ciclista britânico, morreu no Tour de France devido ao uso de anfetaminas e aguardente, com milhares de espectadores a assistirem a esta tragédia em directo pela televisão. Tido por muitos como o melhor ciclista da época, Simpson acabou por falecer numa subida de montanha sob um

---

[42] Lesseps Lourenço Reys, *ob. cit.*, p. 217.
[43] Note-se que esta não foi a primeira morte que ocorreu durante a realização de uns Jogos Olímpicos. Em 1912, nos Jogos Olímpicos de Estocolmo, o maratonista português Francisco Lázaro desmaiou em plena prova acabando por falecer. No entanto crê-se que esta morte não se deveu a qualquer tipo de prática dopante.
[44] Wayne Wilson and Edward Derse, *ob. cit.*, p. 67.

enorme calor, já depois de ter desmaiado. Nos seus bolsos foi encontrada uma ampola de metanfetamina, e após a autópsia foi também confirmada a sua presença no organismo do atleta.

É precisamente no ano de 1967 que se instala definitivamente a comissão médica do COI que tem como objectivos principais a defesa da ética desportiva, a protecção da saúde dos desportistas e a conservação do princípio da igualdade. Os Jogos Olímpicos do México, realizados em 1968, marcam o início de controlos de *doping* em olimpíadas de verão e o início da proibição de uso de estimulantes que são incluídos na primeira lista de substâncias proibidas, aprovada em secção do COI realizada em 1967. Corria o ano de 1968 quando morreram mais dois atletas, o ciclista Yves Mottin e o futebolista Jean-Louis Quadri, ambas as mortes devidas a anfetaminas.

Não foi só nos Jogos Olímpicos e além fronteiras que ocorreram tragédias devidas ao *doping*. Também em Portugal se registaram algumas mortes, como a do ciclista Lima Fernandes. Numa prova de contra relógio, e sob um forte calor, o atleta entrou em colapso acabando por falecer devido a insuficiência hepática e renal, causada, pensa-se, pelo consumo de substâncias dopantes.

O uso de estimulantes predominou durante as décadas de 50, 60 e 70, até que os controlos começaram facilmente a detectar a presença desta substância no organismo dos atletas. Foi então que se alterou a tendência e passaram a utilizar-se os famosos esteróides anabolizantes. A utilização de esteróides anabolizantes na preparação dos praticantes desportivos deve-se ao médico norte-americano John B. Ziegler. Presente nos Jogos Olímpicos de 1956, em Helsínquia, Ziegler observou a supremacia, traduzida em vitórias, dos atletas soviéticos nas modalidades que exigiam força muscular – halterofilismo, lançamento do peso e do disco, etc. Depois de ter tido conhecimento de que os soviéticos utilizavam elevados níveis de testosterona, propôs à Ciba Pharmaceuticals o desenvolvimento de um projecto em que fossem desenvolvidos fármacos a partir, precisamente, da testosterona[45].

Durante as décadas de 70 e 80 o recurso à dopagem continuou a aumentar, suspeitando-se mesmo de práticas estatais de apoio ao *doping*,

---

[45] Neste sentido e para maiores desenvolvimentos, Cfr. Lesseps Lourenço Reys, *ob. cit.*, p. 219.

especialmente por parte da ex RDA[46]. Nestas décadas verifica-se uma rápida ampliação das listas de substâncias proibidas do COI e das várias Federações Internacioanis.

Episódio interessante ocorreu nos Jogos Olímpicos de Moscovo, em 1980, em que não houve qualquer controlo *antidoping* positivo. Perante esta situação o príncipe de Merode acabou mesmo por evidenciar que estávamos perante os jogos mais limpos da história das olimpíadas no que se refere ao *doping*. A verdade é, porém, outra. Sabe-se hoje que a não obtenção de qualquer controlo positivo se ficou a dever à utilização de substâncias hormonais, como por exemplo a testosterona e a cortisona. Neste sentido encontramos as declarações do médico que realizou os controlos nas olimpíadas de Moscovo, Manfred Donicke, que estima que 25% dos "medalhados" olímpicos terão utilizado testosterona e que de acordo com os exames realizados posteriormente a 564 amostras de urina, 134 desportistas deveriam ter sido sancionados se naqueles jogos tivessem sido feitos estes exames[47].

O Conselho da Europa, como a primeira organização internacional que se dedicou seriamente ao combate ao *doping*, após a aprovação da Carta Europeia contra a Dopagem no ano de 1984, aprovou, em 1989, a Convenção Europeia contra o Doping. Este é sem dúvida o primeiro grande passo a nível europeu do combate à dopagem que se quer sério e eficaz[48]. Aberta à assinatura dos Estados Membros do Conselho da Europa a 16 de Novembro de 1989, Portugal aprovou a Convenção Europeia contra o Doping em 18 de Novembro de 1993, tendo sido publicada a 20 de Janeiro de 2004.

Como já foi referido, em Portugal o tema não é estranho, tendo ficado para a história os casos mediáticos do ciclista Joaquim Agostinho e do futebolista Veloso. Este último não pôde participar no Campeonato Mundial de Futebol realizado no México em 1986 por ter acusado substância dopante.

Apesar de todos os escândalos de *doping*, e da enorme mediatização que parte deles alcançaram, poucos ou nenhum se comparou, em termos

---

[46] Neste sentido, Antonio Millán Garrido, *ob. cit.*, p. 21.
[47] Antonio Gordillo, *ob.cit* [1], p. 58.
[48] Sobre a importância do Conselho da Europa no caombate ao doping v., *infra*, parte I, cap. 5º, nº 1.

de visibilidade mundial, com o do atleta canadiano Ben Johnson nos Jogos Olímpicos de Seul em 1988. Ben Johnson, o homem mais rápido do universo até esse momento, bateu o recorde do mundo de velocidade – 9,79 segundos na final dos 100 metros. Porém, o controlo *antidoping* a que foi sujeito deu resultado positivo, o que lhe custou a desclassificação na prova, a retirada da medalha de ouro e a perda do recorde mundial. O teste acusou a presença no seu organismo de um esteróide anabolizante, o estanozobol. Este caso abalou todo o Canadá. Algumas horas após o incidente, o Ministro do Desporto Canadiano veio comunicar a sua decisão de excluir para sempre Ben Johnson da selecção nacional.

O início da década de 90 ficou marcado, em primeiro lugar, pela inclusão, nas listas de substâncias proibidas, das hormonas peptídicas e de substâncias análogas, entre as quais se encontra a eritropoietina (EPO), apesar de não existirem métodos fiáveis de a detectar. Em segundo lugar, a subcomissão de controlo de dopagem fora da competição reforçou a importância da comissão médica do COI, de modo a evitar a fraude nos períodos de treino de atletas.

Por esta altura um caso bastante polémico foi revelado por Diego Armando Maradona – *El Pibe* – quando afirmou que o treinador da selecção da Argentina, num jogo dos oitavos-de-final do Campeonato do Mundo, ofereceu uma garrafa de água ao brasileiro Branco, na qual previamente tinha deitado algumas gotas de um líquido que eventualmente poderiam causar efeitos prejudiciais ao futebolista[49].

A 13 de Janeiro de 1994, em Lausanne, o combate ao *doping* entra numa nova etapa, que se estende até hoje, em que os Comités Olímpicos Nacionais e as Federações Internacionais juntaram forças e decidiram dar início a um longo processo de harmonização das listas de substâncias proibidas e de todo o procedimento de combate a este fenómeno.

Se, como referimos, todos estes casos de *doping* têm servido de alerta para as instituições desportivas, que procuram desenvolver sistemas cada vez mais eficazes de combate a este fenómeno, foi o Tour de France de 1998 que fez despontar uma nova necessidade e um novo espírito de erra-

---

[49] V. Nuno Barbosa, "O Desporto e a Farmácia – um amor proibido", Desporto & Direito, Revista Jurídica do Desporto, Ano III, nº 8, Janeiro/Abril 2006, Coimbra Editora, pp. 337--342.

dicação das práticas contrárias ao espírito desportivo e à saúde dos atletas. A equipa de ciclismo espanhola da Festina foi desclassificada do Tour depois de se ter descoberto que no carro de apoio aos atletas eram transportadas grandes quantidades de EPO. Perante este escândalo, o presidente do COI, Juan Antonio Samaranch, afirmou publicamente que a culpa não era dos ciclistas, mas sim do círculo de pessoas que se encontravam à sua volta. Conforme referiu Wayne Wilson, "the scandal rocks the European Sporting community and helps to propel the movement for doping reform in both the cycling and the IOC"[50].

Em Fevereiro de 1999 celebrou-se a Conferência Mundial contra a Dopagem em Lausanne, na Suíça. Desta conferência, que contou com a participação de organizações governamentais, não governamentais e intergovernamentais, do COI, das Federações Desportivas Internacionais, das Comissões Olímpicas Nacionais e dos atletas, resultou a aprovação de seis áreas preferenciais de combate ao fenómeno do *doping*: 1) educação, prevenção e respeito pela integridade, ética e desportivismo; 2) código antidopagem do movimento olímpico, aplicável aos atletas, treinadores, instrutores e pessoal médico que acompanham, tratam ou preparam os atletas para as competições desportivas do movimento olímpico; 3) sanções, implicando a primeira infracção a suspensão mínima de dois anos da actividade desportiva; 4) criação de uma Agência Internacional Independente de Antidopagem, com o objectivo de coordenar o controlo *anti-doping*, as campanhas de prevenção e educação, as pesquisas a realizar e os procedimentos científicos e técnicos a utilizar em matéria de análises e equipamento; 5) responsabilidades do T.A.D., do COI, das Federações Internacionais e dos Comités Olímpicos Nacionais; 6) reforço da colaboração entre o movimento olímpico e as autoridades públicas[51].

Em consequência da Conferência de Lausanne, em 10 de Novembro de 1999 foi criada formalmente a Agência Mundial Antidopagem (AMA), como fundação privada submetida juridicamente ao direito suíço[52], que veio dar uma nova esperança ao combate ao *doping*, tendo-se assistido a profundas alterações em todos os seus quadrantes: prevenção e educação,

---

[50] Wayne Wilson and Edward Derse, *ob. cit.*, p. 106.
[51] Cfr. Sidónio Serpa, *ob. cit.*, p. 11.
[52] Sobre o papel da AMA no combate ao Doping v., *infra*, parte I, cap. 5º, nº 3.

detecção de substâncias proibidas, responsabilização e aplicação de sanções. Apesar de tudo, os resultados esperados ainda não se encontram à vista, fazendo com que os mais cépticos cheguem mesmo a questionar as vantagens da criação da AMA.

Regressando aos Jogos Olímpicos, cumpre assinalar que em 1996, nos Jogos Olímpicos de Atlanta, dos onze controlos positivos que se detectaram no total, apenas dois foram devidamente sancionados. Entre as várias situações que se consideraram atípicas, e que levaram ao não sancionar dos atletas, destacam-se os casos dos russos Andrei Korneev (nadador) e Zafar Guleiev (lutador), que num primeiro momento foram obrigados a devolver as medalhas de bronze por terem acusado positivo nos respectivos controlos de dopagem. No entanto, ambos recorreram para o T.A.D. que decidiu revogar a sanção anteriormente aplicada considerando que não havia elementos científicos suficientes para determinar que o "bromantan" fosse um estimulante. Ultrapassado este incidente, o COI passou a incluir o "bromantan" na lista de substâncias proibidas não como estimulante mas como substância mascarante.

Apesar de não se tratar, verdadeiramente, de um caso de *doping*, não deixam de ser impressionantes, demonstrando até onde chega o mundo do desporto, as imagens do futebolista Fábio Cannavaro, filmadas por si mesmo, a injectar-se com "neoton"[53] na véspera da Final da Taça UEFA, em 1999, dizendo em simultâneo: *"estão a matar-me aos vinte e cinco anos"*[54].

Já com sede em Montreal[55], Canadá, a AMA aprovou o Código Mundial Antidopagem em 2003[56]. Pela importância que este código assumiu internacionalmente no combate ao *doping* reservamos mais à frente um espaço próprio onde poderemos com maior pormenor perceber os seus traços fundamentais. Não obstante, adiante-se desde já que o Código AMA tem por finalidade a promoção da luta contra a dopagem através da harmonização universal dos principais elementos ligados à luta antidopagem e, como fundamento, a preservação dos valores intrínsecos característicos do desporto, descrito como o "espírito desportivo" que cons-

---

[53] Dizemos que não se trata de um verdadeiro caso de doping porque o "neoton" não é uma substância proibida pelas normas antidoping.
[54] V. Nuno Barbosa, *ob. cit.*, p. 338.
[55] Em 2001 a AMA transferiu a sua sede da Suíça para Montreal, no Canadá.
[56] Sobre o Código Mundial Antidopagem v., *infra*, parte I, cap. 5º, nº 4.

titui a essência do Olimpismo e se traduz no "jogo limpo". "O espírito desportivo é a celebração do pensamento humano, corpo e espírito, e caracteriza-se pelos seguintes valores: a ética, *fair play* e honestidade; saúde; excelência no rendimento; personalidade e educação; divertimento e satisfação; trabalho de equipa; educação e empenhamento; respeito das regras e das leis; respeito por si próprio e pelos outros participantes; coragem; espírito de grupo e solidariedade"[57].

Um dos principais problemas com que o Código AMA se deparou diz respeito à sua capacidade para vincular os vários países. Tendo sido aprovado sob os auspícios da AMA, fundação suíça de direito privado, desde logo se levantou a questão de saber se o código tem força vinculativa para os Estados cujas organizações desportivas a estes aderiram. Sendo um documento emanado de uma entidade privada, este não terá, então, a força de um documento público, tornando-se, por si só, incapaz de obrigar aqueles. Destarte, e tendo-se perfeita consciência desta problemática, em 9 e 10 de Janeiro de 2003, na sede da UNESCO, os Ministros do Desporto e detentores de outros altos cargos de 103 países acordaram promover uma convenção internacional com vista a ultrapassar o problema.

Nesse seguimento a UNESCO, em 19 de Outubro de 2005, adoptou a Convenção Internacional contra a Dopagem no Desporto[58], que tem como finalidade a promoção da prevenção e da luta contra a dopagem no desporto com vista à sua erradicação. Apesar do carácter público desta convenção, ou melhor dizendo, precisamente por a convenção ter carácter público, o Código Mundial Antidopagem é reproduzido a título meramente informativo, não fazendo parte da mesma[59]. Ainda assim, os Estados Partes comprometeram-se a adoptar as medidas adequadas a nível nacional e internacional que fossem compatíveis com os princípios enunciados no código[60]. Verificamos, desde já, que uma das finalidades principais da convenção – atribuir força vinculativa às medidas de combate ao *doping* estabelecidas no Código Mundial Antidopagem – pode à partida ficar hipotecada. Não se pense, contudo, que tal situação se deveu a

---

[57] Cfr. Código Mundial Antidopagem, Introdução e Fundamentos.
[58] Sobre o papel da UNESCO no combate ao doping v., *infra*, parte I, cap. 5º, nº 5.
[59] Artigo 3º, nº 2.
[60] Artigo 3º, nº 1.

um qualquer descuido das organizações responsáveis pela convenção. O problema reside no facto de determinadas normas contidas no código levantarem sérias e fundadas dúvidas quanto à sua compatibilidade com os princípios gerais constitucionais em que assentam os Estados de Direito Democráticos.

Actualmente está em vigor a versão do Código Mundial Antidopagem aprovado pela AMA em Novembro de 2007, em Madrid, e que entrou em vigor em 1 de Janeiro de 2009.

Portugal aprovou em Conselho de Ministros a Convenção Internacional contra a Dopagem no Desporto da UNESCO em 25 de Janeiro de 2007, tendo a mesma sido publicada pelo Decreto nº 4-A/2007, de 20 de Março.

Posteriormente, o nosso país aproximou-se ao Código Mundial Antidopagem e consagrou o novo Regime Jurídico da Luta Contra a Dopagem no Desporto – Lei nº 27/2009, de 19 de Junho.

Capítulo 3º
Fundamentos do combate ao doping

1. Os bens jurídicos em jogo
Como vimos, as origens do *doping* são externas à actividade desportiva. Em variadíssimos períodos da história recorreu-se à utilização de substâncias com capacidade para aumentar o rendimento pessoal para fins exclusivamente militares. Ainda assim, é no âmbito do desporto que estas práticas são interditas e que os desempenhos realizados sob a influência ou com a ajuda de substâncias dopantes são invalidados ou considerados inexistentes.

Jamais alguém poderia pretender colocar em causa o desfecho desfavorável à Alemanha "Nazi" pelo facto de os ingleses terem usado e abusado de anfetaminas durante a Segunda Guerra Mundial. Como da mesma forma o uso de substâncias capazes de aumentar a concentração durante um exame na universidade não invalida os resultados obtidos, nem o resultado de uma operação cirúrgica efectuada por um médico que tenha tomado substâncias de modo a diminuir o tremor pode ser tido como inexistente.

De forma a melhor ilustrar todas estas situações refira-se que a confissão de Jean Paul Sartre de ter usado excitantes químicos não justifica a anulação de toda a sua obra em que, como ele próprio referiu, o resultado justificou o risco neuro-fisiológico que correu. Por fim, também a cocaína que Freud consumia não colocou em causa a "Psicanálise".[61]

---

[61] Sobre este e outros exemplos e, nomeadamente, sobre o doping como factor de desordem ou como procura da igualdade das condições dos desportistas v. Paul Yonnet, *Systèmes des sports*, Éditions Gallimard, 1998, pp. 198-220.

Ao contrário de todos estes exemplos, a presença de uma substância dopante num desportista federado pode ter como consequência a desqualificação na prova em que foi detectada a substância e pode levar à suspensão da actividade desportiva por um determinado período de tempo.

O que fundamenta uma repressão deste tipo? O que faz com que o desporto seja tratado de forma diferente das outras actividades sociais?

Desde já se tenha por verdade que o problema aqui em causa não é meramente dogmático, carente de efeitos práticos. A determinação do bem jurídico que se pretende tutelar com o regime jurídico *antidoping* deverá influenciar o conteúdo das listas de substâncias, terá um papel fundamental no estabelecimento das condutas puníveis e, tendo em conta o princípio da proporcionalidade, na escolha dos mecanismos legais de repressão de certas condutas, uma vez que as autoridades competentes estão obrigadas a adoptar as medidas menos restritivas dos direitos pessoais em ordem a alcançar determinado fim[62].

Fruto da visibilidade que o desporto em geral ganhou nos nossos dias, os jornais têm dedicado cada vez mais páginas ao fenómeno que aqui nos propusemos estudar – Doping no Desporto. Diariamente correm notícias de mais um atleta que em busca de excelentes resultados desportivos foi "apanhado nas malhas do doping", que fazem com que este fenómeno se tenha tornado um dos temas mais importantes e delicados do mundo desportivo. Desde sempre se associou ao fenómeno do *doping* no desporto o princípio da igualdade de oportunidades e de desenvolvimento da competição (*par conditio*) – que se traduz na verdade desportiva – e o princípio da ética desportiva, entendida como *fair play*, jogo limpo, honestidade e lealdade entre praticantes.

A Convenção contra o Doping do Conselho da Europa, de 1989, salientou, desde logo, que o *doping* atenta contra os princípios da ética e os valores educativos consagrados na Carta Olímpica e na Carta internacional do Desporto e da Educação Física da UNESCO. Também a recente Lei de Bases da Actividade Física e do Desporto, no artigo 3º que tem como epígrafe "Princípio da Ética Desportiva", dispõe que a actividade

---

[62] Sobre este assunto Cfr. Gamero Casado, "El dopaje en los ámbitos supranacionales: evolución histórica y situación actual", *Regimen Jurídico del Dopaje en El Deporte*, Bosch, 2005, Barcelona, p. 30 [2].

física é desenvolvida em observância dos princípios da ética, da defesa do espírito desportivo, da verdade desportiva e da formação integral de todos os participantes, incumbindo ao Estado adoptar as medidas tendentes a prevenir e a punir as manifestações antidesportivas como a dopagem[63]. No mesmo sentido encontrávamos o Decreto-Lei nº 183/97, de 26 de Julho, que consagrava o anterior o regime jurídico de Prevenção e Combate à Dopagem, quando anunciava que se cumprem os normativos vigentes em termos de defesa da ética desportiva e do próprio desporto. Por fim, o Código Mundial Antidopagem tem como fundamento a preservação dos valores intrínsecos característicos do desporto, descritos como "o espírito desportivo" que se traduz no "jogo limpo" e se caracteriza, em primeiro lugar, pela ética, *fair play* e honestidade.

O *doping*, como se viu, aparece sempre associado à verdade e igualdade desportiva, sendo que as condutas contrárias a estes princípios, como p. ex. o consumo de substâncias para aumentar o rendimento físico, vão também contra a ética desportiva, colocando em causa o *Fair Play*. Todas essas condutas se resumem à tão utilizada expressão inglesa "cheating" – fraude, batota.

Para além dos valores que se encontram eminentemente ligados ao desporto, como a ética, o *fair play* e a verdade e lealdade desportiva, o *doping* aparece também, tendo em consideração as inúmeras mortes ocorridas durante as provas desportivas, conexionado com a saúde dos atletas. Assim, e a título de exemplo, a Convenção contra o Doping do Conselho da Europa, de 1989, salientava já a preocupação pelo uso cada vez mais alargado de produtos e de métodos de *doping* pelos desportistas e para as consequências que daí podem advir para a saúde dos praticantes. Na mesma linha o Decreto-Lei nº 183/97, de 26 de Julho, referia que cumpria os normativos vigentes de defesa da saúde dos desportistas. Por sua vez o Código Mundial Antidopagem indica como um dos seus fundamentos a saúde, sem contudo especificar se se refere à saúde individual dos atletas ou à saúde pública ou mesmo a ambas.

Ou seja, e como se pode constatar pela evolução das várias definições de *doping* que foram sendo avançadas pelas mais distintas autoridades desportivas, verifica-se que para além da verdade, igualdade

---

[63] Cfr. nº 1 e 2, do artigo 3º, da Lei de Bases da Actividade Física e do Desporto.

e ética desportiva, o combate ao *doping* aparece também relacionado com a saúde dos atletas.

Ora, quando a saúde se relaciona com o *doping* questiona-se a que título é que ela pode fundamentar o combate a este fenómeno: se a título de saúde individual do praticante desportivo; ou se a título de saúde pública, entendida como um bem jurídico colectivo a defender pelo Estado. Palomar Olmeda destaca que, na actualidade, a perspectiva de o combate à dopagem ter como fundamento evitar a fraude nas competições desportivas deixou espaço ou convive com uma concepção mais ampla derivada da protecção da saúde dos desportistas e das condições de sociabilidade do próprio desporto[64].

Neste sentido o Parlamento Europeu evidencia que a utilização de produtos dopantes não se limita aos desportos profissionais mas também é muito comum nos desportos amadores e mesmo nos não competitivos (por exemplo, ginástica, musculação, etc.), o que torna a dopagem um problema de saúde pública, uma nova forma de toxicodependência e uma ameaça grave para a ética desportiva[65].

Do exposto resulta, portanto, que o combate à dopagem deixou de ser visto de uma perspectiva unicamente desportiva, para passar a ser encarado como um problema de saúde, não só individual dos praticantes desportivos, mas também pública, em que se destaca uma componente de tráfico e de administração de substâncias. O *doping* é hoje entendido como um fenómeno que salpica todos os âmbitos do desporto e que se estende também ao desporto não competitivo[66]. Nesta mesma linha Sinódio Serpa[67] evidencia desde logo que, "o problema do doping no desporto é um problema social. O que significa que é um problema de todos nós."

O exposto resume-se na palavras de Palomar Olmeda, "de esta forma podemos indicar que el problema pasa de ser un problema exclusiva-

---

[64] Alberto Palomar Olmeda, "Las alternativas en la represión del dopaje deportivo", *Revista Jurídica del Deporte*, nº 7, 2002 [2], p. 38.
[65] Resolução do Parlamento Europeu sobre a Comunicação da Comissão ao Conselho, ao Parlamento Europeu, ao Comité Económico e Social e ao Comité das Regiões relativa ao plano de apoio comunitário à luta contra a dopagem no desporto, *JOC* 98, de 9 de Abril de 1999, p. 291.
[66] Neste sentido Alberto Palomar Olmeda, *ob. cit.* [2], p. 38.
[67] Sidónio Serpa, *ob. cit.* p. 11.

mente deportivo a ser un problema social precisamente porque se piensa que el problema trasciende del âmbito deportivo (entendido como reglas de juego y violación o prevalencia frente al mismo) y de las consequencias en el mismo a un tema diferente en el que aparece el componente tráfico de substancias, su dispensación y, por ende, el comportamiento ante determinadas actividades"[68].

Perante este panorama, e tendo consciência de que os métodos de fiscalização de substâncias proibidas andam sempre um passo atrás dos novos métodos de dopagem, em 1998 o Presidente do Comité Olímpico Internacional, J. A. Samaranch, chegou mesmo a afirmar que o combate à dopagem deveria ser revisto de modo a considerar-se *doping* apenas o que prejudica a saúde, excluindo-se da lista de substâncias as que apenas aumentam o rendimento desportivo[69]. Apesar de tudo, tal declaração não passou de uma afirmação sem quaisquer efeitos práticos, demonstrando que a luta antidopagem deve, em primeiro lugar, proteger o desporto das condutas fraudulentas de quem pretende fugir às regras impostas. O que não significa, todavia, que as regras *antidoping* se estabeleçam e se efectivem unicamente para preservar o espírito e a verdade desportiva, já que acabam também, ainda que de forma indirecta, por proteger a saúde dos desportistas.

Sobre esta questão adquire especial importância o Acórdão do Tribunal de Primeira Instância das Comunidades Europeias, de 30 de Setembro de 2004, no caso "Meca-Medina"[70], em especial o ponto 44

---

[68] Alberto Palomar Olmeda, *ob. cit.* [2], p. 38.
[69] Afirmação publicada no *The Daily Telegraph*, em 26 de Julho de 1998 e no jornal desportivo espanhol *A Marca*, em 27 de Julho de 1998. A mensagem não foi bem recebida em todos os meios. Ian Wooldridge, escritor desportivo inglês conceituado, escreveu no London's Daily Mail, em 29 de Julho de 1998, "he betrayed the youth of the world". (Edward Grayson and Gregory Ioannidis, "Drugs Health and Sport Values", Drugs and Doping in Sport – Socio-Legal Perspectives, John O'leary, LLB, M Phil, Cavendisch Publishing Limited, London, 2001, p. 248.)
[70] Processo T-313/02 em que foram recorrentes David Meca-Medina e Igor Majcen e recorrida a Comissão das Comunidades Europeias, recurso que por objecto tinha a anulação da decisão da Comissão, de 1 de Agosto de 2002, que rejeitou a denúncia apresentada pelos recorrentes contra o COI, destinada a obter a declaração de incompatibilidade de certas disposições regulamentares por este aprovadas e aplicadas pela Federação Internacional de Natação Amadora (FINA), bem como de determinadas práticas referentes ao controlo da dopagem com as regras comunitárias sobre a concorrência e a livre prestação de serviços. Para análise do acórdão e sobre o mesmo Cfr. António Robalo Pinheiro, "Crónica de Jurisprudência", *Desporto & Direito, Revista Jurídica do Desporto*, nº 5, Coimbra Editora, pp. 203-224.

da fundamentação que se refere à natureza das regras antidopagem: "há que salientar que, sendo certo que o desporto de alto nível se tornou, em larga medida, uma actividade económica, também é verdade que a luta antidopagem não prossegue qualquer objectivo económico. Com efeito, a luta antidopagem destina-se a preservar, em primeiro lugar, o espírito desportivo (*o fair play*), sem o qual o desporto, amador ou profissional, deixa de ser desporto. Este objectivo, puramente social, justifica só por si a luta antidopagem. Em segundo lugar e na medida em que os produtos dopantes não estão desprovidos de efeitos fisiológicos negativos, esta luta destina-se a preservar a saúde dos atletas"[71].

Chegados a este ponto temos que hoje o *doping*, entendido em termos gerais, é um problema que ultrapassa as fronteiras do desporto competitivo para se colocar no seio da comunidade social que pratica actividade física desportiva, e que condutas como o consumo, administração e tráfico de substâncias dopantes, e prática de métodos dopantes, carecem de ser sancionadas não só em nome da ética desportiva e da igualdade das condições de competição, mas também em nome da preservação da saúde individual dos praticantes e da saúde pública.

---

[71] O Tribunal de Primeira Instância, no nº 42 do seu acórdão, considerou que o facto de uma regulamentação puramente desportiva ser estranha à actividade económica, com a consequência de a referida regulamentação não ficar sob a alçada dos artigos 39º e 49º do Tratado da Comunidade Europeia, também significa que é estranha às relações económicas de concorrência, o que conduz a também não integrar o âmbito de aplicação dos artigo 81º e 82º do Tratado da Comunidade Europeia. O Tribunal de Justiça das Comunidades Europeias, pronunciando-se sobre o recurso de decisão do Tribunal de Primeira Instância, em acórdão de 18 de Julho de 2006, veio reafirmar a aplicabilidade do Direito Comunitário ao desporto, na medida em que este consiste numa actividade económica, relembrando que as disposições do Tratado, nomeadamente as disposições sobre a liberdade de circulação de trabalhadores e de prestação de serviços, não são de aplicar a regras que prossigam um puro interesse desportivo as quais como tal nada têm que ver com uma actividade económica. Não obstante, o TJCE considerou que o Tribunal de Primeira Instância cometeu um erro de direito ao entender que uma regulamentação podia assim ser afastada, sem mais, do âmbito de aplicação do artigo 81. e 82º, pelo simples motivo de ser considerada puramente desportiva à luz dos artigos 39º e 49º, sem necessidade de verificar preliminarmente se essa regulamentação preenchia as condições de aplicação daqueles outros artigos – 81º e 82º.

O que parece não levantar inicialmente problemas de maior, acaba por se tornar num dos maiores problemas do combate ao *doping* quando analisado mais detalhadamente.[72]

[72] Na verdade, esta alteração, ou melhor dizendo, esta ampliação de fundamentos da luta antidopagem levanta inúmeras questões jurídicas. Entre outros problemas questiona-se se as condutas consideradas dopantes devem ser sancionadas pelo direito penal e, em caso afirmativo, quais são exactamente essas condutas. Consequentemente, devemos questionar se essas condutas violam algum bem jurídico novo que careça de tutela penal e que, por conseguinte, exija a consagração de um novo tipo de crime ou se, pelo contrário, o direito penal existente tutela já suficientemente os bens jurídicos que se pretendem proteger. Por fim, se porventura chegarmos à conclusão de que a saúde pública, ou mesmo a saúde individual, se caracteriza como o bem jurídico-penal a tutelar, nasce um novo problema, desta vez relacionado com as listas de substâncias proibidas, uma vez que as substâncias nelas contidas não têm como denominador comum a nocividade para a saúde, ou o perigo para a mesma, mas o aumento de rendimento físico, pelo menos em termos teóricos, potenciais, que põe em causa a pureza das competições desportivas (ao contrário, na NBA é permitido o uso de todo o tipo de substâncias com excepção das ditas drogas sociais).

No país vizinho, onde o doping e a luta antidopagem tem sido alvo de inúmeros e profundos estudos, Miguel Díaz y García Conlledo ainda à luz do regime jurídico anterior em que não existia qualquer tipo legal de crime relacionado especificamente com as condutas antidoping, depois de analisarem os bens jurídicos em causa na luta antidopagem – vida e integridade física do desportista, saúde pública, ética e verdade desportiva –, concluem que tanto a vida como a integridade física dos praticantes e a saúde pública estão suficientemente tutelados pelos tipos penais existentes, sobrando apenas a ética e a verdade desportiva, que por não considerarem uma condição de convivência social não o têm como um bem que careça de tutela penal. (Miguel Díaz y García Conlledo, *in* "Represíon y prevención penal del dopaje en el deporte", *Revista de la Facultad de Ciencias Humanas y Sociales de la Universidad Pública de Navarra*, Derecho I, 1994, 103-127).

Alberto Rodriguez-Mourullo e Ismael Clemente, ainda antes da entrada em vigor da Ley Orgánica 7/2006, de 21 de Noviembre, de Protección de la Salud y de la Lucha contra el Dopaje en el Deporte, concluiram que: "La naturaleza subsidiaria (de «*ultima ratio*») y fragmentaria del Derecho penal aconseja que sólo aquellas consecuencias más graves derivadas de las conductas dopantes y que afecten a los bienes jurídicos más fundamentales (vida, integridad física, salud de las personas, dignidad humana) deban ser objeto de protección jurídico penal, y la respuesta penal frente aquellos ataques más intorelables resulta, a nuestro juicio, adecuada y suficiente a través de los tipos penales anteriormente referidos, no siendo necesaria en este sentido la creación de un tipo penal que específicamente sancione las conductas dopantes en si mismas consideradas. Los bienes jurídicos «ética en el deporte», «juego limpio» e «igualdad en la competición» no parecen bienes que representen valores fundamentales y que, por consiguiente, deban ser objeto de protección penal. El que las manifestaciones deportivas, especialmente algunas, tengan hoy una grande trascendencia social y sean objeto de un seguimiento masivo y, a veces, casi general, no convierte aquellos bienes y valores en bienes superiores y que estén a la altura de los tutelan en nuestro Código Penal como condiciones básicas

O *doping* como ameaça à saúde dos atletas e à saúde pública
Um dos fundamentos apontados para o combate ao *doping* baseia-se no facto de o consumo de substâncias dopantes ser prejudicial para a saúde

para la vida y la convivencia social. Lo anterior no significa que esos bienes queden huérfanos de toda protección legal, sino que la tutela jurídica de aquéllos debe realizarse, en consecuencia, desde el ámbito del ordenamiento jurídico administrativo, como por otro lado ya ocurre en España". (Alberto Rodriguez-Mourullo e Ismael Clemente, *in* "Dos aspectos de derecho penal en el deporte: el dopaje y las lesiones deportivas", *Actualidad Jurídica Uría & Menéndez*, nº 9, 2004, p. 60)
No mesmo sentido encontramos Maite Álvarez Vizcaya: "Bien es cierto que si lo que se quiere es continuar la estela de los «golpes de efecto» siempre puede seguirse el camino iniciado en Francia, y tambien en Italia, y tipificar como delito estas conductas. Es una solución fácil pero que a mi juicio supondría utilizar una vez más el Derecho penal de forma un tanto demagógica. Ni existe un bien jurídico nuevo, distinto a la salud individual o pública, necessitado de tutela, ni la legislación penal puede solventar los problemas que no se quieren solucionar en otras instancias." (Maite Álvarez Vizcaya, "Necesita el deporte la tutela del derecho penal?", *Estúdios sobre el dopaje en el deporte*, Dykinson, 2006, Madrid, pp. 67-91)
Em sentido contrário, José Miguel Compañy Catalá y Emilio Basauli Herrero concluem pela necessidade de tipificar, como veio a fazer a lei em análise, no âmbito dos crimes contra a saúde pública, os crimes contra a saúde no desporto. (José Miguel Compañy Catalá y Emilio Basauli Herrero, "El tipo Penal", *Comentarios a la Ley Orgánica de Protección de la salud y de Lucha contra el Dopaje en el Deporte*, Bosch, 2007, pp. 419 – 451)
Neste último sentido o legislador espanhol introduziu um novo número ao artigo 361 do Código Penal:
"Articulo 361 *bis*.
1. Los que, sin justificación terapêutica, prescriban, proporcionen, dispensen, suministren, administren, ofrezcan o faciliten a deportistas federados no competitivos, deportistas no federados que practiquem el deporte por recreo, o deportistas que participen en competiciones organizadas en España por entidades deportivas, sustancias o grupos farmacológicos prohibidos, así como métodos no reglamentarios, destinados a aumentar sus capacidades físicas o a modificar los resultados de las competiciones que por su contenido, reiteración de la ingesta u otras circunstâncias concurrentes, pongan en peligro la vida o la salud de los mismos, serán castigados con las penas de prisión de seis meses a dos años, multa de seis a decieocho meses e inhabilitación especial para empleo o cargo público, profesión u oficio, de dos a cinco años.
2. Se impondrán las penas previstas en el apartado anterior en su mitad superior cuando el delito se perpetre concurriendo alguna de las circunstancias siguientes:
1ª Que la víctima sea menor de edad.
2ª Que se haya empleado engaño o intimidación.
3ª Que el responsable se haya prevalido de una relación de superioridad laboral o professional."
Pelo exposto, constatamos estarmos perante questões e decisões sensíveis que suscitam diversos entendimentos divergentes.

dos atletas. Se, por um lado, os agentes anabolizantes[73] aumentam a força física e a capacidade de resistência, por outro podem provocar estagnação no crescimento dos adolescentes, tumores no fígado, distúrbios dermatológicos (acne, pele oleosa, calvície), psicológicos (depressão, paranóia, agressividade) e cardiovasculares (cardiomiopatia, trombos vasculares, enfarte do miocárdio). Nos homens, pode fomentar uma diminuição da secreção de testosterona, atrofia testicular, obstrução urinária e hipertrofia da próstata. As mulheres consumidoras sofrem frequentemente de atrofia mamária, hipertrofia do clítoris, masculinização da voz, interrupção do ciclo menstrual e crescimento da pilosidade facial e corporal. Por sua vez, os beta-bloqueantes, utilizados no desporto pelos efeitos semelhantes aos canabinóides – controlo da ansiedade competitiva, nervosismo e tremores através da diminuição do ritmo cardíaco[74] – podem provocar hipotensão (tensão arterial inferior à normal) e paragens cardíacas.

A utilização regular destas substâncias pode ainda causar crises asmáticas, coma hipoglicémico (falta de açúcar no sangue), insónias e impotência sexual. Também os diuréticos, que para além de funcionarem como agentes mascarantes são utilizados no judo, halterofilismo, remo ou luta greco-romana para controlar o peso, podem provocar desidratação, arritmia, insuficiência renal e hipotensão. Os estimulantes[75], consumidos para aumentar a concentração, reduzir o cansaço e aumentar a competitividade e a agressividade, podem provocar desregulação dos batimentos cardíacos, problemas na coordenação motora, comportamento agressivo, alucinações, euforia e perda de peso. A famosa EPO, usada essencialmente por atletas especializados em provas de esforço longo (p. ex. ciclismo, atletismo) pelo facto de poder melhorar o desempenho dos atletas em cerca de 15 por cento, pode provocar, entre outras graves consequências, coágulos no sangue, ataques cardíacos e derrames cerebrais.

Apesar de todas estas consequências nefastas para a saúde dos praticantes desportivos, o desejo de vitória e de glória, comum a vários des-

---

[73] Os anabolizantes mais usados como complemento do exercício físico são: Testosterona, estanozolol e nandrolona, podem entrar no organismo através do consumo de tabletes, comprimidos ou de soluções injectáveis (www.podium.publico.pt).

[74] O consumo dos beta-bloqueantes é proibido durante as competições; no tiro e no tiro com arco, os beta-bloqueantes estão interditados também durante os treinos.

[75] Anfetaminas, metanfetaminas, cocaína e cafeína.

portistas, sobretudo aos de elite, acaba por se sobrepor àquelas[76]. Por assim ser, advoga-se o combate ao *doping* com fundamento na preservação da saúde individual de cada atleta. É a chamada proposta paternalista do combate ao *doping* no desporto – "paternalistic approach to doping control within sport". Defendendo esta proposta, Edward Gryson e Gregory Ioannidis concluem que "without a uniform application of the doping rules based on a strong legal foundation, inconsistency and confusion will undermine the fight for healthy sporting competition"[77].

No entanto esta proposta levanta alguns problemas. A primeira questão que se coloca diz respeito à legitimidade do Estado ou das organizações desportivas em protegerem a saúde dos desportistas à custa da liberdade individual dos cidadãos. Já vimos que o uso de substâncias estimulantes em outras áreas sociais é tolerado. Tendo em consideração os direitos fundamentais, será que se pode exigir a cada cidadão levar a vida de um modo são? Pretender proibir um desportista de consumir substâncias dopantes, por tal ser nocivo para a sua saúde, não é igual a pretender proibir um cidadão comum de consumir álcool ou de fumar?

O artigo 26.º da CRP consagra o direito ao desenvolvimento da personalidade. Este direito, nas palavras de Gomes Canotilho e Vital Moreira[78], "... constitui um direito subjectivo fundamental do indivíduo, garantindo-lhe um direito à formação livre da personalidade ou liberdade de acção como sujeito autónomo dotado de autodeterminação decisória". Ora, esta segunda dimensão abrange um variado conjunto de direitos que vão desde "a escolha do «modo de vida» até à liberdade de profissão, passando pela liberdade de orientação sexual, à liberdade de ter ou não ter filhos, à «liberdade de estar sós»"[79]. E será que abrange o direito a consumir substâncias dopantes? O direito a levar uma vida arriscada?

---

[76] "At the highest level, the competitive instincts of many participates may blind them to the dangers" (John O'Leary, "Doping Solutions and The Problem with «problems», *Drugs and Doping in Sport – Socio-Legal Perspectives*, John O'leary, LLB, M Phil, Cavendisch Publishing Limited, London, 2001, p. 262.)

[77] Edward Grayson and Gregory Ioannidis, "Drugs Health and Sport Values", *Drugs and Doping in Sport – Socio-Legal Perspectives*, John O'leary, LLB, M Phil, Cavendisch Publishing Limited, London, 2001, p. 253.

[78] Gomes Canotilho e Vital Moreira, *Constituição da República Portuguesa Anotada*, Volume I, Coimbra Editora, 2007, p. 463.

[79] J.J. Gomes Canotilho e Vital Moreira, *ob. cit*, 2007, p. 464.

Tendo em consideração o artigo 2º-1 da constituição Alemã, Mario Krogmann entende que os casos de *doping* enquadram-se nos casos de perigo auto provocado e consciente. Tais casos encontram-se, então, sob o âmbito de protecção dos direitos fundamentais, cabendo a cada um a liberdade geral de agir. No âmbito do direito de autodeterminação, proveniente do direito geral da personalidade, cada atleta tem também um direito a levar a vida de uma forma arriscada"[80].

Ainda assim, Gomes Canotilho e Vital Moreira entendem que o direito ao desenvolvimento da personalidade "não surge no contexto constitucional português como uma espécie de direito englobante ou de «direito» mãe à semelhança do que acontece na Constituição da República Federal da Alemanha (art. 2º-1), onde se consagra um direito ao livre desenvolvimento da personalidade": assim sendo é "insustentável que caibam no âmbito normativo constitucional do desenvolvimento da personalidade algumas «liberdades» invocadas como dimensões lógicas deste princípio («direito a consumir drogas», «direito a fumar»)"[81].

Este é um exemplo daquele que por muitos é considerado um dos maiores problemas do combate ao *doping*: a divergência de regimes e princípios jurídicos vigentes nos inúmeros países em que as organizações desportivas exercem esta luta.

Mesmo que se tenha por certo que, à luz da CRP, os atletas não têm a liberdade de consumir substâncias dopantes, a verdade é que há inúmeros exercícios de treino, de praticas desportivas e de desportos em si mesmo que acabam por provocar maiores prejuízos à saúde dos atletas do que o consumo controlado de substâncias dopantes. Mais: quantos atletas não vemos a competir lesionados? E é esta conduta proibida? Caso o *doping* fosse considerado proibido pelo facto de colocar em risco ou prejudicar a saúde dos praticantes, então, *a fortiori*, determinadas técnicas de treinos e comportamentos, como competir lesionado, mereceriam o mesmo tratamento[82]. Aliás, o desporto

---

[80] Mario Krogmann, *Grundrechte im Sport*, Beiträge zum Sportrecht, Band 2, Phd, Duncker & Humblot, Berlim, 1998, p. 141, *apud*, Janwillem Soek, *The Strict liability principle and the human rights of the athlete in doping cases*, 2006, não publicado. Consultado no sitio ep.eur.nl/handle/1765/7548.
[81] J.J. Gomes Canotilho e Vital Moreira, *ob. cit.*, p. 463 e 465, respectivamente.
[82] Neste sentido, Angela J. Shneider e Robert B. Butcher, "An Ethical Analysis of Drug Testing", *Doping in Elite Sport*, Wayne Wilson, Edward Derse, Human Kinetics, EUA, 2001, p. 138.

de alta competição é, em si mesmo, prejudicial para a saúde dos praticantes desportivos.

Para além do mais diga-se, em abono da verdade, que o uso em grandes quantidades de determinadas substâncias permitidas é também prejudicial à saúde. Continua, então, a questionar-se por que razão o Estado ou as organizações desportivas se sentem com legitimidade para punir tais comportamentos quando noutras áreas sociais não o fazem.

Daqui nasce um outro argumento avançado para o combate ao *doping*, e que se resume no seguinte: um atleta, ao aumentar o seu rendimento desportivo com recurso ao *doping*, está a coagir todos os seus adversários para o mesmo comportamento. Quanto a este argumento sempre se dirá que também a quantidade e os métodos de treino são impostos aos atletas – pela competitividade existente no desporto a alto nível, que de saudável tem muito pouco – sem que se coloque em causa a sua legalidade. Conforme escrevem Angela Shneider e Robert Butcher, "In order to compete effectively one has to dedicate oneself totally and submit to a minutely controlled training regímen that will dictate all aspects of one's life"[83].

Mais uma vez se questiona: o que faz com que a coacção proveniente do *doping* mereça tratamento distinto da coacção exercida pela profissionalização do desporto? Dizer-se que a coacção causada pelo *doping* é especialmente onerosa não chega para fundamentar a luta contra este fenómeno, já que "any effective training practice «ups the ante», and many training practices are extremely onerous"[84].

Um outro argumento para combater o *doping*, talvez o mais recente, funda-se na saúde pública. Diz-se, então, que se combate o *doping* por este ter um efeito negativo na saúde da população em geral e, em particular, das crianças. É sabido que os "grandes" desportistas são tidos pela população em geral como um modelo a seguir. Eles são vistos como uns verdadeiros heróis. A quantas entrevistas televisivas a crianças não assistimos nós em que à questão "o que é que queres ser quando fores grande?" o entrevistado responde: "jogador de futebol, como o Cristiano Ronaldo"?

Quando um atleta é apanhado nas malhas do *doping* deixa, na maioria das vezes e para grande parte da sociedade, de ser tido como um

---

[83] Angela J. Shneider e Robert B. Butcher, *ob. cit.*, p. 140.
[84] Angela J. Shneider e Robert B. Butcher, *ob. cit.*, p. 140.

modelo. Ora, por que razão os atletas deixam de ser considerados modelos? Naturalmente que a resposta a esta questão passa pelo facto de as substâncias dopantes serem proibidas. Mas, o que queremos encontrar é precisamente o critério que faz com que tais substâncias sejam proibidas.

Não deixa também de haver quem argumente que, neste tipo de casos e maioritariamente nos jovens, relacionado com o sentimento de adoração já preexistente ao escândalo, nasce um fenómeno social denominado "efeito imitação". Este "efeito imitação" explica-se pelo facto destes heróis serem o centro da excelência. Parte da sociedade, nomeadamente as crianças, não têm a mesma capacidade para dissociar os maus vícios dos atletas das suas habilidades, como o fazem, por exemplo, com os indivíduos não mediáticos que contactam no dia-a-dia. Tudo o que os heróis fazem eles imitam, não constituindo o *doping* uma excepção.

No entanto, para além de ainda não se ter provado a referida relação causa – efeito, este argumento jamais explica o porquê de os atletas merecerem tratamento distinto dos outros indivíduos mediáticos. Também estes são verdadeiros heróis, como é o caso, por exemplo, dos pianistas e dos modelos, que consomem beta-bloqueantes e diuréticos, respectivamente, sem que as autoridades se oponham. Concordamos com Angela Shneider e Robert Butcher quando referem "until a clear and cogent reason is put forward to justify treating athletes differently from other public figures and a causal link between their actions and harm to others had been demonstrated, we do not have a justification for RUT[85] based on this argument alone"[86].

Parece, portanto, que o combate ao *doping* não pode encontrar o seu fundamento principal na saúde individual dos atletas e na saúde pública, pelo menos enquanto o sistema continuar a assentar nas bases actuais, nomeadamente nas listas de substâncias e métodos proibidos vigentes, e aplicado unicamente ao desporto.

---

[85] Apesar de os autores procurarem o fundamento para os "random, unannounced out-of-competition testing", (RUT), os argumentos acabam por ser semelhantes já que, como os próprios autores referem, as matérias estão intimamente ligadas. (Angela J. Shneider e Robert B. Butcher, *ob. cit.*, p. 129).
[86] Angela J. Shneider e Robert B. Butcher, *ob. cit.*, p. 129.

O uso de substâncias dopantes provoca uma vantagem injusta, é considerado "batota" e coloca em causa a *par conditio*

Como tivemos oportunidade de mostrar, muitas definições de *doping* avançadas quer pelas organizações desportivas quer por alguns Estados, consideram como proibidas as substâncias capazes de aumentar o rendimento desportivo. Em causa não estão as substâncias que efectivamente aumentam o rendimento, mas sim aquelas que potencialmente são susceptíveis de produzir tal efeito. Para além desta consideração, os defensores deste tipo de argumentos partem igualmente do princípio de que quem consumiu tais substâncias adquiriu efectivamente um aumento de rendimento.

Assim, um desportista ao introduzir no seu organismo tais substâncias aumenta o rendimento desportivo. Rendimento que se considera injusto quando comparado com o dos atletas que não recorreram a tais substâncias – vantagem injusta – defraudando assim a competição – "batota" – que se deve desenrolar de uma forma natural, em igualdade de circunstâncias, i.e., com recurso único aos treinos (*par conditio*).

Desde logo parece não ser possível, e mesmo desejável, eliminar todas as vantagens injustas existentes no desporto. "Competitive sport is all about one athlete being better than another and therefore it is beneficial to have physiological and psychological differences between the participants"[87].

Por outro lado, como salienta Simon Gardiner, existem inúmeras situações de vantagens no desporto que nunca são postas em causa: por exemplo, o caso dos atletas que vivem a grande altitude, quando comparados com os que vivem ao nível do mar; os meios tecnológicos de treino e de alimentação dos países considerados ricos, quando comparados com os dos países pobres; a altura dos atletas americanos, quando comparada com a altura dos atletas orientais. "All of these factors are advantages, and may be considered unfair in terms of sporting equality"[88].

Pegando no primeiro exemplo, e comparando-o com os casos de *doping* em que se verifica também um aumento de hemoglobina, dir-se-ia que a diferença substancial para que certa vantagem seja considerada

---

[87] Simon Gardiner, *Sports Law*, Simon Gardiner/Mark James/John O'Leary/Roger Welch, third edition, Cavendisch, 2005, p. 286.
[88] Simon Gardiner, *ob. cit.*, p. 286.

injusta e portanto proibida, reside no facto de esse aumento ser obtido por uma substância complementar, externa ao organismo. Parece então que *doping* é o uso de substâncias externas ao organismo susceptíveis de provocar uma vantagem.

O problema é que no desporto o uso de substâncias não é totalmente proibido. Há substâncias que não são proibidas apesar de serem susceptíveis de criar uma vantagem ao consumidor sobre os seus adversários (aminoácidos, suplementos nutricionais, creatina, vitaminas, minerais, cafeína e bebidas que contêm polímeros de glucose). Também é permitida a injecção de trifosfato de adenosina, ATP – substância química produzida naturalmente pelo organismo humano que influencia o funcionamento dos músculos[89]. A chave do problema está em perceber qual o critério que permite estabelecer que as vantagens proporcionadas por estas substâncias são, a nível desportivo, consideradas justas, e as vantagens proporcionadas pelas substâncias proibidas consideradas injustas. Na opinião de Simon Gardiner, "Yet, such criteria do not seem to exist"[90].

O *doping* viola as regras do desporto

Em alguns casos vemos que o *doping* viola as regras, os valores e a integridade do próprio desporto. Assim, o uso de *doping* não defrauda os colegas mas a essência do próprio desporto.

Considerando os exemplos dados por Simon Gardiner – um corredor de 100 metros a competir contra outro de mota ou o Tiger Woods a competir contra um jogador que comanda a bola por via de um rádio controlo –, não temos dúvidas de que o desporto fica comprometido aquando da violação das suas regras.

A questão é que nem todos os desvios às normas desportivas são proibidos. Actualmente fala-se em *tecnodoping* para qualificar como proibidos alguns avanços tecnológicos que se encontram ao serviço do desporto.

Recentemente ficou famoso o caso de Óscar Pistorius[91], auto-intitulado "The fastest man on no legs", que desafiou a Federação Internacional

---

[89] Janwillem Soek, *ob. cit.*, p. 18. No mesmo sentido Simon Gardiner, *ob. cit.*, pp. 286-287.
[90] Simon Gardiner, *ob. cit.*, p. 287.
[91] Sobre este caso acompanhamos de perto o trabalho de pós-graduação, não publicado, de Alexandra Rodriguez Cecílio, que tivemos oportunidade de acompanhar enquanto membros do corpo docente da pós-graduação em Direito Desportivo na Faculdade de Direito da Universidade de Coimbra, no ano de 2010.

de Atletismo poucos meses antes dos Jogos Olímpicos de Pequim de 2008. Ainda que não tenha conseguido os tempos necessários para se qualificar para os jogos olímpicos, o certo é que a Federação Internacional de Atletismo ao não permitir, antecipadamente, a sua participação, introduziu uma nova polémica no mundo do *doping*.

Que tipo de tecnologias e métodos devemos aceitar como válidos? E quais devemos rejeitar? As ajudas da tecnologia representam uma vantagem significativa para quem as utiliza que devam ser proibidas?

Oscar Pistorius, mais conhecido como *Blade Runner*, é um atleta sul-africano que nasceu com os pés deformados e sem os perónios em ambas as pernas, pelo que os pais tomaram a decisão de lhas amputar aos 11 meses de idade. Pistorius corria nos Jogos Paralímpicos de Atenas, nas categorias T43 (ambas as pernas amputadas abaixo do joelho) e T4420 (uma perna amputada abaixo do joelho) tendo batido o recorde mundial dos 200 metros e conquistando o bronze nos 100 metros. Em 2005, corria nos Campeonatos Sul-Africanos a par de atletas sem deficiência, o que passou a tornar-se recorrente em competições como a Golden League, com diversas presenças no pódio e sucessivas quedas de recordes mundiais. Nos Jogos Paralímpicos de Pequim em 2008 fez história ao ganhar o ouro nas categorias de 100m, 200m21 e 400m.

Quando, em 2007, começou a competir e a vencer atletas sem deficiência e a aproximar-se vertiginosamente dos mínimos necessários para competir nos Jogos Olímpicos, começou a acreditar poder participar na maior competição desportiva à escala global, representando a África do Sul.

Recebendo autorização provisória para começar a competir contra atletas sem deficiência, foi convocado para, a 2 de Novembro de 2007, em Colónia, na Alemanha, se avaliar se as suas próteses representavam ajuda tecnológica ao seu desempenho.

Na sequência deste estudo, a Federação Internacional de Atletismo, baseando-se na norma 144.2 do seu regulamento, que impede o uso de ajudas tecnológicas, como molas ou rodas, desqualificou Pistorius dos eventos que organizava. "With all due respect, we cannot accept something that provides advantages… it affects the purity of sport. Next will be another device where people can fly with something on their back"[92].

---

[92] Elio Locatelli, director de desenvolvimento da Federação Internacional de Atletismo.

No entanto, pouco antes dos Jogos Olímpicos asiáticos, a 16 de Maio de 2008, o Tribunal Arbitral do Desporto decidiu, em recurso, que o atleta poderia participar nos Jogos Olímpicos de Pequim caso cumprisse os mínimos de qualificação[93], porquanto não ficou provado que as as próteses em questão atribuem uma vantagem ao Pistorius quando comparado com os demais atletas.

Atentemos, agora, no caso do ténis de mesa em que os atletas colam as raquetas antes de todos os treinos e competições de modo a aumentarem a velocidade (speed) e os efeitos (spin) da bola, com a singularidade de as colas prejudiciais à saúde serem proibidas e as não prejudiciais permitidas[94].

Ou no caso da natação em que os atletas usavam – até serem proibidos pela Federação Internacional de Natação (FINA) a partir de 1 de Janeiro

---

[93] CAS 2008/A/1480 Pistorius v/IAAF, award of 16 May 2008, disponível em: http://jurisprudence.tas-cas.org/sites/CaseLaw/. A 16 de Maio de 2008, o Tribunal Arbitral do Desporto decidiu que Oscar Pistorius era apto a competir sob as regras da Federação Internacional de Atletismo. Os jurados decidiram que "at the moment, not enough is known scientifically to be able to prove that Mr Pistorius obtains an advantage from the use of the prostheses." A este propósito, o Presidente da Federação Internacional de Atletismo, Lamine Diack, fez o seguinte comentário: "The IAAF accepts the decision of CAS and Oscar will be welcomed wherever he competes this summer. He is an inspirational man and we look forward to admiring his achievements in the future."

[94] O uso de cola rápida no ténis de mesa surgiu por volta de 1979/1980. Por esta altura, países como a Jugoslávia, Alemanha e Suécia chegaram a experimentar colas de remendar pneus de bicicletas. Em 1992 a Federação Internacional de Ténis de Mesa (ITTF) proibiu o uso das colas que continha certos solventes, já que quando inalada poderia ser prejudicial à saúde. Nos Campeonatos do Mundo de 1995, Kim Taek Soo (coreano) foi o primeiro jogador da história do ténis de mesa a ser desclassificado pelo uso de colas ilegais, depois de ter ganho nos quartos de final da referida prova. Estima-se que as colas constituídas com os solventes proibidos podem aumentar a velocidade e o efeito da bola até 30% mais do que uma raqueta sem cola, enquanto que as actualmente permitidas só atingem os 15%. Apesar de a ITTF ter excluído o uso de certas colas por estas serem prejudiciais à saúde, temos para nós que este não foi o verdadeiro motivo, já que ainda hoje se tenta proibir o uso das restantes colas, mesmo das que não são consideradas prejudiciais à saúde, pelo facto de o jogo se encontrar cada vez mais rápido e menos propício às transmissões televisivas. O que, mais uma vez, nos leva a pensar que o desporto tem, efectivamente, características próprias estranhas aos critérios e princípios jurídicos aplicados a outras áreas sociais. Para maiores desenvolvimentos sobre este tema v., "All About Speed Glue for Table Tennis", U.S. Patent Office, em www.tomveach.com.

de 2010 – fatos de banho que ajudavam a aumentar a velocidade, a flutuabilidade e resistência dos nadadores. Mas até nestes casos a questão de saber o que é permitido e proibido se coloca, porquanto a FINA dispõe de uma lista com os fatos de banho que são autorizados.

Em todos estes casos a utilização de meios e técnicas susceptíveis de aumentar o rendimento desportivo alteram certas pautas de comportamento desportivas, sem que se vislumbre um critério que permita perceber o que é permitido e o que é proibido.

Certo é que tanto o *doping* como os exemplos dados, apesar de poderem aumentar o rendimento desportivo, não têm capacidade para substituir o treino. Como se sabe, o *doping* melhora, em termos genéricos, o rendimento físico mas não substitui o treino técnico e táctico.

Continuemos em busca do critério que pode distiguir o que é permitido do que é proibido.

O uso do *doping* é imoral e contrário à ética desportiva e ao *Fair Play*
Comecemos por esclarecer que a ética desportiva e o *Fair Play* encontram-se intimamente ligados à vantagem injusta que os atletas adquirem pelo uso de substâncias dopantes *supra* referida.

Toda a questão que temos vindo a debater centra-se exactamente no que deve entender-se por ética e justiça desportivas. Em termos genéricos, cada um de nós tem uma noção do que é justo ou injusto desportivamente, do que é o *fair play*. Mas, o problema reside no facto de não estarmos perante um conceito estrito e concreto, capaz de garantir a segurança jurídica que um critério de decisão sobre o que se entende por *doping* deve ter. Proibir e punir certos comportamentos com base num critério vago é ir contra a segurança jurídica que sempre se pretende acautelar. "Where ethics are the starting point, especially ethics of sport, it is never entirely clear what this should be understood to mean"[95].

Exemplo destas situações é o caso da proibição no desporto das denominadas "drogas sociais". É sabido que as drogas sociais têm um efeito muito rápido e quase nulo no rendimento desportivo, sendo certo que o seu uso continua a ser punido em termos desportivos. Será legítimo punir

---

[95] Janwillem Soek, *ob. cit.*, p. 20.

um atleta por um determinado período de suspensão da actividade desportiva por ser viciado em álcool ou em cocaína?

Peremptórias tornam-se as palavras de Janwillem Soek "... the penalties imposed for the use of soft drugs can, in this view, not be logically applied on the basis of fraud"[96], e as de Simon Gardiner, "... the lists contains some substances that would appear to have nothing but a negative effect on sporting performance – the so called «recreational drugs» being good examples"[97].

Mas o que são a ética desportiva e o *fair play*?

Para Ana Celeste Carvalho, "a par das regras morais e éticas, cujo cumprimento é exigido por força da vigência das regras sociais, o desporto também se rege por regras legais, cuja exigência de cumprimento advém de imperativo legal, mas que tem a sua fonte na pressão social exercida pelos grupos sociais. Há portanto, neste campo, uma coincidência de regras éticas ou da moral e de direito, coexistindo ambas em pleno, pelo menos no que às questões fulcrais respeita... A ética é portanto a marca distintiva das provas desportivas: tem um conteúdo moral e assenta em regras legais, cujo cumprimento por todos é exigido... O fair play manifesta-se na prática desportiva e pode definir-se como uma competição ética, o jogo justo, a lealdade, a honestidade, a aceitação, o respeito pelo adversário e pelas diferenças de cada um, entre outros valores morais... O fair play é uma responsabilidade individual e manifesta-se pela postura assumida não só pelos jogadores e participantes, como também pelos pais, educadores, professores, treinadores, organizadores desportivos, directores, e dirigentes, médicos e assistentes, árbitros, espectadores e até pela comunicação social, isto é, todos aqueles que directa ou indirectamente participam no fenómeno desportivo."[98]

Em sentido algo semelhante, Jorge Olímpio Bento evidencia que "a ética do desporto deve ser procurada também (ou sobretudo!) através da

---

[96] Janwillem Soek, *ob. cit.*, p. 21.
[97] Simon Gardiner, *ob. cit.*, p. 291.
[98] Ana Celeste Carvalho, "O contributo das organizações nacionais e internacionais na promoção da ética desportiva e do fair play. A importância da educação para a ética – o olimpismo", *O Desporto e o Direito – Prevenir, Disciplinar, Punir*, Ana Celeste Carvalho/Mara João Brazão de Carvalho/Rui Alexandre Silva, Livros Horizonte, Lisboa, 2001, pp. 16-17.

denúncia da impossibilidade do desporto estar vinculado a princípios morais e sociais que não determinam a sua estrutura! A Ética do Desporto apenas adquire contornos sérios e realmente actuais se reflectir o pluralismo de factores, de princípios e de valores morais e sociais que animam a(s) prática(s) desportiva(s). Nesse sentido o esforço de procura de uma Ética do Desporto tem que tomar consciência de que o desporto não contém em si próprio os fundamentos para o estabelecimento de uma nova ética, tem que inquirir os conflitos que habitam o sistema do desporto, tem que identificar as mudanças de sentidos, de valores e finalidades que animam o desenvolvimento presente e futuro do desporto. Isto é, a procura de uma nova ética do desporto requer que se dêem passos em várias direcções".[99]

Em jeito de síntese...
O uso de certas quantidades de algumas substâncias permitidas pode ser prejudicial à saúde, da mesma forma que determinadas práticas de treino. O argumento da saúde acaba assim por não ser totalmente convincente. Por outro lado, e para além de no desporto se verificarem inúmeras vantagens para muitos injustas, existe um elenco de técnicas de treino e de alimentação que é permitido e que, apesar de originar uma vantagem, nem por isso é colocado em causa. Deste modo, o argumento do aumento do rendimento físico, por si só, acaba também por não ser totalmente válido. Certo é, também, que não se pode pretender fundamentar o combate ao *doping* com base no argumento de que tais condutas violam os princípios e os valores do desporto por se afastarem das regras que impõem comportamentos comuns verificados ao longo dos tempos. Isto porque, para além de não se perceber ao certo o que se entende por estes princípios e valores desportivos, têm sido permitidas algumas técnicas que evidenciam um certo desvio aos usos e normas do jogo.

Parece, portanto, que a razão de combate ao *doping* radica num fundamento um pouco vago mas estritamente ligado à ética, à justiça, ao *fair play*. Na ausência de um fundamento estável e concreto para o combate

---

[99] (Jorge Olímpio Bento, O outro lado do desporto, Campo das Letras, Porto, 1995, pp. 250--251.) Consequentemente o autor desenvolve as seguintes ideias: Não é possível uma ética do desporto à margem de uma ética da sociedade; O desporto actual é um campo de conflitos; O desporto não existe no singular. O desporto é plural!; Reforço da ideia do homem.

ao *doping*, o critério a aplicar para determinar se determinada substância é ou não permitida entrará em conta com limites muito sensíveis.

Olhando para o desporto como uma competição para aferir o melhor indivíduo em determinada modalidade, o uso de substâncias susceptíveis de aumentar o rendimento tem o seu lugar fora do estádio, sendo, em termos desportivos, eticamente reprovado.

2. O bem jurídico protegido à luz do regime jurídico português da luta contra o *doping*

É ao Estado que incumbe adoptar as medidas tendentes a prevenir e a punir as manifestações antidesportivas – manifestações que ponham em causa o princípio da ética desportiva, da defesa do espírito desportivo, da verdade desportiva e da formação integral de todos os cidadãos – como a dopagem[100].

O Estado português acabou, no entanto, por delegar essa competência nas Federações Desportivas, mediante o instrumento jurídico denominado de estatuto de utilidade pública desportiva. O estatuto de utilidade pública desportiva confere a uma federação desportiva a competência para o exercício, em exclusivo, por modalidade ou conjunto de modalidades, de poderes regulamentares ou disciplinares[101], tendo tais poderes natureza pública[102].

Ora, de acordo com o art. 52º do Regime Jurídico das Federações Desportivas, as Federações Desportivas devem dispor de regulamentos disciplinares com vista a sancionar a violação das regras de jogo ou da competição, bem como as demais regras desportivas, nomeadamente as relativas à ética desportiva. Para efeitos da presente lei, são consideradas normas de defesa da ética desportiva as que visam sancionar a violência, a dopagem, a corrupção, o racismo e a xenofobia, bem como quaisquer outras manifestações de perversão do fenómeno desportivo.

No mesmo sentido, dispõe o artigo 1º da Lei nº 112/99, de 3 de Agosto, que aprova o regime disciplinar das Federações desportivas, que: "as

---

[100] Cfr. art. 3º, nº 2 da Lei de Bases da Actividade Física e do Desporto, que tem como epígrafe Princípio da Ética Desportiva.
[101] Cfr. art. 19º, nº 1 da Lei de Bases da Actividade Física e do Desporto.
[102] Cfr. art. 19º, nº 2 da Lei de Bases da Actividade Física e do Desporto.

Federações Desportivas titulares do estatuto de utilidade pública desportiva devem dispor de regulamentos disciplinares com vista a sancionar a violação das regras de jogo ou de competição, bem como as demais regras desportivas, nomeadamente as relativas à ética desportiva", sendo que, de acordo com o nº 2, são consideradas normas de defesa da ética desportiva as que visam sancionar a dopagem.

Do exposto podemos já retirar que a Dopagem, na Lei de Bases da Actividade Física Desportiva, no Regime Jurídico das Federações Desportivas, no Estatuto de Utilidade Pública Desportiva e no Regime Disciplinar das Federações Desportivas, é sempre referenciada em conexão com a ética e a verdade desportivas, o que constitui, desde logo e em nosso juízo, um forte argumento para considerar estes dois valores como os bens jurídicos principais que o nosso ordenamento jurídico pretende efectivamente proteger. Posição que é reforçada se tivermos em conta que as Federações Desportivas apenas têm poderes sobre os clubes, dirigentes, praticantes, treinadores, técnicos, árbitros, juízes e, em geral, sobre todos os agentes desportivos que desenvolvam a actividade desportiva compreendida no seu objecto estatutário[103], ficando de fora do seu âmbito todos aqueles desportistas ocasionais que participam em manifestações desportivas sem carácter federativo. Tal circunstância parece constituir, também ela, um argumento contra a eventual pretensão de se considerar que o bem jurídico da saúde pública foi tido em consideração pelo legislador nacional.

Não obstante, o Decreto-Lei nº 183/97, de 26 de Julho, que consagra o Regime Jurídico de Prevenção e Combate à Dopagem, não só se referia, no preâmbulo, à saúde dos desportistas, como dispunha no art. 1º que "é proibida a dopagem a todos os praticantes inscritos nas federações desportivas, dentro e fora das competições, *bem como aos praticantes que participem em provas ou manifestações desportivas realizadas na via pública ou em recintos abertos ao público cuja utilização dependa de licença de autoridade pública*" (itálico nosso). Sugere-se, desde logo, que em causa não está só a ética e a verdade desportivas dentro das competições, mas também a saúde de todos aqueles que praticam desporto.

---

[103] Art. 3º da Lei nº 112/99, de 3 de Agosto, que aprova o regime disciplinar das federações desportivas.

Apesar do exposto, a Portaria nº 816/97, de 5 de Setembro, que regulamentava o Decreto-Lei nº 183/97, logo no seu artigo 1º, nº 1, estipulava que "as acções de controlo antidopagem a que se refere o presente diploma têm por objecto as modalidades desportivas organizadas no âmbito das federações unidesportivas ou multidesportivas titulares do estatuto de utilidade pública desportiva". E, no nº 2 do mesmo artigo, adiantava-se que só "mediante protocolo a estabelecer com o CNAD, podem ainda ser objecto de acções de controlo as modalidades desportivas organizadas no âmbito de entidades não compreendidas no número anterior".

Tudo isto é sintomático da intenção do legislador em direccionar-se primeiramente para o desporto competitivo, em que os bens jurídicos da ética e da verdade desportiva podem ser postos em causa. Não temos conhecimento de que alguma vez se tenha estabelecido o referido protocolo, o que evidencia uma certa despreocupação quanto ao fenómeno do *doping* na actividade física desportiva não competitiva em que os bens jurídicos que se podem vislumbrar são precisamente a saúde dos praticantes desportivos e a saúde pública. Do mesmo modo, desconhecemos que se tenha efectuado em Portugal algum controlo *antidoping* em eventos sem carácter competitivo.

A somar a tudo isto, como já foi referido, as substâncias contidas nas listas de substâncias proibidas têm como denominador comum não a nocividade para a saúde, mas a característica de poderem, em teoria, aumentar o rendimento pessoal do consumidor.

Por fim, dispunha o art. 5º, nº 1 do Decreto-Lei nº 390/91, de 10 de Outubro, que: "quem com ou sem consentimento do praticante desportivo, lhe administrar substâncias ou produtos, ou utilizar outros métodos susceptíveis de alterarem artificialmente o rendimento desportivo do praticante, será punido com prisão até dois anos."

Em primeiro lugar, punia-se a administração de substâncias ou produtos e a utilização de outros métodos *susceptíveis de alterarem artificialmente o rendimento desportivo do praticante*, e não a administração de substâncias ou produtos e a utilização de outros métodos susceptíveis de colocar em perigo a saúde do praticante.

Em segundo lugar, se em causa estivesse a protecção da saúde dos praticantes desportivos, tornava-se despropositada a menção ao consentimento, uma vez que, de acordo com o artigo 149º do Código Penal, para efeito de consentimento a integridade física considera-se livremente disponível. A este respeito Manuel da Costa Andrade refere que "sistematicamente proibido e punido no contexto do desporto como ilícito disciplinar, não está excluída a possibilidade do sancionamento criminal do *doping*, em nome da protecção de específicos valores ou bens jurídicos imanentes ao desporto. Já se afigura impertinente a sua punição a título de ofensas corporais, invocando nomeadamente para o efeito o limite dos *bons costumes*. Suposta a aplicação heterolesiva e que não se ultrapasse o limite das lesões graves e irreversíveis, o facto estará *justificado por consentimento validamente expresso*. A punição a título de *ofensas corporais* representaria uma apócrifa integração na área de tutela da incriminação de interesses – nomeadamente de interesses ou valores pertinentes à ética e à *fairness* desportiva – que nada tem que ver com a integridade física. Representaria, noutros termos, uma «permuta do bem jurídico», para a qual o intérprete e aplicador não estão legitimados"[104].

Diga-se ainda, e para finalizar, que o legislador entendeu consagrar este tipo de crime juntamente com o crime contra a corrupção no fenómeno desportivo em que, conforme se pode ler no preâmbulo do decreto em análise, os interesses fundamentais a ter em vista e a proteger são a lealdade, a correcção da competição e do seu resultado, e o respeito pela ética na actividade desportiva. Tais interesses são públicos e revelam-se na supra-individualidade dos interesses de todos quantos (adeptos, simpatizantes e espectadores) esperam que a prática desportiva pública e os resultados das competições desportivas não sejam afectados e falseados por comportamentos fraudulentos dos respectivos agentes.

Actualmente, a Lei nº 27/2009, de 19 de Junho (art. 3º, nº 1), refere que é proibida a dopagem a todos os praticantes desportivos dentro e fora das competições desportivas organizadas em território nacional. Ora, por praticante desportivo entende-se (art. 2º) aquele que, encontrando-se inscrito numa federação desportiva nacional ou estrangeira, treine ou compita em território nacional, bem como aquele que não se encontrando inscrito participa numa competição desportiva realizada em território nacional.

---

[104] Manuel da Costa Andrade, "As lesões corporais (e a morte) no desporto", *Liber Discipulorum para Jorge de Figueiredo Dias*, Coimbra Editora, 2003, p. 720.

Desta forma, constatamos que a proibição de recorrer ao *doping* recai sobre quem provavelmente participa em competições – atletas federados – ou sobre quem, não sendo federado, compita. Isto é, o doping é proibido em competição e não nos desportos de lazer. O que significa que o combate à dopagem está intima e directamente ligada à verdade e ética desportiva e não à saúde pública.

Para além do mais, a Lei nº 27/2009, de 19 de Junho, manteve a punição da administração de substâncias e métodos proibidos, independentemente do consentimento dos praticantes desportivos, tal como o anterior Decreto-Lei nº 390/91, de 10 de Outubro, valendo aqui as considerações supra avançadas quanto à pretensa protecção da saúde dos atletas.

Finalmente, também a lista de substâncias proibidas continua a ser constituída, principalmente, por substâncias que são susceptíveis de aumentar o rendimento desportivo e, por outras, que tradicionalmente são contrárias à essência do desporto e do princípio "Citius, Altius, Fortius" – as chamadas drogas sociais.

Pelo exposto entendemos que o regime jurídico português da luta antidopagem vigente visa, antes de tudo, tutelar a ética e a verdade desportivas, garantindo a chamada *par conditio*. Como escreve Leal Amado,[105] "proscreve-se *o doping*, em suma, porque este faz mal aos desportistas (o que já de si é grave) e ao próprio desporto (o que é gravíssimo). Na verdade, qualquer observador minimamente atento da realidade desportiva sabe que o principal móbil do combate à dopagem é este último, não aquele – não falta aliás quem considere, a nosso ver com inteira razão, que a prática desportiva profissional, de alta competição, é em si mesma atentatória da saúde e da integridade física dos atletas..."

Em suma pretende-se proteger, na expressão de Luhmann, o desporto como um *subsistema autónomo*, que "comunica a todos (praticantes, espectadores, público em geral) um sentido de objectividade, racionalidade, igualdade de oportunidades e induz um sentimento generalizado de pertença e igualdade"[106].

---

[105] João Leal Amado, *Vinculação versus Liberdade – O processo de constituição e extinção da relação laboral do praticante desportivo*, Coimbra Editora, 2002, p. 75 e 76.
[106] Manuel da Costa Andrade, *ob. cit.*, p. 687.

A sociedade parece exprimir a sua aptidão para construir e aplicar racionalidades próprias para cada actividade em que o recurso a certas categorias de artifícios e de recursos produzidos pelo trabalho humano é susceptível de intervir e causar efeitos[107]. Não obstante, e uma vez alertada a comunidade social dos perigos para a saúde que o uso dessas substâncias pode provocar, levanta-se a questão de saber se o combate ao *doping* não deverá penetrar em todas as actividades humanas em que se recorre ao uso de substâncias nocivas para a saúde. Se se entendesse que a saúde é o bem jurídico pretendido tutelar por esta luta, então, e só aí, a resposta deveria ser afirmativa.

---

[107] Neste sentido e sobre os aspectos sociológicos da dopagem, v., Paul Yonnet, *ob. cit.*, pp. 198--220.

Capítulo 4º
O combate ao doping no Direito comparado

1. Itália[108]

Em Itália a primeira lei de combate ao *doping* data de 1971, sendo esta matéria actualmente regulada pela Legge 14 Diciembre 2000, n. 376[109] – *Disciplina della tutela sanitária delle attività sportive e della lotta contro il doping*.

Realça-se, no artigo 1º, nº 1, que a actividade desportiva se dirige à promoção da saúde individual e colectiva. Consequentemente, dispõe ainda o mesmo artigo que a actividade desportiva não poderá desenvolver-se com o auxílio de técnicas, métodos ou substâncias de qualquer natureza que possam colocar em perigo a integridade física do atleta.

---

[108] Sobre o regime jurídico italiano do combate ao doping v., entre outros, Giacomo Aiello, "Primme Riflessioni Sulla Legge Antidoping", *Rivista di Diritto Sportivo*, Ano LII, n.1-2, Janeiro – Março 2000/Abril – Junho 2000, Imago Media, Milão, pp. 7-21; Alberto Di Martino, "Giuco Corrotto, Giuco Corruttore: Due Problemi Penali Dell'Hommo *Ludens*", *Rivista Italiana di Diritto e Procedura Penale*, Fasc. 1, Janeiro – Março 2002, Giuffrè Editore, Milão, pp. 137-149; Bertini, *La responsabilità sportiva*, Giuffrè Editore, Milano 2002, pp. 26 e ss; Ana Olmedo Gaya, *ob.cit.*, pp. 221-234; Eduardo Gamero Casado, *Las Sanciones Deportivas*, Bosch, 2003, pp. 540--543 [1]; Eduardo de La Iglesia Prados, "La represión del dopaje en Derecho comparado: los distintos modelos de control y represión", Régimen Jurídico del Dopaje en el Deporte, Bosch, 2005, pp. 88-124; José Miguel Compañy Catalá y Emílio Basauli Herrero, "El Tipo Penal", *Comentarios a la Ley Orgânica de Protección de la Salud y de Lucha contra el Dopaje en el Deporte*, Bosch, 2007, p. 419-451; Alberto Palomar Olmeda/Cecilia Rodriguez Bueno/Antonio Guerrero Olea, *El dopaje en el Ambito del Deporte* – Análisis de una problemática, Aranzadi, 1999, pp. 35--36; Luca Ferrari e Vittorio Rigo, "New Anti-Doping Legislation Introduced by Italian Authorities", *Sports Law Administration & Practice*, October 2001, pp. 11-12.

Esta lei, composta por dez artigos, define *doping* como a administração ou consumo de medicamentos ou de substâncias biológica ou farmacologicamente activas e a adopção ou sujeição a práticas médicas não justificadas pela ocorrência de condições patológicas e efectuadas com o propósito de alterar as condições psicofísicas ou biológicas do organismo, com o fim de modificar o rendimento dos atletas, ou dirigidas a modificar os resultados dos controlos sobre o uso de fármacos, substâncias e práticas proibidas. Não obstante, a lei permite a ingestão de substâncias proibidas para fins terapêuticos, devendo o atleta possuir toda a documentação prevista pela lei e poderá mesmo participar em competições desportivas sempre que não coloque em perigo a sua integridade física – nº 4 do art. 1º. A definição aqui referida sugere, por sua vez, que o fundamento do combate à dopagem em Itália vai para além da saúde dos atletas, na medida em que proíbe o consumo de substâncias com o fim de modificar o rendimento dos atletas[110].

Com base na presente lei criou-se a *comissione per la vigilanza de il controllo sul doping e per la tutela della salute nelle attivitá sportive*, que é constituída por dois representantes do Ministério da Saúde, assumindo um deles a presidência, e por pessoas com experiência nas áreas da farmacologia, toxicologia, medicina desportiva, cultura e desporto. Esta comissão tem as seguintes funções[111]: 1. Elaborar as listas de medicamentos, substâncias ou práticas médicas consideradas *doping*, assim como a revisão das mesmas; 2. Determinar, em conformidade com as normas adoptadas pelo Comité Olímpico Internacional e pelos organismos e instituições competentes, os casos, critérios, e métodos de controlo antidoping, assim como as competições e actividades desportivas sujeitas a controlo sanitário a efectuar pelos laboratórios de controlo sanitário da actividade desportiva; 3. Realizar controlos antidoping dentro e fora das competições; 4. Estabelecer acordos de colaboração relativos aos controlos de antidoping com o Serviço Sanitário Nacional; 5. Estabelecer relações com a União Europeia e com os Organismos internacionais, garantindo a sua participação nos programas contra o doping; 6. Promover campanhas de

---

[109] Publicada na Gazzetta Uffciale della Republica Italiana de 18 de Dezembro 2000, série geral, n. 294.
[110] Neste sentido Luca Ferrari e Vittorio Rigo, *ob. cit.*, pp. 11-12.
[111] Art. 3º da Lei 376/2000, de 14 de Dezembro.

informação para a tutela da saúde em actividades desportivas e de prevenção do doping, particularmente nas escolas, em colaboração com a Administrção Pública, com o Comité Olímpico Nacional Italiano, com as federações desportivas, com as entidades desportivas públicas e privadas e com os médicos especialistas em medicina desportiva.

O controlo sanitário das competições e das actividades desportivas estabelecido pela comissão será efectuado por um ou mais laboratórios acreditados pelo COI ou por qualquer outro organismo internacional reconhecido de acordo com as disposições internacionais vigentes, com base num acordo previamente celebrado com a comissão. Os referidos laboratórios têm como função: efectuar os controlos de acordo com as disposições adoptadas pela Comissão; realizar programas de investigação sobre medicamentos, substâncias ou práticas médicas susceptíveis de serem utilizadas como *doping* nas actividades desportivas; e colaborar com a comissão para definir os requisitos dos controlos das competições e das actividades desportivas[112].

O diploma em análise, de modo a colocar em prática as disposições contra o *doping*, estabelece que o Comité Olímpico Nacional Italiano, as federações desportivas[113], as sociedades federadas, as associações desportivas e as entidades de promoção desportiva públicas e privadas, devem adequar as suas normas às disposições da presente lei, prevendo em particular as sanções e os procedimentos disciplinares, tendo as federações, no entanto, autonomia regulamentar para estabelecer as suas próprias sanções[114]. Também as Regiões, no âmbito da sua competência em matéria sanitária, podem organizar as actividades de prevenção e tutela da saúde na actividade desportiva[115].

---

[112] Art. 4º da Lei 376/2000, de 14 de Dezembro.
[113] Sobre as Federações Desportivas Italianas v., entre outros, Massimo Severo Ancora Giannini, "Sugli ordinamenti giuridici sportivi", *Rivista trimestrale di diritto publico*, ano 46, nº 3, 1996, Milano, pp. 671-677; Luigi Trivellato, "Considerazioni sulla natura giuridica delle federazioni sportive", *Diritto e società*, Padova, Nuova Serie n.1, 1991, p. 141-167; Luca Di Nella, "*Le federazioni sportive nazionali dopo la riforma*", Rivista di diritto sportivo, ano 52, nº 1/2, Milano, Janeiro-Junho 2000, pp. 53-76.
[114] Art. 6º da Lei 376/2000, de 14 de Dezembro e art. 14º da Lei nº 91, de 23 de Dezembro de 1981.
[115] Art. 5º da Lei 376/2000, de 14 de Dezembro.

Apesar de a lei não especificar quais as condutas que são punidas a nível disciplinar e quais as respectivas sanções, depreende-se da conjugação dos artigos 6º e 9º a existência de uma dualidade de medidas repressivas – sanções administrativas e penais. Na verdade, a actual lei recuperou a dimensão penal que existiu desde 1971 até 1981, dispondo o art. 9º que:

> "1 – Salvo se o facto constituir um delito mais grave, será punido com pena de prisão de três meses a três anos e com pena de multa entre dois mil quinhentos e oitenta e dois euros a cinquenta e um mil seiscentos e quarenta e cinco euros quem proporcione, administre, consuma ou facilite a utilização de fármacos ou de substâncias biológicas ou farmacologicamente activas, compreendidas nas classes previstas pelo artigo 2, nº 1, cujo uso não esteja justificado por razões patológicas e sejam susceptíveis de modificar as condições psicofísicas ou biológicas do organismo, com o fim de alterar o rendimento dos desportistas, ou com o fim dirigido a modificar os resultados do controlo sobre o uso de tais medicamentos ou substâncias.
>
> 2 – Aplicar-se-á a pena prevista no nº 1, salvo se o facto constituir um crime mais grave, a quem adopte ou se submeta a práticas médicas compreendidas nas listas previstas pelo artigo 2, nº 1, não justificadas por razões patológicas, dirigidas a modificar as condições psicofísicas ou biológicas do organismo, com o fim de alterar o rendimento dos desportistas, ou dirigidas a modificar os resultados do controlo sobre o uso de tais medicamentos ou substâncias."[116]

A pena prevista pode ser agravada, nos termos do nº 3 do artigo 9º, se do facto resultarem danos para a saúde; se o facto ocorrer em relação a um menor de 18 anos; ou se o facto for cometido por um membro do CONI ou de alguma federação desportiva, sociedade ou associação ou entidade reconhecida pelo CONI. Nesta última situação caberá pena acessória de proibição permanente de exercer cargos directivos no CONI, nas federações desportivas, sociedades, associações e em qualquer entidade reconhecida pelo CONI[117].

---

[116] Nº 1 e 2º do art. 9º da Lei 376/2000, de 14 de Dezembro.
[117] Art. 9º, nº 5, da Lei 376/2000, de 14 de Dezembro.

Se o facto for cometido por um profissional de saúde este será proibido de exercer temporariamente o seu cargo, sendo que a lei não estabelece quaisquer limites[118].

Em qualquer caso serão apreendidos todos os medicamentos, substâncias e materiais que se destinem a cometer o tipo de crime[119].

As referidas penas não são as únicas previstas penalmente pela lei ora em análise, já que, de acordo com o nº 7 do artigo 9º, todos os que comercializem medicamentos ou substâncias farmacológicas ou biologicamente activas compreendidas nas listas previstas pelo artigo 2º, nº 1, através dos demais diversos canais, desde as farmácias abertas ao público, farmácias hospitalares até a outras estruturas que possuam fármacos, destinados à utilização pelo paciente, serão punidos com pena de prisão de dois a seis anos e com pena de multa de € 5.164,57 a € 77.468,53.

Constatamos, portanto, que em Itália o consumo de substâncias proibidas ou a sujeição a práticas médicas proibidas constituem condutas punidas criminalmente, ao contrário do que se verifica em Portugal, Espanha e França. Analisando o tipo legal de crime, Tallacchini[120] situa o bem jurídico no interesse que o Estado tem em que o desporto se efectue em condições de limpeza e de saúde para os desportistas, defendendo a posição acolhida pelo legislador italiano de sancionar o consumo de substâncias pelo próprio desportista.

O regime Italiano de combate ao *doping* demonstra, no entendimento de Gamero Casado[121], pouca sensibilidade pelos problemas psicofísicos resultantes das práticas dopantes, dado que a lei não estabelece qualquer medida no sentido de os minorar, e um ressurgimento da criminalidade no sector, evidenciando um carácter marcadamente repressivo, com o qual não concorda por razões de política legislativa.

A Itália aprovou a 23 de Maio de 2007, em Conselho de Ministros, o projecto-lei de ratificação da Convenção Contra a Dopagem no Des-

---

[118] Art. 9º, nº 3, da Lei 376/2000, de 14 de Dezembro.
[119] Art. 9º, nº 7, da Lei 376/2000, de 14 de Dezembro.
[120] M.C. Tallacchini, *Construziones ético-sociale del doping tra Scienza e Diritto*, Università Católica del Sacro Cuore di Piacenza e Cremona, 2003, *apud*, José Miguel Compañy Catalá y Emilio Basauli Herrero, «El tipo penal», *Comentarios a la Ley Orgánica de Protección de la Salud y de Lucha contra el Dopaje en el Deporte*, Bosch, 2007, p. 424.
[121] Eduardo Gamero Casado, *ob. cit.* [1], pp. 542.

porto, pelo que também deverá em breve adaptar a sua legislação de combate ao *doping* aos princípios do Código Mundial Antidopagem.

2. Espanha[122]

A primeira referência legislativa espanhola de combate à dopagem foi levada a cabo pela lei 13/1980, de 31 de Março (Lei geral da Cultura Física e do Desporto). No que ao *doping* diz respeito, tudo se limitava ao artigo 23.9 que estabelecia a competência do Conselho Superior do Desporto para colaborar com as federações desportivas no controlo de práticas ilegais de aumento de rendimento dos desportistas, não se incluindo, expressamente, as práticas de *doping* no Regulamento de Disciplina Desportiva. Tal consagração apenas teve lugar no Real Decreto 286/1989, de 17 de Março, numa altura em que a reforma do combate ao *doping* era indispensável.

Através da lei 19/1990, de 15 de Outubro, deu-se a referida reforma, passando os poderes públicos a ter um papel significativo no controlo e repressão ao *doping*, consagrando-se, portanto, um sistema jurídico misto – poderes privados-desportivos/poderes públicos. Este modelo, que reconhecia a necessidade de estabelecer instrumentos de luta e prevenção contra o consumo de substâncias proibidas e o uso de métodos ilegais destinados a aumentar artificialmente o rendimento dos desportistas, devido tanto ao prejuízo que representa para a saúde dos desportistas como para o próprio fenómeno desportivo, conforme testemunha António Millán Garrido[123], foi considerado pela doutrina, e também pela própria União Europeia, um dos mais avançados na legislação comparada.

---

[122] Sobre o combate à dopagem em Espanha v., entre outros, Antonio Millán Garrido, *Comentarios a la Ley Orgánica de Protección de la Salud y de Lucha contra el Dopaje en el Deporte*, Bosch, 2007; Antonio Millán Garrido, *Régimen jurídico del dopaje en el deporte*, Bosch, 2004; Eduardo Gamero Casado, *ob. cit.* [1], pp. 544 e ss; Leonor Alvarez Santullano Planas, "La lucha contra el dopaje. Marco legal", *Revista española de Derecho Deportivo*, nº 1 de 1993, Janeiro/Junho, pp. 87-95; Alberto Palomar Olmeda, *El dopaje en el deoprte: un intento de elaborar una visión sosegada y constructiva*, Dykinson, 2004, Madrid [3]; Alberto Palomar Olmeda/Cecília Rodriguez Bueno//Antonio Guerrero Olea, *El dopaje en el Ambito del Deporte*: análises de una problemática, Aranzadi, 1999.

[123] Antonio Millán Garrido, *ob. cit.*, [2], p. 41.

O modelo espanhol de combate à dopagem, constituído pela Ley 19/1990, de 15 de Outubro, pelo Real Decreto 255/1996, de 16 de Fevereiro, e 1313/1997, de 1 de Agosto, pela Orden de 11 de Janeiro de 1996 e Resolução de 10 de Dezembro de 2003, teve como principais características as seguintes: atribuição à administração pública – Conselho Superior dos Desportos e Comunidades Autónomas que delega as respectivas funções nas federações desportivas – da responsabilidade última em matéria de prevenção, controlo e repressão da dopagem – art. 8º, al. *g*) da lei 19//1990; criação de uma lista de substâncias proibidas pelo Conselho Superior dos Desportos – art. 56.1º; criação, sob dependência do Conselho Superior dos Desportos, da Comissão Nacional Antidopagem – art. 57º; obrigação de todos os desportistas com licença federativa para participarem em competições oficiais de âmbito estatal de se submeterem aos controlos antidoping dentro e fora de competição – art. 58º; realização dos controlos antidoping, em competições de âmbito estatal, por laboratórios estatais ou homologados pelo estado – art. 58.3º; e repressão do doping no âmbito da disciplina desportiva, constituindo as práticas de dopagem infracções muito graves às regras do jogo ou da competição – art. 76.1º *d*). Em desenvolvimento deste artigo, o Real Decreto 255/1996, de 16 de Fevereiro, determinou a regulação específica das infracções e sanções de repressão ao *doping*, estabelecendo "el marco de un régimen sancionador homogéneo que resulte aplicable a toda la organización deportiva sin las marcadas distinciones que entre distintos deportes se detectaban hasta la fecha."

Apesar de tudo, e passados quinze anos, o referido regime jurídico de combate ao *doping* começou a dar sinais de alguma "fraqueza", passando a necessitar de ser renovado. Neste sentido, e com o intuito de harmonizar e actualizar a prevenção, o controlo e a repressão à dopagem, foi aprovado, em 11 de Fevereiro de 2005, o Plano de Luta contra a Dopagem[124], que tem os seguintes objectivos principais[125]:

1) Aprovação de uma lei contra o doping, renovando o regime que se encontrava em vigor, de modo a adequar-se a regulação do fenómeno às novas realidades e às actuais exigências;

---

[124] Sobre o Plano de Luta contra a Dopagem Cfr. Jaime Lissavetzky, "Jaque al dopaje", *Revista Jurídica del Deporte y Entertenimiento*, ano 2, 2005, nº 14, Aranzadi, pp. 19 a 23.
[125] Neste sentido Antonio Millán Garrido, *ob. cit.* [2], p. 42.

2) Criação de uma Agência Estatal Antidopagem, como órgão executivo, encarregada da implementação de um conjunto de medidas destinadas a pôr fim ao doping no desporto; Agência, esta, de carácter público, adstrita ao Conselho Superior dos Desportos, com plena autonomia no desempenho das suas funções;
3) Alteração do Código Penal mediante a consagração de um novo tipo legal de crime que permita sancionar penalmente as condutas das pessoas próximas do desportista que prescrevam, facilitem ou administrem doping, e que contribuam ou tentem dissimular o doping de um desportista;
4) Criação de um Grupo de Intervenção Policial Antidopagem;
5) Possível criação, pelo Ministério Fiscal, de uma unidade especializada na perseguição de crimes relacionados com o doping no desporto;
6) Incremento de medidas de prevenção, que se consideram fundamentais para erradicar o doping;
7) Reforço das medidas de controlo tendentes a terminar com certos espaços de impunidade susceptíveis de incentivar a circulação e o tráfico ilegal de substâncias dopantes;
8) Articulação de uma acção coordenada e complementar que se projecte sobre a sociedade, compartilhando estratégias e objectivos por parte da Agência Espanhola Antidopagem, organizações desportivas e poderes públicos.

As medidas do Projecto de Luta contra a Dopagem deram origem ao anteprojecto da recentíssima Ley Orgânica de Protección de la Salud y de Lucha contra el Dopaje en el Deporte, que veio a ser aprovado após inúmeras propostas de alteração que na maior parte diziam respeito a questões sobre a competência das Comunidades Autónomas.

A lei nº 7/2006 – Ley Orgânica de Protección de la Salud y de Lucha contra el Dopaje en el Deporte – conforme se pode ler no seu preâmbulo, tem como finalidade preservar a saúde dos desportistas e lutar contra a dopagem, harmonizando o regime jurídico Estatal com os princípios do Código Mundial Antidopagem e da Convenção Internacional da Unesco. Tendo em consideração estas finalidades, dividiu-se a luta antidopagem em duas partes; por um lado foram actualizados os mecanismos de controlo e de repressão do *doping* no desporto de competição; por outro, criou-se um sistema transversal de prevenção, controlo e repressão do *doping* em geral, considerado como uma ameaça social que coloca em risco a saúde dos desportistas profissionais e a dos ocasionais[126].

A lei em vigor divide-se em quatro Títulos: 1. Da protecção da saúde e da luta contra a dopagem no desporto; 2. Das medidas de controlo e supervisão de produtos, medicamentos e suplementos nutricionais que contenham substâncias proibidas na actividade desportiva; 3. Da tutela penal da saúde pública em actividades relacionadas com o doping no desporto; 4. Do sistema de informação em matéria de protecção da saúde e contra a dopagem no desporto.

Para efeitos de aplicação da lei ora em análise, considera-se *doping* no desporto o incumprimento ou a infracção por parte das pessoas que, estando obrigadas a ela, violem o disposto nesta lei, em particular o disposto nos artigos 13 e seguintes – art. 1º, nº 1. A Lei nº 7/2006 aplica-se a todos os desportistas com licença federativa emitida pelo Estado ou pelas Comunidades Autónomas, se bem que somente àqueles que participem em competições desportivas organizadas, promovidas, ou autorizadas pelas federações desportivas espanholas no âmbito Estatal – artigo 1º, nºs 1 e 2. Para além de se aplicar aos desportistas, de acordo com o nºs 5 e 6 de mesmo artigo, a lei aplica-se às pessoas ligadas, por qualquer meio, à realização da actividade desportiva e que incumpram alguma das obrigações previstas no título II – treinadores, médicos ou pessoal de saúde, dirigentes, clubes e demais pessoas próximas do atleta – sendo que o alcance dessas obrigações que recaem sobre cada pessoa pertencente aos grupos anteriormente definidos é o estabelecido nos preceitos que, respectivamente, lhe sejam aplicados[127].

Quanto ao âmbito de aplicação objectivo, como salienta Recuerda Girela[128], a redacção do nº 3 do artigo 1º acaba por levantar um sério problema, já que parece pretender limitar a aplicação a competições desportivas de âmbito estatal, quando a própria lei se dirige a outros âmbitos que se apoiam em competências exclusivas do Estado para além das competições desportivas, como é o caso das bases e coordenação geral da saúde, legislação sobre produtos farmacêuticos, e saúde exterior, legisla-

---

[126] Cfr. Antonio Millán Garrido, *ob. cit.* [2], p. 49.
[127] Como por exemplo, o artigo 13.3 e o artigo 13.4.
[128] Recuerda Girela, *ob. cit.*, p. 66-67.

ção penal, administração da justiça e segurança pública. Por outro lado, estranho é que o legislador tenha limitado o âmbito de aplicação às competições desportivas oficiais estatais, e às actividades desportivas internacionais que se realizam em Espanha (art. 1º, nº 4), excluindo as competições das comunidades autónomas, e que ao mesmo tempo estabeleça um novo tipo legal de crime (art. 44º) aplicável a todas as competições realizadas em Espanha.

De acordo com este regime jurídico as competências da Administração Geral do Estado em matéria de protecção da saúde e do controlo e repressão do *doping* no desporto são exercidas pelo Conselho Superior dos Desportos, através da sua presidência e da Comissão de Controlo e Seguimento da Saúde e do Doping, assim como pela Agência Estatal Antidopagem[129].

Destarte, prevê-se a criação da Comissão de Controlo e Seguimento da Saúde e do Doping, órgão colegial, adstrito ao Conselho Superior dos Desportos, integrado por representantes da Administração Geral do Estado, das Comunidades Autónomas, federações desportivas, ligas profissionais, desportistas e por pessoas de reconhecido mérito no âmbito científico-técnico, desportivo, médico e jurídico[130], que tem competências em matéria de protecção da saúde[131] – como propor aos órgãos administrativos competentes acções preventivas em matéria de educação e informação sobre a saúde e a prática desportiva, tanto em competições oficiais como em provas de carácter popular ou recreativas – e em matéria de luta contra o *doping* no desporto – como por exemplo planificar e programar a distribuição dos controlos de dopagem[132].

Por sua vez, a Agência Estatal Antidopagem, o organismo que realiza as actividades materiais de prevenção, controlo e investigação sobre a saúde e *doping* respeitantes ao desporto federado de âmbito estatal, terá as funções que constarem nos estatutos, sem prejuízo de lhe competir interpor recurso para o Comité Espanhol de Disciplina Desportiva sempre que as resoluções adoptadas pela Comissão padeçam de ilegali-

---

[129] Artigo 2, nº 1.
[130] Artigo 3.
[131] Sobre as competências da Comissão em matéria da saúde Cfr. Artigo 3, nº 2.1.
[132] Sobre as competências da Comissão em matéria da luta contra o doping no desporto Cfr. Artigo 3, nº 2.2.

dade[133]. Independentemente da estrutura que resultará da legislação reguladora das Agências Estatais, a Agência Estatal Antidopagem contará com um órgão de participação, coordenação e seguimento nos quais estarão representados os órgãos e organismos competentes em matéria de desporto e saúde das comunidades autónomas[134]. Por fim, no seio da Agência constituir-se-á um órgão de participação das Comunidades Autónomas para a informação, debate e cooperação respeitante a políticas públicas do Estado em matéria de *doping*[135].

Já no capítulo II, 1ª secção, regula-se a obrigação de os desportistas se submeterem aos controlos de *doping* e as respectivas garantias e obrigações acessórias. Na 2ª secção encontram-se detalhados os tipos de controlos que se podem realizar, a sua planificação, as pessoas responsáveis, a competência para a sua realização e a publicidade da lista de substâncias proibidas.

Como já adiantámos *supra*, um dos pontos característicos da lei em análise consiste na actualização dos mecanismos de controlo e de repressão do doping no desporto de competição, consagrada no capítulo III, que se materializa na tipificação de infracções e na previsão específica das sanções respectivas. Assim, consideram-se infracções muito graves:

a) o incumprimento da obrigação que o desportista tem de assegurar que nenhuma substância se introduz no seu organismo, que dê lugar à detecção da presença de uma substância proibida, ou dos seus metabolitos ou marcadores, nas amostras físicas de um desportista – art. 14º, nº 1, al. *a*) e art. 13º, nº 1;

b) a utilização, uso ou consumo de substâncias ou métodos proibidos ou não autorizados no desporto – art. 14º, nº 1, al. *b*);

c) a resistência ou recusa, sem justa causa, a submeter-se aos controlos de doping, dentro e fora de competição, quando sejam exigidos ou requeridos pelos órgãos ou pessoas competentes; assim como a obstrução, não atendimento, dilação indevida, ocultação e demais condutas que, por acção ou omissão, impeçam, perturbem ou não permitam atender os requerimentos formulados por órgãos ou pes-

---

[133] Artigo 4º, nº 1.
[134] Artigo 4º, nº 3.
[135] Artigo 4º, nº 4.

soas competentes para recolha das amostras ou para a realização de actuações nos procedimentos de controlo e de repressão do doping – art. 14º, nº 1, al. *c)*;

d) o incumprimento reiterado da obrigação que os desportistas, treinadores da federação ou pessoais, directores, assim como os clubes e equipas desportivas têm de facilitar aos órgãos competentes a informação sobre a localização dos desportistas – art. 14º, nº 1, al. *d)* e art. 13.3;

e) o incumprimento das obrigações relativas à informação sobre tratamentos médicos e obtenção de autorizações para o uso terapêutico a que faz referência o artigo 13.4, assim como a violação da obrigação que as equipas têm de levar, para as competições, um livro de registo no qual constem os produtos dispensados ou receitados aos desportistas, o médico que ordenou ou autorizou a dita utilização, período e forma de prescrição – art. 14º, nº 1, al. *e)* e art. 37º, nº 1;

f) alteração, falsificação ou manipulação de qualquer elemento dos procedimentos de controlo e de repressão ao doping – art. 14º, nº 1, al. *f)*;

g) a posse de substâncias ou a utilização de métodos proibidos ou não autorizados no desporto – artigo 14º, nº 1, al. *g)*;

h) a administração, dispensa, oferecimento, facilitação ou fornecimento aos desportistas de substâncias ou a utilização de métodos não regulamentares ou proibidos na prática desportiva – art. 14º, nº 1, al. *h)*;

i) a promoção, incitação, contribuição, instigação ou facilitação de condições para a utilização de substâncias ou métodos proibidos ou não regulamentares, ou qualquer outra actividade que alente os desportistas a utilizarem produtos ou a realizarem condutas não permitidas pelas normas de controlo de dopagem ou que tenham por objecto colocar à disposição dos desportistas substâncias ou métodos proibidos ou não autorizados no desporto – art. 14º, nº 1, al. *i)*;

j) a colaboração ou participação, por acção ou omissão, na colocação em prática de métodos não regulamentares ou em quaisquer outras condutas que ponham em causa as normas contra o doping – art. 14º, nº 1, al. *j)*;

O incumprimento não reiterado do artigo 13.3[136] e a violação dos requisitos relativos à localização e disponibilidade dos desportistas para a realização dos controlos fora da competição, bem como as condutas descritas nas alíneas *a), b), e) e g) supra* referidas, quando tenham por objecto substâncias ou métodos identificados como de menor gravidade, salvo quando se cometam de forma reiterada, são consideradas infracções graves – art. 14º, nº 2, als. *a) e b)*. Do mesmo modo, são consideradas infracções graves a contratação, adjudicação ou encomenda de práticas de saúde a pessoas ou entidades que careçam ou tenham suspensa a sua licença federativa ou a habilitação equivalente, quando qualquer destes requisitos seja necessário para a realização de tais actividades, assim como a realização de tais actividades na referidas condições – art. 14º, nº 2, al. *c)*.

No que diz respeito às sanções, estas encontram-se separadas entre sanções aos desportistas, sanções aos clubes e equipas desportivas, sanções a técnicos, juízes, árbitros e demais pessoas com licença desportiva, dirigentes ou pessoal de federações desportivas, de ligas espanholas, de entidades organizadoras de competições desportivas de carácter oficial, clubes e equipas desportivas e sanções aos médicos e demais pessoal de saúde, de clubes e equipas.[137]

---

[136] De acordo com o disposto no artigo 13.3, "Los deportistas, sus entrenadores federativos o personales, directivos, así como los clubes y equipos deportivos a los que esté adscrito el deportista, responderán del incumplimiento de las obligaciones impuestas en materia de localización habitual de los deportistas."

[137] As sanções aos desportistas vão desde a suspensão de três meses a dois anos e à multa de € 1.500 a € 3.000, no caso de infracções graves, até á suspensão de quatro anos a seis anos e à multa de € 3.001 a € 12.000, no caso de certas infracções muito graves, ou em caso de segunda infracção muito grave e de terceira grave até à irradiação da actividade desportiva (artigo 15º e 16º); As sanções aos clubes e equipas desportivas vão desde a multa de € 1.500 a € 6.000, nas infracções graves, até à multa de € 24.001 a € 50.000, no caso de infracções graves reincidentes ou que envolvam um menor de idade, para além da perda de pontos ou descida de divisão, consoante as circunstâncias do caso concreto (art. 16º); Por dua vez, sanções a técnicos, juízes, árbitros e demais pessoas com licença desportiva, dirigentes ou pessoal de federações desportivas, de ligas espanholas, de entidades organizadoras de competições desportivas de carácter oficial, clubes e equipas desportivas vão desde a inabilitação temporária para o desempenho do cargo desportivo de dois a quatro anos à multa entre € 3001 a € 12.000, até à inabilitação temporària para o desempenho do cargo desportivo de quatro a seis anos e à multa entre € 3001 a € 12.000, ou no caso de as condutas envolverem um menor de idade ou serem cometidas pela segunda vez, a sanção corresponderá à privação vitalícia

Uma referência especial merece o nº 5 do artigo 18, relativo às práticas médicas, em que os órgãos de disciplina estão obrigados a comunicar aos respectivos colégios profissionais (o que no nosso país corresponde às ordens profissionais, neste caso à Ordem dos Médicos) os actos realizados, no sentido de estes serem constitutivos de infracção muito grave e serem sancionados de acordo com as respectivas normas dos colégios profissionais.

O poder disciplinar em matéria de *doping* pertence ao Conselho Superior dos Desportos e, por delegação, às federações desportivas espanholas – art. 27º, nº 1. As federações têm um prazo de dois meses para decidir os casos de *doping*, sob pena de, ultrapassado esse lapso de tempo, passar a ser competete para decidir o respectivo caso a Comissão de Controlo e Seguimento da Saúde e do Desporto.

O outro ponto característico da presente lei diz respeito à consagração de um novo tipo legal de crime – art. 44º 1[138] – pelo qual se punem com pena de prisão de seis meses a dois anos, multa de seis a dezoito meses e inabilitação especial para ocupação do cargo público de dois a cinco anos, todos aqueles que sem justificação terapêutica prescrevam, proporcionem, dispensem, administrem, ofereçam ou facilitem a desportistas federados não competitivos, desportistas não federados que pratiquem o desporto por recreio, ou a desportistas que participem em competições organizadas por entidades desportivas, substâncias ou grupos farmacológicos proibidos, assim como métodos não regulamentares, destinados a aumentar as suas capacidades físicas ou a modificar os resultados das competições que pelo seu conteúdo, frequência de ingestão ou outras circunstâncias concorrentes, coloquem em perigo a vida ou a saúde dos mesmos.

Em suma, esta nova lei insurge-se em vários sectores da realidade social em que se pretende responder adequadamente à crescente preo-

---

da licença federativa (artigo 17º); Por fim as sanções aos médicos e demais pessoal de saúde, de clubes e equipas vão desde a privação da licença federativa de dois a quatro anos e multa de € 6001 a € 24.000, até à privação de licença federativa de quatro a seis anos e multa de € 3.001 a € 12.000, ou, no caso de as condutas envolverem um menor de idade ou quando sejam cometidas pela segunda vez, a sanção corresponderá à privação vitalícia da licença desportiva (artigo 18, nºs 1 e 2).

[138] Sobre este assunto, nomeadamente sobre o bem jurídico tutelado, Cfr. *supra* cap. 3º, nota 68.

cupação causada pelo *doping*. Apesar de o novo regime jurídico de combate à dopagem, como refere Antonio Millán Garrido[139], conter previsões duvidosas a nível legal, constitui, em todo o seu conjunto, um regime bastante positivo, sério e ambicioso, coerente com as previsões da organização desportiva privada e adaptado aos compromissos internacionais, colocando a Espanha no grupo de países que lideram o combate ao *doping* no desporto.

3. França[140]

Um dos primeiros estados a consagrar uma legislação específica sobre *doping* foi a França, em 1965, constituindo tal facto uma demonstração do enorme interesse que este país sempre teve no combate ao fenómeno aqui em estudo, de tal modo que, em 1984 e 1989, procedeu à consagração de novas leis sobre *doping* que actualmente já se encontram revogadas. A lei do primeiro referido ano de 1984, que ficou conhecida como "Lei Mazeaud", sancionava o consumo de substâncias consideradas dopantes simultaneamente com multas e com pena de prisão.

Em 1999, um ano após o escândalo protagonizado pela equipa de ciclismo da Festina no Tour de 98, a França, através da lei 223, de 9 de Março – referente à protecção da saúde dos desportistas e da luta contra a dopagem – colocou-se na vanguarda da luta antidopagem, pretendendo efectivar uma acção preventiva e de controlo sanitário e de educação de modo a preservar a saúde dos atletas e lutar contra o *doping*. Esta lei, integrada no código da saúde pública – art. L 3612 e ss – que define dopagem como a utilização de substâncias ou de procedimentos que tenham como finalidade modificar artificialmente as capacidades dos desportistas, ou

---

[139] Cfr. Antonio Millán Garrido, *ob. cit.*[2], p. 57.
[140] Sobre o regime jurídico de combate ao doping em França v., entre outros, M. Duval, *Le droit public du sport*, Presses Universitaires d'Aix-Marseille, 2002, pp. 335 e ss; J. C. Lapouble, *droit du sport*, LGDJ, paris, 1999; G. Auneau, *Dopage et mouvement sportif*, Presses Universitaires du sport, Voiron, 2001; Joseph Dugue, "La loi contre le dopage: principes generaux", *Revue juridique et économique du sport*, Limoges, nº 12, 1990, pp. 3-10; M. Lora-Tamayo Vallvé, "El dopaje en Francia", *Estudios sobre el dopaje en el deporte*, Dykinson, Colmenarejo, 2006, pp. 207 e ss; Eduardo Gamero Casado, *ob. cit.* [1], pp. 538 e ss; Alberto Palomar Olmeda/Cecilia Rodriguez Bueno/Antonio Guerrero Olea, *El dopaje en el Ambito del Deporte* – Análisis de una problemática, Aranzadi, 1999.

destinados a esconder a utilização de produtos dopantes, caracterizou-se a nível substancial por dois aspectos inovadores que correspondem ao Título I e Título II.

Sob o título "controlo médico dos desportistas" impuseram-se às federações desportivas obrigações a nível do controlo médico dos desportistas, como por exemplo a obrigação de obtenção de um certificado médico que ateste a ausência de contra-indicações do atleta para a prática desportiva, e para a prática desportiva de competição, no caso de emissão da primeira licença federativa (art. 5º), e no caso de participação em competições, respectivamente (art.6º).

Cabia ainda às federações desportivas, no âmbito do controlo médico dos desportistas e da vigilância da sua saúde, organizar e vigiar os calendários das competições e os programas de entretenimento, assim como programas de formação para o pessoal das federações desportivas, clubes e escolas, sem esquecer o empreendimento de acções de prevenção contra a utilização de substâncias dopantes (art. 9º).

Já no Título II – Prevenção e Luta contra a Dopagem – criou-se um Conselho de Prevenção e de Luta contra a Dopagem, adiante CPLD, órgão administrativo independente, que participa na definição da política de protecção da saúde dos desportistas e contribui para a regulação das acções da luta contra o *doping* (art.14).

O CPLD recebe informações sobre as operações da efectivação dos controlos *antidoping*, sobre os casos levados ao conhecimento da administração ou das federações desportivas e sobre as sanções aplicadas pelas federações desportivas. Por outro lado, o CPLD dirige às federações recomendações sobre as disposições a pôr em prática relativas à saúde dos atletas federados e às sanções disciplinares. Deverá também ser consultado sobre qualquer projecto de lei ou regulamento relativo à saúde dos atletas e à luta contra a dopagem e emite um relatório anual de actividades, público, ao Governo e ao Parlamento (art. 15º).

Quanto ao regime sancionatório estabeleceu-se que quando é o próprio desportista que comete a infracção há lugar a sanções administrativas; quando se trata de condutas levadas a cabo por terceiros recorre-se, novamente, à via penal. As penas contidas no art. 27º da lei – que podem ir desde seis meses a cinco anos de prisão e de multa compreendida entre € 7.622,45 e € 152.449,02 – são aplicadas a quem incite, administre ou utilize num atleta substâncias e métodos considerados dopantes. Quando o *doping* é detectado no seio de uma competição compete às federações desportivas proceder à aplicação das sanções administrativas por via disciplinar; quando é detectado fora das competições é ao CPLD que compete sancionar as condutas proibidas.

Quanto ao procedimento disciplinar compete ao órgão de primeira instância da federação pronunciar-se, no prazo de três meses, sobre a infracção às normas *antidoping*. No caso de o órgão de primeira instância não se pronunciar naquele prazo, o órgão de apelação da federação será o competente para dirigir o processo e terá quatro meses para se decidir sobre a existência ou não de violação das regras *antidoping* (art. 25). O CPLD tem competência para reformar as sanções aplicadas pelas federações desportivas, podendo decidir estender o campo de aplicação de uma sanção aplicada por uma determinada federação, de modo a afectar a actividade de um atleta numa outra federação, por sua própria iniciativa ou por iniciativa desta outra federação (art.26).

Em análise à lei nº 99-223, de 23 de Março de 1999, Gamero Casado[141] refere que é a mais bem articulada do mundo, se bem que a atitude policial e a condenação penal de pessoas externas à organização desportiva tenham conectado este regime com uma criminalidade que, no seu modo de ver, criou na opinião pública uma impressão negativa, focalizando o *doping* na vertente repressiva quando deveria centrar-se numa atitude preventiva.

Em 2006 entrou em vigor a nova lei específica sobre *doping* – lei nº 2006-405, de 5 de Abril, relativa à luta contra a dopagem e à protecção da saúde dos desportistas – que veio adaptar-se à evolução que se assistiu internacionalmente no combate ao *doping*, nomeadamente devido à importância que a Agência Mundial Antidopagem adquiriu e ao reconhecimento pelas federações internacionais do Código Mundial Antidopagem. Conforme atesta Lora-Tamayo Vallvé a clarificação das competências nacionais e internacionais foi efectuada de um modo simples: o controlo da legalidade das competições internacionais deve partir das instâncias internacionais que as organizam, com o fim de assegurar a equidade entre os desportistas de todas as nacionalidades; o controlo da legalidade das competições nacionais deverá pertencer às autoridades nacionais.

---

[141] Eduardo Gamero Casado, *ob. cit.* [1], pp. 540-543.

Esta nova lei, que apenas veio alterar alguns dos artigos vertidos no regime anterior, e que por isso mesmo também se encontra consagrada no Código da Saúde Pública e no Código do Desporto, tem como principais novidades:

1) **Uma maior adequação na protecção da saúde dos desportistas**: a) exigência de um certificado médico em função da idade e/ou da disciplina desportiva, não só aquando da emissão da primeira licença de cada atleta, mas em todas as renovações (art. 21º); b) relativamente aos desportistas de alto rendimento, obrigados a um acompanhamento médico constante, a lei prevê que o médico encarregado deste acompanhamento pode estabelecer um certificado de contra-indicação para a prática competitiva que será imposto à federação e que tem consequências médicas (art. 22º, nº 2); c) o Ministério dos Desportos assumiu um compromisso no âmbito da coordenação das políticas de prevenção e de investigação pública, caracterizando-se como uma responsabilidade governamental.

2) **A criação da Agência Francesa de Luta contra a Dopagem** – autoridade pública independente, com personalidade jurídica – que pôs fim ao CPLD, e que tem como principais funções: controlar toda a luta contra a dopagem; cooperar com o organismo internacional encarregado da mesma luta, COI; definir o programa anual dos controlos, sendo que para tal as federações, os clubes e os desportistas estão obrigados a comunicar à Agência todas as informações relativas à preparação, organização e desenvolvimento de treinos, competições e quaisquer outras manifestações desportivas. A Agência pode também realizar controlos antidoping com autorização do COI ou de uma federação internacional – art. L. 232-5 do Código do Desporto.

Quanto ao procedimento disciplinar poucas alterações se operaram relativamente à lei anterior. A federação dispõe de quatro meses para decidir sobre a violação das normas *antidoping* sob pena de, ultrapassado esse lapso de tempo, o caso passar para a Agência Francesa de Luta contra o Doping – art. L. 232-31 do Código do Desporto. A Agência pode rever sanções aplicadas pelas federações, assim como estender as sanções aplicadas por uma federação à actividade do atleta numa outra federação. A Agência tem ainda competência para sancionar atletas não federados – atletas que não possuam licença de uma federação francesa – que participem em treinos ou competições desportivas (não podemos esquecer que os desportistas estrangeiros são considerados não federados – art. L. 232-22 do Código do Desporto).

Uma última nota para referir que a nova lei manteve a "perseguição penal" sobre quem oferecer ou administrar a um atleta substâncias e métodos considerados dopantes, enquanto que os atletas/consumidores continuam a ser sancionados pelo direito administrativo. Como salienta Tavitian[142], o facto de em França se penalizar o consumo de drogas tóxicas/sociais e não o consumo de substâncias dopantes significa que jamais a legislação antidopagem pretende tutelar o bem jurídico da saúde pública.

---

[142] S. Tavitian, "Au nom de la loi", *Performance & Santé*, nº 3, 2003, *apud*, José Miguel Compañy Catalá y Emilio Basauli Herrero, "El tipo penal", *Comentarios a la Ley Orgánica de Protección de la Salud y de Lucha contra el Dopaje en el Deporte*, Bosch, 2007, pp. 419 e ss.

Capítulo 5º
O combate ao doping
no plano das organizações internacionais[143]

1. O Conselho da Europa
O Conselho da Europa foi a primeira organização internacional a dedicar-se à luta contra o *doping* no desporto, tornando-se a maior referência mundial nesta matéria. Depois da criação de um grupo de trabalho em

---

[143] Sobre o papel das organizações internacionais no combate ao Doping v., entre outros, Alexandre Miguel Mestre, *Desporto e União Europeia – Uma parceria conflituante?*, Coimbra Editora, 2002, pp. 249-262; Carmen Pérez González, "La Repressión del Dopaje en el Âmbito Europeo", *Estudios sobre el dopaje en el deporte*, Dykinson, 2006, pp. 255-266 [2]; Carmen Pérez González, "La Repressión del Dopaje en el ámbito de la Unión Europea", Revista Jurídica del Deporte, ano 2002 – 1, nº 7, Aranzadi, pp. 17-27 [1]; Eduardo Gamero Casado, *ob. cit.* [2], pp. 17-75; Alberto Palomar Olmeda/Antonio Guerrero Olea, "La conferencia mundial sobre el dopaje de Lausana, Desarrolo, evaluación y prospección", *Revista Jurídica del Deporte*, año 1999 – 1, número 1, Aranzadi; Palomar Olmeda/Carmen Pérez González, "El dopaje en la encrucijada de la Agencia Mundial Antidopaje", *Revista Jurídica del Deporte*, ano 2001 – 2, nº 6, Aranzadi, pp. 25-44; J. L. Carretero Lestón, "La Agencia Mundial Antidopaje: naturaleza, composición y funciones", *Régimen jurídico del dopaje en el deporte*, coorddenado por Antonio Millán Garrido, Bosch, 2005, pp. 77-85 [2]; J. I. Maynar Mariño, "La Agencia Mundial Antidoaje (AMA): funciones, competencias y problemática para la realización de su labor", Estudios sobre el dopaje en el deporte, Dykinson, pp. 129-142; M. Teresa Viñuelas Zahínos, "Las normas antidopaje – Actividad económica o meramente deportiva? Comentário a la Sentencia del TJCE de 30 de septiembre de 2004", *Revista Jurídica del Deporte y Entretenimiento*, ano 2005 – 2, nº 15, Aranzadi, pp. 279-282.

1963, o Conselho da Europa emite a sua primeira resolução[144] em 1967. Nesta recomenda-se aos estados membros que exerçam pressão sobre as federações desportivas de modo a que estas emitam regulamentos que condenem o uso, ou os procedimentos que facilitem o uso, na preparação ou durante a competição, de substâncias ou métodos considerados dopantes; e que penalizem os transgressores proibindo-os, temporária ou definitivamente, de fazerem parte da organização ou de actuarem em qualquer actividade desportiva oficial. Mais tarde, em 1979, é emitida a recomendação nº 79/8, de 20 de Abril, relativa à dopagem no desporto e, em 1984, a recomendação nº 84/19, de 25 de Setembro, que contém em anexo a Carta Europeia contra a Dopagem no Desporto. Apesar de todos estes actos[145] carecerem de força vinculativa, serviram para abrir caminho à celebração da Convenção Europeia Contra o Doping em 16 de Novembro de 1989[146].

A convenção de 1989 salienta-se, desde logo, por ter sido o primeiro instrumento legislativo a definir *doping* por remissão para um catálogo de substâncias ou métodos dopantes, facto que, no entender de Gamero Casado[147], introduziu uma dose razoável de segurança jurídica que jamais pode ser alcançada quando se define *doping* mediante conceitos gerais, abstractos, ou por referência a "toda a conduta ou prática que produza um aumento artificial do rendimento desportivo".

Os Estados Partes comprometeram-se a tomar as medidas necessárias, nomeadamente adopção de legislação, regulamentos ou medidas administrativas, para reduzir a disponibilidade e a utilização no desporto de agentes e de métodos dopantes proibidos, em particular, esteróides anabolizantes – art. 4º, nº 1. De modo a se atingirem tais finalidades os Estados Partes ajudarão as suas organizações desportivas no financiamento dos controlos e das análises *antidoping*, devendo recusar a concessão de

---

[144] Resolução do Conselho de Ministros 67/12, de 19 de Junho, sobre doping dos atletas. Esta resolução pode se consultada, na versão em inlgês, em www.coe.int, secção de desporto, "fight against doping".

[145] Podem ser consultados, na versão em inglês, em www.coe.int, secção de desporto, "fight against doping".

[146] A Convenção contra o Doping foi assinada por Portugal em 14 de Junho de 1990, aprovada para ratificação pelo decreto nº 2/94, de 20 de Janeiro, ratificada em 17 de Março de 1994 e entrou em vigor a 1 de Maio de 1994.

[147] Gamero Casado, *ob. cit.* [2] p. 17-75.

subvenções provenientes de fundos públicos a desportistas que tenham sido suspensos na sequência da descoberta de uma infracção aos regulamentos sobre doping – art. 4, nº 3, *a)* e *b)*. Para além de os Estados terem o dever de encorajar e facilitar a execução, por via das suas organizações desportivas, dos controlos antidoping solicitados pelas organizações internacionais e a conclusão, também por via das suas organizações desportivas, de acordos que autorizem equipas de controlo antidoping devidamente credenciadas a submeter a testes os seus membros que se encontrem noutros países, aqueles reservaram o direito de adoptarem regulamentos antidoping e de organizarem controlos antidoping por sua própria iniciativa e sob a sua responsabilidade – art. 4º, nº 3, *c)* e *d)*, e nº 4.

Com enorme importância encontramos o art. 6º, no qual as partes se comprometeram a elaborar e a pôr em execução programas educativos e campanhas de informação que realcem os perigos da utilização do *doping* para a saúde e o atentado aos valores éticos do desporto que o *doping* implica.

Previu-se também a clarificação e a harmonização dos regulamentos, das listas de substâncias proibidas, dos métodos de controlo e dos procedimentos disciplinares, aplicando-se sempre os princípios internacionalmente reconhecidos de justiça natural e garantido-se o respeito pelos direitos fundamentais dos desportistas e pelos procedimentos de aplicação de sanções efectivas aos responsáveis médicos, veterinários, treinadores e a outros responsáveis ou cúmplices em infracções aos regulamentos antidoping – art. 7º.

Para a aplicação prática da convenção, e em particular, para a satisfação das exigências referidas no parágrafo anterior, as partes deverão confiar a uma autoridade desportiva, governamental ou não governamental, designada para o efeito, ou a uma organização desportiva, a coordenação das políticas e das acções dos seus serviços e de outros organismos públicos envolvidos na luta contra o doping nos desporto – art. 3º.

Recentemente, em 12 de Setembro de 2002, foi aprovado um protocolo adicional à convenção cuja finalidade é incrementar a efectividade prática da convenção e assegurar o reconhecimento mútuo dos controlos *antidoping* efectuados pelos Estados Partes na convenção a desportistas de outros Estados. Este protocolo, que entrou em vigor a 1 de Abril de 2004 e no qual Portugal não foi parte, foi o primeiro instrumento de

Direito Internacional Público a reconhecer a competência da AMA para efectuar controlos fora de competição[148].

2. A União Europeia

O papel que a União Europeia tem vindo a desenvolver no combate ao *doping* só poderá ser entendido tendo em consideração a relação geral estabelecida entre a comunidade europeia e o desporto[149]. Cumpre assim assinalar que a intervenção da UE no sector do desporto se tem pautado por uma lógica algo titubeante, numa abordagem descontínua, em que o desporto tem assumido na maioria das vezes um lugar residual, devido, essencialmente, à ausência de uma qualquer referência em sede de direito primário da EU[150].

Apesar desta ausência, o TJCE desde cedo destacou que a prática do desporto se encontra regulada pelo direito comunitário, na medida em que constitui uma actividade económica entendida no sentido do artigo 2º do Tratado da Comunidade Europeia[151]. No entanto, como ficou bem claro no acórdão do TJCE, de 30 de Setembro de 2004[152], "há que salientar que, sendo certo que o desporto de alto nível se tornou, em larga

---

[148] Para maiores desenvolvimentos cfr. Cármen Pérez González, *ob. cit.* [2], p. 259.
[149] Sobre o desporto e a União Europeia v., entre nós, Alexandre Miguel Mestre, *ob. cit.* [1]; Alexandre Miguel Mestre, *O Desporto Na Constituição Europeia – O Fim do "Dilema de Hamlet"*, Almedina, 2004; André Dinis de Carvalho, *Da liberdade de circulação dos desportistas na União Europeia*, Coimbra Editora, 2004; João Leal Amado, *ob. cit.*, pp. 417 e ss.
[150] Cfr. Alexandre Miguel Mestre, *ob. cit.* [2], p. 169.
[151] Acórdão do TJCE no caso Walrave, de 12 de Dezembro de 1974, no caso Donà, de 14 de Junho de 1976, no caso Bosman, de 15 de Dezembro de 1995. Dispõe o artigo 2º do Tratado da Comunidade que, "A Comunidade tem como missão, através da criação de um mercado comum e de uma união económica e monetária e da aplicação das políticas ou acções comuns a que se referem os artigos 3º e 4º, promover, em toda a comunidade, o desenvolvimento harmonioso, equilibrado e sustentável das actividades económicas, um elevado nível de emprego e de protecção social, a igualdade entre homens e mulheres, um crescimento sustentável e não inflacionista, um alto grau de competitividade e de convergência dos comportamentos das economias, em elevado nível de protecção e de melhoria da qualidade do ambiente, o aumento do nível e da qualidade de vida, a coesão económica e a solidariedade entre os Estados-Membros."
[152] Acórdão do Tribunal de Primeira Instância, processo T-313/02, em que foram partes David Meca Medina, Igor Macjen e a Comissão das Comunidades Europeias, parágrafo 44 e ss.

medida, uma actividade económica, também é verdade que a luta antidopagem não prossegue qualquer objectivo económico... há que concluir que a proibição da dopagem assenta em considerações puramente desportivas e é, portanto, estranha a qualquer consideração económica. Esta conclusão conduz... a que as regras da luta antidopagem não possam, como também não o podiam as regulamentações examinadas pelo Tribunal de Justiça nos acórdãos Walrave, Donà e Deliège, ficar sob a alçada das disposições do Tratado sobre as liberdades económica... Com efeito as regras antidopagem estão intimamente ligadas ao desporto enquanto tal".

O facto de a dopagem não ser consagrada expressamente como competência da UE levou, nas palavras de Gamero Casado, a que se criasse entre nós um clima de descrédito sobre as acções da UE em matéria de *doping*.

Não obstante, e como evidencia Carmen Pérez González[153], isto não significa que o fenómeno da dopagem seja completamente alheio ao sistema comunitário. Na verdade, o direito comunitário contempla uma dimensão extra económica da actividade desportiva, que se relaciona com aspectos culturais, educativos e, no que se refere ao *doping*, com a saúde pública. Com as alterações de Masstricht, em 1992, a comunidade passa a ter uma acção complementar das políticas dos estados no que diz respeito à melhoria da saúde pública, à prevenção das doenças e afecções humanas e à redução das causas de perigo para a saúde humana decorrentes, nomeadamente, das drogas.

Apesar de tudo, certo é que a UE já antes de 1992 tinha intervindo em relação à dopagem sem qualquer título que lhe atribuísse competência para tal. Assim, o Conselho de Ministros da EU em 1990 demonstrou a sua preocupação relativamente ao fenómeno do *doping* através da resolução relativa a uma acção comunitária de luta contra a dopagem, que incluía o abuso de medicamentos nas actividades desportivas[154]. Em 1992 outro instrumento legislativo, o Código de Conduta Antidopagem nas actividades desportivas[155], demonstrava a preocupação dos Estados Membros pelos efeitos nocivos da dopagem para a saúde dos atletas. Para além

---

[153] Neste sentido Cfr. Cármen Pérez González, *ob. cit.* [2], p. 260.
[154] *JO* C 329, de 31 de Dezembro de 1990, p. 4.
[155] Anexo à resolução do Conselho e dos representantes dos governos dos Estados-membros no Conselho, de 19 de Fevereiro de 1992, *JO* C 44, de 19 de Fevereiro de 1992.

de muitos outros instrumentos legais emanados do seio da UE[156], há a destacar o Plano de Apoio Comunitário à Luta Contra a Dopagem no Desporto, de 1999, que teve como principais objectivos privilegiar a ética no desporto, reforçar a protecção da saúde do atleta e promover a participação da UE na AMA. Todas estas actuações, por falta de competência, cingiram-se a fórmulas de cooperação, não atingindo as pretensões de harmonização.

Pelo exposto, o papel mais relevante da UE parece ser o desenvolvido em relação ao "terceiro pilar" – cooperação policial e judiciária em matéria penal. Nesta sede ganha destaque a Resolução do Parlamento Europeu[157] que evidenciou que a produção e distribuição de produtos dopantes se transformou num negócio internacional efectuado por redes criminosas bem organizadas, de forma que as medidas adoptadas devem ter em conta o comércio ilegal de substâncias dopantes. Conforme realça Carmen Pérez González, "La cooperación policial y judicial se hace indispensable para luchar eficazmente contra las redes de dopaje. La aproximación de las legislaciones penales en esta materia podría servir, además, de marco para lograr una tipificación de los delitos y un sistema de sanciones armonizadas.[158]"

As esperanças de o desporto passar a fazer parte do direito primário da UE encontravam-se depositadas no Tratado que instituiria a Constituição para a Europa. Após o fracasso da primeira tentativa de aprovar a Constituição Europeia, foi formalmente aprovado o Tratado Reformador da EU – "Tratado de Lisboa" – durante a Cimeira informal de Chefes de Estado e de Governo da União, realizada em Lisboa a 18 de Outubro de 2007 e presidida pelo primeiro-ministro português.

---

[156] Sobre todos estes instrumentos v. Alexandre Miguel Mestre, *ob. cit.* [1], pp. 252-258.

[157] Resolução do Parlamento Europeu sobre a Comunicação da Comissão ao Conselho, ao Parlamento Europeu, ao Comité Económico e Social e ao Comité das Regiões relativa ao plano de apoio comunitário à luta contra a dopagem no desporto, *JO* C 98, de 9 de Abril de 1999, p. 291, que insta a Comissão a recorrer plenamente aos seus poderes, ao abrigo do artigo 12º da Directiva 92/27/CEE do Conselho, para estudar a viabilidade de colocar nas embalagens dos medicamentos um logotipo dirigido ao mundo do desporto com um "semáforo", acompanhado dos cinco anéis olímpicos, que indique imediatamente se determinado produto provoca/pode provocar/não provoca uma reacção positiva nos testes antidopagem efectuados pelos atletas.

[158] Cármen Pérez González, *ob. cit.* [2], p. 265.

O Tratado de Lisboa não tem alterações de fundo em relação ao documento que instituiria a Constituição para a Europa (artigos I – 17º e III – 282º), dispondo a alínea *e)* do artigo 6º do novo Título I – "AS CATEGORIAS E OS DOMÍNIOS DE COMPETÊNCIA DA UNIÃO", o seguinte: "A União dispõe de competência para desenvolver acções destinadas a apoiar, coordenar, ou completar a acção dos Estados-Membros no domínio do desporto.

Por sua vez, o artigo 149º do Tratado da União Europeia sofreu, neste âmbito, o seguinte aditamento: (nº 1) "A União contribui para a promoção dos aspectos europeus do desporto, tendo simultaneamente em conta as suas especificidades, as suas estruturas baseadas no voluntariado e a sua função social e educativa"; (nº 2) "...desenvolver a dimensão europeia do desporto, promovendo a equidade e a abertura nas competições desportivas e a cooperação entre os organismos responsáveis pelo desporto, bem como protegendo a integridade física e moral dos desportistas, nomeadamente dos mais jovens de entre eles."

Não podemos deixar de concordar com as palavras de Alexandre Mestre, quando diz que, "...a competência comunitária em matéria de desporto não se colocará em prática se não houver uma prévia acção nacional... a tarefa da UE reconduzir-se-á a conceitos jurídicos indeterminados como «contribuir», «favorecer», «apoiar», «completar», «fomentar», «reforçar» ou «relançar»... a UE terá, pois, competência para, no domínio do desporto, e no quadro do princípio da subsidiariedade, emanar um conjunto de acções de encorajamento, ou de *soft law*, designadamente resoluções, recomendações, declarações, programas de acção, conclusões, códigos de conduta, comunicados conjuntos, *gentleman's agreement*..."[159].

3. A Agência Mundial Antidopagem

O combate à dopagem no desporto, até ao "Tour de France de 1998", caracterizou-se essencialmente por uma dispersão da competência da repressão deste fenómeno estabelecendo cada organizador desportivo as suas próprias regras, arrogando-se titular dessa mesma competência[160]. Cada Federação Desportiva consagrava as suas próprias condutas proibi-

---

[159] Alexandre Miguel Mestre, *ob. cit.* [2], pp. 170-171.
[160] Neste sentido, Palomar Olmeda/Cármen Pérez González, *ob. cit.*, p. 26.

das e respectivas sanções de forma distinta de outras organizações. Os Estados, agora também preocupados com o carácter nocivo da dopagem para a saúde dos atletas, passaram a ter um papel cada vez mais activo na luta *antidoping*, nomeadamente na tentativa de harmonização das várias legislações[161].

Após o "Tour de França de 1998" jamais esta situação se manteria inalterável. Os poderes públicos passam a combater a dopagem, integrando-a na matéria de saúde e segurança pública. Em França distingue-se entre a utilização e o consumo de substâncias dopantes, punindo-se a primeira em termos e com os meios da segurança pública, e o segundo em termos estritamente desportivos[162]. As autoridades públicas passaram, então, a reprimir condutas de agentes desportivos, pondo fim, desta forma, a uma das características mais vincadas da repressão da dopagem: a sujeição a regras e normas desportivas[163]. A interferência dos poderes públicos na repressão à dopagem colocou em evidência uma efectiva confusão entre o combate à dopagem no âmbito da segurança pública e o combate à dopagem no âmbito desportivo. Para Palomar Olmeda y Carmen Pérez, "... la confusión es tan evidente que la modificación de la Ley Italiana en la materia produce, finalmente, una criminalización de la própria conducta del consumo". Para estes autores a melhor solução seria não incluir no âmbito penal o próprio desportista, deixando a sua punição para o âmbito estritamente desportivo, até para evitar problemas com a compatibilidade com o princípio geral de direito *ne bis in idem*[164].

Perante os problemas de harmonização das normas que compõem a luta antidopagem e dos conteúdos das mesmas, o movimento desportivo reagiu à interferência dos poderes públicos convocando a Conferência Mundial sobre o Doping no Desporto. A Conferência Mundial, realizada em Fevereiro de 1999 na Suiça, em Lausanne, previu, no seu ponto 4, a criação de uma Agência Antidopagem Internacional, totalmente autónoma, para estar operacional nos Jogos Olímpicos de Sidney, no ano 2000. Apesar de a Agência Mundial Antidopagem (AMA) ter sido criada em Novembro de 1999 e de ter entrando em funções no ano de 2000, só

---

[161] Cfr. Carretero Lestón, *ob. cit.* [2], p. 77.
[162] Cfr. Palomar Olmeda/Cármen Pérez González, *ob. cit.*, p. 27.
[163] Cfr. Palomar Olmeda/Cármen Pérez González, *ob. cit.*, p. 27.
[164] Palomar Olmeda/Cármen Pérez González, *ob.cit.*, p. 27 e 38.

em 21 de Março de 2001 foi formalmente constituída pelo Ministério Federal do Interior da Suíça.

A AMA, actualmente a instituição com maior relevo internacional no combate ao *doping*, é uma fundação privada regida pelo Direito Civil Suíço – art. 1º dos estatutos constitutivos. Depois de estar sedeada em Lausanne, a AMA transferiu a sua sede, em 2001, para a cidade de Montreal, Canadá. Para além da sede, a AMA tem a funcionar mais quatro gabinetes espalhados pelos vários continentes: África do Sul (Cidade do Cabo), Suíça (Lausanne), Japão (Tóquio) e Uruguai (Montevideu).

Na condição de fundador, o COI entrou com 25 milhões de dólares para a constituição da Agência, em 2000 e 2001, sendo certo que no futuro se veio a efectuar um financiamento equitativo entre o Movimento Olímpico e o Comité Consultivo Intergovernamental Internacional da Luta contra o Doping, que é composto pelos Estados e pelas organizações não governamentais de combate à dopagem.

De acordo com o artigo 4º, nº 1 dos seus estatutos constitutivos, a Agência tem como principal objectivo promover e coordenar, a nível internacional, a luta contra o doping no desporto nas suas múltiplas formas, incluindo a luta dentro e fora de competição. Para alcançar tal desiderato, a Agência cooperará com organizações intergovernamentais, governos, autoridades públicas e outras organizações públicas ou privadas que tenham por objectivo o combate ao *doping* no desporto, entre as quais o Comité Olímpico Internacional, as Federações Internacionais, os Comités Olímpicos Nacionais e os atletas.

Actualmente a AMA é composta por um Conselho, que reúne pelo menos uma vez por ano, com trinta e sete membros, dezassete pertencentes ao Movimento Olímpico, outros dezassete pertencentes aos poderes públicos, sendo os restantes eleitos de comum acordo pelo Movimento Olímpico e pelas autoridades públicas, nos termos do disposto no art. 6.3º dos Estatutos. A União Europeia, que detém um estatuto de observadora[165], é representada por dois membros: o responsável pela comissão de Educação, Cultura e Desporto, e o representante do Estado Membro que preside à UE. De entre outras funções que podem ser estabelecidas por Lei, pelos Estatutos ou por outras regras e decisões do próprio Conselho, a este cabe propor as alterações aos Estatutos, designar o

---

[165] Cfr. Carretero Lestón, *ob. cit.* [2], p. 81.

corpo de auditoria da Agência, designar o comité executivo e tomar todas as decisões relativas à aquisição ou à venda de imóveis[166]. Por outro lado, o Conselho encontra-se obrigado a assegurar a independência da Agência e a transparência em todas as suas actividades, a aprovar todas as regulamentações necessárias para o funcionamento adequado da Agência e a publicar, todos os anos, um relatório de contas e de actividades[167].

De acordo com o artigo 6.6º dos Estatutos e no intuito de as contribuições previstas no artigo 13º do Movimento Olímpico e das autoridades públicas se manterem equivalentes, a designação dos membros do Conselho está dependente dessas contribuições. Assim, não havendo equivalência nas contribuições do Movimento Olímpico e das autoridades públicas, a parte que contribuir com menos valor poderá designar um número menor de membros. O Conselho da AMA delega no Comité Executivo, composto actualmente por onze membros, a administração dos interesses e das actividades da Agência antidopagem.

Para além destes dois órgãos colegiais, a AMA tem um presidente, um vice-presidente, um secretário e um director geral. De acordo com o disposto no artigo 11º dos estatutos, o presidente e o vice-presidente do Conselho assumem automaticamente a posição de presidente e vice-presidente do comité executivo.

Como já referimos é função primária da Agência promover e coordenar a nível internacional a luta contra o *doping* no desporto. Adoptando a estrutura utilizada por Carretero Lestón[168], podemos dividir as funções da AMA em quatro grupos. A) Funções de prevenção: contribuir, ao nível dos princípios éticos internacionais, para a prática de desporto sem doping e para a protecção da saúde dos atletas (art. 4.2 dos Estatutos); desenvolver programas de educação e de prevenção de modo a promover a prática de desporto sem doping de acordo com os princípios éticos (art. 4.7 dos Estatutos); e desenvolver programas de investigação na luta contra o doping no desporto (art. 4.8 dos Estatutos). B) Funções de controlo: coordenar e realizar os controlos anti-doping em competição ou fora de competição (art. 4.4 dos Estatutos); e desenvolver, harmonizar e unificar os procedimentos relativos às análises e equipamentos, incluindo a

---

[166] Artigo 9º do Estatutos.
[167] Artigo 10º do Estatutos.
[168] Cfr. Carretero Lestón, *ob. cit.* [2], pp. 82-83.

homologação dos laboratórios (art. 4.5 dos Estatutos). C) Função de repressão: harmonizar regras, procedimentos disciplinares e sanções, tendo em consideração os direitos dos atletas (art. 4.6 dos Estatutos). D) Funções residuais: estabelecer, adaptar, modificar e actualizar a lista de substâncias e métodos proibidos. A Agência deverá publicar a lista pelo menos uma vez por ano, para entrar em vigor em 1 de Janeiro de cada ano (art. 4.3 dos Estatutos); controlar e harmonizar as decisões sobre as autorizações de uso para fins terapêuticos (art. 4.4 do Código Mundial Antidopagem); vigiar o respeito pela aplicação do Código Mundial Antidopagem (art. 23.4.1 do Código); aprovar a modificação do Código (art. 23.6.3 do Código); e recorrer para o Tribunal Arbitral do Desporto (art. 13.2.3 al. *e*)).

Para além de todas estas funções, uma das prioridades aquando da constituição da AMA foi a adopção, em 2003, do Código Mundial Antidopagem, herdeiro do Código Antidopagem do Comité Olímpico Internacional[169], que entrou em vigor em 2004. Actualmente encontra-se em vigor a versão aprovada pela AMA em Novembro de 2007 na cidade de Madrid, que entrou em vigor em 1 de Janeiro de 2009, e que constitui o instrumento mais importante do mundo de combate à dopagem no desporto.

Se a AMA é hoje considerada a organização mais importante e com maior poder de decisão na luta antidoping, não se pode dizer que se encontre alheia a quaisquer críticas. A sua natureza de fundação privada tem suscitado inúmeras críticas, por se entender não ser tal natureza consentânea com as suas funções[170]. Toda a questão se situa no facto de as normas emanadas pela AMA não serem vinculativas para os Estados, não estando estes obrigados a incorporá-las no seu ordenamento interno. Não quer isto significar, no entanto, que os Estados não possam incorporar no seu ordenamento interno respectivo as disposições da AMA. Assim, sabendo-se da limitação das normas emanadas pela AMA e dos

---

[169] Neste sentido Eduardo Gamero Casado, *ob. cit.* [2], p. 51.
[170] Para maiores desenvolvimentos sobre os problemas suscitados pela constituição da AMA como uma fundação de direito privado v., entre outros, Alberto Palomar Olmeda/Antonio Guerrero Olea, *ob. cit.*, pp. 80 e ss; Palomar Olmeda/Carmen Pérez González, *ob. cit.*, pp. 25--44; Carretero Lestón, *ob. cit.* [2], pp. 82-83.

instrumentos internacionais adoptados pelos vários Estados no combate à dopagem no desporto, foi adoptada, durante a 33ª Sessão da Conferência Geral da UNESCO, em 19 de Outubro de 2005, a Convenção Internacional Contra a Dopagem no Desporto com o intuito de lograr a vinculação dos Estados ao Código Mundial Antidopagem. Sobre este assunto debruçamo-nos *infra*.

O Código Mundial Antidopagem

Parece ser unânime que o maior mérito da AMA foi a elaboração do Código Mundial Antidopagem adoptado em 2003. Desde 1 de Janeiro de 2001 encontra-se em vigor a versão aprovada pela AMA em Novembro de 2007, na cidade de Madrid. Desde 2003 que o Código deixa transparecer a sua inspiração no Código Antidopagem do Movimento Olímpico, que por sua vez já era baseado no Código Médico do Comité Olímpico Internacional.

Após a elaboração do código competia aos Estados, aos Comités Olímpicos Nacionais, aos Comités Paraolímpicos, às Federações Internacionais e Nacionais, entre outras organizações desportivas, aderirem ao mesmo. Apesar de quase todos os estados terem assinado a declaração de adesão e de todos os Comités Olímpicos Nacionais e todas as Federações Internacionais Olímpicas de desportos de verão e de inverno terem aderido ao código, este processo não passou ao lado de uma forte polémica[171]. Na verdade, o COI colocou enorme pressão sobre todas as organizações de modo a aderirem ao código. Assim, as Federações Olímpicas que não o fizessem corriam o risco de não serem reconhecidas, com a consequência de os respectivos desportos serem excluídos dos Jogos Olímpicos. Do mesmo modo, os comités olímpicos nacionais que não aderissem ao código deixariam de poder inscrever os seus atletas nos Jogos Olímpicos, enquanto que os Estados não poderiam candidatar-se a organizar os Jogos. Toda esta situação encontra-se resumida nas palavras de Gamero Casado: "todo ello evidencia un pulso de poder entre diferentes instancias deportivas internacionales, que nos evoca una vez más el equilibrio inestable que representa el sistema de *trust*. De momento,

---

[171] A lista de organizações desportivas que adoptaram o código pode ser consultada em *www.wada-ama.org*.

el Comité Olímpico Internacional parece haber victorioso del envite y ha logrado imponer su posición"[172].

O Código Mundial Antidopagem constitui o nível 1 do Programa Mundial Antidopagem que abarca todos os elementos necessários no sentido de garantir uma boa harmonização e boas práticas no âmbito dos programas antidopagem nacionais e internacionais. O nível 2 é constituído por Normas Internacionais e o nível 3 por modelos de Boas Práticas. Conforme consta da Introdução ao Programa Mundial, o código é o documento essencial e universal que tem por finalidade a promoção da luta antidopagem através da harmonização dos principais elementos ligados a essa mesma luta, devendo ser suficientemente específico de forma a permitir uma total harmonização das questões que exigem uniformidade e, ao mesmo tempo, suficientemente geral noutras áreas de forma a permitir flexibilidade na implementação dos princípios antidopagem acordados.

A primeira parte do código enuncia as regras e princípios específicos de antidopagem que devem ser seguidos pelas organizações responsáveis pela adopção, implementação e aplicação de regras antidopagem nas áreas da sua competência. Apesar desta primeira parte do código não substituir nem eliminar a necessidade de cada organização antidopagem adoptar regulamentos específicos, algumas das disposições que aqui se encontram devem ser incorporadas de forma literal. Outras disposições estabelecem princípios de orientação obrigatórios, que permitem flexibilidade na formulação de regras por parte de cada organização, ou estabelecem ainda requisitos que devem ser seguidos por cada organização sem que haja necessidade de estes serem repetidos nas suas próprias regras.

Deste modo, os artigos que devem ser incorporados sem qualquer alteração substancial nas regras das organizações antidopagem são os seguintes (artigo 23.2.2): Artigo 1 (definição de dopagem); Artigo 2 (violação das regras antidopagem); artigo 3 (prova de dopagem); artigo 4.2.2 (substâncias específicas); artigo 4.3.3 (determinação por parte da AMA da lista de substâncias específicas); artigo 7.6 (saída do desporto); artigo 9 (invalidação automática de resultados individuais); artigo 10 (sanções impos-

---

[172] Eduardo Gamero Casado, *ob. cit.* [2], p. 57.

tas a indivíduos); Artigo 11 (consequências para as equipas); Artigo 13 (recursos); artigo 15.4 (reconhecimento mutuo), artigo 17 (prazo de prescrição), artigo 24 (interpretação do código) e as definições (apêndice 1).

Se estes artigos parecem vincular as organizações desportivas, o mesmo já não se pode dizer quanto aos Estados. Para além de o código ter sido emanado por uma fundação privada que não vincula os Estados, a Convenção Internacional Contra a Dopagem no Desporto da UNESCO, como veremos melhor, dispõe que o código é referido a título informativo e não faz parte integrante da convenção – artigo 4º, nº 2, restando aos Estados respeitar os princípios enunciados no código – artigo 4º, nº 1.

Desta forma, desde já nos apercebemos das dificuldades com que as organizações desportivas internas se defrontarão no caso de os estados adoptarem instrumentos legais divergentes do código: por um lado vêem-se obrigadas a incorporar determinados artigos do código; por outro, vêem-se obrigadas a respeitar a legislação estadual sobre a matéria. Assim, o código não constitui um corpo normativo directamente aplicável a todas as entidades que a ele adiram, tratando-se por isso de um género de directiva que carece de transposição para o ordenamento próprio de cada entidade desportiva[173].

Passando a uma análise descritiva, começamos por destacar os fundamentos do Código Mundial Antidopagem:

"O programa antidopagem visa preservar os valores intrínsecos característicos do desporto. Este valor intrínseco é muitas vezes descrito como "o espírito desportivo"; constitui a essência do Olimpismo; traduz-se no "jogo limpo". O espírito desportivo é a celebração do pensamento humano, corpo e espírito, e caracteriza-se pelos seguintes valores:

- Ética, *Fair Play* e honestidade
- Saúde
- Excelência no rendimento
- Personalidade e educação
- Divertimento e satisfação
- Trabalho de equipa
- Dedicação e empenhamento
- Respeito das regras e das leis

---

[173] Cfr. Gamero Casado, *ob.cit.* [2], p. 59.

- Respeito por si próprio e pelos outros participantes
- Coragem
- Espírito de grupo e solidariedade
- A dopagem é contrária à essência do espírito desportivo

O código ora em análise define dopagem como a verificação de uma ou mais violações das normas antidopagem enunciadas nos artigos 2.1 a 2.8. Assim, constitui dopagem:

"2.1 – A presença de uma substância Proibida, dos seus Metabolitos ou Marcadores, numa amostra recolhida a partir de um praticante desportivo.

2.1.1 – É um dever pessoal de cada praticante desportivo assegurar que não introduz no seu organismo nenhuma substância proibida. Os praticantes desportivos são responsáveis por qualquer substância proibida, ou os seus marcadores metabolitos ou marcadores que sejam encontrados nas suas amostras orgânicas. Deste modo, não é necessário fazer prova da intenção, culpa, negligência, ou do uso consciente por parte do praticante desportivo de forma a determinar a existência de uma violação das normas antidopagem nos termos do art. 2.1.

2.2 – Utilização ou tentativa de utilização de uma substância proibida ou de um método proibido.

2.3 – A recusa ou uma falta sem justificação válida a uma recolha de amostras após notificação, em conformidade com as regras antidopagem vigentes, ou ainda qualquer comportamento que se traduza numa fuga à recolha de amostras.

2.4 – A violação das exigências de disponibilidade dos praticantes desportivos relativamente à realização dos controlos fora de competição, incluindo o desrespeito, por parte dos praticantes desportivos, da obrigação de fornecerem informações sobre a sua localização bem como controlos declarados como não realizados com base em regras adequadas.

2.5 – A falsificação, ou tentativa de falsificação de qualquer elemento integrante do controlo de dopagem.

2.6 – Posse de substâncias e métodos proibidos.

2.7 – O tráfico ou tentantiva de tráfico de qualquer substância proibida ou método proibido.

2.8 – A administração, ou tentativa de administração de uma substância proibida ou método proibido a qualquer praticante desportivo, ou ainda apoiar, incitar, contribuir, instigar ou dissimular qualquer outro tipo de cumplicidade envolvendo uma violação de uma norma antidopagem ou qualquer outra tentativa de violação."

Aqui chegados, cumpre tecer algumas considerações. O código, na sua versão oficial, encerra não só o conteúdo dispositivo dos artigos mas também os comentários aos mesmos. Desde logo pode questionar-se se tais comentários fazem ou não parte integrante dos artigos. Mesmo que a resposta a essa questão seja negativa, certo é que os comentários deverão ser utilizados como critérios de interpretação, o que constitui uma prática legislativa desconhecida do nosso ordenamento jurídico e que cria zonas interpretativas nebulosas.

Por outro lado, da análise das infracções *supra* descritas retira-se que tanto se condena a prática de condutas materiais, como de condutas formais – por exemplo a recusa a uma recolha de amostra –, como ainda se condena a prática de condutas de resultado e de simples tentativa.

Uma outra consideração merece o artigo 2.1.4. O artigo remete-nos para os critérios especiais de avaliação de proibições que podem ser produzidas de forma endógena, estabelecidos pela lista de substâncias e de métodos proibidos[174]. Assim, estabelece esta lista que quando uma das substâncias proibidas possa ser produzida naturalmente pelo organismo, uma amostra será considerada como contendo essa substância proibida quando a sua concentração ou dos seus metabolitos ou marcadores e/ou de qualquer (quaisquer) outra(s) razão(ões) relevante(s) na amostra do atleta se desviar dos valores normalmente encontrados em seres humanos, não sendo por isso consistente com uma produção endógena normal. Uma amostra não deverá ser considerada como contendo uma substância proibida sempre que o atleta prove com evidências que a concentração da substância proibida ou dos metabolitos ou marcadores e/ou de qualquer (quaisquer) outra(s) razão(ões) na sua amostra é atribuível a uma condição patológica ou fisiológica.

---

[174] Lista de Substâncias e Métodos Proibidos, Código Mundial Antidopagem, 1 de Janeiro de 2007, ratificada pelo Grupo de Monitorização da Convenção Contra a Dopagem do Conselho da Europa em 14/11/2006 e pelo CNAD em 29/11/2006.

Temos portanto que, quando é encontrada uma substância que possa ser produzida naturalmente pelo organismo, a lei estabelece a presunção de que a substância é de origem exógena sempre que a sua concentração ou dos seus metabolitos ou marcadores se desviar dos valores normalmente encontrados em seres humanos.

Esta presunção, na versão do código de 2003 não invertia, rigorosamente, o ónus da prova no sentido de se concluir que, caso o atleta não consiga provar com evidências que a concentração da substância proibida ou dos metabolitos ou marcadores e/ou de qualquer (quaisquer) outra(s) razão(ões) na sua amostra é atribuível a uma condição patológica ou fisiológica, a origem da substância é exógena. Isto porque a disposição contida na lista de substâncias e de métodos proibidos deverá ser interpretada de acordo com o artigo 3.1 do Código Mundial Antidopagem: "... nos casos em que o código coloca o ónus da prova sobre o praticante desportivo ou qualquer outra pessoa que presumivelmente tenha cometido uma violação de uma regra antidopagem, como forma de se defender de uma acusação ou ilidir uma presunção ou determinados factos ou circunstâncias que lhe são imputados, o grau de prova exigível será fundado no justo equilíbrio das probabilidades".

Contudo, a nova versão do código de 2007, que entrou em vigor em 1 de Janeiro de 2009, alterou a redacção do artigo 3.1 dispondo que o grau de prova exigível será fundado no justo equilíbrio das probabilidades, excepto nos casos previstos nos artigo 10.4 e 10.6 em que recai sobre o praticante desportivo um maior grau de prova.

Deste modo, e apesar de também esta técnica legislativa não ser conhecida no nosso sistema jurídico, enquanto que em 2003 ao atleta bastava criar a dúvida fundada no julgador de que a substância se encontra no seu organismo devido a uma condição patológica ou fisiológica, não sendo necessário efectuar uma prova plena nesse sentido, actualmente sobre o atleta recai o ónus de efectuar a prova do contrário[175], isto

---

[175] De acordo com a lista de substâncias: "em todos os casos, e para qualquer concentração, a amostra do atleta será considerada como contendo uma substância proibida e o laboratório reportará um resultado analítico positivo se, baseado num método analítico válido (por exemplo IRMS) possa demonstrar que a substância proibida é de origem exógena. Nesse caso, não é necessária qualquer investigação complementar."
Para maiores desenvolvimentos sobre o ónus da prova v. *infra*, 2ª parte, cap. 2, nº 5.

é, que a substância se encontra no seu organismo devido, sem margem para dúvidas, a uma condição fisiológica ou patológica. Estamos perante uma verdadeira inversão do ónus da prova.

Se o laboratório reportar uma concentração dentro dos valores normalmente encontrados em seres humanos e o método analítico válido (por exemplo IRMS) não demonstrar a origem exógena da substância, mas se existirem indicações sólidas, como a comparação com perfis de esteróides de referência, de uma possível utilização de uma substância proibida, a organização antidopagem relevante deverá conduzir uma investigação complementar, através da revisão de resultados de testes anteriores ou da realização de testes subsequentes, de forma a determinar se o resultado é atribuível a uma condição patológica ou fisiológica, ou resultou de uma substância proibida.

Quando o laboratório reportou a presença de uma razão testosterona/epitestosterona superior a quatro para um na urina e um método analítico válido (por exemplo IRMS) não tenha demonstrado a origem exógena da substância, são obrigatórias investigações complementares, através da revisão de resultados de testes anteriores ou da realização de testes subsequentes, de forma a determinar se o resultado é atribuível a uma condição patológica ou fisiológica, ou resultou da utilização de uma substância proibida. Se o laboratório reportou o resultado, baseado num método analítico válido (por exemplo IRMS), demonstrando que a substância proibida é de origem exógena, não é necessária qualquer investigação complementar e a amostra será considerada como contendo uma substância proibida.

Quando um método analítico válido (por exemplo IRMS) não foi utilizado e não estão disponíveis os resultados de um mínimo de três controlos anteriores, a organização antidopagem relevante deverá obter um perfil longitudinal do atleta através da realização de pelo menos três controlos sem aviso prévio num período de três meses. Se o perfil longitudinal do atleta obtido através da realização dos referidos controlos sem aviso prévio não é fisiologicamente normal, o resultado deverá ser reportado como positivo.

Em casos extremamente raros, pode-se encontrar boldenona de origem endógena na urina em concentrações muito baixas de nanogramas por mililitro. Quando uma dessas concentrações muito baixas de boldenona é reportada por um laboratório e um método analítico válido (por exemplo IRMS) não demonstrar a origem exógena da substância, podem ser realizadas investigações complementares, através da realização de testes subsequentes. Quando um método analítico válido (por exemplo IRMS) não foi utilizado, a organização antidopagem relevante deverá obter um perfil longitudinal do atleta através da realização de pelo menos três controlos sem aviso prévio num período de três meses. Se o perfil longitudinal do atleta obtido através da realização dos referidos controlos sem aviso prévio não é fisiologicamente normal, o resultado deverá ser reportado como positivo.

Para a 19-norandrosterona, um resultado analítico positivo reportado por um laboratório é considerado como sendo uma prova científica e válida da origem exógena da substância proibida. Nesse caso, não é necessária qualquer investigação complementar.

A falta de colaboração do atleta na realização de investigações conduzirá a que a sua amostra seja considerada como contendo uma substância proibida".

Apesar desta alteração, o Código Mundial Antidopagem não exige o mesmo grau de prova para os casos previstos no artigo 10.5, sob pena de violar o princípio da presunção de inocência, princípio basilar de um Estado de direito[176].

Sobre a questão da consagração pelo código de uma responsabilidade do tipo objectiva ou subjectiva – que resulta dos artigos 2.1 e 2.2 e do artigo 10.5.1 – debruçamo-nos na 2ª parte do presente estudo.

Outro destaque vai direccionado para os artigos 8 e 13.2.1 do Código Mundial Antidopagem. Assim, de acordo com o artigo 8º, "cada organização antidopagem com responsabilidade na gestão de resultados deverá prever um processo de audição para qualquer pessoa que alegadamente tenha cometido uma infracção às regras antidopagem. Esse processo de audição deverá determinar se foi ou não cometida alguma infracção das regras antidopagem e, se for caso disso, quais são as consequências desse facto. O procedimento de audição deverá respeitar os seguintes pontos:

- a audição deverá realizar-se num prazo razoável;
- a instância da audição deverá ser justa e imparcial;
- o direito a ser representado por um advogado, a expensas próprias;
- o direito a ser informado de forma justa e num prazo razoável das normas antidopagem que alegadamente terá violado;
- o direito a defender-se das acusações de violação das normas antidopagem e das consequências daí resultantes;
- o direito de cada uma das partes a apresentar provas, incluindo o direito a apresentar e interrogar testemunhas (cabendo à instância da audição a decisão sobre a aceitação de testemunhas via telefone ou por escrito);
- o direito da pessoa à presença de um intérprete na audição, cabendo à instância da audição a escolha do intérprete em causa, bem como a responsabilidade pelo pagamento dos honorários do intérprete; e
- o direito a uma decisão em tempo razoável, devidamente fundamentada e por escrito".

---

[176] Este tema é apronfundado no nº 5, do 2º Capítulo, da 2ª Parte.

No que diz respeito à matéria de recursos, nos termos do artigo 13.2.1, "em casos decorrentes de competições integradas numa manifestação desportiva internacional, ou nos casos que envolvam praticantes desportivos de nível internacional, a decisão pode ser recorrida exclusivamente para o Tribunal Arbitral de Desporto nos termos das disposições em vigor nesse tribunal".

Concordamos com Gamero Casado quando refere que "... el efecto paralelo de debilitamiento de garantias que conlleva la sejeición a estes tipo de instancias se revela especialmente desaconsejable, y obliga a depurar los instrumentos judiciales de control de las decisiones de naturaleza arbitral para evitar cualquier conculcación de derechos o garantías fundamentales; opción descartable, de momento, a la vista de la doctrina judicial suiza"[177].

Estritamente relacionado com esta disposição, encontramos o nº 5 do artigo 57º do novo regime jurídico da luta contra a dopagem no desporto (Lei nº 27/2009, de 19 de Junho): "Da decisão proferida pela AdoP cabe recurso para o Tribunal Arbitral do Desporto de Lausanne."[178]

Para finalizar, e no que diz respeito às sanções aos atletas, refira-se que o código estipula sanções estritamente desportivas, como a invalidação do resultado individual obtido na competição em que se verificou a violação dos regulamentos antidopagem e a retirada de medalhas, pontos e prémios (artigo 9); sanções disciplinares que podem ir desde uma advertência até à irradiação da prática da modalidade (artigo 10.2 a 10.7), ou mesmo até à invalidação de todos os resultados individuais obtidos pelo praticante desportivo durante uma manifestação desportiva em que se verificou a violação de uma norma antidopagem.

Apesar do exposto, sempre que o praticante desportivo conseguir demonstrar que na origem da infracção em causa não esteve qualquer conduta culposa ou negligente da sua parte, os seus resultados individuais obtidos noutras competições não serão invalidados, excepto se os resultados do praticante desportivo noutras competições que não naquela em

---

[177] Cfr. Eduardo Gamero Casado, *ob. cit.* [2], p. 71.
[178] Por uma questão de organização dos trabalhos, pronunciamo-nos sobre o mérito deste preceito no Capítulo 6º desta 1ª Parte.

que ocorreu a infracção aos regulamentos antidopagem pudessem ter sido influenciados pela infracção – art. 10.1 e 10.1.[179]

No que diz respeito às sanções aplicadas às equipas, dispõe o artigo 11 que "caso mais do que um membro de uma equipa de um desporto colectivo tenha sido notificado da possibilidade da violação de uma norma antidopagem nos termos do artigo 7 no âmbito de uma manifestação desportiva, a equipa deverá ser sujeita a um controlo direccionado durante a manifestação em causa.

Se se apurar que mais que dois membros de uma equipa cometeram uma violação de uma norma antidopagem durante um evento desportivo, a entidade organizadora do evento aplicará à equipa as sanções adequadas (por exemplo, perda de pontos, desclassificação ou outra sanção), para além de outras sanções aplicáveis aos desportistas individuais – artigo 11.2. Este artigo apresenta um diferença substancial relativamente à versão de 2003: anteriormente a entidade organizadora do evento tinha o poder de aplicar uma sanção quando mais do que um membro de uma equipa tinha cometido uma violação de uma norma antidopagem; agora a mesma entidade tem o dever de aplicar uma sanção, mas só quando mais do que dois membros de uma equipa cometerem uma infracção[180].

No âmbito das modalidades desportivas que sejam consideradas desportos colectivos, o organismo responsável pelo evento pode ainda estabelecer normas com sanções específicas para as equipas – artigo 11.3.

Não obstante, nada impede que um signatário ou um governo que reconheça o presente código aplique as suas próprias regras para efeitos de imposição de sanções a uma organização desportiva sobre a qual o signatário ou o governo possua autoridade – art. 12º.

4. A UNESCO

A conferência geral das Nações Unidas para a Educação, a Ciência, e a Cultura, reunida em Paris, na sua 20ª sessão, em 21 de Novembro de 1978, proclamou a Carta Internacional da Educação Física e do Desporto da

---

[179] Para maiores desenvolvimentos sobre esta sanção e nomeadamente sobre a sua natureza v, *infra*, 2ª parte, capítulo 1º.
[180] Para maiores desenvolvimentos sobre esta alteração v. 2ª parte do presente estudo.

Unesco, que no seu artigo 7º declara que a defesa dos valores éticos e morais da educação física e do desporto deve ser uma preocupação constante de todos. Nesta linha, "o desporto de alta competição e o desporto praticado por todos devem ser protegidos de todos os desvios. As sérias ameaças que pairam sobre os valores éticos, a sua imagem e o seu prestígio, fenómenos tais como a violência, a dopagem e os excessos comerciais, deformam a sua intrínseca natureza e alteram a sua função pedagógica e sanitária" – art. 7º, nº 1. Assim, "não se devem poupar esforços para evidenciar as consequências nefastas da dopagem, ao mesmo tempo perigosa para a saúde e contrária aos princípios da ética desportiva..." – art. 7º, nº 4.

Apesar da referida carta, só passados dez anos a organização voltou a intervir na luta contra o doping, adoptando a Recomendação nº 5 pela 2ª Conferência Internacional dos Ministros e Altos Funcionários Responsáveis pela Educação Física e pelo Desporto, organizada pela UNESCO em Moscovo (1988)[181].

Perante as dificuldades da AMA, como fundação suíça de direito privado, em tornar vinculativa a aplicação do Código Mundial, a UNESCO acordou, em 2003, em promover uma convenção que pudesse ultrapassar essas mesmas dificuldades[182]. Assim, em Outubro de 2005 foi adoptada, pela 33ª sessão da conferência geral da UNESCO, a Convenção Internacional Contra a Dopagem no Desporto, que Portugal aprovou por via do Decreto nº 4-A/2007, de 20 de Março. Com a convenção a UNESCO visa

---

[181] A UNESCO regressou ao tema do doping, sem trazer nada de novo, no ano de 1999, em Punta del Este (Uruguay), no ano de 2003, em Paris e, no ano de 2004, em Atenas.

[182] Eduardo Gamero Casado, *ob. cit.* [2], p. 53: "En efecto, la posicíon de la UNESCO insiste em señalar que «la Agencia Mundial Antidopaje es una fundación suiza de derecho privado y composición mixta que está integrada en parte por entidades intergubernamentales, y en parte por organizaciones deportivas voluntarias, por lo cual no puede conferir a su código el carácter obligatorio que tendría un instrumento jurídico de derecho público. Lo mismo ocurre con la Carta Internacional Olímpica contra el Dopaje en el Deporte, porque emana de una organización de índole no gubernamental y, además, sus disposiciones sólo se aplican a los deportes olímpicos. Los demás textos existentes sobre la lucha contra el dopaje, ya sean nacionales, regionales o internacionales, carecen también de alcance jurídico en el plano intergubernamental y universal. De ahí que los expertos consideren necesaria la elaboración de una convención internacioanl contra el dopaje en el deporte, sobre la qual se va a pronunciar la Conferencia General da la UNESCO el los días venideros.»"

a promoção da prevenção e da luta contra a dopagem no desporto com vista à sua eliminação[183]. De forma a atingir-se esta finalidade os Estados Partes comprometeram-se a adoptar medidas adequadas a nível nacional e internacional que sejam compatíveis com os princípios enunciados no Código Mundial Antidopagem; a encorajar todas as formas de cooperação internacional com vista a proteger os praticantes desportivos e a ética do desporto e a difundir os resultados da investigação; e a promover a cooperação internacional entre os Estados membros e as principais organizações responsáveis pela luta contra a dopagem no desporto, em particular, a Agência Mundial Antidopagem[184].

A nível interno cabe aos Estados Partes assegurar a aplicação da Convenção, em particular mediante medidas de coordenação. Assim, os Estados podem apoiar-se em organizações de antidopagem, bem como em autoridades e organizações desportivas[185]. A nível internacional os Estados Partes encorajam a cooperação entre as organizações antidopagem, os poderes públicos e as organizações desportivas sob a sua jurisdição e sob a jurisdição de outros Estados Partes, de modo a que se elimine, a nível internacional, o doping no desporto[186].

A convenção destaca-se pelo ponto IV – "Educação e formação" – que coloca em evidência a enorme preocupação dedicada à prevenção da dopagem: consciente de que o desporto deve desempenhar um papel importante na protecção da saúde, na educação moral, cultural e física e na promoção das boas relações internacionais e da paz; preocupada com o uso da dopagem por praticantes desportivos e com as consequências que daí possam advir para a saúde dos mesmos, para o princípio do jogo limpo (*fair play*), para a eliminação da fraude e para o futuro do desporto; atenta ao facto de que a dopagem põe em perigo os princípios éticos e os valores educativos consagrados na Carta Internacional da Educação Física e do Desporto da UNESCO e na Carta Olímpica, "os Estados Partes comprometem-se, em função dos seus recursos, a apoiar, a elaborar, ou a pôr em execução programas educativos e de formação em matéria de luta

---

[183] Artigo 1º da Convenção Internacional Contra a Dopagem no Desporto.
[184] Artigo 3º da Convenção Internacional Contra a Dopagem no Desporto.
[185] Artigo 7º da Convenção Internacional Contra a Dopagem no Desporto.
[186] Artigo 13º da Convenção Internacional Contra a Dopagem no Desporto.

contra a dopagem. Para a comunidade desportiva em geral tais programas devem ter por fim a prestação de informações actualizadas e precisas sobre: a) os efeitos negativos da dopagem nos valores éticos do desporto; b) as consequências da dopagem na saúde"[187].

De uma maneira geral a convenção não traz grandes novidades ao combate ao *doping*, havendo mesmo quem entenda que não se produziu qualquer avanço na harmonização legislativa e na cooperação internacional, principalmente no que diz respeito à criminalidade[188].

Na verdade, cumpre realçar que a convenção acaba por não alcançar o objectivo para o qual foi criada: tornar vinculativo o Código Mundial Antidopagem. Conforme dispõe o nº 2 do art. 4º, "o código e a versão mais actualizada dos apêndices 2 e 3 são reproduzidos a título informativo e não fazem parte integrante da presente convenção", pelo que os Estados Partes apenas se comprometem a respeitar os princípios enunciados no código – artigo 4º, nº 1. A solução acolhida pela convenção deve-se ao facto, como veremos melhor na segunda parte do presente estudo, de o código levantar inúmeras questões de compatibilidade com o direito interno dos Estados Partes, *maxime* com alguns princípios constitucionais – princípio *nulla poena sine culpa*, *in dubio pro reo* e princípio da proporcionalidade. Caso a opção legislativa passasse pela atribuição de força obrigatória ao código, em causa ficariam também os princípios nele vertidos.

Com o Decreto nº 4-A/2007, de 20 de Março, Portugal teve de rever a sua legislação de combate ao *doping*, em particular o Decreto-Lei nº 183/97, de 26 de Julho, por forma a dar cumprimento, pelo menos, aos princípios vertidos no Código Mundial de Antidopagem. Assim, Portugal adoptou o novo Regime Jurídico da Luta Contra a Dopagem no Desporto por via da Lei nº 27/2009, de 19 de Junho.

Apesar da conveção da UNESCO, os Estados Partes acabam por gozar ainda de alguma margem de manobra na adopção dos princípios do código. A Convenção Internacional Contra a Dopagem no Desporto da UNESCO não deixa no entanto de evidenciar, mais uma vez, todos os perigos da dopagem e de tornar mais credível a luta contra o fenómeno aqui em análise.

---

[187] Cfr. preâmbulo e artigo 19º da Convenção Internacional Contra a Dopagem no Desporto.
[188] Cfr. Eduardo Gamero Casado, *ob. cit.* [2], p. 55.

Capítulo 6º
O combate ao doping em Portugal

1. Evolução legislativa

O fenómeno do *doping* no desporto tornou-se, entre nós, uma preocupação desde muito cedo. Já em 1952, pela circular Lº 1/52, nº 1 de 10 de Janeiro, a Direcção-Geral de Desportos alertava as Federações Desportivas para os perigos resultantes do uso de estimulantes pelos praticantes desportivos. Pela circular Lº 1/63, Pº 1, de 29 de Agosto de 1963, chamou-se a atenção dos clubes, dos dirigentes, do pessoal clínico e dos praticantes, para a ilicitude que a prática da dopagem constitui e para as consequências que tem, quer na saúde dos desportistas, quer nos princípios sob os quais a prática desportiva deve decorrer.

Como podemos constatar Portugal "acordou" cedo para a problemática do *doping* no Desporto. O primeiro controlo de dopagem em Portugal foi realizado em 1968, durante a Volta a Portugal em bicicleta, pelos Drs. Carlos Tapadinha e Carlos Bicó. Durante toda a década de 70, os controlos de dopagem foram efectuados quase na totalidade no seio do ciclismo, sob a regulamentação da União Ciclista Internacional, tendo as análises sido realizadas primeiramente na Faculdade de Farmácia de Lisboa, passando, a partir de 1974, para a Faculdade de Farmácia de Coimbra, sob a orientação do Professor Proença da Cunha[189].

---

[189] Neste sentido, "História da Luta contra a dopagem em Portugal", em www.idesporto.pt.

Perante o alerta da comunidade desportiva para o problema do *doping*, em 1970 este tema é abordado no Decreto-Lei nº 420/70, de 3 de Setembro (Regime Jurídico de Combate ao Tráfico Ilegal de Estupefacientes). Em 1979, o Estado português emite o primeiro diploma legal de combate à dopagem, o Decreto-Lei nº 374/79, de 8 de Setembro, regulamentado pela Portaria 378/80. No preâmbulo deste diploma destacava-se, desde logo, ser do conhecimento geral que o *doping* em Portugal é um problema grave, que por falta de coragem e de interesse não tem sido suficientemente desnudado e combatido. Sempre alicerçado na Convenção contra a Dopagem do Conselho da Europa, o Estado português, a quem compete zelar pela saúde dos seus cidadãos, entra decididamente, por via do referido diploma, no combate ao flagelo do *doping*, contribuindo para que o Desporto seja na realidade um meio de valorização humana e de progresso social.

Dois anos antes, em 1977, havia sido criada a Comissão para a Regulamentação do Controlo Antidopagem, que mais tarde veio dar lugar ao Conselho Nacional Antidopagem. Também no final da década de 70 foi criado, pelo Prof. Lesseps dos Reys, o Laboratório de Análises de Doping, instalado no Centro de Medicina Desportiva de Lisboa, apesar de a sua criação só ter sido formalizada em 1985 por via do Decreto-Lei nº 29/85, de 15 de Agosto. A partir de 1987 este laboratório foi acreditado pelo COI.

De modo a que se acompanhassem os desenvolvimentos no combate ao *doping* ocorridos a nível internacional, nomeadamente as várias recomendações do Conselho da Europa, a Carta Internacional Olímpica sobre a Dopagem e o Projecto da Convenção Europeia contra a Dopagem, tornou-se necessário adequar a legislação portuguesa ao que é recomendado internacionalmente por forma a datar o sistema desportivo português com instrumentos jurídicos mais eficazes para a prevenção e combate à dopagem. Neste sentido, e tendo em consideração principalmente os artigos 3º e 5º da Lei nº 1/90, de 13 de Janeiro – Lei de Bases do Sistema Desportivo – foi publicado o Decreto-Lei nº 105/90, de 23 Março, regulamentado pela Portaria 130/91, que revogou o Decreto-Lei nº 374/79, de 8 de Setembro e a Portaria 373/80, de 4 de Julho.

Daquele decreto retira-se uma nova definição de dopagem: "... é considerado dopado qualquer praticante desportivo em relação ao qual o respectivo controlo antidopagem acuse a administração de substâncias ou produtos, ou a utilização de outros métodos, susceptíveis de alterarem artificialmente o seu rendimento desportivo, quer em competição quer nos períodos fora da competição, e que sejam interditos pelas competentes autoridades desportivas nos termos previstos no artigo 3º"[190]. Foi também por via deste decreto – artigo 22º – que se criou junto da Direcção Geral de Desportos o Conselho Nacional Antidopagem, órgão consultivo e de coordenação, a nível nacional, das acções de combate à dopagem no desporto. É precisamente com a criação deste Conselho que em Portugal se assiste ao lançamento das primeiras iniciativas educativas na luta contra a dopagem[191], passando o combate a este fenómeno a efectuar-se por uma dulpa via: sancionatória e pedagógica.

Posteriormente o regime de prevenção e combate à dopagem encontrou-se legalmente instituído pelo Decreto-Lei nº 183/97, de 26 de Julho, regulamentado pela portaria nº 816/97, de 5 de Setembro, que veio aperfeiçoar as condições existentes no Decreto-Lei nº 105/90, de 23 Março, cumprindo-se deste modo os normativos vigentes em termos de defesa da ética e da saúde dos desportistas e do próprio desporto. Por outro lado, aquele diploma veio adaptar a legislação portuguesa à Carta Internacional Olímpica sobre a Dopagem no Desporto e à Convenção Europeia contra a Dopagem, aprovada para ratificação em 20 de Janeiro, pelo decreto nº 2/94, de 20 de Janeiro.

Em 1994, com a criação de um sistema de notificação da utilização de substâncias dopantes para tratamento de situações patológicas, Portugal tornou-se num dos primeiros países a reconhecer o direito fundamental ao tratamento que detêm os praticantes desportivos, que mais tarde, em 2003, veio a ser reconhecido internacionalmente pela AMA através da Norma Internacional de Autorização de Uso para fins Terapêuticos (AUT).

Cumpre ainda salientar o papel que a actual Lei de Bases da Actividade Física e do Desporto – Lei nº 5/2007, de 16 de Janeiro – dedica a esta matéria. Dispõe o artigo 3º que a actividade desportiva é desenvolvida em observância dos princípios da ética, da defesa do espírito desportivo, da verdade desportiva e da formação integral de todos os participantes, incumbindo ao Estado adoptar as medidas tendentes a prevenir e a punir as manifestações antidesportivas, designadamente a dopagem. Por via do artigo 7º, nº 3, previu-se a criação, no âmbito da administração central do

---

[190] Artigo 1º, nº 2, do Decreto-Lei nº 105/90, de 23 de Março.
[191] Neste sentido, "História da Luta contra a dopagem em Portugal", em www.idesporto.pt.

Estado, da Autoridade Antidopagem de Portugal, com funções no controlo e combate à dopagem no desporto.

Portugal participou activamente na Conferência Mundial contra a Dopagem que teve lugar em Lausanne em 1999 e da qual nasceu a AMA. Participou também na elaboração do Código AMA, tendo assinado a Declaração de Copenhaga de 2005, na qual se reconheceu o papel fundamental da AMA no combate ao *doping* e se comprometeu a co-financiá-la.

Da mesma forma que no passado houve necessidade de adaptar a legislação nacional ao estipulado a nível internacional, muito recentemente Portugal aproximou-se do Código Mundial Antidopagem e aprovou, por via da Lei nº 27/2009, de 19 de Junho, o Regime Jurídico da Luta Contra a Dopagem no Desporto.

2. Organograma da luta contra a dopagem

A nível orgânico o combate ao *doping* em Portugal, com a nova Lei de Bases da Actividade Física e do Desporto, com o Decreto-Lei nº 169//2007, de 3 de Maio (PRACE), e com a Lei nº 27/2009, de 19 de Junho, passa a assumir a seguinte forma:

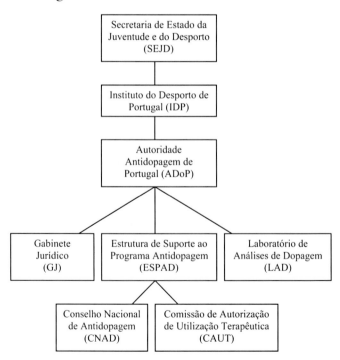

No quadro das orientações definidas pelo PRACE e dos objectivos do Programa do XVII Governo no tocante à modernização administrativa e à melhoria da qualidade dos serviços públicos com ganhos de eficiência, o IDP – instituto público integrado na administração indirecta do Estado, dotado de autonomia administrativa e financeira e património próprio –, tem por missão apoiar a definição, execução e avaliação da política pública do desporto, promovendo a generalização da actividade física, incumbindo-lhe, igualmente, prestar apoio à prática desportiva regular e de alto rendimento, através da disponibilização de meios técnicos, humanos e financeiros[192]. De entre outras atribuições, cabe ao IDP propor medidas tendo em vista a prevenção e o combate à dopagem e promover a generalização do controlo médico-desportivo no acesso e no decurso da prática desportiva.

De acordo com a nova Lei de Bases da Actividade Física e do Desporto e com o Decreto-Lei nº 169/2007, de 3 de Maio[193] – art. 7º – junto do IDP funcionará a Autoridade Antidopagem de Portugal com funções de controlo e combate à dopagem no desporto, cujas competências, composição e funcionamento serão definidas em diploma próprio. No âmbito da Autoridade de Antidopagem funcionará a Estrutura de Suporte ao Programa Antidopagem (ESPAD), o Laboratório de Análises de Dopagem e o CNAD.

A Autoridade Antidopagem, enquanto entidade nacional responsável pelo controlo e luta contra a dopagem no desporto, nomeadamente enquanto entidade responsável pela adopção de regras com vista a desencadear, implementar ou aplicar qualquer fase do procedimento de controlo antidopagem, tem âmbito nacional e tem as competências que anteriormente cabiam ao CNAD das quais se destacam (artigo 18º da Lei nº 27/2009, de 19 de Junho):

- Elaborar e aplicar o Programa Nacional Antidopagem;
- Emitir pareceres científicos e técnicos, recomendações e avisos sobre procedimentos de prevenção e controlo da dopagem;

---

[192] Cfr. preâmbulo, artigo 1º e 3º do Decreto-Lei nº 169/2007, de 3 de Maio.
[193] Decreto que revogou o Decreto-Lei nº 96/2003, de 7 de Maio, que criou o Instituto de Desporto de Portugal, mantendo-se apenas em vigor o artigo 12º referente ao Laboratório de Análises e Dopagem.

- Prestar às federações desportivas o apoio técnico solicitado;
- Pronunciar-se sobre a elaboração de legislação sobre a luta contra a dopagem no desporto, ouvido o CNAD;
- Emitir parecer vinculativo sobre os regulamentos de luta contra a dopagem no desporto adoptados pelas federações desportivas.
- Estudar, em colaboração com as entidades responsáveis pelo sistema educativo e da hierarquia desportiva, planos pedagógicos, designadamente campanhas de informação e de educação, com a finalidade de sensibilizar os praticantes;
- Estudar e propor as medidas legislativas e administrativas adequadas à luta contra a dopagem;
- Proceder à recepção das solicitações de autorização terapêutica de substâncias e métodos proibidos, bem como estabelecer os procedimentos inerentes ao sistema de autorização terapêutica a nível nacional;
- Rever, substituir ou revogar as decisões de arquivamento, absolvição ou condenação proferidas pelos órgãos jurisdicionais das federações desportivas;
- Emitir parecer vinculativo sobre os regulamentos de luta contra a dopagem no desporto adoptados pelas federações desportivas, ouvido o CNAD.

São órgãos da Autoridade, o presidente e o director executivo.

O LAD, que é hoje um dos 30 laboratórios acreditados a nível internacional para a realização de análises de dopagem, é dotado de autonomia técnica e científica e compete-lhe, especialmente: executar as análises relativas ao controlo da dopagem a nível nacional ou internacional; executar as análises bioquímicas e afins destinadas a apoiar as acções desenvolvidas pelos organismos e entidades competentes na preparação dos praticantes desportivos, designadamente os de alto rendimento, e colaborar nas acções de recolha necessárias; dar execução, no âmbito das suas competências, aos protocolos celebrados entre o IDP e outras instituições; e colaborar em acções de formação e investigação no âmbito da dopagem[194].

---

[194] Artigo 24º da Lei nº 27/2009, de 19 de Junho.

3. Regime jurídico da luta contra a dopagem no desporto
O papel das Federações Desportivas, o Princípio da Ética Desportiva e a análise da Lei nº 27/2009, de 19 de Junho.

O regime jurídico fundamental do combate ao *doping* encontra-se, como já avançámos, consagrado na Lei nº 27/2009, de 19 de Junho. Uma análise mesmo que profunda desse diploma não conduz, contudo, a uma percepção global e verdadeira dos valores, princípios e mecanismos legais que o legislador português adoptou. Torna-se necessário efectuar uma análise jurídica em que se tenha em atenção a constituição e o papel das federações desportivas no combate ao fenómeno do *doping* no desporto, se se pretende proceder a uma correcta avaliação do regime do combate à dopagem.

A partir da Constituição de 1976 o Desporto em Portugal adquire máxima importância, passando a ter dignidade constitucional. Dispõe o actual artigo 79º da CRP: "1. Todos têm direito à cultura física e ao desporto. 2. Incumbe ao Estado, em colaboração com as escolas e as associações e colectividades desportivas, promover, estimular, orientar e apoiar a prática e a difusão da cultura física e do desporto, bem como prevenir a violência no desporto." O presente artigo encontra-se no Título III – *Direitos económicos, sociais e culturais*, que por sua vez se insere na Parte I – *Direitos e Deveres Fundamentais*.

De entre os regimes democráticos Portugal foi o primeiro Estado a consagrar o direito à cultura física e ao desporto como direito fundamental constitucional. Integrado fora do regime dos *Direitos, Liberdades e Garantias*, o direito à cultura física e ao desporto não deixa de surgir como um direito positivo, incumbindo ao Estado adoptar medidas de modo a satisfazê-lo. Gomes Canotilho e Vital Moreira referem que, "tal como outros preceitos relativos aos direitos económicos, sociais e culturais, também este comporta duas partes: a primeira reconhece o direito à educação física e ao desporto como direito fundamental dos cidadãos de natureza social (nº 1); a segunda enuncia as principais incumbências do Estado, *lato sensu* (incluindo as diversas manifestações do poder público) para dar satisfação a esse direito (nº 2)"[195].

---

[195] Gomes Canotilho/Vital Moreira, *ob. cit.*, p. 934.

Do mesmo modo, José Manuel Meirim, reconhecendo que o *nosso direito* não constitui um direito a uma prestação efectiva, assinala que daí não se conclui que a liberdade de conformação pelo legislador dos direitos económicos, sociais e culturais é total, e que os preceitos que os estabelecem não têm força jurídica[196]. É que, como entende Vieira de Andrade, "... as normas que os prevêem contêm directivas ao legislador ou, talvez melhor, são *normas impositivas de legislação*, não conferindo aos seus titulares verdadeiros poderes de exigir, porque apenas indicam ou impõem ao legislador que tome medidas para uma maior satisfação ou realização concreta dos bens protegidos. Não significa isso que se trata de normas meramente pragmáticas, no sentido de simplesmente declamatórias (proclamatórias), visto que têm força jurídica e vinculam efectivamente o legislador. O legislador não pode decidir se actua ou não. É-lhe proibido o *non facere*"[197].

De entre as incumbências que cabem ao Estado de modo a tornar efectivo e praticável o direito ao desporto destacamos, com interesse para o presente estudo, que todas as medidas prestacionais de promoção, de estímulo, de orientação, de apoio e de difusão do desporto devem respeitar a integridade moral e física dos desportistas bem como a ética e a verdade desportivas[198]. Os ilustres constitucionalistas acabam, desta forma, por atribuir à expressão "prevenir a violência no desporto" o significado de "defesa da ética desportiva", o que, na opinião de José Manuel Meirim, não merece o melhor acolhimento. Para este autor, "... a constituição só se preocupou com a violência no desporto, *tout court*"[199].

Independentemente da opção que se tome em relação à questão anterior, certo é que o desporto, a partir de 1976, passou a ser um valor constitucional com reflexo em vários direitos fundamentais (direito dos trabalhadores ao lazer – art. 59º, nº 1, al. *d)*; direito à habitação – art. 65º;

---

[196] José Manuel Meirim, "O papel do Estado na Educação Física e no Desporto a partir do artigo 79º da Constituição da República Portuguesa, *Temas de Direito do Desporto*, Coimbra Editora, 2006, p. 160 [6].
[197] José Carlos Vieira de Andrade, *Os direitos fundamentais na Constituição Portuguesa de 1976*, Coimbra, Almedina, 1983, p. 206.
[198] Cfr. Gomes Canotilho/Vital Moreira, *ob. cit.*, p. 934.
[199] José Manuel Meirim, *A Federação Desportiva como Sujeito Público do Sistema Desportivo*, Coimbra Editora, 2002, p. 149 [4].

direito a um ambiente sadio e ecologicamente equilibrado e qualidade de vida – art. 66º; prevenção, reabilitação e integração dos cidadãos deficientes – art. 71. nº 2; educação e desenvolvimento da personalidade – art. 73º, nº 1 e 2; direito à protecção da saúde – art. 64º, nº 1; direito dos jovens – art. 70º)[200].

As normas que procedem à constitucionalização do direito ao desporto, contidas no art. 79º, traduzem o interesse público do Estado nesta actividade, investindo os poderes públicos de poderes de realização daquele direito. Não obstante, como realça Alexandra Pessanha, "atente-se, contudo, que nelas não se pode fundamentar nem a estatização do fenómeno desportivo, nem o cometimento de atribuições que não sejam apenas as de promoção, estímulo, orientação e apoio à actividade desportiva"[201]. A organização desportiva privada é, historicamente, anterior à publicização do direito ao desporto, devendo tais deveres constitucionais ser interpretados de acordo com a liberdade de associação (art. 46º da CRP).

Se se tem por duvidoso que a Constituição tenha abarcado o princípio da ética desportiva, onde o combate à dopagem com toda a certeza caberia, já não restam dúvidas quanto à sua publicização por via do artigo 3º da Lei de Bases da Actividade Física e do Desporto:

"1 – A actividade desportiva é desenvolvida em observância dos princípios da ética, da defesa do espírito desportivo, da verdade desportiva e da formação integral de todos os participantes.

2 – Incumbe ao Estado adoptar as medidas tendentes a prevenir as manifestações antidesportivas, designadamente a violência, a dopagem, a corrupção, o racismo, a xenofobia e qualquer forma de discriminação.

3 – São especialmente apoiadas as iniciativas e os projectos, em favor do espírito desportivo e da tolerância."

---

[200] A enumeração de direitos sobre os quais o desporto tem reflexo acompanha de perto o estudo de José Manuel Meirim, *ob. cit.* [4], pp. 127-135. Sobre os jovens praticantes desportivos Cfr. João Leal Amado e José Manuel Meirim, *A Protecção dos Jovens Praticantes Desportivos*, Centro de Estudos e Formação Desportiva, Secretaria de Estado da Juventude e Desportos, 2002.
[201] Alexandra Pessanha, *As Federações Desportivas – Contributo para o Estudo do Ordenamento Jurídico Desportivo*, Coimbra Editora, 2001, p. 70.

Também bastante esclarecedor é o entendimento de Alexandra Pessanha sobre este tema: "... a garantia da ética – em ordem ao respeito da integridade física e moral dos praticantes desportivos e da verdade e da lealdade da competição e do resultado desportivo – e da ordem e segurança públicas constituem objectivos prioritários da política desportiva levada a efeito pelo Estado, fazendo desta uma área de densidade pública máxima e um domínio onde a convergência de esforços das estruturas associativas desportivas e dos poderes públicos se torna imperiosa"[202].

Estes esforços encontram-se plasmados na Constituição e impõem ao Estado colaborar com as estruturas autónomas do desporto, segundo um modelo de colaboração aberta com os clubes, as associações e as federações desportivas, de modo a impulsionar a política desportiva[203]. O modelo de desenvolvimento desportivo e nomeadamente o de combate à dopagem assentam no papel reservado por lei às Federações Desportivas. Estas são, na verdade, o centro de toda a política de combate ao fenómeno do *doping*.

As federações desportivas são pessoas colectivas constituídas sob a forma de associação sem fins lucrativos que – englobando clubes ou sociedades desportivas, associações de âmbito territorial, ligas profissionais, praticantes, técnicos, juízes e árbitros, e demais entidades que promovam, pratiquem ou contribuam para o desenvolvimento da respectiva modalidade – promovam, regulamentem e dirijam a nível nacional, a prática de uma modalidade desportiva ou de um conjunto de modalidades afins ou associadas, representem perante a administração os interesses dos seus filiados, representem a sua modalidade desportiva, ou conjunto de modalidades afins ou associadas, junto das organizações desportivas internacionais, bem como assegurem a participação competitiva das selecções nacionais e que obtenham o estatuto de pessoa colectiva de utilidade pública[204].

É exactamente mediante o estatuto de utilidade pública desportiva que o Estado confere às federações desportivas a competência para o exercício, em exclusivo, por modalidade ou conjunto de modalidades, de

---

[202] Alexandra Pessanha, *ob. cit.*, p. 82.
[203] Neste sentido Alexandra Pessanha, *ob. cit.*, p. 80.
[204] Cfr. art. 14º da Lei de Bases da Actividade Física e do Desporto e artigo 2º do Regime Jurídico das Federações Desportivas, Decreto-Lei 248-B/2008, de 31 de Dezembro.

poderes regulamentares, disciplinares e outros de natureza pública, bem como a titularidade dos direitos e poderes especialmente previstos no art. 19º, nº 1 da LBAFD.

Tais poderes, regulamentares e disciplinares, não são próprios das federações, têm natureza pública e, portanto, são-lhes delegados para a realização de finalidades compreendidas nas atribuições do Estado (art. 19º nº 2 da LBAFD e art. 11 do Regime Jurídico das Federações Desportivas)[205]. Aliás, como destaca Pedro Gonçalves, "... a federação desportiva constitui, com toda a certeza, um dos exemplos mais relevantes do fenómeno do exercício de poderes públicos administrativos de autoridade por entidades privadas"[206-207].

Não obstante, parece ser mais correcto falar "não de uma devolução de competências originariamente públicas mas da «publicização dos poderes federativos» e da consequente habilitação das federações ao seu

---

[205] Sobre os poderes públicos das federações desportivas v., entre noutros, Vital Moreira em *Administração Autónoma e Associações Públicas*, Coimbra Editora, 1997, pp. 551-558; Pedro Gonçalves, *Entidades privadas com poderes públicos*, Coimbra, Almedina, 2005, pp. 835-867; Alexandra Pessanha, *ob. cit.*, pp. 95-128.
[206] Pedro Gonçalves, *ob. cit.*, p. 835.
[207] Questão pouco pacífica é a da classificação das federações como forma típica de administração autónoma. Vital Moreira refere que "... desde há muito que os autores tinham visto que as associações privadas dotadas de funções públicas podiam também ser sujeitos de administração autónoma" e que "... pode suceder que a concessão de poderes administrativos a particulares se verifique em relação a entidades associativas com funções de regulação. É o que ocorre por exemplo com as federações desportivas." (Vital Moreira, *ob. cit.*, pp. 566 e ss, sob o sub-título «A administração associativa "delegada" como administração autónoma»). Em sentido um pouco diferente, Pedro Gonçalves entende que os poderes delegados nas federações desportivas não só não são próprios das federações desportivas, como "... não pode dizer-se que lhes sejam «emprestados» pelo Estado num cenário de «delegação isolada de poderes públicos»" e que "... as associações de direito privado não estão em condições de corporizar ou de representar a «ideia» de administração autónoma, com todas as implicações jurídicas". Este autor salienta que as federações, quando combatem o doping, estão a exercer funções "genuinamente estaduais" e por isso "...só com distorção total da «natureza das coisas», podem ser percepcionadas como tarefas autónomas". Conclui o autor que, "há todavia um muro contra o qual os defensores da autonomia não podem deixar de bater: um muro composto, por um lado, pela taxativa indicação legal de que a delegação de poderes se efectua «para a realização de finalidades compreendidas nas atribuições do Estado» e, por outro, pelo facto (fora de discussão) de as federações actuarem perante «administrados» que nelas estão inscritos, mas que não são seus associados obrigatórios, nem participam em qualquer processo de legitimação dos seus dirigentes". (Pedro Gonçalves, *ob. cit.*, pp. 835-836).

exercício"[208]. Isto porque, "... o Estado, em vez de utilizar os seus serviços ou organismos administrativos ou de criar *ex novo* organismos públicos de administração autónoma para esse sector, limita-se a aproveitar as estruturas existentes, sem sequer precisar de lhes alterar a natureza jurídico-privada, limitando-se a publicizar as suas funções, municiando-as com os necessários poderes públicos (poderes regulamentares, disciplinares, etc.), integrando-as desse modo no âmbito da administração pública"[209].

No que ao poder regulamentar diz respeito, e apesar dos regulamentos e dos actos administrativos que os aplicam terem natureza administrativa, nem todo o poder regulamentar traduz essa mesma natureza: "assim, por ex., os regulamentos que definem as regras do jogo (v.g. as «leis do futebol») não constituem regulamentos administrativos... pelo que a imposição da observância do que nelas se dispõe não pode ser objecto de um processo jurisdicional num tribunal do Estado"[210].

Quanto ao regime disciplinar[211] destaca-se a Lei nº 112/99, de 3 de Agosto, que aprova o Regime Disciplinar das Federações Desportivas e o Decreto-Lei nº 248-B/2008, de 10 de Outubro, que aprova o Regime Jurídico das Federações Desportivas: As federações desportivas titulares do estatuto de utilidade pública desportiva devem dispor de regulamentos disciplinares com vista a sancionar a violação das regras de jogo ou da competição, bem como as demais regras desportivas, nomeadamente as relativas à ética desportiva. Para efeitos desta lei consideram-se normas de defesa da Ética Desportiva as que visam sancionar a dopagem[212].

Este regime disciplinar deve prever, designadamente, as seguintes matérias: tipificação das infracções como leves, graves, e muito graves e determinação das correspondentes sanções; sujeição aos princípios da

---

[208] Alexandra Pessanha, *ob. cit.*, p. 125.
[209] Vital Moreira, *ob. cit.*, p. 47.
[210] Alexandra Pessanha, *ob. cit.*, p. ?
[211] Sobre a natureza do poder disciplinar das federações desportivas v., entre nós, Vital Moreira, *ob. cit.*, pp. 551-558; Pedro Gonçalves, *ob. cit.*, 835-867; José Manuel Meirim, "A disciplina das federações desportivas no contencioso administrativo, RPCC, Ano 2, Fasc. 1, Janeiro-Março 1992, pp. 85-110 [2]; José Manuel Meirim, *ob. cit.* [4]; Alexandra Pessanha, *ob. cit.*, 2001.
[212] Artigo 1º, nº 2 da Lei nº 112/99, de 3 de Agosto e artigo 52º do Decreto-Lei nº 248-B/2008, de 10 de Outubro.

igualdade, irretroactividade e proporcionalidade da aplicação de sanções; exclusão das penas de irradiação ou de duração indeterminada; enumeração das causas ou circunstâncias que eximam, atenuem ou agravem a responsabilidade do infractor, bem como os requisitos da extinção desta; exigência de processo disciplinar para a aplicação de sanções quando estejam em causa infracções qualificadas como muito graves e, em qualquer caso, quando a sanção a aplicar determine a suspensão de actividade por um período superior a um mês; consagração das garantias de defesa do arguido, designadamente exigindo que a acusação seja suficientemente esclarecedora dos factos determinantes do exercício do poder disciplinar e estabelecendo a obrigatoriedade de audiência do arguido nos casos em que seja necessária a instauração de processo disciplinar; garantia de recurso, seja ou não obrigatória a instauração de processo disciplinar[213].

No que diz respeito ao poder disciplinar propriamente dito dispõe o artigo 3º da Lei nº 112/99, de 3 de Agosto, que no âmbito desportivo o poder disciplinar das federações dotadas de utilidade pública desportiva exerce-se sobre os clubes, dirigentes, praticantes, treinadores, técnicos, árbitros, juízes e, em geral, sobre todos os agentes desportivos que desenvolvam actividade desportiva compreendida no seu objecto estatutário, nos termos do respectivo regime disciplinar[214].

Da mesma forma que nem todo o poder regulamentar das federações desportivas tem natureza pública, também nem todo o poder disciplinar tem natureza de acto administrativo, o que significa que nem todo o poder disciplinar federativo tem origem no Estado[215].

No seio de uma federação verifica-se a existência de três poderes disciplinares distintos: o poder disciplinar extra competição desportiva que todos os grupos sociais detêm e que se caracteriza no sancionar as infracções cometidas às regras estatutárias; o poder disciplinar directamente relacionado com a competição desportiva que visa sancionar a violação de normas técnicas e de questões estritamente desportivas; e o restante

---

[213] Artigo 2º da Lei nº 112/99, de 3 de Agosto.
[214] Artigo 3º da Lei nº 112/99, de 3 de Agosto.
[215] Conforme refere Karaquillo, in *Dictionnaire Juridique du Sport*, Dalloz, Paris, 1990, p. 147, os agrupamentos desportivos não podem atingir as suas finalidades sem o respeito a uma determinada disciplina própria.

poder disciplinar exercido no âmbito da competição desportiva que não sanciona nem infracções às regras técnicas e de jogo nem se prende com questões estritamente desportivas. Enquanto os dois primeiros tipos de poderes disciplinares têm natureza privada, o terceiro é de natureza pública.

Torna-se essencial, então, avançar com o que se entende por questões estritamente desportivas. De acordo com o artigo 18º, nº 3, da LBAFD, que seguiu de perto a orientação do Tribunal Constitucional[216], "são questões estritamente desportivas as que tenham por fundamento normas de natureza técnica ou de carácter disciplinar, enquanto questões emergentes da aplicação das leis do jogo, dos regulamentos e das regras de organização das respectivas competições".

Enquanto poder de natureza privada, o poder disciplinar extra competitivo só pode ser impugnável junto das jurisdições ordinárias[217]. As decisões e deliberações sobre questões estritamente desportivas não são susceptíveis de recurso fora das instâncias competentes na ordem desportiva, podendo ser resolvidas por recurso à arbitragem ou mediação, dependendo de prévia existência de compromisso arbitral escrito ou sujeição a disposição estatutária ou regulamentar das associações desportivas[218].

Os litígios emergentes dos actos e omissões dos órgãos administrativos das federações desportivas e das ligas profissionais, no âmbito do exercício dos poderes públicos, estão sujeitos às normas do contencioso administrativo, ficando sempre salvaguardados os efeitos desportivos entretanto validamente produzidos ao abrigo da última decisão da instância competente na ordem desportiva[219].

Entre estes poderes públicos encontram-se, como já vimos, os poderes de sancionar infracções às regras da dopagem. Neste sentido, dispõe o artigo 18º, nº 4 da LBAFD que "... as decisões e deliberações disciplinares

---

[216] Acórdão 488/98, Diário da República, II série, nº 284, de 10 de Dezembro de 1998 e acórdão nº 473/98, não publicado.
[217] Neste sentido Alexandra Pessanha, *ob. cit.*, p. 123.
[218] Cfr. artigo 18º, nº 2 e nº 5, da Lei nº 5/2007, de 16 de Janeiro, Lei de Bases da Actividade Física e do Desporto.
[219] Cfr. artigo 18º, nº 2 e nº 1, da Lei nº 5/2007, de 16 de Janeiro, Lei de Bases da Actividade Física e do Desporto.

relativas a infracções à ética desportiva, no âmbito da violência, da dopagem, da corrupção, do racismo e da xenofobia não são matérias estritamente desportivas".

Chegados a este ponto cumpre analisar o diploma que consagra o regime jurídico de prevenção e combate à dopagem – A Lei nº 27//2009, de 19 de Junho, regulamentada pela portaria 1123/2009, de 1 de Outubro.
Dispõe artigo 4º, nº 2, da Convenção Internacional Contra a Dopagem no Desporto, aprovada por Portugal por via do Decreto nº 4-A/2007, de 20 de Março que

> *O Código Mundial Antidopagem é reproduzido a título informativo e não faz parte integrante da presente convenção.* Desta forma, e de acordo com o disposto no artigo 4º, nº 1, e 5º da Convenção da UNESCO, *a fim de coordenar a efectivação, a nível nacional e internacional, da luta contra a dopagem no desporto, os Estados Partes comprometem-se a respeitar os princípios enunciados no Código... Cada Estado Parte, no cumprimento das obrigações enunciadas na presente Convenção, compromete-se a adoptar as medidas adequadas. Tais medidas podem incluir legislação, regulamentos, políticas ou práticas administrativas.*

Neste contexto Portugal, por via da Lei nº 27/2009, de 19 de Junho, estabeleceu o Novo Regime Jurídico da Luta Contra a Dopagem.

No que diz respeito ao âmbito de aplicação da proibição de dopagem, dispõe o nº 1 do art. 2º que a dopagem é proibida a todos os praticantes desportivos, sendo praticante desportivo aquele que, encontrando-se inscrito numa federação desportiva nacional ou estrangeira, treine ou compita em território nacional, bem com aquele que não se encontrado inscrito participa numa competição desportiva realizada em território nacional.

O novo regime de combate à dopagem aplicar-se-á apenas a atletas federados, ou atletas não federados que entrem em competições. O carácter não competitivo fica de fora do âmbito da aplicação desta nova lei.

A circunstância de o Estado Português pretender combater o doping exclusivamente no âmbito das competições desportivas, permite desde logo perceber que é a vantagem injusta e contrária à ética desportiva que fundamenta tal combate. Caso se pretendesse tutelar, em primeira linha, a saúde dos atletas, então o Estado teria que combater o doping também no desporto extra-competitivo, nomeadamente nos ginásios.

Aliás, à mesma conclusão se chegava já no regime anterior, apesar de a dopagem ter sido proibida a todos os praticantes inscritos nas federações desportivas, dentro e fora das competições, bem como aos praticantes que participem em provas ou manifestações desportivas realizadas na via pública ou em recintos abertos ao público cuja utilização dependa de licença de autoridade pública.

A portaria nº 816/97, de 5 de Setembro, previa que mediante protocolo a estabelecer com o CNAD podem ainda, para além das modalidades desportivas organizadas no âmbito das federações titulares do estatuto de utilidade publica desportiva, ser objecto de controlo as modalidades desportivas organizadas no âmbito de entidades não compreendidas no número anterior. Apesar desta previsão legal, desconhecemos qualquer protocolo que tenha previsto acções de controlo a ginásios desportivos e a outras manifestações desportivas, extra competitivas, que nos permita concluir que entre nós o *doping* fosse combatido com fundamento nos prejuízos que causa à saúde pública.

O legislador português não consagrou qualquer definição de dopagem e pretendeu ir ao encontro do código AMA, ao estipular no artigo 3º as várias situações que se constituem como violação às normas antidopagem.

Esta proposta apresenta, portanto, um corte radical na estrutura com o sistema anterior em vigor do combate à dopagem, que não tipificava tais violações, mas apenas continha uma cláusula geral de proibição da dopagem.

Anteriormente, proibindo a dopagem, no artigo 1º, o decreto em análise, no artigo 2º, nº 1, al. *a)*, definia dopagem como a administração aos praticantes desportivos ou o uso por estes de classes farmacológicas de substâncias ou de métodos constantes das listas aprovadas pelas organizações desportivas nacionais e internacionais competentes.

Actualmente, constituem violações às normas antidopagem:

a) A presença numa amostra recolhida a um praticante desportivo de uma substância proibida, dos metabolitos ou marcadores (teste positivo);

A lista de substâncias proibidas é, nos termos do artigo 8º, aprovada por portaria do Membro do Governo responsável pela área do desporto e publicada no Diário da República.

A ADoP divulga a lista de substâncias proibidas junto das federações desportivas que, no âmbito das respectivas modalidades, a devem adoptar e dar-lhe publicidade, bem como junto do Comité Olímpico de Portugal, do Comité Paraolímpico de Portugal, da Ordem dos Médicos, da Ordem dos Farmacêuticos e da Ordem dos Enfermeiros.

A lista é revista anualmente e deve figurar como em anexo ao regulamento do controlo antidopagem aprovado por cada federação.

Na mesma linha do disposto no artigo 2.1.1 do código AMA, esta primeira violação à dopagem deve ser interpretada de acordo com o nº 1 do artigo 5º, que estabelece o dever de cada praticante desportivo assegurar-se que não introduz ou é introduzido no seu organismo qualquer substância proibida ou que não existe recurso a qualquer método proibido, e com o artigo 6º, que dispõe que os praticantes desportivos são responsabilizados por qualquer substância proibida, seus metabolitos ou marcadores encontrados nas suas amostras orgânicas, bem como pelo recurso a qualquer método proibido.

Responsabilidade esta que pode ser afastada pelos critérios especiais para a avaliação de substâncias proibidas que podem ser produzidas de forma endógena ou pelos limites quantitativos de determinada substância.

O novo regime de combate ao doping não foi tão longe como o código AMA, tendo eliminado da norma a seguinte parte: "não é necessário fazer prova da intenção, culpa, negligência ou uso consciente por parte do praticante desportivo de forma a determinar a existência de uma violação das normas antidopagem".

Tal eliminação constitui um forte indicador de que o legislador pretendeu consagrar uma responsabilidade subjectiva, com base na culpa, para os casos das sanções disciplinares de suspensão da prática da actividade desportiva, como veremos melhor na 2ª parte do presente estudo.

b) Recurso a um método proibido;
Os métodos proibidos aqui referidos são os constantes na lista anualmente aprovada por portaria nos termos previstos no artigo 8º. Para o ano de 2010 estiveram previstos os seguintes métodos proibidos: incremento do transporte de oxigénio, manipulação química e física das amostras e a dopagem genética.

c) O uso de uma substância proibida ou de um método proibido por um praticante desportivo, demonstrado por confissão do mesmo, por declarações de testemunhas, por prova documental, por conclusões resultantes de perfis longitudinais ou por outras informações analíticas que não preencham os critérios estabelecidos para a verificação de uma violação das normas antidopagem descritas nas alíneas a) e b).
A presente violação possui carácter residual relativamente às duas primeiras – "presença de uma substância proibida e recurso a um método proibido. Assim, só haverá lugar a uma violação das normas antidopagem, pelo uso de uma substância proibida, quando não haja um teste positivo ou provas de o praticante ter recorrido a um método proibido.
Conforme consta da própria alínea, o uso tem de ser demonstrado por admissão do praticante, por declarações de testemunhas, por prova documental, por conclusões resultantes de perfis longitudinais, ou por outras informações.
Encontramo-nos no âmbito dos chamados casos de "non analytical doping offences"[220].

d) A recusa, resistência, ou a falta sem justificação válida, a submeter-se a um controlo de dopagem, em competição ou fora de competição, após notificação, bem como qualquer comportamento que se traduza no impedimento à recolha da amostra;
Apesar de constituir uma violação às normas antidopagem, o legislador não previu qualquer sanção para o atleta que tenha tal comportamento[221].

---

[220] Sobre este tema debruçamo-nos no ponto 5º do capítulo 2º da 2ª parte. Para maiores desenvolvimentos sobre este tipo de casos v. Richard Mclaren, "Cas doping jurisprudence: what can we learn?", *International Sports Law Review*, Sweet & Maxwell's, issue 1, 2006
[221] Sobre esta questão v. parte final do presente capítulo.

e) *A obstrução, dilação injustificada, a ocultação e as demais condutas que, por acção ou omissão, impeçam ou perturbem a recolha de amostras no âmbito do controlo de dopagem;*

Como melhor veremos *infra*, esta violação, a par das previstas nas alíneas *h*) e *i*), por serem na maior parte dos casos cometidas pelo pessoal de apoio do praticante desportivo, são sancionadas a nível disciplinar e contra-ordenacional. Contudo, a nível disciplinar só está prevista sanção para o pessoal de apoio ao praticante. Desta forma, o novo regime não prevê qualquer sanção disciplinar para os casos em que são os próprios atletas a cometer a presente infracção.

f) *A ausência do envio dentro do prazo estabelecido, ou o envio de informação incorrecta, nos termos do disposto no artigo 7º, por três vezes por parte do praticante desportivo no espaço de 18 meses consecutivos, sem justificação válida, após ter sido devidamente notificado pela ADoP em relação a cada uma das faltas;*

g) *A verificação de três controlos declarados como não realizados com base nas regras definidas pela ADoP num período com a duração de 18 meses consecutivos, sem justificação válida, após o praticante desportivo a que se refere artigo 7º ter sido devidamente notificado por aquela Autoridade em relação a cada um dos controlos declarados como não realizados;*

Nos termos do artigo 7º, os praticantes desportivos que tenham sido identificados pela ADoP para inclusão num grupo alvo para efeitos de serem submetidos a controlos fora de competição são obrigados a fornecer informação precisa e actualizada sobre a sua localização durante os três meses seguintes a essa informação, nomeadamente a que se refere às datas e locais em que efectuem treinos ou provas não integradas em competições[222].

---

[222] Conforme evidenciam Ângela Burnay Machado e Raquel Sofia Lemos, *A nova legislação do desporto comentada*, Coimbra Editora, 2010, p. 200 e 201: "Os praticantes desportivos abrangidos pelo disposto no nº 1 do presente artigo não se restringem aos praticantes integrados no sistema de alto rendimento, antes abrangendo todos aqueles que tenham sido identificados pela ADoP para a inclusão num grupo alvo para efeitos de serem aubmetidos a controlos fora de competição. A ADoP deverá informar os praticantes desportivos de que se encontram sujeitos a controlos antidoapgem fora de competições, por forma a que os mesmos tenham a possibilidade de cumprir com as obrigações que lhe são impostas relativamente à comunica-

A obrigação que recai sobre os atletas inseridos no grupo alvo tem sido alvo de largas controvérsias, havendo quem entenda que viola o disposto no artigo 26º da Constituição da República Portuguesa, o artigo 8º da Convenção para a protecção dos Direitos do Homem e das Liberdades Fundamentais e o artigo 17º do Pacto Internacional sobre os Direitos Civis e Políticos – reserva da intimidade da vida privada e familiar[223].

Não obstante, a obrigação de o atleta prestar informação precisa e actualizada sobre a sua localização sobreviveu em sede de Audição Parlamentar da Comissão de Educação e Ciência, tendo sido aprovada.

h) A Alteração, falsificação ou manipulação de qualquer elemento integrante do procedimento de controlo de dopagem;

Esta violação não se confunde com a alínea *b)* – recurso a um método proibido – porquanto aqui estão em causas condutas que subvertam o processo do controlo de dopagem mas que não se enquadram na definição típica de métodos proibidos. Por exemplo, alteração dos números de identificação num formulário de controlo de dopagem no decorrer de uma acção de controlo, partir o recipiente B no momento da realização da análise da amostra B. É certo que por vezes a fronteira entre as duas violações pode ser ténue.

À semelhança do que já foi dito no âmbito da violação constante na alínea *e)* as condutas que a integram são sancionadas a nível disciplinar e contra-ordenacional. Contudo, a nível disciplinar só está prevista sanção para o pessoal de apoio ao praticante. Desta forma, o novo regime não prevê qualquer sanção disciplinar para os casos em que são os próprios atletas a cometer a presente infracção.

i) A posse de substâncias ou de métodos proibidos, quer por parte do praticante desportivo quer por parte de qualquer membro do seu pessoal de apoio.

Directamente relacionado com esta violação encontra-se o nº 4 do mesmo artigo, pelo qual se estipula que não há lugar a qualquer violação

---

ção da sua localização e respectivas actualizações. Relativamente aos deveres de informação regulados no artigo 7º, tem aplicação o disposto nos artigos 4º (Grupo Alvo de praticantes desportivos), 7º (Dever de informação), 9º (Modalidades Colectivas) e 10º (Verificação das informações) da Portaria 1123/2009, de 1 de Outubro".

[223] Neste sentido Ângela Burnay Machado e Raquel Sofia Lemos, *ob. cit.*, p. 201.

nos casos em que a posse de uma substância ou método proibido decorrem de uma autorização de uso para fins terapêuticos.

Nos termos do disposto no Artigo 9º da Lei nº 27/2009, de 19 de Junho, para efeitos disciplinares o ónus da prova de dopagem recai sobre a ADoP, cabendo-lhe determinar a existência da violação de uma norma antidopagem[224]. Os factos relativos às violações das normas antidopagem podem ser provados através de todos os meios admissíveis em juízo, incluindo a confissão (artigo 10º da Lei nº 27/2009, de 19 de Junho).

Relativamente ao tratamento médico dos praticantes desportivos, o novo regime estabelece, no artigo 10º, que os médicos que actuem no âmbito do sistema desportivo não devem recomendar, nem prescrever ou administrar medicamentos que contenham substâncias proibidas, nem métodos proibidos, sempre que os mesmos possam ser substituídos por outros que as não contenham ou que o não sejam.

Não sendo possível àqueles profissionais de saúde cumprir com tais recomendações, quer em função do estado de saúde do praticante desportivo quer pelos produtos, substâncias ou métodos disponíveis para lhe ocorrer, o praticante desportivo deve ser por eles informado para proceder à respectiva solicitação de autorização de utilização terapêutica da AMA e com as determinações da ADoP[225].

Esta solicitação é dirigida à ADoP, salvo nas situações em que o praticante desportivo é de nível internacional, caso em que a solicitação é dirigida à respectiva federação internacional.

De extremo relevo, nomeadamente para a aplicação dos artigos 62º e 63º, assume-se o disposto no nº 6 do artigo 10º, porquanto o incumprimento por parte dos médicos das suas obrigações não constitui, só por si, causa de exclusão da eventual culpa do praticante desportivo, sem prejuízo da responsabilidade penal, civil ou disciplinar em que incorrem.

Apesar de o incumprimento por parte dos médicos não significar, só por si, a absolvição do praticante desportivo, a verdade é que sempre que este contrata um médico especializado em medicina desportiva,

---

[224] Sobre o ónus da prova da culpa em casos de doping v. no presente estudo o número 5 do capítulo 2º da 2ª parte.
[225] Artigo 10º, nºs 1 e 3 da Lei nº 27/2009, de 19 de Junho.

pagando-lhe uma enorme quantia em honorários, que lhe garante que todos os medicamentos prescritos não contêm qualquer substância dopante, deve aplicar-se o princípio geral de direito *nulla poena sine culpa*, absolvendo-se, consequentemente, o atleta[226].

Outra nota é dirigida para o período de suspensão preventiva do praticante desportivo. Sempre que o resultado do controlo seja positivo, logo com a primeira análise ou depois da análise da amostra B, quando esta for requerida, o praticante desportivo é suspenso preventivamente até ser proferida a decisão final do processo pela respectiva federação, salvo nos casos em que for determinada pela ADoP a realização de exames complementares[227].

Compete à federação desportiva, caso o resultado da segunda análise confirme o da primeira análise, suspender preventivamente o praticante desportivo em causa até ao 2º dia posterior à recepção do relatório do Laboratório Antidopagem[228]. Nos demais casos em que o atleta não requer a 2ª análise, este deverá ser suspenso imediatamente após ter comunicado à Federação Desportiva que prescinde da sua realização, mas nunca para além das 24 horas seguintes à notificação que lhe foi efectuada nos termos do nº 2 do artigo 34º da Lei nº 27/2009, de 19 de Junho[229].

Esta suspensão inibe o praticante de participar em competições ou eventos desportivos, devendo o período já cumprido ser descontado no período de suspensão aplicado[230].

Em termos gerais, as violações das normas antidopagem podem dar origem às seguintes consequências:

a) Penais;
b) Mera ordenação social;
c) Disciplinares; e
d) Desportivas;

---

[226] Debruçamo-nos mais aprofundadamente sobre este tema na 2ª parte do presente estudo.
[227] Artigo 36º, nº 1, da Lei nº 27/2009, de 19 de Junho.
[228] Artigo 30º, nº 7 da Portaria nº 1123/2009, de 1 de Outubro.
[229] Artigo 29º, nºs 4 e 7 da Portaria nº 1123/2009, de 1 de Outubro.
[230] Artigo 36º, nº 1 da Lei nº 27/2009, de 19 de Junho.

Sanções Penais

Tendo em consideração o artigo 43º do Novo Regime Jurídico da Luta Contra a Dopagem no Desporto, O TRÁFICO DE SUBSTÂNCIAS E MÉTODOS PROIBIDOS passou a ser criminalizado, o que constitui uma verdadeira inovação no combate à dopagem.

Dispõe o nº 1 do artigo 43º que, *Quem, com a intenção de violar ou violando as normas antidopagem, e sem que para tal se encontre autorizado, produzir, fabricar, extrair, preparar, oferecer, puser à venda, vender, distribuir, comprar, ceder ou por qualquer título receber, proporcionar a outrem, transportar, importar, exportar, fizer transitar ou ilicitamente detiver, substâncias e métodos constantes da lista de substâncias e métodos proibidos é punido com pena de prisão de 6 meses a 5 anos.*

A criminalização do tráfico de substâncias e métodos proibidos é um passo enorme no combate ao doping e coloca Portugal na vanguarda desta luta. A criminalização de determinada conduta visa tutelar um bem jurídico previsto constitucionalmente. Para quem defenda que a ética desportiva não se encontra tutelada pelo artigo 79º, parece que a presente criminalização poderá ser entendida como uma abertura do combate ao doping para tutelar também a saúde dos atletas. Apesar de tudo, o certo é que já desde 1991 se punem criminalmente condutas contra a ética desportiva, nomeadamente a administração de substâncias dopantes.

Assim, e com veremos melhor *infra*, entendemos que o bem jurídico subjacente ao presente crime é a ética desportiva, apesar de num segundo plano se tutelar também a saúde dos atletas.

Outra sanção penal da violação das normas antidopagem encontra-se prevista no artigo 44º e mais não é do que um "up grade" do artigo 5º do decreto-lei nº 390/91, de 1º de Outubro – regime jurídico do combate à corrupção no fenómeno desportivo – que foi revogado: ADMINISTRAÇÃO DE SUBSTÂNCIAS E MÉTODOS PROIBIDOS.

Dispõe o nº 1 do artigo 44º que, *Quem administrar ao praticante desportivo, com ou sem o seu consentimento, substâncias ou métodos constantes da lista de lista de substâncias e métodos proibidos é punido com prisão de 6 meses a 3 anos, salvo quando exista uma autorização de uso terapêutico.*

Aqui, o bem jurídico pretendido tutelar é precisamente a ética desportiva. Lia-se já no preâmbulo do Decreto-Lei 390/91 que o interesse fundamental a ter em vista e a proteger será a lealdade, a correcção da competição e do seu resultado e o respeito pela ética na actividade desportiva. Certo é que em causa não está a integridade física. Isto porque o consentimento do praticante desportivo não opera como causa de exclusão da ilicitude.

No entendimento de José Manuel Meirim, "critique-se, no entanto, a opção final do legislador, ao criminalizar essa acção ocorrendo consentimento do praticante desportivo. A criminalização só faz sentido na medida em que a acção constitui, para além da administração das substâncias, um atentado à integridade física e moral do praticante. É, pois, na violência, decorrente do não consentimento, que deveria radicar o fundamento para o elevar do grau sancionatório"[231].

Poderíamos equacionar concordar com este autor se porventura o bem jurídico tutelado fosse a integridade física do praticante desportivo. Porém, por via deste diploma visa-se tutelar, em primeira linha, a lealdade, a correcção da competição e do seu resultado e o respeito pela ética na actividade desportiva[232]. Em suma, bens jurídicos não pessoais.

Ora, tais bens jurídicos, precisamente por serem não pessoais, têm carácter indisponível, o que desde logo constitui impedimento para o consentimento operar como causa de exclusão da ilicitude[233]. Não obstante, parece que é precisamente o bem jurídico tutelado que o autor critica e que sugere que se altere. Para este autor a criminalização da admi-

---

[231] José Manuel Meirim, "Ética Desportiva – A Vertente Sancionatória Pública", *Revista Portuguesa de Ciência Criminal*, ano 2, fascículo 1, Janeiro-Março 1992 [1].

[232] Como já tivemos oportunidade de referir, Manuel da Costa Andrade entende que a punição a título de *ofensas corporais* representaria uma apócrifa integração na área de tutela da incriminação de interesses – nomeadamente de interesses ou valores pertinentes à ética e à *fairness* desportiva – que nada têm a ver com a integridade física. Representaria, noutros termos, uma «permuta do bem jurídico», para a qual o intérprete e aplicador não estão legitimados. (Manuel da Costa Andrade, *ob. cit*, pp. 719-720)

[233] Conforme refere Figueiredo Dias: "lesado pelo facto consentido só pode ser um bem jurídico pessoal: porque em rigor só este tem um portador ou um titular individualizável; mas em definitivo porque, se a relevância do consentimento advém do respeito pelo valor da auto-realização pessoal, só a pessoa... pode prestar de forma eficaz o seu consentimento." (Figueiredo Dias, *Direito Penal*, Parte Geral, Tomo I, Coimbra Editora, 2004, p. 446).

nistração do doping visa tutelar, antes do mais, a integridade física do desportista.

Nesta situação, relativamente à complexa questão de saber se o consentimento deixa de operar como causa de exclusão da ilicitude pelo facto de ofender os bons costumes, tendo em consideração os motivos e os fins do agente e do ofendido (artigo 38º e 149º do Código Penal), Manuel da Costa Andrade, como já tivemos oportunidade de evidenciar[234], refere que, "já se afigura impertinente a sua punição a título de ofensas corporais, invocando nomeadamente para o efeito o limite dos *bons costumes*. Suposta a aplicação heterolesiva e que não se ultrapasse o limite das lesões graves e irreversíveis, o facto estará *justificado por consentimento validamente expresso*. A punição a título de *ofensas corporais* representaria uma apócrifa integração na área de tutela da incriminação de interesses – nomeadamente de interesses ou valores pertinentes à ética e à *fairness* desportiva – que nada tem que ver com a integridade física."[235].

No artigo 45º prevê-se o tipo de ASSOCIAÇÃO CRIMINOSA: *1 – Quem promover, fundar, participar ou apoiar grupo, organização ou associação cuja finalidade ou actividade seja dirigida à prática de um ou mais crimes previstos na presente lei é punido com pena de prisão de 6 meses a 5 anos.*

Uma outra nota vai para a responsabilidade penal das pessoas colectivas, prevista no artigo 46º, que não é excluída pelo facto de possuírem o Estatuto de Utilidade Pública Desportiva. Significa que clubes e federações podem ser criminalizadas pelos crimes previstos na Lei 27/2009, de 19 de Junho.

Todos os tipos de crime previstos no regime jurídico da luta contra a dopagem no desporto são dolosos, não sendo puníveis as condutas cometidas a título da negligência.

b) Mera ordenação social

As violações às normas antidopagem previstas nas alíneas e), h) e i) do nº 2 do artigo 3º constituem ilícito de mera ordenação social, nos termos do disposto no artigo 48º.

---

[234] Cfr. *Supra* capítulo 3.
[235] Manuel da Costa Andrade, *ob. cit.*, pp. 719-720. Manuel da Costa Andrade tinha defendido o contrário em *Comentário Conimbricense*, I, pp. 292-301.

Este novo meio de combate à dopagem assenta, essencialmente, em condutas que na maioria dos casos são cometidas pelo pessoal de apoio ao praticante desportivo: obstrução ou demais condutas que impeçam ou perturbem a recolha de amostras no âmbito de um controlo; a alteração, falsificação ou manipulação de qualquer elemento integrante do procedimento do controlo; e ainda a posse de substâncias ou de métodos proibidos.

As equipas, clubes ou sociedades anónimas desportivas a que pertençam os praticantes que sejam punidos disciplinarmente incorrem em contra-ordenação.

A responsabilidade contra-ordenacional é subjectiva, dependendo portanto da verificação da culpa (dolo ou negligência).

Não obstante a aplicação das contra-ordenações constituir uma mais valia no combate ao doping, a aplicação da coima, a título de contra-ordenação, em simultâneo com a aplicação da pena de prisão, pela prática do crime de tráfico de substâncias, ambas pelo mesmo facto ilícito – posse de substâncias dopantes – viola o princípio constitucional *non bis in idem*.

Ainda assim, constata-se uma diferença considerável entre ambos os regimes: a contra-ordenação é punível a título de negligência e o crime somente a título doloso.

A instrução dos processos é da competência da ADoP, competindo ao seu presidente aplicar as coimas. O produto destas reverte em 60% para o Estado e em 40 % para o Instituto de Desporto de Portugal, I. P. Sempre que a mesma conduta possa ser sancionada em ambos os planos deverá aplicar-se o disposto no artigo 38º, nº 2 do Regime Geral das Contra-ordenações: *se estiver pendente um processo na autoridade administrativa, devem os autos ser remetidos à autoridade competente para o processo criminal.*

c) Sanções disciplinares

As sanções disciplinares configuram-se como as sanções que maior relevo adquirem no combate à dopagem, por consistirem na suspensão da actividade física desportiva por determinado período de tempo.

Constitui ilícito disciplinar qualquer violação das normas antidopagem. Desta forma, a cada violação de uma norma corresponde uma determinada sanção disciplinar.

No que diz respeito à presença de substâncias proibidas numa amostra recolhida, a lei aqui em análise estabelece sanções distintas consoante as substâncias encontradas sejam consideradas "substâncias proibidas" ou simplesmente "substâncias específicas".

Nos casos de substâncias proibidas o praticante desportivo é punido, tratando-se de primeira infracção, com pena de suspensão de 2 a 8 anos, e de segunda infracção de 15 a 20 anos.

No caso de substâncias específicas o praticante desportivo, tratando-se de 1ª infracção, é punido com pena de advertência ou com pena de suspensão até 1 ano, isto se conseguir provar como a substância proibida entrou no seu organismo e que o seu uso não visou o aumento do rendimento desportivo ou não teve um efeito mascarante e, tratando-se de segunda infracção, a pena de suspensão vai de 2 a 4 anos. Nestes casos de substâncias específicas, em caso de terceira infracção, o praticante é punido com uma pena de suspensão de 15 a 20 anos.

O conceito "substâncias específicas" encontrava-se previsto na lista de substâncias proibidas e mereciam um tratamento diferente das demais substâncias proibidas porquanto aquelas "... são particularmente susceptíveis de dar origem a infracções não intencionais das normas antidopagem, devido ao facto de estarem frequentemente presentes em medicamentos ou de serem menos susceptíveis de utilização com sucesso como agentes dopantes. Um caso positivo envolvendo uma destas substâncias podia resultar numa sanção reduzida desde que o praticante desportivo pudesse provar que o uso de uma dessas substâncias específicas não se destinava a melhorar o seu rendimento desportivo."

Exemplos destas substâncias são a Efedrina, os canabinóides, o álcool, e os beta-bloqueantes.

Actualmente todas as substâncias proibidas serão consideradas substâncias específicas excepto os agentes anabolizantes, EPO, hormonas de crescimento, inibidores de miostatina (proteína que em elevadas concentrações provoca a diminuição dos músculos) e estimulantes.

A distinção de regime aplicável às substâncias específicas e demais substâncias proibidas, com a consequência de aplicação de sanções diferentes, vai ao encontro do estabelecido no código AMA e configura-se como uma importante inovação no regime português de combate ao doping.

Não obstante, este novo regime jurídico apresenta sanções disciplinares mais pesadas para os praticantes quando comparadas com o anterior Decreto-lei 183/97, de 26 de Julho.

Enquanto que no anterior regime, em caso de 1ª infracção, a pena a aplicar podia ir de 6 meses a 2 anos, actualmente pode ir de 2 a 8 anos; Em caso de 2ª infracção, o decreto-lei 183/97 estipulava uma pena de 2 a 4 anos, enquanto que o novo regime estipula uma pena de 15 a 20 anos.

Por sua vez, a redacção do artigo 58º levanta sérios problemas interpretativos. Para além da epígrafe, pode ler-se no corpo da norma "uso de substâncias e métodos proibidos, previstos nas alíneas a) e b) do nº 2 do artigo 3º".

Ora, o uso de substância e de métodos encontra-se previsto na alínea c) e aquelas alíneas – a) e b) – referem-se à presença de uma substância proibida e recurso a um método proibido, respectivamente. Desta forma, torna-se difícil perceber se as sanções previstas no artigo 58º têm aplicação pela prática das violações constantes nas alíneas a) e b) do nº 2 do artigo 3º ou da alínea c), ou mesmo de todas estas.

Como já tivemos oportunidade de referir, o novo regime não prevê qualquer sanção disciplinar para a violação prevista na alínea d) do nº 2 do artigo 3º, bem como para as alíneas e) h) e i) quando praticadas pelo próprio atleta. Tais sanções deverão, em nosso entendimento, ser definidas pelas Federações Desportivas, nos termos do disposto no artigo 14º, nº 1 al. c), tendo como normas habilitantes todas as constantes do Regime Disciplinar das Federações Desportivas – Lei 112/1999, de 3 de Agosto.

Característica marcante do novo regime jurídico de combate ao doping português é a previsão da pena de suspensão da actividade física desportiva de 15 a 20 anos. Não obstante, tais sanções suscitam-nos sérias dúvidas sobre a sua conformidade com a Constituição da República Portuguesa, nomeadamente sobre a sua adequação ao disposto no artigo 30º, nº 1: *Não pode haver penas nem medidas de segurança privativas ou restritivas da liberdade com carácter perpétuo ou de duração ilimitada ou indefinida.*

Chamado a pronunciar-se sobre a sanção disciplinar de suspensão ou expulsão no âmbito da administração autónoma, Vital Moreira salientou que no caso de filiação obrigatória equivale a verdadeira interdição profissional que, por isso mesmo, suscita maiores problemas. Neste sentido, a Lei 112/99, de 3 de Agosto, que aprova o regime disciplinar das federações desportivas, na al. c) do art. 2º, exclui penas de irradiação ou de duração indeterminada.

No presente caso, uma pena de suspensão da actividade física de 15 a 20 anos acaba por ser uma pena de irradiação encapotada, tornando-se impossível ao praticante desportivo retomar a competição volvidos 20 anos.

No sentido da desproporcionalidade deste tipo de penas, o Espanhol José Casajús realça que em todos os âmbitos jurídicos se deixa uma via para a reinserção, e que no desporto os reincidentes podem perder a opção de exercer o direito ao trabalho. Refere o mesmo autor que as sanções de suspensão que se têm aplicado aos casos de reincidência são excessivas.

Ainda assim, é de louvar o facto de o legislador não ter aderido por completo ao código mundial antidopagem que, ao estabelecer penas fixas, atenta contra o princípio da igualdade e princípio da culpa.

d) Sanções desportivas

A violação de uma norma antidopagem, no âmbito de um controlo em competição, origina ainda a invalidação automática do resultado individual obtido nessa competição, com todas as consequências daí resultantes, incluindo a retirada de quaisquer medalhas, pontos e prémios – artigo 69º.

A responsabilidade desportiva do praticante desportivo tem natureza objectiva, sendo-lhe aplicada a sanção independentemente de culpa[236].

Estas sanções visam recuperar a verdade desportiva, procedendo à reclassificação dos atletas. Parte-se do princípio de que o rendimento desportivo obtido pelo atleta ficou-se a dever às substâncias proibidas. Estamos perante uma presunção inilidível de que a substância proibida provocou um aumento de rendimento e que este foi a causa da obtenção do resultado.

Cumpre ainda salientar que um resultado positivo num exame laboratorial de controlo *antidoping* pode dar origem a consequências disciplinares e civis no âmbito da relação laboral que o atleta mantém com o clube/entidade empregadora, a consequências civis no âmbito da relação contratual com patrocinadores e, ainda, no âmbito da "relação" jurídica extracontratual mantida com os adversários desportivos. Estas matérias serão tratadas na segunda parte do presente estudo.

---

[236] Para maior desenvolvimento v. capítulos 1 e 2 da 2ª parte do presente estudo.

Capítulo 7º
A ligação dos órgãos jurisdicionais federativos portugueses às instâncias internacionais de recurso

A aplicação da *sanções disciplinares* no âmbito do doping é da competência da ADoP e encontra-se delegada nas federações desportivas titulares do estatuto de utilidade pública – art. 57º, nº 1 –, à semelhança do que já sucedia no regime anterior.

As federações desportivas devem dispor de uma instância de recurso, para a qual o agente desportivo sancionado possa recorrer, sem efeito suspensivo, a qual deve ser uma entidade diversa e independente daquela que o sancionou em primeira instância, art. 57º, nº 2.

No entanto, a ADoP pode a todo o tempo avocar a aplicação das sanções disciplinares, bem como alterar as decisões de arquivamento, absolvição ou condenação proferidas por órgão jurisdicional de uma federação, proferindo nova decisão – art. 57º, nº 4.

Desta decisão da autoridade cabe recurso para o Tribunal Arbitral do Desporto de Lausanne – art. 57º, nº 5.

Ora, nos termos do disposto no artigo 18º da Lei de Bases da Actividade Física e do Desporto, da decisão proferida em 2ª instância, por exemplo pelo Conselho de Justiça da Federação Portuguesa de Futebol, cabe recurso para os Tribunais Administrativos e Fiscais.

No entanto, se a ADoP avocar a aplicação da sanção ou alterar a decisão proferida por órgão jurisdicional federativo cabe recurso para o Tribunal Arbitral do Desporto de Lausanne, que surge aqui como o único meio de sindicar a decisão proferida pela Autoridade Antidopagem de Portugal, tratando-se de um tribunal arbitral necessário.

Isto é, se a ADoP avocar o processo cabe recurso para a Suíça, se a ADoP não avocar o processo cabe recurso para os Tribunais Administrativos e Fiscais portugueses.

Melhor solução, de *iure condendo*, seria a criação de um Tribunal Arbitral do Desporto Português com competências alargadas em matéria desportiva. Para além da competência de reapreciação das decisões referentes a matérias da organização federativa, proferidas pelos conselhos disciplinares das várias federações desportivas, o Tribunal Arbitral do Desporto Português passaria a aplicar, em sede de 1ª instância, as sanções disciplinares (vg. suspensão da actividade física desportiva) no âmbito de uma violação às normas antidopagem, cabendo à ADoP a parte de investigação. Da decisão de aplicação das sanções por violação às normas antidopagem caberia sempre recurso para o TAS, evitando-se, desta forma, a aplicação de critérios distintos a nível de recurso.

Enquanto que os tribunais arbitrais estão previstos no artigo 209 da C.R.P., a matéria relativa aos tribunais arbitrais necessários encontra-se consagrada no Livro IV do C.P.C., que prevê a existência de um tribunal arbitral necessário quando prescrito por lei especial.

A dualidade de critérios presente no regime actualmente em vigor levanta, desde logo, duas questões. Em primeiro lugar, as partes litigantes ficam impedidas de recorrer directamente aos tribunais ditos ordinários, podendo questionar-se se o princípio da igualdade, consagrado no art. 13º da CRP, e o direito de acesso aos tribunais, consagrado no artigo 20º, nº 2, da CRP, não serão colocados em causa;

Em segundo lugar, conforme salientam Gomes Canotilho e Vital Moreira, de fora dos Tribunais Arbitrais ficam os litígios que digam respeito a direitos indisponíveis. Ora, os casos da dopagem no desporto encontram-se efectivamente dentro dos litígios respeitantes a direitos indisponíveis.

O Tribunal Arbitral do Desporto[237] foi criado em 30 de Junho de 1984, na sequência do Congresso Olímpico de Baden-Baden, com o objectivo

---

[237] Sobre o TAS, nomeadamente sobre a independência e imparcialidade cf. José Manuel Meirim, "Suiça: Uma Real Especificidade Desportiva", *Estudos em Homenagem ao Prof. Doutor Jorge de Figueiredo Dias, Boletim da Faculdade de Direito, STVDIA JURIDICA 101 AD HONOREM – 5*, Universidade de Coimbra, Coimbra Editora, p. 653 e 654.

de criar uma instância célere, económica e especializada em matéria de litígios desportivos.

Desde a sua criação surgiram dúvidas quanto à independência do TAS, nomeadamente quanto à sua ligação com o Comité Olímpico Internacional. O próprio Tribunal Federal Suíço, em acórdão de 15 de Março de 1993, comentou a estreita ligação do TAS ao COI, como que alertando para a necessidade de um órgão arbitral ser independente e arbitral.

Em consequência foi criado o Conselho Internacional de Arbitragem em matéria de desporto (CIAS) que administrativa e financeiramente acolhe o TAS. Parece assim estar garantida a independência e a isenção dos juízes, e do próprio Tribunal Suíço.

Ainda assim, a verdade é que as decisões podem ser completamente distintas consoante o tribunal competente seja o Tribunal Administrativo e Fiscal ou o TAS.

Atentemos no caso que envolveu o Futebol Clube do Porto, o Sport Lisboa e Benfica e o Vitória Sport Clube[238].

Em causa estava a inscrição do F. C. Porto na Liga dos Campeões na época de 2008/2009, porquanto alegadamente este clube não cumpria o requisito previsto no artigo 1.04.d do Regulamento da Liga de Campeões da UEFA (2008/2209) por factos praticados na época de 2003//2004. A referida norma, que foi inserida somente na época de 2008/2009, estipulava como requisito de inscrição que os clubes não pudessem estar ou não pudessem ter estado envolvidos em qualquer actividade que visasse influenciar o resultado de um jogo nacional ou internacional.

Para além de inúmeros argumentos jurídicos, o F.C. do Porto veio arguir, com base no pressuposto aceite pelo TAS de que a norma continha natureza disciplinar, a ilegalidade da aplicação daquele requisito por violação da proibição de um regulamento administrativo dispor retroactivamente e por violação do princípio de legalidade aplicável em todo o seu domínio ao direito sancionador público.

Ora, o TAS defendeu que aplicar princípios de direito criminal a estas situações seria confundir a lei pública do Estado com as normas privadas de uma associação. Em conformidade com a lei Suíça, o direito que as

---

[238] Seguimos de perto o estudo de José Manuel Meirim, *ob. cit.*, p. 660-664.

associações têm de impor sanções aos clubes e atletas não se configuram como um poder delegado pelo Estado, mas antes como manifestação da liberdade das federações desportiva.

Para além do exposto, sempre que couber recurso para o TAS, o processo pode vir a terminar junto do Tribunal Federal Suíço, nos termos previstos no artigo 190º da Lei Federal sobre o Direito Internacional Privado, que possibilita a impugnação da sentença arbitral.

Atentemos, agora, no caso do seleccionador de futebol português, Carlos Queirós.

Carlos Queirós foi condenado pelo Conselho de Disciplina da Federação Portuguesa de Futebol em 1 mês de suspensão e 1 ano de multa, por ter difamado, perante os médicos da ADoP, o presidente desta instituição.

Não obstante, o mesmo Conselho de Disciplina arquivou o processo na parte referente à violação da alínea e) do nº 2 do artigo 3º da Lei 27/2009 – perturbação da recolha de amostra no âmbito do controlo de dopagem.

Antes de entrarmos na questão essencial cumpre esclarecer algumas questões. Em bom rigor não se pode falar, com foi referido inúmeras vezes, em "avocação de aplicação de sanções disciplinares", mas em "alteração da decisão de arquivamento". Na verdade, nos termos do disposto no nº 4 do artigo 57º, a ADoP pode (1) avocar a aplicação das sanções disciplinares, bem como (2) alterar as decisões de arquivamento, absolvição ou condenação proferidas por órgão jurisdicional de uma federação desportiva, proferindo nova decisão.

Por outro lado, o presidente da ADoP invocou, e bem, o seu impedimento para alterar a decisão de arquivamento do Conselho de Justiça, porquanto era o visado na parte referente à difamação. Lê-se, na decisão da ADoP, que tendo sido deferido o requerimento de impedimento, as competências da ADoP passaram a ser exercidas pelo IDP, uma vez que aquela funciona junto deste.

Apesar de a questão ser controversa, porque não se vislumbra qualquer norma que preveja a substituição do Presidente da ADoP em casos de impedimento, é sempre preferível operar-se a substituição por elemento hierarquicamente superior do que por elemento inferior – *Quod abundat non nocet.*

Para além do supra exposto, a grande questão controvertida do caso em análise prende-se com a obrigação que impende sobre as federações desportivas de adaptarem o seu regulamento de controlo de dopagem às regras estabelecidas na presente lei e demais regulamentação aplicável, nos termos do disposto no artigo 12º da Lei 27/2009.

Tal adaptação é efectuada no prazo de 120 dias a contar da data da entrada em vigor daquela lei (nº 1 do artigo 76º da lei 27/2009), sendo que os respectivos regulamentos federativos são registados junto da ADoP (nº 2 do artigo 76º)

Ora, até à realização do referido registo, as sanções aplicáveis aos praticantes desportivos e demais infractores são as constantes dos regulamentos federativos que estiverem em vigor e que, para o efeito, estão registados no CNAD, tudo conforme disposto no nº 3 do mesmo artigo.

O legislador português pretendeu garantir a segurança jurídica exigida pelo âmbito disciplinar sancionatório. Tal segurança jurídica foi encontrada, no entendimento da Assembleia da República, no registo das sanções junto do CNAD. Sem a publicidade e certeza jurídica que o registo confere às sanções entendeu-se não estar garantida a segurança suficiente para estas serem aplicadas.

Ora, no caso em análise, (1) à data dos factos não se encontrava ainda registado o novo regulamento da Federação Portuguesa de Futebol e (2) o anterior regulamento, àquela data em vigor, não consagrava como violação às normas antidopagem os comportamentos atribuídos ao arguido Carlos Queirós.

Ainda assim a ADoP, relativamente ao regulamento que à data dos factos estava em vigor, escreveu o seguinte:

> "...tal regulamento está tacitamente revogado, por inadequado, face às disposições legais vigentes. Assim sendo, sob pena de se entender que a não aprovação de um novo regulamento seria bastante para operar a suspensão de uma lei da AR, a lei aplicável ao caso é, exclusivamente, a Lei nº 27/2009, sendo que a sua aplicação não depende necessariamente de qualquer regulamentação adicional."

Salvo melhor entendimento, o diploma aplicável ao caso é o regulamento federativo em vigor à data dos factos e que não punia as condutas imputadas ao arguido, porquanto é a própria lei da Assembleia da República que o impõe – "até à realização do referido registo, as sanções aplicáveis aos praticantes desportivos e demais infractores são as constantes dos regulamentos federativos que estiverem em vigor e que, para o efeito, estão registados no CNAD" (nº 3 do artigo 76 da Lei 27/2009, de 19 de Junho).

Outra interpretação afigura-se, com o devido respeito, contrária ao disposto no artigo 9º do Código Civil: "Não pode, porém, ser considerado pelo intérprete o pensamento legislativo que não tenha na letra da lei um mínimo de correspondência verbal, ainda que imperfeitamente expresso."

Por fim, a menção à figura da culpa presumida, que se diz ser prevalecente em muitos países em matéria da luta contra a dopagem no desporto, torna-se, no caso em análise, perfeitamente despropositada.

A aplicação da figura da presunção de culpa só é equacionada no âmbito da presença, numa amostra recolhida a um praticante desportivo, de uma substância proibida. Isto é, só nos casos em que existe um exame laboratorial positivo é que a aplicação da figura da culpa presumida é equacionada. Ainda assim entendemos que se trata não de uma presunção legal, mas sim de um presunção judicial, sustentada na experiência de vida. Consequentemente, tal presunção pode ser ilidida pela simples contraprova, não sendo necessário efectuar a prova do contrário[239].

O processo encontra-se, em sede de recurso, no TAS, que terá desde logo que decidir qual o diploma aplicável ao caso concreto. Se a ADoP não tivesse avocado a aplicação da sanção, e a decisão tomada por esta entidade fosse proferida pelo Conselho de Justiça da Federação Portuguesa de Futebol, então, caberia recurso para os tribunais portugueses.

Vemos, portanto, como o direito adjectivo pode, de alguma forma, influenciar o direito substantivo e o desfecho final dos vários litígios: tudo depende de como é configurado o *link* entre os órgãos jurisdicionais portugueses e as instâncias de recurso internacionais.

---

[239] No âmbito de um resultado laboratorial positivo, enquanto que a exigência de o arguido efectuar a contraprova significa que este apenas tem que criar dúvidas no julgador de que não é culpado, a exigência da prova do contrário significaria que o arguido tinha de convencer o julgador de que não era culpado. Verifica-se, portanto, entra a contraprova e a prova do contrário uma diferença de um (de) grau.
Para maiores desenvolvimnetos v. ponto 5º do capítulo 2 da 2ª parte.

2ª PARTE
A Responsabilidade do Praticante Desportivo nos Casos de Doping

INTRODUÇÃO

Um dos principais temas que tem sido debatido a nível internacional sobre a dopagem é o da responsabilidade do atleta. Muito se tem escrito sobre o assunto havendo, por um lado, quem defenda a aplicação de uma responsabilidade objectiva, estrita, com base apenas na constatação de um resultado positivo de um exame laboratorial efectuado no âmbito do controlo antidopagem e, por outro, quem defenda que a responsabilidade do atleta se fundamenta no princípio da culpa – responsabilidade subjectiva[240].

---

[240] A responsabilidade subjectiva implica que determinado facto, tido como ilícito, possa ser imputado ao sujeito a título de culpa. A culpa é hoje entendida "como um juízo que assenta no nexo existente entre o facto e a vontade do autor" (Antunes Varela, *Das Obrigações em Geral*, Vol. I, 10ª edição, Almedina Coimbra, 2000, p. 566.), consistindo "...precisamente na imputação do facto ao agente." A culpa define um nexo de ligação do facto a uma certa pessoa" (Mário Júlio de Almeida Costa, *Direito das Obrigações*, 9ª Ed., Coimbra, Almedina Coimbra, p. 530). É no Direito Penal que o princípio da culpa assume maior visibilidade. Dispõe o art. 13º do Código Penal que "só é punível o facto praticado com dolo ou, nos casos especialmente previstos na lei, com negligência." – *Nulla poena sine culpa*. Torna-se, então, necessário que o "facto possa ser pessoalmente censurado ao agente, por aquele se revelar expressão de uma atitude interna pessoal juridicamente desaprovada e pela qual ele tem por isso de responder perante as exigências do dever-ser sócio-comunitário" (Jorge de Figueiredo Dias, *ob. cit.* [4], pp. 259.) "O princípio da culpa coaduna-se perfeitamente com o jusnaturalismo e o liberalismo. É que, ao limitar a acção individual apenas pela culpa, facto ético-psicológico e juízo de censura ou reprovação da conduta danosa do agente, a responsabilidade subjectiva alarga a esfera da actividade lícita e potencia a livre iniciativa privada", (Calvão da Silva, *Responsabilidade Civil do Produtor*, Almedina, Coimbra, 1990, p. 364.). Porém, este tipo de responsabilidade mostrou-se, com o evoluir dos tempos, incapaz de satisfazer os problemas sociais cau-

A expressão "responsabilidade objectiva" em casos de *doping* tem sido aplicada a duas realidades distintas, tornando-se desta forma num conceito polémico susceptível de criar algumas confusões. Para alguns autores a responsabilidade objectiva significa, e bem, que uma sanção é a consequência inevitável da verificação de uma violação às normas antidopagem, independentemente da existência de culpa[241]. Para outros, e para a AMA, cada atleta é objectivamente responsável pelas substâncias que são encontradas no seu organismo, significando a responsabilidade objectiva que uma violação às normas antidopagem ocorre quando uma substância é encontrada no organismo de um atleta, independentemente de o atleta ter agido com dolo ou negligência.

Apesar de a AMA se bastar com a presença de uma substância proibida no organismo do atleta para considerar a existência de uma falta, tal não significa que as sanções têm carácter automático. Como a própria AMA refere, enquanto que a invalidação dos resultados desportivos opera auto-

sados pelos desenvolvimentos ocorridos nos finais do século XIX e XX. A atenção e preocupação, que até então eram dadas ao acto humano, passaram para o lado da vítima. Assim, a responsabilidade objectiva, com o objectivo de dar protecção a situações de facto não cobertas pela responsabilidade tradicional baseada na culpa, começa a ser aplicada a situações de risco. Quem tira o lucro ou beneficia de uma certa coisa ou actividade que constitui para terceiros uma fonte potencial de prejuízos deve suportar os correspondentes encargos – *ubi commodum, ibi incommodum*. A responsabilidade pelo risco começou por ser aplicada a situações de acidentes de trabalho e de viação em que se prescindiu da verificação do elemento subjectivo a que chamamos culpa. O fundamento da responsabilidade objectiva não reside, pois, na prática de um facto culposo, mas na protecção de valores extrínsecos a essa mesma conduta. Em determinadas situações não se aplica o princípio tradicional segundo o qual quem suporta as consequências de determinado acto não culposo é a pessoa que as sofre, para responsabilizar o autor desse mesmo acto, independentemente de qualquer conduta culposa. Nos termos do disposto no art. 483º do Código Civil, só há lugar a responsabilidade independentemente da culpa nos casos específicos previstos pela lei.

[241] Neste sentido Klaus Vieweg e Christian Paul, "in doping cases, «strict liability» means that the sanction is an inevitable consequence once the doping offence has been established, irrespective of culpability". (The Definition of Doping and the Proof of a Doping Offence, The International Sports Law Journal, T.M.C. Institut, 2002/1, p. 3). Num sentido em parte distinto, e em nossa opinião pouco rigoroso, encontramos as palavras de Richard McLaren, "the principle of strict liability means that a doping violation occurs when the banned substance is found in the athlete's body" (Richard McLaren, "Cas doping Jurisprudence: what can we learn?"[2], *International Sports Law Review*, Sweet & Maxwell's, issue 1, 2006, p. 11).

maticamente, as verdadeiras sanções podem ser evitadas ou reduzidas pelos atletas[242].

O problema de se saber, nos casos relacionados com *doping*, se a responsabilidade de um praticante desportivo tem por fundamento o princípio da culpa – responsabilidade subjectiva – ou se se basta com a mera verificação de um resultado laboratorial positivo – responsabilidade objectiva – implica que se faça a distinção entre os vários regimes sancionatórios (desportivo[243], disciplinar, penal, laboral e civil[244]) e carece de uma cuidadosa análise do regime jurídico nacional e internacional de combate à dopagem, bem como da jurisprudência e da doutrina nacional e internacional desportivas.

---

[242] AMA, *Q&A: Strict Liability in Anti-Doping*, Abril, 2007, p. 2. (Consultado em www.wada-ama.org).
[243] Sobre a questão de as consequências constituírem verdadeiras sanções v., *infra*, cap. 1º.
[244] Sobre as sanções do Código AMA v., David Howman, "Sanctions Under the World Anti-Doping Code", Novembro de 2003, consultado em *www.wada-ama.org*. Sobre a responsabilidade objectiva no âmbito do desporto v., Eduardo Gamero Casado, *ob. cit.* [1], p. 246-252; Valerio Forti, "Riflessioni in tema di diritto disciplinare sportivo responsabilità oggettiva", *Rivista di Diritto ed Economia dello Sport*, Vol. III, Fasc. 2, 2007.

Capítulo 1º
As consequências desportivas para o atleta em casos de doping

De entre o elenco das várias sanções aplicáveis ao praticante desportivo nos casos de *doping* destacamos, primeiramente, as de carácter desportivo.

"A violação de uma norma antidopagem no âmbito de um controlo em competição conduz automaticamente à invalidação do resultado individual obtido nessa competição com todas as consequências daí resultantes, incluindo a retirada de quaisquer medalhas, pontos e prémio." – Artigo 69º da Lei nº 27/2009, de 19 de Junho.

No mesmo sentido o Código AMA estabelece no artigo 9º ("Invalidação automática de resultados individuais") que, "uma violação de uma norma antidopagem em desportos individuais no âmbito de um controlo em competição conduz automaticamente à invalidação do resultado individual obtido nessa competição com todas as consequências daí resultantes, incluindo a retirada de quaisquer medalhas, pontos e prémios".

Efectuada a exposição dos preceitos que consagram as consequências desportivas da dopagem, cumpre analisar algumas características próprias que as mesmas assumem, consoante a infracção – que aqui em estudo se resume essencialmente ao resultado positivo num teste laboratorial de controlo *antidoping* – tenha lugar em manifestações desportivas de uma só competição ou em manifestações desportivas de multi-competições, e consoante aquela se verifique no seio de uma modalidade desportiva individual ou colectiva.

A imediata invalidação dos resultados obtidos na competição em que o teste acusou positivo, com a consequente perda de medalhas e prémios, é uma consequência que tem lugar independentemente da intenção de o atleta se dopar, constituindo "no mundo do doping" um exemplo típico de responsabilidade objectiva. Escreve Richard McLaren: "there is a general consensus among arbitrators and athletes that the event results of doped athletes will be invalidated. This is an illustration of a fixed disciplinary sanction. Fixed disciplinary sanctions are part of what is commonly refereed to in sports law cases as strict liability sanctions. They do not require any proof that the athlete intended to dope. Upon establishing that a doping infraction has occurred, a fixed and specified sanction will automatically be applied"[245].

No sentido de a sanção desportiva se aplicar independentemente da culpa do infractor encontramos a sentença do TAD no caso Baxter, que envolveu um esquiador escocês a quem foi retirada a medalha de bronze na classe de "slalom" nos Jogos Olímpicos de Salt Lake City em 2002: "whether or not Mr. Baxter should have been more careful before taking medication – by reading the label showing the presence of levmetamfetamine in the product or by consulting with the team doctor before taking the medication – is irrelevant to our decision. Consistent CAS case law has held that the athletes are strictly responsible for substances they place in their body and that for purposes of disqualification (as opposed to suspension), neither intent nor negligence needs to be proven by the sanctioning body"[246].

---

[245] Richard McLaren, "Doping Sanctions: What Penalty", *International Sports Law Review*, Sweet & Maxwell's, issue º 2, 2002, pp. 23-24 [1].

[246] Arbitration CAS 2002/A/376, Baxter/International Olýmpic Commitee (IOC), award of 15 October 2002, *Digest of CAS Awards III*, 2001-2003, Kluwer Law International, pp. 303-310. No mesmo sentido v. Arbitration CAS ad hoc division (O.G. Sydney) 2000/011, Andrea Raducan/International Olympic Committee (IOC), award of 28 September 2000, *Digest of CAS Awards II*, 1998-2000, Kluwer Law International, p. 665 – 673: "The Ant-Doping Code considers doping as a strict liability offence. This means that no intentional element is required to establish a doping offence. The mere presence of a forbidden substance in the urine sample is sufficient."; Arbitration CAS 98/208, N. Y. W./Fédération Internationale de Natation (FINA), award of 22 December 1998, *Digest of Cas Awards II*, 1998-2000, Kluwer Law International, p. 234 – 254: "It is the presence of a prohibited substance in a competitor's bodily fluid ehich constitutes the offence under the FINA rules, irrespective of whether or not the competitor intended to ingest the prohibited substance"; Arbitration CAS 2000/A/317,

Apesar de o diploma legal português não estabelecer especificamente aquela responsabilidade dos atletas, certo é que a desqualificação ou invalidação dos resultados obtidos tem lugar quando a infracção às normas antidopagem ocorre em competição, o que decorre também expressamene do artigo 9º do Código AMA. A título de exemplo, um *sprinter* que acuse positivo num teste laboratorial efectuado no âmbito de uma corrida de 100 metros, durante os Campeonatos do Mundo de Atletismo, verá o seu resultado ser invalidado, perdendo consequentemente a medalha alcançada. É que, "in contrast to suspension, the purpose of disqualification is not to punish the athlete and the disqualification does not reflect any moral judgment"[247].

Na base da invalidação dos resultados obtidos está a injustiça criada para com os outros praticantes desportivos que se encontram em competição: não é justo, portanto, que um atleta altere artificialmente o seu rendimento desportivo por forma a obter os resultados pretendidos. Ou seja, os princípios que presidem à consagração desta sanção não são mais do que a promoção da verdade e da igualdade desportivas.

Em comentário ao artigo 9º do Código AMA pode ler-se que "quando um praticante desportivo ganha uma medalha de ouro tendo no seu organismo uma substância proibida, esse facto constitui uma injustiça para os outros praticantes desportivos em competição... apenas um praticante desportivo "limpo" deverá poder tirar partido dos resultados obtidos em competição". Do mesmo modo, a AMA, num documento informativo que se refere à invalidação automática dos resultados desportivos, esclarece que esta norma visa estabelecer a justiça para com os outros atletas em competição[248].

A.//Fédération Internationale des Luttes Associées (FILA), award of 9 July 2001, *Digest of Cas Awards III*, 2001-2003, Kluwer Law International, p. 159 – 172: "It is perfectly proper for the rules of a sporting federation to establish that the results achieved by an athlete at a competition during which he was under the influence of a prohibited substance must be cancelled irrespective of any guilt on the part of the athlete. This conclusion is the natural consequence of sporting fairness against the other competitors. The interests of the athlete concerned in nor being punished without being guilty must give way to the fundamental principle of sport that all competitors must have equal chances."

[247] Rigozzi, Kaufmann-Kohler and Malinverni, "Doping and Fundamental Rights of Athletes, International Sports Law Review, Sweet & Maxwell's, isuue 3, 2003, p. 53.

[248] "This rule helps to establish fairness for the other athletes in the competition."(AMA, *Q&A Strict Liability in Anti-Doping*, Abril de 2007, consultado em www.wada-ama.org).

Se ainda hoje existem dúvidas quanto à existência de uma matéria jurídica autónoma, denominada direito do desporto, certo é que o "direito do desporto" apresenta alguns princípios dotados de individualidade, onde se destacam o princípio da *par conditio*[249] e da verdade desportiva, que correspondem exactamente ao móbil das sanções desportivas. Perante esta especificidade própria do "direito desportivo", a imediata invalidação dos resultados desportivos não sofre qualquer contestação.

A este propósito cumpre efectuar uma brevíssima consideração. Apesar de termos vindo a utilizar o termo «consequência desportiva», a imediata invalidação dos resultados desportivos obtidos – e a perda de medalhas, pontos e prémios – pode ser considerada como sanção. Sanção não em sentido estrito, como «pena em sentido técnico», mas num sentido lato que equipara a sanção a toda e qualquer consequência desfavorável imposta ao violador de uma norma jurídica.

A imediata invalidação dos resultados desportivos obtidos não visa punir o atleta, mas recolocar a igualdade e verdade desportivas atingidas mediante a «correcção» da ilegalidade verificada. Trata-se de uma medida repristinatória destinada a restaurar a legalidade atingida pela acção ilícita, por retorno, tanto quanto possível, à situação que existiria se não fosse a infracção cometida às normas antidoping[250].

Este tipo de consequência – sanção em sentido lato – permite restabelecer parte da igualdade e da verdade desportivas atingidas pela infracção cometida, como também eliminar a vantagem obtida pelo atleta dopado em função da prática do ilícito desportivo. As medidas repristinatórias assumem-se como importantes alternativas às sanções disciplinares, nomeadamente às pecuniárias, uma vez que estas encontram-se sujeitas a limites rígidos. Para além do mais estas medidas, consequências ou sanções, poderão em muito auxiliar o propósito de prevenção das infracções às normas antidoping pela disseminação da ideia de que «o ilícito não compensa»[251].

---

[249] Neste sentido Cfr. José Manuel Meirim, *ob. cit.* [5] pp. 269-270.
[250] O acórdao do STA de 04/07/2002 refere que "os efeitos repristinatórios reportam-se, se tal for possível, à reconstituição de situação actual hipotética que existiria se não fosse a prática do acto objecto de "anulação" contenciosa." (www.dgsi.pt).
[251] Sobre a natureza dos vários tipos de sanções ou medidas administrativas, e nomeadamente sobre as repristinatórias, v. Marcelo Madureira Prates, *Sanção Administrativa Geral: Anatomia e Autonomia*, Almedina, Coimbra, 2005, pp. 56-57, 204-209.

No entanto, nem tudo o que diz respeito às sanções desportivas se tem por unanimemente aceite. Na verdade, pode-se questionar se o interesse em que os atletas pratiquem a actividade desportiva de uma forma "limpa" não deve relevar apenas, e só, nos casos em que há efectivamente um aumento de rendimento do atleta dopado ou nos casos em que esse aumento de rendimento foi a causa da obtenção dos resultados desportivos. Em qualquer destas hipóteses, a mera probabilidade de as substâncias encontradas no organismo de um determinado atleta provocarem um aumento de rendimento não poderia constituir fundamento da aplicação das sanções desportivas. Desta forma seria possível aos atletas arguírem que a substância ingerida não provocou qualquer aumento de rendimento desportivo ou que esse aumento de rendimento não foi a causa da obtenção dos resultados.

Na presente questão estão em jogo, de um lado, os interesses dos atletas que participam nas competições desportivas sem a presença de qualquer substância no seu organismo – a imporem a desqualificação automática do atleta dopado independentemente de se verificar um aumento artificial de rendimento – e, do outro, os interesses dos atletas dopados inocentemente – a imporem a desqualificação apenas nos casos em que, efectivamente, o aumento de rendimento é devido à substância proibida ou nos casos em que esse aumento deu lugar à obenção dos resultados desportivos.

Perante este panorama, não deixa de haver quem entenda que as sanções desportivas se aplicam não com o fundamento de que a substância proibida afectou o rendimento desportivo, mas com base no facto de o atleta não preencher uma condição objectiva de participação na competição desportiva – "limpo de doping"[252] ("Dopingfreiheit")[253].

Neste sentido e reconhecendo um certo perigo na proclamação de tal possibilidade, o TAD estabeleceu que se deve partir do princípio de que o rendimento desportivo obtido com a ajuda de substâncias proibidas foi artificialmente melhorado, mesmo que tal não tenha sido cientificamente provado[254]. Estamos perante uma presunção *juris et de jure* de que a subs-

---

[252] Neste sentido v. Rigozzi, Kaufmann-Kohler and Malinverni, *ob. cit.*, p. 53-54.
[253] Cfr. Adolphsen, *Anforderung an Dopingstrafen nationaler Sportverbände*, SpuRt 2000, p. 97, *apud* Rigozzi, Kaufmann-Kohler and Malinverni, *ob. cit.*, p. 54.
[254] CAS Award of April 22, 1996 *apud* CAS 97/126, N v. FEI, Award of December 9, 1998, *CAS Digest of CAS awards II*, Kluwer International, pp. 129 a 134.

tância proibida provocou um aumento de rendimento e que este foi a causa da obtenção do resultado.

Tratamento distinto, à luz do Código AMA e do novo regime português da luta contra a dopagem no desporto, é dado aos resultados alcançados no mesmo evento desportiva mas noutra competição que não naquela em que se verificou a infracção às regras *antidoping*.

Os resultados obtidos pelo mesmo atleta numa competição distinta daquela em que se verificou a infracção às normas *antidoping* podem não ser invalidados desde que, nessa competição em concreto, não se verifique um aumento do rendimento desportivo. Assim, voltando ao exemplo de há pouco, se durante os mesmos Campeonatos do Mundo de Atletismo o mesmo *sprinter* tivesse já obtido a medalha de ouro na classe de 200 metros, e não houvesse provas de que se encontrava, no momento dessa competição, sob a influência de substâncias dopantes, esse resultado não seria invalidado. Isto se o praticante conseguir demonstrar a ausência de culpa em qualquer das suas modalidades – dolo ou negligência.

Dispõe o artigo 10º.1. e 10º.1.1, respectivamente ("Invalidação dos resultados desportivos obtidos nas manifestações em que ocorrer uma violação das normas antidopagem"), que "uma violação de uma norma antidopagem que decorra durante, ou em ligação, com uma manifestação desportiva poderá, mediante decisão da instância responsável pela manifestação em causa, levar à invalidação de todos os resultados individuais obtidos pelo praticante desportivo durante essa manifestação com todas as consequências daí decorrentes, incluindo perda de todas as medalhas, pontos e prémios...", sendo que, "se o praticante desportivo conseguir demonstrar que na origem da infracção em causa não esteve qualquer conduta culposa ou negligente da sua parte, os seus resultados individuais obtidos noutras competições não serão invalidados, excepto se os resultados do praticante desportivo noutras competições, que não aquela em que ocorreu a infracção aos regulamentos antidopagem pudessem ter sido influenciados pela infracção do praticante desportivo aos regulamentos desportivos".

O legislador português pretendeu aproximar-se do Código Mundial Antidopagem, tendo "importado" o mesmíssimo regime para os nºs 2, 3 e 4 do artigo 69º da Lei nº 27/2009, de 19 de Junho.

O TAD desqualificou um motociclista da segunda corrida de uma determinada prova e não da primeira, quando ambas se tinham realizado no mesmo dia, por não se ter provado que nesta o motociclista detivesse substâncias dopantes no seu organismo. Apesar de tudo, e ao contrário do que actualmente estabelece a norma em análise, nenhum relevo foi dado à culpa do praticante desportivo[255]. Isso sucedeu apenas quanto à aplicação da sanção disciplinar[256].

Cumpre aqui efectuar uma importante distinção entre as duas situações que derivam da aplicação das normas em análise.

Por um lado, sempre que se prove[257] que os resultados individuais obtidos em competições distintas daquela em que ocorreu a infracção possam ter sido influenciados pelo cometimento desta última, aqueles serão invalidados em nome da verdade desportiva, como se da desqualificação na competição em que a infracção ocorreu se tratasse.

Por outro lado, quando tal prova não se chega a efectuar, os resultados obtidos numa competição distinta daquela em que ocorreu a infracção só não serão invalidados se o praticante desportivo conseguir provar ausência de culpa da sua parte[258].

---

[255] TAS 2000/A/281/Federação Internacional de Motociclismo (FIM), 22 de Dezembro de 2000, *Digest of CAS Awards II*, 1998-2000, Kluwer Law International, pp. 410-423. Nesta sentença, aplicando o artigo III do capítulo IX do Código Médico do Comité Olímpico Internacional de 1998, que consagrava a desqualificação do atleta se a infracção ocorresse durante a competição, o TAS concluiu da seguinte forma: "Thus the panel can only disqualify the Appellant for the second race after which his urine sample was testes positive. The Respondent has failed to prove that a doping offence had been commited also for the first race."

[256] TAS 2000/A/281/Federação Internacional de Motociclismo (FIM), 22 de Dezembro de 2000, *Digest of CAS Awards II*, 1998-2000, Kluwer Law International, p. 422: "The panel notes that the CAS has, in several cases, established that a penalty must reflect and not be disproportionate to the guilt of athlete".

[257] De acordo com o artigo 3.1 do Código AMA o ónus da prova recai sobre a organização antidopagem e o grau de prova exigido será superior a um mero equilíbrio de probabilidades mas inferior a uma prova para além de qualquer dúvida razoável.

[258] De acordo com as definições constantes do Código AMA, Inexistência de Culpa ou Negligência é a "demonstração por parte do praticante desportivo de que não sabia ou suspeitava, e não poderia razoavelmente saber ou suspeitar, mesmo actuando de forma prudente, que ele/ela usou ou que lhe foi administrada a substância proibida ou o método proibido". O grau de prova exigível, de acordo com o artigo 3.1, do Código AMA, será fundado no justo equilíbrio de probabilidades. Para maiores desenvolvimentos sobre a prova da culpa v., *infra*, Parte II, cap. 2º, nº 5.

Ou seja, mesmo que o atleta se encontre "limpo" durante o desenrolar de outras competições que não aquela em que acusou positivo e os resultados obtidos nessas competições não tenham sido influenciados pela infracção, estes podem ser invalidados, bastando para tal que o atleta não consiga provar a ausência de culpa.

O que dizer, então, do requisito de ausência de culpa?

O Código Mundial Antidopagem, ao contrário da Lei nº 27/2009, de 19 de Junho, estabelece uma clara distinção entre a anulação automática dos resultados (artigo 9. do Código Mundial Antidopagem) e as sanções individuais (artigo 10. do mesmo Código).

Neste segundo artigo estamos perante uma pena em sentido técnico, que se enquadra no conceito mais estrito de sanção jurídica, e que é aplicada com o intuito de castigar os responsáveis pela prática de um ilícito desportivo no âmbito da dopagem.

O artigo 10.1 do código e o nº 2 do artigo 69º da Lei nº 27/2009 consagram, portanto, uma "desqualificação adicional" ("aditional disqualification"[259]) que pode ser imposta mesmo em relação a outras competições em que os exames laboratoriais tenham acusado negativo. "Given this fact, it is clear that this multi-competition disqualification is not based on the same rationale as automatic disqualification from the competition in which the prohibited substance was found to be present."[260]

Em suma, sempre que não se prove que os resultados obtidos noutras competições possam ter sido influenciados pela infracção, estamos perante uma sanção que encontra o seu fundamento já não exclusivamente na verdade ou igualdade desportivas, mas na ética, na lealdade, e na honestidade entre desportistas.

Trata-se, então, de uma sanção disciplinar que levanta a questão de saber se a presunção de culpa consagrada no artigo 10.1 e na primeira parte do 10.1.1 do Código, e nos nºs 2 e 3 do artigo 69º da Lei nº 27/2009, se encontram ou não de acordo com o princípio geral de direito sancionatório *in dubio pro reo*[261]. Sobre esta questão debruçamo-nos *infra* no número 5 do capítulo 2º

---

[259] Rigozzi, Kaufmann-Kohler and Malinverni, *ob. cit.*, p. 54.
[260] António Rigozzi/Grabrielle Kaufmann-Kohler/Giorgio Maliverni, *ob.cit.*, p. 55.
[261] Sobre a presunção de culpa v., *infra*, Parte II, cap. 2º, nº 5.

Mais um ponto de contacto entre o novo regime da Lei 27/2009, de 19 de Junho, e o Código Mundial Antidoagem é a norma constante do artigo 71º, segundo a qual todos os resultados desportivos alcançados a partir da data em que a amostra positiva foi recolhida, quer em competição quer fora de competição, são anulados com todas as consequências daí resultantes, até ao início da suspensão preventiva ou da suspensão, excepto se outro tratamento for exigido por questões de equidade. Esta norma corresponde ao artigo 10.8 do Código Mundial Antidopagem.

Também para os Jogos Olímpicos existe um regime próprio. O TAD[262] reforçou a ideia de que, em caso de exclusão dos Jogos Olímpicos, todas as medalhas e diplomas obtidos devem ser devolvidos ao Comité Olímpico Internacional, tendo este tribunal reenviado alguns casos ao COI de modo a que fossem alteradas as decisões previamente tomadas. Desta forma, como consequência de terem sido excluídos dos Jogos Olímpicos de Inverno de Salt Lake City, de 2002, Olga Danilova e Johann Muehlegg perderam as medalhas nas corridas em que os resultados laboratoriais tinham acusado negativo.

Já um pouco diferente da Carta Olímpica de 1998 – em vigor à data daqueles dois casos –, mas com a hipótese de se chegar ao mesmo resultado, dispõe hoje a norma 23.2.1 da Carta Olímpica, que se encontra em vigor desde 7 de Julho de 2007, que "in the case of desqualification or exclusion, the medals and diplomas obtained in relation to the relevant infringement of the Olympic Charter shall be returned to the IOC. In addition, at the discretion of the IOC Executive Board, a competitor or a team may lose the benefit of any ranking obtained in relation to other

---

[262] Arbitration CAS 2002/O/373, Canadian Olympic Committee (COC) & Beckie Scott/International Olympic Committee (IOC), award of 18 December 2003, *Digest of Cas Awards III*, 2001-2003, Kluwer Law International, pp. 17-35. Nesta sentença o TAS concluiu o seguinte: "Fundamental Principles upon which the OC is based and the IOC's corresponding duty to fight doping and promote sports ethics, are irreconcilable with an interpretation of Rule 25.2.2.1 of the IOC which would allow an athlete excluded from Olympic Games for doping to retain any Olympic medals gained at such games". Em apreciação estava a regra 25.2.2.1 da Carta Olímpica, de 1998, que tinha a seguinte redacção: "In case of exclusion from the Games... any medals or diplomas obtained shall be returned to the IOC". Sobre estes casos v., Richerd Mclaren, *ob. cit.* [2], pp. 15-16.

events at the Olympic Games at which he or it was disqualified or excluded: in such case the medals and diplomas won by him or it shall be returned to the IOC (executive board)"[263].

Apesar de acabar por se desviar um pouco do objecto do presente estudo, deixemos apenas um breve comentário quanto às sanções aplicáveis no âmbito das modalidades colectivas.

Nos termos do disposto nº 2 do artigo 14º do anterior regime vigente em Portugal, Decreto-Lei nº 183/97, de 26 de Julho, tínhamos que: "tratando-se de modalidade desportiva colectiva, compete às federações estabelecer o quadro das consequências desportivas resultantes da detecção de praticantes dopados, em termos adequados às respectivas modalidades".

Não se percebe bem o porquê de os desportos colectivos merecerem um tratamento diferenciado dos desportos individuais, atribuindo-se o poder legislativo às Federações Desportivas. Se, como vimos, o que está em causa é a promoção da *par conditio* e da verdade desportiva, temos por certo que também nos desportos colectivos basta a presença em campo, ou talvez no banco, de um atleta com substâncias proibidas no seu organismo para se concluir pela violação daqueles princípios. Não percebemos, portanto, o que mobiliza esta diferença de tratamento entre os desportos colectivos e os desportos individuais, quando em ambos a *par conditio* e a verdade desportiva são objectivos lícitos e desejáveis.

O certo é que o legislador assim não entendeu, e delegou nas federações respectivas a consagração das sanções para as equipas, como se as características próprias de cada desporto fossem fundamento para impor sanções distintas. Ora, o resultado é o esperado e da análise da regulamentação *antidoping* dos três desportos com carácter profissional em Portugal[264] resulta que, enquanto no Basquetebol e no Andebol está

---

[263] Muito recentemente a atleta Marion Jones devolveu as cinco medalhas obtidas nos Jogos Olímpicos de Sydney depois de ter confessado ter utilizado substâncias dopantes antes e depois dessa manifestação desportiva. Sobre este assunto v., Duarte Ladeiras, "Marion Jones devolveu medalhas olímpicas e aceitou suspensão por dois anos", 09/10/2007, em http://podium.pulico.pt.

[264] Os diplomas analisados foram, respectivamente, o Regulamento do Controlo Antidopagem do Futebol, que pode ser consultado em *www.fpf.pt*; o Regulamento Antidoping da Federação Portuguesa de Basquetebol, que pode ser consultado em *www.fpb.pt*; e o Regulamento de Controlo Antidopagem que constitui o Título 9 do Regulamento Geral da Federação Por-

prevista a sanção de falta de comparência administrativa para os casos em que um atleta acuse a presença de substâncias proibidas no seu organismo, com a consequente atribuição de zero pontos nesse encontro[265], no caso do Futebol o artigo 17º do Regulamento do Controlo Antidopagem dispõe que:

"1. O Clube que, na mesma época, tiver
 a) três ou mais jogadores punidos em jogos diferentes;
 b) dois jogadores punidos no mesmo jogo
em virtude de resultados positivos de *doping*, será punido com a pena de derrota acrescido da subtracção de três pontos e multa, sendo os valores desta elevada para o dobro.
2. A vitória no jogo ou jogos em que foram utilizados jogadores punidos em virtude de resultados positivos serão atribuídos ao clube adversário."

Para além da péssima redacção do nº 1, al. *b*): "o clube que na mesma época tiver dois jogadores punidos no mesmo jogo..." – não se vislumbra como pode um clube ter dois jogadores punidos no mesmo jogo mas em épocas diferentes – e do nº 2: "a vitória no jogo... serão atribuídos"; exige-se, em nossa opinião mal, que os jogadores sejam punidos disciplinarmente, uma vez que as sanções desportivas podem ser aplicadas sem que haja lugar ao sancionamento disciplinar do atleta.

Por explicar fica também a al. *a*) do nº 1. Se estamos perante sanções estritamente desportivas com a finalidade de restabelecer a verdade e a igualdade desportivas, esta alínea *a*) não tem razão de ser: primeiro porque em cada um dos três jogos apenas um atleta se encontra dopado, não havendo razão para se estabelecer que só ao terceiro jogo se desencadeie tal consequência – a derrota deveria ser atribuída em qualquer jogo em

---

tuguesa de Andebol e Associações, que pode ser consultado em *www.fpa.pt*. Todas estas sanções são, aparentemente, do domínio disciplinar e não desportivas. Não deixa de ser estranho que por via de uma sanção disciplinar, aplicada à equipa responsável pelo caso de doping, se conceda uma vantagem à equipa derrotada "limpa" de doping. Já diferente seria o caso de essa vantagem ser concedida por via de uma sanção desportiva que tivesse como fundamento a verdade desportiva.
[265] Cfr. Artigo 21º do título 9 e artigo 12º do título 11 do Regulamento Geral da Federação Portuguesa de Andebol e Associações.

que participe um atleta dopado, salvo se o legislador entendeu, o que não cremos que tenha acontecido, que apenas um jogador dopado não tem influência suficiente nos resultados obtidos; segundo, porquê atribuir a vitória, como parece resultar da norma, apenas à equipa que tem a sorte de defrontar a equipa sancionada no terceiro jogo em que tal circunstância se verifica e não também às restantes duas equipas? Se estamos perante uma sanção punitiva, de castigo, que nada tem que ver com a verdade desportiva, não faz grande sentido atribuir a vitória à equipa "limpa" derrotada.

De *iure condendo* a melhor solução passaria por aplicar a sanção de derrota sempre que um atleta dopado tenha participado em determinado encontro, acrescida de uma pena de multa sempre que se verificasse um comportamento negligente ou culposo do clube e, nas situações previstas no n.º 1 do artigo 17.º, aplicar não só a sanção de derrota como também a pena de multa em dobro, em caso, naturalmente, de dolo ou negligência.

Mais perto do nosso entendimento encontramos o Regulamento Antidopagem da Federação Portuguesa de Ténis de Mesa. Dispõe o artigo 15.º n.º 1 – consequências desportivas da dopagem – al. *b*) que, "se a infracção for cometida durante uma prova colectiva, o praticante será desqualificado e a equipa perderá o encontro no qual foi detectada a dopagem, excepto se o encontro já tiver sido homologado"[266].

Interessantemente, todos os diplomas em análise são omissos quanto às condições de aplicação da sanção de derrota: apenas tem lugar quando a infracção às normas antidopagem se verificar em relação com um determinado jogo/encontro desportivo? É necessário que o atleta infractor entre em jogo, ou basta ter sido convocado e encontrar-se "no banco"?

Enfim, estas são apenas algumas questões que derivam do facto de o legislador ter entendido, na nossa opinião erradamente, que as modalidades colectivas merecem um tratamento distinto das modalidades individuais.

---

[266] A excepção da homologação do encontro deve-se ao facto de as competições no Ténis de Mesa, à semelhança do que acontece no ténis, se desenrolarem por eliminatórias. Após ter-se concedido a vitória à equipa que alinhou com um elemento dopado, e encontrando-se esta já a disputar a eliminatória seguinte, torna-se difícil aplicar uma sanção que implicaria a anulação de outros encontros desportivos entretando realizados.

Mas a verdade é que o novo regime previsto na Lei 27/2009, de 19 de Junho, em vez de ir ao encontro da nova redacção do Código Mundial Antidopagem que entrou em vigor em Janeiro de 2009, manteve-se fiel à redacção deste código na versão 2003.

Nos termos do disposto no nº 2 do artigo 70º da Lei nº 27/2009, "se se apurar QUE MAIS DO QUE UM praticante de uma equipa, clube, sociedade anónima desportiva cometeu uma violação de uma norma antidopagem durante um evento desportivo, PODEM as entidades atrás mencionadas ser desclassificadas ou ficar sujeitas a outra medida disciplinar.

Ora, nos termos do disposto no artigo 11.2 do Código Mundial Antidopagem, já na nova redacção, "If more THAN TWO members of a team in a Team Sport are found to have committed an anti-doping rule violation during an Event Period, the ruling body of the Event SHALL impose an appropriate sanction on the team (e.g., loss of points, Disqualification from a Competition or Event, or other sanction) in addition to any Consequences imposed upon the individual Athletes committing the anti-doping rule violation."[267]

Parece, então, que nos encontramos perante sanções disciplinares e não perante sanções desportivas. Para além de não estar aqui em causa a verdade desportiva ou a chamada *par conditio*, desde logo porque a desclassificação apenas tem lugar quando mais do que um (ou dois) membro(s) de uma equipa cometa(m) uma violação, pode ler-se que a equipa pode ser "... desclassificada ou ficar sujeita a outra MEDIDA DISCIPLINAR" (destaque nosso).

Cumpre fazer uma última consideração. Estipulando o Código AMA, no artigo 9º, a imediata invalidação dos resultados desportivos obtidos em nome da verdade e da igualdade desportivas, estranho se torna que tais princípios não figurem entre os fundamentos do Código AMA, mas tão-só entre os objectivos deste e do Programa Mundial Antidopagem.

---

[267] Efectuamos a transcrição da norma na língua inglesa porquanto Portugal não procedeu, ainda, à tradução da versão de 2009 do Código Mundial Antidopagem. Não obstante, mesmo que o nosso país já tivesse efectuado tal tradução, o certo é que em caso de divergência entre as duas versões a inglesa prevaleceria.
Como referimos, o legislador nacional manteve-se fiel à redacção anterior do artigo 11 do Código Mundial Antidopagem em que as sanções não tinham carácter obrigatório – utilizava-se o termo "may be" em vez de "shall" – e eram aplicáveis desde logo quando mais do que um atleta pertencente a uma equipa violasse as normas antidopagem.

Quando a responsabilidade objectiva é afinal subjectiva!

De acordo com o art. 2.1. do Código AMA, a presença de uma substância proibida numa amostra recolhida a partir de um praticante desportivo é considerada uma violação das normas antidopagem e, de acordo com o art. 2.1.1., é um dever pessoal de cada praticante desportivo assegurar que não introduz no seu organismo nenhuma substância proibida. Tais normativos correspondem, actualmente, aos artigos 3º, nº 2, al. *a)* e 5º, ambos da Lei nº 27/2009, de 19 de Junho.

Se, no caso de Koubek[268], não se teve por suficiente contratar um médico de medicina desportiva, concluindo o tribunal que o atleta poderia e deveria ter feito muito mais – o que lhe valeu a eliminação dos resultados obtidos no Open de Roland Garros, a perda de pontos no Ranking ATP, a perda do prémio monetário e, em termos disciplinares, a suspensão da actividade desportiva por três meses –, já Greg Rusedski foi absolvido[269], não lhe sendo imposta qualquer sanção disciplinar ou desportiva, mesmo depois de o exame laboratorial ter acusado no seu organismo a presença de cinco nanogramas de nandrolona por mililitro de urina.

A presença desta substância proibida no seu organismo deveu-se alegadamente à ingestão de suplementos nutricionais fornecidos pela própria ATP (Associação de Tenistas Profissionais). De modo surpreendente o tribunal absolveu o tenista britânico nascido no Canadá quando outros, como por exemplo o brasileiro Pedro Braga, foram condenados, apesar de terem alegado exactamente as mesmas causas da presença da substância proibida no organismo.

Em tribunal, Greg Rusedski alegou que o número de casos de *doping* no ténis era demasiado elevado para corresponder à ingestão intencional dessas substância – 47 dos 120 melhores tenistas mundiais já tinham registado a essa altura elevados níveis de nandrolona –, e que algo estava mal nas análises, cabendo por isso à ATP assumir as responsabilidades.

Ora, a ATP reconheceu que os suplementos nutricionais por ela fornecidos estavam contaminados, alegando, no entanto, que à data dos factos já tinha colocado em vários locais circulares informativas a respeito

---

[268] Independent Anti-Doping Tribunal of International Tennis Federation, ITF v. Koubek (18.01.2005), publicado em *www.itftennis.com*.
[269] À semelhança do inglês Greg Rusedski, outros seis tenistas foram absolvidos entre os quais o checo Bohdan Ulihrach.

dessa situação. Não obstante, e uma vez que a ATP não fez essa comunicação pessoalmente a todos os atletas, o tribunal concluiu o seguinte: "the ATP could have – and should have – taken steps to notify its players in a "meaningful" and "direct" way of the reasons for its decision to cease distributing the electrolyte tablets that it had previously handed out so freely."

Apesar de à época não se ter a certeza da causa dos sete resultados positivos que se apresentavam com formas semelhantes, a ATP resolveu assumir a culpa, sendo os atletas absolvidos.

Cumpre questionar por que razão o tribunal afastou a responsabilidade objectiva desportiva. Como escreve Charlish, "therefore what needs to be asked is what the justification was for sideling the principle of strict liability, in favour of what could appear to be a humanitarian, forgiving and arguably a moral decision?... There can be no justification for this erosion of the principle of strict liability. It is pointless having such a standard available if at the first sight of an unjust outcome, the principle is disregarded. The rationale for a policy of strict liability is a laudable attempt to level the playing field in competitive sports, and it is certain that at times, unjust results will occur. However, what is without doubt is that policy was implemented for very specific reasons..."[270].

Ainda a propósito da decisão em análise, concluiu o autor que "it seemed to be based on the principle that it would have been unfair of the ATP to ban Rusedski for taking, in good faith, substances provided by the ATP."

A questão parece ter sido resolvida com base no princípio do abuso de direito, *venire contra factum proprium*, que nos sistemas jurídicos da common law se denomina *principle of estoppel*.

Independentemente do modo como a questão foi apreciada e decidida, ficou claro que a responsabilidade objectiva desportiva, e, a *fortiori*, a responsabilidade "quase objectiva" disciplinar[271], consagrada no artigo 10.5.1 do Código AMA, admitem excepções que demonstram a fragilidade do esquema montado pela Agência Mundial Antidopagem.

---

[270] Peter Charlish, "Tennis-when strict liability is not so strict", *Sweet & Maxwell's International Sports Law Review*, 2004, issue 3, p. 65.
[271] Sobre o porquê da denominção "responsabilidade quase objectiva" v. *infra* Parte II, Cap. 2º, nº 4.

Capítulo 2º
A responsabilidade disciplinar do praticante desportivo em caso de resultado positivo de um controlo antidopagem

1. Responsabilidade subjectiva ou responsabilidade objectiva?

Como já tivemos oportunidade de referir, de acordo com o disposto no nº 1 do artigo 54º da Lei nº 27/2009, de 19 de Junho, "Constitui ilícito disciplinar a violação do disposto nas alíneas a) a i) do nº 2 do artigo 3º, bem como a violação do nº 3 da mesma disposição legal".

Relativamente aos praticantes desportivos, as consequências disciplinares do resultado positivo de um exame laboratorial, efectuado no âmbito do controlo antidopagem, podem ir desde uma advertência, nos casos de substâncias específicas (artigo 59º da lei nº 27/2009, de 19 de Junho), até 20 anos de suspensão da prática da actividade física, nos casos de segunda ou terceira infracção às normas antidopagem (artigo 60º da Lei nº 27/2009, de 19 de Junho).

Por sua vez, o artigo 2.1º do Código AMA estabelece que é considerada uma violação das normas antidopagem "a presença de uma substância proibida, dos seus metabolitos ou marcadores, numa amostra recolhida a partir de um praticante desportivo", determinando o artigo 2.1.1º que "é um dever pessoal de cada praticante desportivo assegurar que não introduz no seu organismo nenhuma substância proibida. Os praticantes desportivos são responsáveis por qualquer substância proibida, ou os seus metabolitos ou marcadores que sejam encontrados nas suas amostras orgânicas. Deste modo não é necessário fazer prova da intenção, culpa, negligência ou do uso consciente por parte do praticante desportivo de forma a determinar a existência de uma violação das normas antidopagem, nos termos do artigo 2.1".

Tais normativos correspondem, parcialmente, aos artigos 3º, nº 2, al. *a*), 5º e 6º, da Lei nº 27/2009, de 19 de Junho. No entanto, o legislador nacional, e em nossa opinião bem, escusou-se a transcrever a parte relativa à desnecessidade de se efectuar prova da culpa.

De acordo com os artigos 10.3 e 10.4 do Código Mundial Antidopagem, as sanções disciplinares podem ir desde uma advertência até à suspensão vitalícia[272] da actividade desportiva[273].

---

[272] Sobre a suspensão vitalícia tenha-se em atenção o disposto no art. 30º, nº 2 da CRP: "não pode haver penas nem medidas de segurança privativas ou restritivas da liberdade com carácter perpétuo ou de duração ilimitada ou indefinida. Conforme escrevem Gomes Canotilho e Vital Moreira, "o teor do preceito abrange somente as penas privativas ou restritivas da liberdade, proibindo a prisão perpétua ou de duração indefinida (e outras medidas de restrição da liberdade). Resta saber, porém, se tal proibição de penas perpétuas ou de duração ilimitada ou indefinida é *extensível às demais penas*, sempre que elas se traduzam em amputar ou restringir, de modo perpétuo ou indefinido, a esfera de direitos das pessoas (interdições profissionais definitivas, incapacidades eleitorais perpétuas, etc.) (Gomes Canotilho e Vital Moreira, *ob. cit.*, p. 502.)
Chamado a pronunciar-se sobre a constitucionalidade da pena de demissão da função pública dos funcionários que tivessem praticado o crime em determinadas circunstâncias, prevista no n. 1 do artigo 66 do Código Penal de 1982, o Tribunal Constitucional entendeu o seguinte: O artigo 30, n. 1, da Lei Fundamental não proíbe a existência de todas e quaisquer penas perpétuas ou de duração ilimitada ou indefinida, só as proibindo se forem privativas ou restritivas da liberdade, ou seja, do direito à liberdade física, e não se forem privativas ou restritivas de outros direitos, como sucede na proibição perpétua do exercício de uma determinada actividade ou profissão ou na expulsão de uma ordem profissional, apesar de, por essa forma, se afectar a liberdade de escolha de profissão. (AcTc nº 353/86, consultado em *www.dgsi.pt*).
Não obstante, ao pronunciar-se sobre a sanção disciplinar de suspensão ou expulsão no âmbito da administração autónoma, Vital Moreira tinha já salientado que no caso de filiação obrigatória equivalem a verdadeiras interdições profissionais que, por isso mesmo, suscitam maiores problemas, quer quanto à sua licitude quer em matéria de garantias procedimentais. (Vital Moreira, *ob. cit.*, pp. 196-196) Neste sentido a Lei nº 112/99, de 3 de Agosto, que aprova o regime disciplinar das federações desportivas, no artigo 2º, alínea *c*), dispõe que o regime disciplinar deve prever, designadamente, a exclusão das penas de irradiação ou de duração indeterminada.
A este propósito refere José A. Casajús que "aunque es acertado, desde mi punto de vista, imponer sanciones en función de las sustancias y su reincidencia, es inaudito sancionar a un deportista a perpetuidad. En todos los ámbitos jurídicos y penales se deja una vía para la reinserción. En el deporte los reincidentes pueden perder la opción de ejercer su derecho a tra-

bajar. Además las sanciones temporales que se imponen por reincidencia son excesivas, ya que dos o cuatro años de sanción en un futbolista suponen prácticamente la retirada. Una posible alternativa iría encaminada a incrementar las sanciones económicas y reducir las temporales, dejando siempre una puerta abierta a los deportistas reincidentes". (José A. Casajús, "Dopaje en el fútbol", *Revista Jurídica del Deporte*, nº 7, 2002, p. 170).

[273] Para além da questão da duração ilimitada da pena, os artigos 10.2 e 10.3 do Código AMA estabelecem uma sanção fixa de 2 anos de suspensão da actividade desportiva para a primeira e segunda infracção respectivamente. Chamado a pronunciar-se sobre a constitucionalidade do art. 67º do Decreto nº 44 623, de 10 de Outubro de 1962, o Tribunal Constitucional declarou a sua inconstitucionalidade, com força obrigatória geral, remetendo quase a totalidade da sua decisão para o Acórdão nº 95/2001. Tendo em consideração o princípio do Estado de Direito e da dignidade da pessoa humana o seguinte entendimento deve ser aplicado também às sanções disciplinares.

O Tribunal Constitucional entende que "um direito penal de culpa não é compatível com a existência de penas fixas: de facto, sendo a culpa não apenas princípio fundante da pena, mas também o seu limite, é em função dela (e, obviamente também, das exigências de prevenção) que, em cada caso, se há-de encontrar a medida concreta da pena, situada entre o mínimo e o máximo previsto na lei para aquele tipo de comportamento. Ora, prevendo a lei uma pena fixa, o juiz não pode, na determinação da pena a aplicar ao caso que lhe é submetido, atender ao grau de culpa do agente – é dizer: à intensidade do dolo ou da negligência.

A previsão pela lei de uma pena fixa também não permite que o juiz, na determinação concreta da medida da pena, leve em consideração o grau de ilicitude do facto, o modo de execução do mesmo e a gravidade das suas consequências, nem tão-pouco o grau de violação dos deveres impostos ao agente, nem as circunstâncias do caso que, não fazendo parte do tipo de crime, deponham a favor ou contra ele.

Ora, isto pode ter como consequência que o juiz se veja forçado a tratar de modo igual situações que só aparentemente são iguais, por, essencialmente, acabarem por ser muito diferentes. Ou seja: prevendo a lei uma pena fixa, o juiz não tem maneira de atender à diferença das várias situações que se lhe apresentam. Mas, o princípio da igualdade – que impõe se dê tratamento igual a situações essencialmente iguais e se trate diferentemente as que forem diferentes – também vincula o juiz.

A lei que prevê uma pena fixa pode também conduzir a que o juiz se veja forçado a aplicar uma pena excessiva para a gravidade da infracção, assim deixando de observar o princípio da proporcionalidade, que exige que a gravidade das sanções criminais seja proporcional à gravidade das infracções.

Por isso, a norma legal que preveja uma pena fixa viola o princípio da culpa, que enforma o direito penal, e o princípio da igualdade, que o juiz há-de observar na determinação da medida da pena. E pode violar também o princípio da proporcionalidade. E isto é assim quer a pena que a norma prevê seja uma pena de prisão, quer seja uma pena de multa" (AcTC nº 124/2004). Sobre a compatibilidade do artigo 10.2 do Código AMA com os princípios fundamentais da lei Suíça, v. Claude Rouiller, "Legal Opinion", publicado em *www.wada-ama.org*, Outubro de 2005.

Perante estes normativos cumpre questionar: em caso de resultado positivo de um exame laboratorial efectuado no âmbito do controlo anti-dopagem será o praticante desportivo responsabilizado disciplinarmente apenas e só quando se verifique culpa da sua parte? Ou, independentemente de culpa, será o praticante desportivo sempre responsabilizado, bastando a verificação de um resultado laboratorial positivo? Aplicar-se-á o princípio *nulla poena sine culpa* ao direito administrativo sancionador? Ou, ainda de outra forma, o princípio *nulla poena sine culpa* é aplicável ao domínio desportivo, nomeadamente em matéria de *doping*?

Todas estas questões remetem-nos para uma outra, mais ampla, que é a de saber se os princípios e as garantias penais se aplicam a outros ramos de direito desde que estejamos perante um direito sancionatório.

Entre nós tanto a jurisprudência como a doutrina têm entendido que ao direito sancionador, nomeadamente ao direito administrativo e ao direito disciplinar, devem ser aplicados os princípios e as garantias de Direito Penal. O Tribunal de Contas, na sentença 12/2003[274], considera pacífico que os conceitos informadores dos diversos regimes sancionatórios nas múltiplas áreas do direito se devem adequar aos princípios e aos conceitos informadores do Direito Penal.

Não negligenciando que a competência disciplinar da administração sobre o próprio pessoal é, na sua essência, distinta do poder disciplinar de natureza pública que as federações desportivas exercem sobre os praticantes[275], mas porque em ambas as situações se está perante direito sancionatório, refira-se que o Supremo Tribunal Administrativo, em acórdão de 19 de Dezembro de 1989, entendeu que "a descoberta da verdade em processo disciplinar não se destina a averiguar somente os elementos

---

[274] Relativa ao Processo nº 4-M/2003.
[275] Aliás, o artigo 3º do Estatuto Disciplinar dos Funcionários Públicos e Agentes da Administração Central, Regional e Local considera "...infracção disciplinar o facto, ainda que meramente culposo, praticado pelo funcionário ou agente com violação de algum dos deveres gerais ou especiais decorrentes da função que exerce." Acentua Vasconcelos Abreu que "o direito disciplinar existe para a protecção da capacidade funcional da Administração Pública. Por força da vigência, no seu seio, do princípio da oportunidade..., a culpa é pressuposto e limite da medida disciplinar." (Vasconcelos Abreu *apud* Leal Henriques, *Estatuto Disciplinar dos Funcionários Públicos e Agentes da Administração Central, Regional e Local Anotado*, 4ª edição, Rei dos Livros, 2002).

objectivos da infracção disciplinar, mas também o seu elemento subjectivo, isto é, a culpa, pois a responsabilidade disciplinar assenta num juízo de censura eticamente estruturado..."[276].

O sentido para que aponta a nossa jurisprudência é sustentado no entendimento de Vital Moreira segundo o qual "... os princípios da «constituição penal material» (não retroactividade, proibição de punição de condutas não ilícitas no momento da sua prática, princípio da proporcionalidade, princípio da culpa, etc.), tudo isso é aplicável no essencial às sanções disciplinares, por directa exigência do princípio do Estado de direito"[277]. Também Jorge Miranda reconhece "a extensão ao ilícito de mera ordenação social e às sanções disciplinares, inclusive em direito do trabalho, do princípio da proporcionalidade e mesmo de alguns dos princípios fundamentais de direito criminal e das garantias de defesa"[278]. Figueiredo Dias refere ainda que "sem prejuízo de dever reconhecer-se que o direito disciplinar é, em maior medida que o direito penal, orientado para o agente, não pode esquecer-se que se trata aqui de direito sancionatório e que por isso uma consistente defesa dos direitos dos arguidos impõe que sejam respeitados no essencial os princípios garantísticos que presidem ao direito penal"[279].

Ora, "diferentemente do que acontece com o ilícito civil, em que a sanção imposta ao infractor consiste, em regra, numa obrigação de restituição ou de indemnização, a sanção associada ao ilícito disciplinar é, à semelhança da sanção criminal, uma pena, um castigo"[280] e, por isso, refere Eduardo Correia que "na medida em que as penas disciplinares

---

[276] Acórdão proferido no âmbito do processo nº 025541, publicado em *www.dgsi.pt*. No mesmo sentido o Supremo Tribunal Administrativo, em acórdão de 24 de Outubro de 1989, proferido no âmbito do processo nº 025379, entendeu que o nexo de imputação, que se traduz na censurabilidade da conduta, a título de dolo ou culpa, é elemento essencial da infracção disciplinar. Por fim atente-se nos acórdãos do mesmo Tribunal, de 5 de Junho de 1997, processo nº 038745 e de 3 de Outubro de 1997, processo nº 041951: "No processo disciplinar vigora o princípio da culpa, que, assim, se apresenta como um pressuposto subjectivo da infracção disciplinar".
[277] Vital Moreira, *ob. cit.*, p. 195.
[278] Jorge Miranda, *Manual de Direito Constitucional*, Tomo IV, 3ª edição, Coimbra Editora, 1998, pp. 203 e 204.
[279] Figueiredo Dias, *ob. cit.* [4], pp. 159, 160.
[280] Nuno Barbosa, "Anotação à sentença proferida pelo TAF do Funchal no Processo nº 148//2002" in *Desporto & Direito*, nº 10, Coimbra Editora, Set./Dez. 2006, pp. 98.

são um mal infligido a um agente, devem... em tudo quanto não esteja expressamente regulado, aplicar-se os princípios que garantem e defendem o indivíduo contra todo o poder punitivo. Assim a *culpa*, com todos os seus requisitos (imputabilidade, dolo e negligência, e porventura não verificação de causas de exclusão dela) deve, ao menos em princípio, ser pressuposto da punição"[281-282].

Bastante esclarecedor é também o entendimento de Pedro Gonçalves: "...não pode esquecer-se que a justiça e a legalidade da decisão disciplinar punitiva se encontram dependentes, além do mais, de uma exigência de *imputação culposa* do incumprimento de um dever objectivo – em matéria disciplinar, como em geral no direito público sancionatório, vigora um *princípio de culpabilidade*"[283]. Também Almeida Costa considera "a ideia da culpa... como princípio fundamental de todo o direito sancionatório (penal, contra-ordenacional ou disciplinar)"[284].

Para terminar deve relembrar-se que Figueiredo Dias nem sequer coloca em causa o princípio, que sempre defendeu, segundo o qual a exigência de culpa constitui uma garantia em princípio válida para todo o domínio sancionador[285].

Do exposto resulta, portanto, que por exigência do princípio do Estado de direito e do princípio, mais absoluto, do respeito pela eminente dignidade da pessoa humana[286], o princípio *nulla poena sine culpa*

---

[281] Eduardo Correia, *Direito Criminal*, Volume I, Almedina Coimbra, reimpressão 2007, p. 37.
[282] Sobre a distinção entre ilícito civil, penal e disciplinar, Cfr. Inocêncio Galvão Telles, *Introdução ao Estudo do Direito*, Vol. II, 10ª Edição, Coimbra Editora, pp. 9 a 26.
[283] Pedro Gonçalves, "Responsabilidade administrativa disciplinar", parecer inédito, Março de 2007, no âmbito do Processo Judicial nº 189/07.8BECBR.
[284] António Manuel Almeida Costa, "A propósito do novo Código do Trabalho: bem jurídico e pluralidade de infracções no âmbito das contra-ordenações relativas ao «trabalho suplementar» – subsídio para uma dogmática do direito de mera-ordenação-social-laboral", *Liber Discipulorum para Jorge de Figueiredo Dias*, Coimbra Editrora, 2003, p. 1043, nota nº 10.
[285] Figueiredo Dias, Direito Penal, Questões Fundamentais, A Doutrina Geral do Crime, Parte Geral, Tomo I, Coimbra Editora, 2004, p. 155.
[286] Expressão de Figueiredo Dias, *ob. cit.* [4], p. 260. Cfr. artigo 1º e 2º da CRP. No sentido de o princípio da culpa ser uma exigência constitucional da dignidade da pessoa humana, v., entre muitos outros, Jorge Miranda, *ob. cit.*, p. 170; Acórdão do Tribunal Constitucional nº 043/86, de 19 de Fevereiro de 1986; Acórdão do Tribunal Constitucional nº 426/91, de 6 de Novembro de 1991; Acórdão do Tribunal Constitucional nº 549/94, de 18 de Outubro de 1994, todos publicados em *www.tribunalconstitucional.pt*.

não pode deixar de ter aplicação em todos os ramos de direito sancionatório, nomeadamente no direito administrativo e no direito disciplinar.

Para além de estarmos perante um direito sancionatório, perante penas em sentido técnico que transmitem a ideia de castigo e que, por si só, limitando a liberdade de autodeterminação e ofendendo a honra do atleta, atentam contra a dignidade da pessoa humana, é necessário ter em conta as consequências decorrentes da aplicação das concretas sanções disciplinares previstas. Ora, a suspensão da actividade por um determinado período de tempo atenta contra o direito ao desporto, pelo menos ao desporto de competição – art. 79º da CRP – e, no caso de atletas com contrato de trabalho, contra o direito ao trabalho – art. 58º da CRP. Estamos perante sanções disciplinares e administrativas, susceptíveis de causarem ao agente, nos planos pessoal e patrimonial, consequências graves, fazendo com que o princípio da culpa e restantes princípios constitucionais penais sejam aplicáveis.[287]

Sobre a questão, em Espanha, da aplicação dos princípios da culpa às infracções administrativas, refere Alejandro Nieto Garcia que a jurisprudência passou de uma posição completamente negativa a uma posição positiva[288]. Esta encontra-se resumida na sentença do Supremo Tribunal de 10 de Fevereiro de 1989: "...requisito indispensable para que una conducta pueda ser castigada tanto en la esfera penal como administrativa, en cuanto ambas son manifestaciones de la potestad sancionadora del Estado, es que tal conducta sea... culpable, sin intervención de circunstancia que eliminen tal culpabilidad..."[289].

Gomes Canotilho sobre o princípio da dignidade da pessoa humana refere que "trata-se do *princípio antrópico* que acolhe a ideia pré-moderna e moderna da *dignitas-hominis* (Pico della Mirandola) ou seja, do indivíduo conformador de si próprio e da sua vida segundo o próprio projecto espiritual (*plastes et fictor*). (Gomes Canotilho, *Direito Constitucional e Teoria da Constituição*, Almedina, Coimbra, 2ª edição, 1998, p. 219).

[287] Neste sentido Cfr. Parecer da Procuradoria-Geral da República nº 93/2006, publicado no DR, 2ª série – nº 16 – 23 de Janeiro de 2007, no caso que ficou conhecido como "Nuno Assis".

[288] Alejandro Nieto Garcia, *Derecho Administrativo Sancionador*, Tecnos, 3ª Edição, Madrid, p. 343.

[289] Sentença do Supremo Tribunal RJ 1989, 1219. A posição vertida nesta sentença vai ao encontro do estipulado nas sentenças do Tribunal Constitucional Espanhol nº 65/1986, de 22 de Maio e 150/1991, de 4 de Julho.

Da mesma forma, também o Comité Espanhol de Disciplina Desportiva acompanhou a evolução da jurisprudência administrativa. Conforme comprova Palomar Olmeda "de esta forma su doctrina actual sobre la responsabilidad se centra aqui también em la exigencia de una diligencia mínima por parte de los responsables unida a una actuación de buena fé como factores essenciales del elemento causal"[290]. Assim, pode dizer-se que existiram três fases distintas nas resoluções daquele Comité. Numa primeira fase, verificou-se uma tendência evidente de aceitar a responsabilidade baseada no mero incumprimento; numa segunda fase, esta tendência sofreu algumas modificações, deixando de se aceitar incondicionalmente a aplicação de uma sanção com base no resultado do mero incumprimento, para se passar a admitir que deve existir uma conduta do infractor que demonstre pelo menos negligência, má-fé ou falta de atenção suficiente e que ela provoque um aumento – intencional ou não – da sua capacidade desportiva de uma forma artificial; por fim, uma terceira fase, que o autor denominou de "consolidação do sistema", caracteriza-se pela exigência de culpabilidade que por sua vez se exprime na mera inobservância da norma[291].

Chegados a este ponto vejamos, tendo agora concretamente em consideração o fenómeno do *doping* no desporto, alguns princípios normativos, posições doutrinais e jurisprudenciais que pugnam pela aplicação do princípio da culpa[292].

A Convenção Europeia Contra o Doping[293] estipula no art. 7º nº 2 al. *d)* que "...as partes encorajarão as suas organizações desportivas a clarificarem e a harmonizarem os respectivos direitos, obrigações e deveres, harmonizando em particular os seus procedimentos disciplinares, aplicando OS PRINCÍPIOS INTERNACIONALMENTE RECONHECIDOS DE JUSTIÇA NATURAL E GARANTINDO O RESPEITO PELOS DIREITOS FUNDAMENTAIS DOS DESPORTISTAS CONTRA OS QUAIS PESE UMA SUSPEITA" (destaque nosso).

---

[290] Alberto Palomar Olmeda, Cecília Rodriguez Bueno, António Guerrero Olea, *ob. cit.*, 73-80.
[291] Sobre a noção de culpa no direito administrativo, nomeadamente nos casos de doping, debruçar-nos-emos no ponto seguinte.
[292] Por vezes acompanhamos de perto o encadeamento lógico seguido pelo parecer do Conselho Consultivo da PGR por nos parecer bastante elucidativo na explicação da matéria em análise.
[293] Decreto nº 2/94, de 20 de Janeiro.

Estes princípios internacionais encontram-se consagrados em termos idênticos no Pacto Internacional Relativo aos Direitos Civis e Políticos das Nações Unidas e na Convenção para a Protecção dos Direitos do Homem e das Liberdades Fundamentais. Estabelece o art. 6º, nº 2 desta convenção que "QUALQUER PESSOA ACUSADA DE UMA INFRACÇÃO PRESUME-SE INOCENTE ENQUANTO A SUA CULPABILIDADE NÃO TIVER SIDO LEGALMENTE PROVADA" (destaque nosso). Ora, conforme se destaca no Parecer da Procuradoria-Geral da República nº 93/2006, "embora estes princípios não tenham sido expressamente transcritos na Convenção Contra o Doping, parece resultar do Relatório Explicativo que havia a intenção de os considerar aplicáveis em matéria de dopagem no desporto"[294]. Com efeito, de acordo com o artigo 7º nº 2, al. *d)* do Relatório Explicativo Relativo à Convenção Contra o Doping, as organizações desportivas devem adaptar ou, de acordo com as necessidades, adoptar os regulamentos por forma a reflectirem o princípio da justiça natural ou do processo equitativo.

No mesmo sentido, Kaufmann-Kohler, Giorgio Malinverni e Antonio Rigozzi referem que: "there is a clear consensus, even among those who do not accept that doping proceedings are criminal in nature, that the principle of *nulla poena sine culpa* should apply to the imposition of doping sanctions by sports disciplinary tribunals. Most commentators have come to this conclusion due to the severe consequences of sanctions for athletes. Because some national courts and some arbitral panels have considered that the principle *nulla poena sine culpa* applies to doping sanctions, and because the Code must be applicable worldwide, the sanction for purposes of the analysis in this opinion is that it is applicable".[295-296]

---

[294] Publicado no DR, 2ª série – nº 16 – 23 de Janeiro de 2007.
[295] Kaufmann-Kohler, Giorgio Malinverni, Antonio Rigozzi, *Legal Opinion on the Conformity of Certain Provisions of the Draft World Anti-Doping Code with Commonly Accepted Principles of International Law*, publicado em www.wada-ama.org, 26 de Fevereiro de 2003, parágrafo 124 e 125.
[296] Em sentido contrário, Comité Español de Disciplina Deportiva: "el punto de partida se encuentra en el rechazo de la culpabilidad, al ser ésta incompatible con la responsabilidad objetiva que presidía originariamente el campo de las infracciones administrativas", *Revista Jurídica del Deporte*, nº 9, Aranzadi, 2003, p. 409; também o Supremo Tribunal Federal Suíço ao estabelecer que os princípios gerais da lei criminal, entre os quais se encontra o *nulla poena sine culpa*, não se aplicam a matéria de doping. (Gundel vs. Federação Equestre Internacional, decisão de 15 de Março, 1993, *Recuil des Sentences du Tas*, nº I, 1986-1998, pp. 561 e ss).

Um dos acórdãos mais claros sobre a aplicação do princípio *nulla poena sine culpa* em matérias relacionadas com *doping* foi proferido pela AAA no "caso *Foschi*". A AAA afirmou que a suspensão de um atleta inocente "so offends our deeply tooted and historical concepts of fundamental fairness so as to be arbitrary and capricious".[297]

---

[297] AAA, Jessica K. Foschi v. United States Swimming, 1996 *in* Ray L. Yasser/James R. McCurdy//C. Peter Goplerud, *Sports Law, Cases and Materials*, 3ª Edição, Cincinnati, 1997, pp. 141-153. Foschi, nadadora americana, acusou positivo de um esteróide anabolizante (mesterolona), substância proibida segundo as regras anti-doping da FINA, imediatamente após o Campeonato Nacional de Verão em Agosto de 1995. As regras da FINA foram-lhe aplicadas, bem como as da USS. Inicialmente, e depois de ter recebido a prova da inocência de Foschi, um grupo de três membros da USS decidiu dar-lhe um período de tempo para poder provar a sua inocência, tendo as suas provas convencido de que não sabia absolutamente nada de como a dita substância fora encontrada no seu metabolismo. Este grupo foi persuadido pelos seguintes factos:
- a análise de Foschi foi declarada negativa aquando de um segundo teste efectuado duas semanas depois do teste positivo;
- um relatório médico que indicava não existir qualquer traço do uso crónico de esteróides;
- Foschi não mostrou nenhum progresso súbito ou notável dos seus desempenhos;
- Foschi, o seu treinador e os seus pais fizeram testes poligráficos indicando a sua ignorância quanto ao modo como o esteróide se encontrou no seu organismo;
- o facto de a mesterolona ser incolor, sem gosto e solúvel na água, constitui uma forte possibilidade de Foschi a ter tomado sem saber.

Por pressão da FINA, a USS apelou para o órgão superior ainda dentro da própria USS, procurando obter uma suspensão de dois anos nas competições nacionais e internacionais, como aparentemente o exigem as regras da FINA.

Não pondo em dúvida a sua ignorância, o órgão superior da USS decidiu impor-lhe uma interdição de dois anos. Em 23 de Fevereiro de 1996 este órgão superior da USS modificou a sua decisão, anulando a interdição e substituindo-a por:
- pena suspensa por dois anos
- anulação dos resultados desportivos obtidos no campeonato nacional de verão de 1995.

Foschi submeteu entretanto esta decisão a uma arbitragem da AAA constituída por três árbitros independentes, que concluiu da seguinte forma:

"A amostra de urina da requerente apresentou teste positivo dum esteroíde anabolisante, a mesterolona. A requerente e todos os que lhe estão ligados estão inocentes e não cometeram nenhuma falta, não sabendo como o esteróide entrou no organismo da requerente. Segundo os factos do caso, as sanções impostas pela USS violam profundamente os conceitos históricos da equidade fundamental constituindo-se arbitrárias e caprichosas. Todas as sanções impostas à requerente pela USS são anuladas e é dada ordem à USS para restabelecer os desempenhos da requerente nos 1500 metros na natação livre aquando da competição nacional de verão de 1995. É interdito à USS tomar qualquer medida, relacionada com o controlo de 4 de Agosto de 1995, para impedir a requerente de concorrer ou opor-se ao direito da atleta de participar nas competições de natação amadora."

Em 1987 o tribunal suíço rejeitou no "caso Sandra Gasser"[298] a aplicação da responsabilidade objectiva admitida pela Internacional Amateur Athletic Federation (IAAF). O tribunal determinou que a IAAF não tinha demonstrado uma posição justa e apropriada às pretensões e provas apresentadas por Gasser quanto à sua ignorância e à ausência de culpa, nomeadamente porquanto esta poderia ter sido vítima de sabotagem.

No "caso Katrin Krabbe", tanto o Comité Legal da Federação Nacional Alemã de Atletismo como o Tribunal Regional de Munique, referindo-se ao princípio *nulla poena sine culpa*, afirmaram que os órgãos de disciplina desportiva não podem suspender atletas que violam inocentemente regras disciplinares, nas quais se incluem as regras *antidoping*[299]. Ainda no mesmo caso, o Tribunal de Apelação de Munique não deixou dúvidas quanto à aplicação do requisito da culpa em relação à imposição de qualquer outra sanção apoiada nos regulamentos disciplinares federativos: "a culpa é uma condição indispensável para a acusação".

1.1. O regime da responsabilidade subjectiva à luz do regime jurídico português da luta contra a dopagem no desporto

Entre nós, o Decreto-Lei nº 183/97, de 26 de Julho, proibia a dopagem a todos os praticantes inscritos nas federações desportivas, dentro e fora das competições[300]. Dispunha o art. 13º que "qualquer resultado positivo de um exame laboratorial efectuado no âmbito do controlo antidopagem dará origem, OBRIGATORIAMENTE, a consequências disciplinares e, nos casos em que tal for previsto, a consequências desportivas" (destaque nosso).

Com base neste artigo sustentava-se a aplicação da responsabilidade objectiva ao praticante desportivo.

O Conselho de Justiça da FPF, em acórdão datado de 2 de Maio de 2002[301], analisando o *supra* citado diploma, refere que "de uma análise

---

[298] Decisão de Richteramt Bern III de 22 de Dezembro de 1987, SJZ 84/1988) 85.
[299] Krabbe v. IAAF, decisão de 17 de Maio de 1995, pp. 161, 167. A decisão do Comité Legal da FED.NAA, datada de 26 de Março de 1993 (RA 10/92) e pode ser consultada na SpuRt (Zeitschrift für Sport und Recht) 1995, p. 161 e ss.
[300] Art. 1º, nº 1 do Decreto-Lei nº 183/97, de 26 de Julho.
[301] Acórdão do Conselho de Justiça, de 2 de Maio de 2002, proferido nos autos de recurso nº 452/CJ, que manteve a pena disciplinar de três meses de suspensão da actividade desportiva, aplicada pelo acórdão do Conselho de Disciplina da Federação Portuguesa de Futebol

atenta do preceito citado facilmente se conclui que o nosso legislador optou por uma definição de dopagem estritamente objectiva. O mesmo é dizer que, para que se verifique o preenchimento da previsão legal – *factie specie* – basta que se verifique o uso de uma substância ou método incluído nas listas aprovadas pelas organizações competentes... com efeito o legislador ao consagrar uma definição objectiva nos moldes apontados, desde logo afastou a aplicação aos casos de *doping* das normas gerais em que se exige a representação do resultado pelo agente... significa, portanto, que comete a infracção o praticante desportivo que use substâncias ou métodos constantes das tabelas aprovadas pelas organizações desportivas nacionais e internacionais; uso esse que emerge provado do exame pericial efectuado e respectivo resultado"[302].

O que dizer deste acórdão?

No preâmbulo do Decreto-Lei nº 183/97, de 26 de Julho, podia ler-se: "aperfeiçoam-se, assim, as condições já existentes, em função das disposições contidas no Decreto-Lei nº 150/90, de 23 de Março, cumprindo, deste modo, os normativos vigentes em termos de defesa da ética desportiva".

---

de 8 de Fevereiro de 2002, consultado em *Desporto & Direito* – Revista Jurídica do Desporto, anp IV, nº 10, Setembro/Dezembro 2006, pp. 75-81. Em causa estava um exame laboratorial positivo de um jogador de uma equipa da II Liga, efectuado em 27 de Maio de 2001, num jogo referente à época desportiva de 2000/2001. No final do respectivo encontro foi colhida uma amostra de urina dos jogadores seleccionados, sendo esse líquido colocado em dois recipientes designados A e B, que foram de imediato fechados, selados e codificados. Enviadas para exame laboratorial (Laboratório de Análises de Dopagem e Bioquímica de Lisboa), a amostra do jogador em causa revelou a existência da substância 19 – *Norqandrostcroma*, numa concentração de 9,23 ng/ml. No dia 12 de Setembro de 2001 teve lugar no mesmo laboratório a contra-análise, utilizando-se para o efeito a amostra "B" 236679, a qual veio a confirmar o resultado positivo da 1ª análise. A substância dopante está incluída nas classes de substâncias interditas, da Lista das Classes de Substâncias e Métodos Interditos de 1 de Janeiro de 2000, conforme CO nº 245 de 26 de Abril de 2001, ratificada pelo Conselho Nacional de Antidopagem, na reunião ordinária de 18 de Julho de 2001, conforme Co nº 56 de 22 de Agosto de 2001.

[302] Consultada a Procuradoria-Geral da República, para se pronunciar sobre o referido acórdão, aquela concluiu da seguinte forma: "quanto finalmente à questão levantada pelo recorrente nas suas alegações quando refere que o conceito de infracção disciplinar previsto no art. 2º, nº 1, do RD da FPF pressupõe a prática de um facto voluntário para concluir que não existe infracção, remetemos para a fundamentação do douto acórdão do Conselho de Justiça que se transcreve". Ou seja, relativamente à matéria aqui em estudo concordou a PGR com o acórdão do Conselho de Justiça.

Também a lei de Bases da Actividade Física e do Desporto, Lei nº 5//2007, de 16 de Janeiro, no seu artigo 3º nº 1 determina que "a actividade física desportiva é desenvolvida em observância dos princípios da ética, da defesa do espírito desportivo", e no nº 2, que "incumbe ao Estado adoptar as medidas tendentes a prevenir e a punir as manifestações anti-desportivas, designadamente a violência, a dopagem...".

O Regime Disciplinar das Federações Desportivas[303], no seu artigo 1º nº 2, estatui que "para efeitos da presente lei são consideradas normas de defesa da ética desportiva as que visam sancionar a violência, a dopagem ou a corrupção, bem como todas as manifestações de perversão do fenómeno desportivo".

Da mesma forma, a Convenção Europeia Contra o Doping, no seu preâmbulo, coloca em referência o perigo que o *doping* potencia contra "os princípios éticos e os valores educativos consagrados na Carta Olímpica...".

Mais recentemente, também o Código Mundial Antidopagem apresenta como um dos seus fundamentos "preservar os valores intrínsecos característicos do desporto". Este valor intrínseco, que muitas vezes é descrito como o espírito desportivo, "constitui a essência do Olimpismo; traduz-se no «jogo limpo»". O espírito desportivo é a celebração do pensamento humano, corpo e espírito, e caracteriza-se pelos seguintes valores: ética, *fair play* e honestidade.

Do exposto infere-se que o combate e prevenção do fenómeno do *doping* anda associado, e tem como fundamento, o princípio da Ética Desportiva. Ora à palavra "ética" ligam-se a moral e os princípios morais que pautam o comportamento humano, sendo aquela vista como a disciplina que procura determinar a finalidade da vida humana e os meios de a alcançar, preconizando juízos de valor que permitem distinguir entre o bem e o mal[304].

---

[303] Aprovado pela Lei nº 112/99, de 3 de Agosto.
[304] Da teoria da ética Kantiana devemos destacar três imperativos: Age de tal forma que trates a humanidade, tanto na tua pessoa como na de qualquer outro, sempre e simultaneamente como um fim em si mesmo e nunca simplesmente como um meio; Age apenas por dever e não segundo quaisquer interessses, motivos ou fins; Age como se a máxima da tua acção se devesse tornar, pela tua vontade, em lei universal da natureza e age de tal maneira que a vontade pela sua máxima se possa considerar a si mesma, e ao mesmo tempo, como legisladora universal. (Immanuel Kant, *Crítica da razão prática*, tradução de Artur Morão, Ed. 70, Lisboa,

Assim, qualquer sanção que se fundamente nos princípios morais que pautam o comportamento dos desportistas deverá ter como pressuposto a culpa, entendida esta como um comportamento reprovado por lei: "a lei reprova o comportamento contrário ao cumprimento da obrigação quando ele é devido a falta de diligência ou a dolo do devedor... quer dizer, não se atende apenas ao comportamento externo do devedor, mas também à sua conduta interna"[305].

A culpa constitui-se como imputação psicológica de um resultado ilícito a uma pessoa. É que, ao pretender-se responsabilizar o atleta quando a este não pode ser imputado psicologicamente um resultado ilícito, jamais se estará a fomentar o princípio da ética desportiva, entendido este como o conjunto de vários princípios desportivos – *fair play*, igualdade, lealdade e honestidade na competição.

No sentido de o princípio da culpa ser pressuposto da infracção disciplinar encontrava-se o art. 5º, nº 2, do Decreto-Lei nº 183/97, de 26 de Julho, que previa a exclusão da culpa do praticante desportivo, apesar de determinar que o não cumprimento das obrigações de todos aqueles que actuam no âmbito do sistema desportivo, nomeadamente os profissionais de saúde, prescritas no nº 1 do art. 5º, não constituia, só por si, causa dessa mesma exclusão.

Isto é, o diploma ao prever causas de exclusão da culpa indiciava que esta constitui um elemento necessário para a punição do praticante desportivo.

O artigo 18º do mesmo diploma indiciava, de modo análogo, a aplicação do princípio da culpa à responsabilidade do praticante desportivo em casos de *doping*, ao estipular que "para efeitos de registo e organização do processo individual, as federações desportivas comunicarão ao Conselho Nacional Antidopagem, no prazo de oito dias, as sanções que aplicarem aos agentes desportivos que forem julgados CULPADOS de infracção à regulamentação sobre dopagem" (destaque nosso).

Determinava ainda o mesmo diploma, no artigo 26, al. *h)*, que "compete especificamente ao Conselho Nacional Antidopagem emitir recomendações gerais ou especiais sobre procedimentos de prevenção e con-

---

1994; Immanuel Kant, *Fundamentação da metafísica dos costumes*; análise Manuel Matos, tradução Paulo Quintela, Areal, Porto, 2005.)
[305] Vaz Serra, *Culpa do Devedor ou do Agente*, Lisboa 1957, pp. 26 e ss.

trolo da dopagem, dirigidas às entidades que integram o associativismo desportivo e aos agentes desportivos, seja por efeito de novas orientações internacionais sobre a matéria, seja na sequência de processos de inquérito que revistam características especialmente típicas ou em que os inquiridos, MAU GRADO O NÃO APURAMENTO DE CULPA, devam ser objecto de aconselhamento" (destaque nosso).

Destarte, como refere a Procuradoria-Geral da República de forma conclusiva "estas referências do diploma à culpa são incompatíveis com a consagração, pelo mesmo, de uma responsabilidade disciplinar meramente objectiva. A última das referências é clara no sentido de admitir casos de dopagem não culposos que, não justificando por isso uma punição disciplinar, devam, em termos preventivos, ser objecto de mero aconselhamento"[306].

Aliás, no âmbito do caso de *doping* que deu origem ao acórdão do Conselho de Justiça *supra* referido, o Tribunal Administrativo e Fiscal do Funchal, por sentença de 6 de Janeiro de 2006[307], entendeu o seguinte: "a imputação subjectiva (a título de dolo ou negligência) do facto (objectivamente) ilícito é algo de imperativo também aqui! Não tem, pois, sentido dizer-se que a lei se contenta aqui com a mera ilicitude objectiva. Ora, não havendo a imputação ao ora recorrente de qualquer ilicitude subjectiva (dolo ou negligência) e culpa (dolo ou negligência censuráveis), não existe a infracção disciplinar[308].

---

[306] Parecer da Procuradoria-Geral da República nº 93/2006, publicado no DR, 2ª série – nº 16 – 23 de Janeiro de 2007, no caso que ficou conhecido como "Nuno Assis" devido ao nome do atleta arguido que pertencia à equipa de Futebol do Sport Lisboa e Benfica. Em causa estava um exame laboratorial positivo feito ao futebolista Nuno Assis no final do encontro realizado no Funchal entre o Marítimo e o Benfica no dia 3 de Dezembro de 2005. Em 24/10/2006 e 02/02/2006 realizaram-se a análise e contra-análise, respectivamente, tendo ambas revelado a presença, nas amostras do líquido orgânico do arguido, da substância 19-Norandrosterona, com uma concentração de 4,5 e 4,0 ng/ml, respectivamente, superior, portanto, ao limite máximo permitido de 2,0 ng/ml.

[307] Sentença de 6 de Janeiro de 2006 do Tribunal Administrativo do Funchal, consultada em *Desporto & Direito* – Revista Jurídica do Desporto, ano IV, nº 10, Setembro/Dezembro 2006, pp. 59-71.

[308] Curioso não deixa de ser o acórdão do Conselho de Justiça da Federação Portuguesa de Futebol relativamente ao famoso caso "Nuno Assis", ao entender que "apenas com o resultado positivo da análise o arguido não podia ser punido! É necessário que o acusador alegue e prove que o arguido voluntariamente ministrou ou de qualquer outra forma voluntária introduziu

Não podemos olvidar, mais uma vez, que nos encontramos perante um poder público compreendido nas atribuições do Estado: "Têm natureza pública os poderes das federações desportivas exercidos no âmbito da regulamentação e disciplina da respectiva modalidade que, para tanto, lhe sejam conferidos por lei."[309]. Assim, no âmbito desses poderes que lhe são delegados, as federações desportivas devem dispor de regulamentos disciplinares com vista a sancionar a violação das regras de jogo ou da competição, bem como as demais regras desportivas, nomeadamente as relativas à ética desportiva, sendo que, para efeitos da presente lei, são consideradas normas de defesa da ética desportiva as que visam sancionar a violência, a dopagem, a corrupção, o racismo e a xenofobia, bem como quaisquer outras manifestações de perversão do fenómeno desportivo[310].

Apesar de o Regime Disciplinar das Federações Desportivas não consagrar expressamente a aplicação do princípio *nulla poena sine culpa*, o certo é que o nº 2 deste diploma, que tem como epígrafe "princípios gerais", é meramente exemplificativo, como se depreende do termo "designadamente" aí utilizado.

Pelo facto de se encontrarem plasmados precisamente neste artigo 2º alguns princípios de Direito Penal – como a tipificação das infracções como leves, graves e muito graves; a sujeição aos princípios da igualdade, irretroactividade e proporcionalidade da aplicação das sanções; a enumeração das causas ou circunstâncias que eximem, atenuam ou agravam a responsabilidade do infractor; e a consagração das garantias de defesa do arguido – somos forçados a concluir que também ao direito público sancionador[311], nomeadamente ao direito disciplinar das federações

---

no seu organismo a substância que veio a verificar-se no seu corpo". Relembre-se estarmos perante o mesmo órgão federativo que, como vimos *supra*, já anteriormente tinha entendido que a responsabilidade consagrada no Decreto-Lei nº 183/97, de 26 de Julho, era do tipo objectivo. Cfr. Acórdão do Conselho de Justiça da FPF, publicado em www.fpf.pt, proferido a 2 de Julho de 2006, no Proc. nº 51, época 2005/2006.

[309] Cfr. artigo 11º do Decreto-Lei nº 248-B/2008 de 31 de Dezembro, que aprovou o Regime Jurídico das Federações Desportivas.

[310] Cfr artigo 52º do do Decreto-Lei nº 248-B/2008 de 31 de Dezembro, que aprovou o Regime Jurídico das Federações Desportivas; Cfr. também artigo 1º da Lei nº 112/99, de 3 de Agosto, que aprovou o Regime Disciplinar das Federações Desportivas.

[311] Utilizamos o termo "também" porque mesmo ao direito privado sancionador parece serem de aplicar os princípios de Direito Penal. Neste sentido Cfr. Alexandra Pessanha, *ob. cit.*, p. 125.

dotadas do estatuto de utilidade pública desportiva, se aplica o princípio *nulla poena sina culpa*.

Este foi o entendimento do Tribunal Administrativo e Fiscal do Funchal: "como é lógico, resulta do Regulamento Disciplinar da FPF o seguinte: na determinação da responsabilidade disciplinar devem ser observados os princípios informadores vertidos no Código Penal (incluindo portanto o princípio de que não há infracção sem culpa do arguido)"[312].

Quanto ao novo regime de combate à dopagem, o artigo 62º dispõe que, "o praticante desportivo ou outra pessoa tem o direito, em qualquer dos casos, antes de ser aplicada qualquer suspensão da prática desportiva, a ser ouvido com vista a apresentar os seus argumentos de forma a tentar ELIMINAR ou reduzir, tratando-se de uma segunda ou terceira infracções, a sanção a aplicar, de acordo com o disposto nos artigo 59º e 60º.

Por sua vez, o artigo 63º (Eliminação ou redução do período de suspensão com base em circunstâncias excepcionais) prevê que a ADoP, após consulta ao CNAD, baseia a sua decisão nos factos inerentes a cada caso, nomeadamente o tipo de substância ou método em causa, riscos inerentes à modalidade desportiva em questão, a colaboração na descoberta da forma como foi violada a norma antidopagem e o GRAU DE CULPA OU NEGLIGÊNCIA.

Da análise destas duas disposições, e apesar da deficiente redacção de ambas, há lugar à eliminação da aplicação da sanção disciplinar nos casos de ausência de culpa ou negligência por parte do praticante desportivo.

Isto é, só pode haver lugar à aplicação de sanções disciplinares quando haja culpa, ainda que na modalidade de negligência, do praticante desportivo.

Dizemos que estas duas normas têm uma deficiente redacção porquanto não é explícita a finalidade da referência no artigo 62º à segunda e terceira e infracção, o nº 2 do artigo 63º não esclarece quais as circunstâncias que por si só importam a eliminação da aplicação da suspensão e a epígrafe do artigo 63º acaba por ser mais ajustada com o corpo da norma prevista no artigo 62º.

Se o legislador pretendeu excluir, por via do artigo 62º, a possibilidade de eliminação da aplicação da sanção nos casos de segunda e terceira

---

[312] Acódão *supra* cit. nota nº 291.

infracção, prevendo apenas apenas a sua redução, então, esta norma torna-se inconstitucional, por violar o princípio *nulla poena sine culpa*.

À imagem do que já sucedera com o regime anterior do combate à dopagem, e com o Código Mundial Antidopagem, o legislador é tímido em assumir que o princípio da culpa se aplica à responsabilidade disciplinar em casos de doping, por via do princípio do Estado de direito e da dignidade da pessoa humana.

Por um lado estipula o dever de cada praticante assegurar que não introduz ou é introduzida no seu organismo qualquer substância proibida ou que não existe recurso a qualquer método proibido (art. 5), e que aqueles são responsabilizados, nos termos da presente lei, por qualquer substância proibida ou seus metabolitos ou marcadores encontrados nas suas amostras orgânicas, bem como pelo recurso a qualquer método proibido (art. 6º); Por outro lado, refere que há lugar à eliminação da sanção tendo em conta o grau de culpa e negligência.

Como evidencia Faria Costa, "nem mesmo o intencionalmente mais *puro* dos ordenamentos jurídicos baseado no princípio da culpa – e o nosso é disso exemplo paradigmático – está absolutamente imunizado às subtis intromissões da responsabilidade objectiva"[313].

Parece ser este o caso dos regulamentos disciplinares das ligas de clubes de desportos profissionais e mesmo das federações de desportos não profissionais. Dispõe o artigo 2º, nº 2 do Regulamento Disciplinar da Liga Portuguesa de Futebol Professional que "a responsabilidade disciplinar objectiva é imputável nos casos expressamente previstos.". O mesmo acontece, por exemplo, com o nº 2 do artigo 2º do Regulamento de Disciplina da Federação Portuguesa de Ténis de Mesa.

Duas notas devem aqui ser feitas. Primeiro, conforme constatamos, o princípio geral é o da aplicação da responsabilidade subjectiva, só se aplicando a responsabilidade independentemente da culpa nos casos expressamente previstos. E, segundo, a aplicar-se o regime da responsabilidade objectiva, terá de ser a matérias disciplinares não públicas, estritamente desportivas, como vimos no capítulo anterior[314]. A haver algum

---

[313] Faria Costa, *O Perigo em Direito Penal (Contributo para a sua Fundamentação e Compreensão Dogmáticas)*, Coimbra Editora, Coimbra, 1992, p. 379.
[314] Sobre a natureza do poder disciplinar das Federações Desportiva v., entre nós Alexandra Pessanha, *ob. cit.*, pp. 122-123. A título de exemplo refira-se que na Alemanha o poder dis-

campo disciplinar em que a responsabilidade objectiva possa eventualmente ter lugar será precisamente naquele.

Convém relembrar que o princípio da culpa aplica-se no plano disciplinar por via do princípio do Estado de direito, que tem subjacente a dignidade da pessoa humana, indiciando a sua aplicação em qualquer ramo de direito disciplinar, desde que aquela dignidade possa ser "beliscada".

O certo é que não se pode olvidar que, ao ser suspenso da prática da actividade desportiva o praticante vê diminuído o direito ao desporto, pelo menos de competição, e do direito ao trabalho, no caso de existir contrato de trabalho. Estamos perante verdadeiras sanções que não podem ser aplicadas quando não haja dolo ou negligência por parte do praticante desportivo.

Uma coisa é certa: o princípio *nulla poena sine culpa*, e os demais princípios constitucionais penais, aplicam-se às sanções disciplinares nos casos de dopagem.

1.2. O TAD e a responsabilidade subjectiva nos casos de dopagem[315]

O TAD tem demonstrado enorme preocupação com a questão aqui em análise. De entre os inúmeros acórdãos relativos a esta matéria, proferidos pelo tribunal com sede em Lausane, iremos analisar aqueles que nos pareceram mais relevantes e que melhor demonstram o caminho que este tribunal tem vindo a trilhar.

A jurisprudência do TAD adquiriu enorme relevo quando começou a aplicar o princípio da responsabilidade objectiva à matéria de dopagem. Em momento posterior, e paralelamente à responsabilidade objectiva, o TAD passou também a aplicar o princípio da culpa, permitindo ao atleta suspeito provar a ausência de intenção de se dopar. O TAD tem tentado conciliar o princípio da responsabilidade objectiva, regime necessário na promoção da verdade desportiva – ao aplicá-lo no campo das sanções des-

---

ciplinar pertence às próprias federações desportivas, não sendo, portanto, delegado pelo Estado.

[315] Sobre a jurisprudência do TAD nos casos de doping v., entre outros, Charles Amsom, "Le contentieux du dopage et le Tribunal arbitral du sport", *Gazette du Palais*, nº 37, Fevereiro/2005, pp. 2-5; Jean Lob, "Dopage, responsabilité objective («strict liability») et de quelques autres questions", *Schweizerische Juristen-Zeitung*, 95. Jahrgang, 1999, p. 271 e ss.

portivas de modo a anular os resultados obtidos –, com a preservação dos direitos dos praticantes, dando-lhes na maioria dos casos a possibilidade de demonstrarem a sua inocência de forma a não serem suspensos da actividade desportiva – campo das sanções disciplinares.

Apesar de o TAD ter tentado conciliar aqueles dois princípios, nem sempre tal sucedeu. Em 28 de Junho de 1996 o tribunal aplicou o princípio da responsabilidade objectiva sem permitir ao atleta demonstrar a ausência de culpa: "em virtude das regras da federação internacional de natação amadora, o princípio da *strict liability* deve ser aplicado tratando-se de um treinador que deu uma substância proibida a um atleta. A proibição geral de dopagem é suficiente para permitir a sanção de um tal acto, mesmo na falta do elemento subjectivo"[316]. Ainda assim, neste caso concreto o TAD fez questão de estabelecer a duração da sanção sem se orientar pelos limites legais estabelecidos, apesar de não ter deixado de reconhecer a aplicação da responsabilidade subjectiva no acórdão de 22 de Abril de 1996: "o tribunal considera de um modo geral poder ser aplicável o princípio de presunção de culpabilidade do atleta, mas por outro lado o atleta deve ter a possibilidade de anular esta presunção apresentando uma prova liberatória. O atleta será pois autorizado a demonstrar que não cometeu nenhuma falta intencional ou por negligência. Contudo, o tribunal faz a observação de que este procedimento só é possível quando os regulamentos aplicáveis o permitam"[317]. Ambos os casos revelam que o TAD se sentia obrigado a aplicar as regras das federações internacionais sem colocar em causa a sua legalidade[318].

Não obstante, alguns acórdãos deixam bem claro que o praticante tem o direito de provar que nenhuma falta lhe era imputável à data dos factos.

---

[316] V. vs. FINA, CAS 96/150, acórdão de 28 de Junho de 1996, *Digest of CAS awards I*, pp. 265--271.; CAS, 2002/A/383 IAAF v/CBAT & F. dos Santos, *Digest of CAS awards III*, 2001-2003, p. 26: "As a matter of principle, it is generally recognized that criminal law standards are not applicable to disciplinary proceedings within the framework of private associations such as Sporting federations."
[317] "CAS 95/141, Fédération Internationale de Natacion Amateur", *Recuil Des Sentences Du Tas I*, p. 205.
[318] Neste sentido v. C. vs. FINA, acórdão de 22 de Abril de 1996, *Digest of Cas awards I*, pp. 215--219; B. vs. ITU, acórdão de 9 de Agosto de 1999, *Digest of Cas awards II*, p. 330; Frank Oschültz, "The Jurisprudence of CAS in Doping Cases, *International Sports Law Jornal*, 7, 2001, 2º Vol., p. 24.

Este tribunal não deixou, portanto, de aplicar aos casos de *doping* os princípios de direito penal, nomeadamente o principio *nulla poena sine culpa*: "the athlete will thus be allowed to demonstrate that he did not commit any fault intentionally or negligently"[319]. Neste sentido em 1992 o TAD considerou o seguinte: "o regulamento da Federação equestre internacional não consagra a possibilidade de o atleta responsabilizado apresentar prova liberatória. Contudo, tendo em conta a gravidade das medidas que podem ser pronunciadas contra ele e que se aproximam de sanções penais, não restam dúvidas de que por aplicação de um princípio geral de direito, a pessoa responsabilizada tem a possibilidade de apresentar uma contraprova"[320]. Em acórdão de 9 de Dezembro de 1998, e depois de aplicar a responsabilidade objectiva em relação à desqualificação na competição, o TAD refere o seguinte: "unlike disqualification, the six month suspension is based on the presumption of guilt"[321]. No mesmo sentido, por acórdão de 14 de Janeiro de 1999, o mesmo tribunal não deixou de evidenciar o seguinte: "it is for competitors to reverse the presumption of guilt that arises from a positive anti-doping test. As proof of innocence exonerates the competitor..."[322]. Em ambos os casos o requisito da culpa é indispensável de modo a que se aplique a sanção disciplinar de suspensão[323].

---

[319] "CAS 95/141, Chagnaud v. FINA", *Digest of CAS Awards I*, p. 221.
[320] "TAS 91/56, Fédération Equestre Internationale", *Recuil Des Sentences Du Tas I*, p. 99. No mesmo sentido se encontram os seguintes acórdãos: CAS 91/53, sentença de 15 de Janeiro de 1952, *Digest of CAS Awards I*, p. 67; 91/56, *Digest of CAS Awards I*, p. 99 e 2003/A/253, de 8 de Dezembro de 2005, Bernabeu Armegal v. Federação Espanhola de Ciclismo, não publicado.
[321] CAS, 94/126, N./International Equestrian Federation, award of 9 December 1998, *Digest of Cas Awards II*, p. 137.
[322] Cas 97/190, P. & other/FINA, award of 14 January 1999. *Digest of Cas Awards II*, p. 184.
[323] Também neste sentido, mas aparentemente mais restritivo, encontramos o acórdão de 22 de Dezembro de 1998: "If the presence of a prohibited substance is established to the high degree of satisfacion required by the seriousness of the alegation, then the burden of proof shifts to the competitor to show why the maximum sanction should not be imposed. It is only at the level of sanction, not of finding of innocence or guilt, that the concept of shifting burden becomes relevant at all. And it is only at this juncture that questions of inten become relevant... had the painel identified Actovegin as the culrit or the result of "A" and "B" sample tests, then it would have given serious consideration as to whether or not the maximum sanction should have been applied and even... whether such finding opened up the possibility that the Appellant could be completely exculpated. (CAS 98/208, N., J., Y., W./Fédération

Um dos acórdãos mais esclarecedores do TAD data de 17 de Março de 1999: "according to the CAS case law, the system of strict liability must prevail when fairness in sport is the issue. The presence of a banned substance in an athlete's body has two consequences. The first is that the athlete is disqualified for the competition during which the antidoping control took place. This sanction is a matter of sporting fairness towards the others athletes participation in that competition. The second consequence is that the presence of the banned substance gives rise to a presumption of guilt, which can be refuted"[324].

Bastante controversa é a posição do TAD vertida em dois acórdãos proferidos na mesma data e que se complementam: depois de considerar que perante o regime da responsabilidade objectiva a questão de saber se a infracção foi cometida intencional ou negligentemente diz respeito apenas à imposição de sanções disciplinares – reconhecendo que só levando em consideração os elementos subjectivos de cada caso se pode saber se a sanção imposta é justa – o tribunal acaba por concluir que se o órgão julgador se conformou com o facto de o atleta não ter agido culposa ou negligentemente terá o poder de reduzir a sanção de dois anos[325]. Nos acórdãos em análise o TAD não prevê a possibilidade de eliminação da sanção aplicando o artigo 26º, nº 5 do Regulamento Antidopagem da Federação Internacional de Lutas Associadas (FILA). Não obstante, ao longo de toda a sua motivação dá enorme relevo ao acórdão de 9 de Julho, de 2001, do mesmo tribunal, que tem servido de paradigma para muitos outros casos (Cas 2000/A/317 de 9 de Julho de 2001) e que tinha por base a aplicação do mesmo regulamento da FILA. Pela sua extrema importância e clareza importa aqui lembrar as passagens mais importantes:

"Se, efectivamente, em termos dos regulamentos da FILA, não fosse necessária a presença de um elemento subjectivo, isto é, a inten-

---

Internationale de Natacion (FINA), award of 22 December 1998, Digest of Cas Awards, II, p. 248 e 253.
[324] Cas 98/214, B/IJF, award of 17 March 1999, Digest of Cas Awards II, p. 308.
[325] Arbitration CAS 2000/A/310, L./International Olympic Committee (IOC), award of 22 October 2001 e Arbitration CAS 2000/A/312, L./Fédération Internationale des Luttes Associéss (FILA), award of 22 October 2001, *Digest of CAS Awards III*, 2001-2003, Kluwer Law International, pp. 127-158.

ção ou a negligência por parte do atleta, para a existência de violação das normas antidopagem, o tribunal teria em princípio que aplicar a sanção de dois anos estipulada no Anexo D, Secção 2 do Regulamento Antidopagem da FILA e limitar-se-ia a avaliar a existência ou não de «circunstâncias atenuantes específicas e excepcionais que permitam a redução das sanções» (Art. 26, Secção 5 do Regulamento Antidopagem da FILA). No entanto, o tribunal considera que, como matéria de princípio e independentemente de «circunstâncias específicas e excepcionais», um atleta não pode ser suspenso da competição por ter cometido uma violação das normas antidopagem a não ser que seja culpado, isto é, que tenha agido com intenção ou com negligência. Mesmo que as normas e regulamentos de uma federação desportiva não estipulem que a culpa do atleta deva ser tida em consideração, a matéria referida terá que ser tomada como implícita para que essas normas sejam juridicamente aceitáveis. O TAD terá que interpretar as normas em questão por forma «a procurar discernir a intenção do legislador e a não frustrá-la». Na interpretação das normas da FILA, o tribunal não encontra qualquer elemento que indique que se pretendia ignorar o elemento subjectivo como tal. Uma vez que o tribunal é da opinião de que, em termos da lei suíça, não é legalmente aceitável suspender um atleta na ausência de culpa, uma interpretação contrária a esta levaria à nulidade das normas, o que frustraria o objectivo do combate à dopagem empreendido por toda a comunidade desportiva.

...A chamada regra da «responsabilidade objectiva», ou seja, uma regra defendida pela parte demandada segundo a qual a mera presença de uma substância proibida no corpo de um atleta justifica a respectiva suspensão, não respeita, segundo a opinião do tribunal, o direito de personalidade («Persönlichkeitsrecht») estabelecido nos artigos 20º e 27º e seguintes do Código Civil Suíço, que o TAD deverá aplicar (Art. 58º do Code of Sports-related Arbitration)...

O Tribunal deseja tornar claro que as relações jurídicas entre um atleta e uma federação são de natureza civil, não se aplicando os princípios do Direito Penal. Tal facto é especialmente importante relativamente aos princípios *in dubio pro reo* e *nulla poena sine culpa* e à presunção de inocência tal como disposto no Artigo 6 ECHR... Para decidir se a regra da «responsabilidade objectiva» é adequada relativamente ao Direito Suíço[326], o tribunal terá que pesar os interesses da federação em relação aos do atleta, em especial o seu direito de personalidade...

O combate antidopagem tem-se tornado nos últimos tempos o problema mais importante do desporto. Por vezes, a atenção do público e, em especial, a dos meios de comunicação social é mais dirigida à questão de os atletas se encontrarem ou não sob a influência de substâncias dopantes do que ao evento desportivo propriamente dito e aos seus resultados. Esta tendência representa uma grave ameaça para a generalidade do movimento desportivo e, de forma indirecta, para uma indústria que é responsável por uma importante percentagem da economia mundial. Torna-se evidente que, se as federações pudessem impor sanções aos atletas que têm resultados positivos nos testes antidopagem sem terem que estabelecer a existência de qualquer elemento de culpa por parte do atleta, isso constituiria uma importante arma no combate contra a dopagem... É necessário reconhecer que no desporto profissional as sanções antidopagem têm o efeito de restringir ao atleta o desempenho da actividade por ele escolhida e, assim, de ganhar a vida durante um certo período de tempo. Além disso, as sanções antidopagem, sem qualquer dúvida, afectam a honra e a posição social do atleta em questão, constituindo um estigma para o seu futuro.

Ao pesar os interesses de ambas as partes, o tribunal defende que os interesses do atleta estão acima dos da Federação, quando se pretende aplicar a regra da «responsabilidade objectiva». Só seria aceitável o ponto de vista contrário, se a regra da responsabilidade objectiva fosse a única arma eficaz na luta antidopagem."[327]

Neste sentido, no caso Nuno Assis o TAD considerou o seguinte: "there is a presumption of fault on the part of the player. Mr Nuno Assis

---

[326] Além de o TAD ter sede em Lausanne, Suíça – S1 do Código da Arbitragem do Desporto –, nos termos do R45, do mesmo código, quando as partes não escolhem a lei aplicável ao caso concreto aplica-se a lei suíça.

[327] Arbitration CAS 2000/A/317, A./FILA, award og 9 og July 2001, Digest of CAS Awards III, 2001-2003, Kluwer Law International, pp. 166-167. Como veremos *infra* - cap. 5º – neste acórdão o TAD defende a aplicação de uma presunção de culpa, com inversão do ónus da prova, cabendo do atleta dopado ilidir, mediante prova do contrário, esse presunção.

Lopes de Almeida cannot derive any right from the fact that the prosecuting party omitted to allege and to prove that he intentionally or negligently used a prohibited substance"[328].

Noutro plano, uma vez que a violação em causa não era um resultado positivo num exame laboratorial, mas sempre colocando ênfase no elemento subjectivo da infracção, também no caso "Fazekas"[329] o TAD lembrou que a recusa de fornecer uma amostra completa de urina pode ser justificada pelo atleta, apesar de no caso tal não ter sucedido.

Mais recentemente no famoso caso Knauss v. FIS[330], o TAD afirmou que o atleta não pode pretender evitar a sanção disciplinar, por inexistência de culpa ou negligência, pelo facto de ter ingerido suplementos nutricionais que levaram a resultados anormais na análise. Ora, se não é possível evitar a sanção com fundamento neste facto, certamente o poderá fazer com fundamento noutros. Pelo que esta afirmação é também clara no sentido de que o TAD acolhe uma responsabilidade disciplinar baseada na culpa.

Como vimos o TAD adequou-se à doutrina maioritária que pode ser resumida no entendimento de Jean Lob, segundo o qual a suspensão de um atleta dopado, constituindo-se como uma sanção desportiva e não penal, poderia à primeira vista levar à constatação de que nada impede

---

[328] CAS 2006/A/1153 WADA v/Portuguese Footbal Federation & Nuno Assis Lopes de Almeida, parágrafo nº 55.
[329] CAS 2004/A/714, Fazekas vs. COI. Robert Fazekas, discóbolo húngaro, ganhou a medalha de ouro no lançamento do disco nos Jogos Olímpicos de Atenas. Submetido a um controlo anti-doping não forneceu uma amostra completa de urina, demonstrando um comportamento estranho durante a recolha daquela, que durou mais de quatro horas, em que procurava continuamente esconder com as mãos o baixo-ventre apoiando-se com força por cima do umbigo. Posteriormente recusou ser transferido para um estabelecimento hospitalar para continuar a operação de recolha. Acabou desclassificado dos Jogos Olímpicos por recusa ou fuga sem justificação válida à recolha de amostra. Sobre est caso v., também, Duarte Ladeiras, Doping": velhos hábitos em Atenas 2004, 01/09/2004 em http://podiu.publico.pt.
[330] CAS 2005/A/847 Knauss v. FIS de 20 de Julho de 2005, não publicado. O esquiador austríaco Hans Knauss acusou norandrosterona na descida da Taça do Mundo em Lake Louise. Admitiu ter ingerido durante longo período um suplemento nutritivo e reconheceu que era esse produto o causador do teste positivo. Revelou também o nome e a direcção do fornecedor desse suplemento nutritivo, bem como outras indicações que permitiram confiscar os stocks restantes desse produto. Sobre o presente caso v. Olivier Niggli/Julien Sieveking, ob. cit., p. 9.

que essa seja aplicada mesmo na ausência de qualquer falta do desportista. No entanto, isto equivaleria a ignorar as consequências destas sanções. A suspensão por um ano ou mais implica um grave abalo à personalidade do atleta castigado, que fica impedido de exercer o seu ofício durante um longo período de tempo ou até definitivamente se se pensar que um desportista privado de competir por vários anos não poderá na maior parte das vezes voltar à sua melhor forma. Para além do mais, a perda financeira para um campeão pode ser incalculável.

Assim sendo, o princípio da *strict liability* deve ser afastado sem hesitações, permitindo-se ao atleta a apresentação de uma prova liberatória, mesmo que, e é preciso insistir neste ponto, se entenda dever ser-se restritivo e estrito na apreciação dessa mesma prova.[331]

Apesar de encontrarmos acórdãos em ambos os sentidos – os que pugnam pela aplicação de uma responsabilidade objectiva e os que pugnam pela aplicação de uma responsabilidade subjectiva – "a recent decision of the CAS shows that the arbitrators are also finnaly taking the criticism of academics into account".[332]

Em suma, tendo em consideração a jurisprudência maioritária e mais actual do TAD, só podemos concluir que também a nível internacional a responsabilidade disciplinar do praticante desportivo exige a verificação da culpa – responsabilidade disciplinar subjectiva.

Não esqueçamos que foi precisamente a jurisprudência do TAD que influenciou o Código AMA, nomeadamente a versão de 2003 do artigo 10.5.1 que dispunha que: "se o praticante desportivo provar, num caso individual que envolva a infracção a um regulamento antidopagem nos termos do Art. 2.1 (presença de Substâncias Proibidas ou dos seus Metabolitos ou Marcadores) ou a Utilização de uma Substância Proibida ou

---

[331] Jean Lob, "Dopage, responsabilité objective («strict liability») et de quelques autres questions", *Schweizerische Juristen-Zeitung*, 95. Jahrgang, 1999, p. 271.
[332] Frank Oschütz, *ob. cit.*, p. 28. Interessantes tornam-se também as suas palavras sobre a não adequação da responsabilidade objectiva com a lei Suíça: "Under Swiss Law the legal literature is unanimous in that a strict liability rule would be contrary to articles 20 and 27 of the Swiss Civil Code. Jurisprudence of the Swiss state courts is still lacking and unlikely to arise. Swiss Tribunals will only control decisions of the CAS as to whether they violate the international order public. This standard of review does not allow a detailed control following the standards of the Swiss Civil Code. That is why only the CAS itself may draw a clear line. (Frank Oschütz, *ob. cit.*, p. 28).

de um Método Proibido nos termos do Artigo 2.2, que a infracção em causa não se deveu a Culpa ou Negligência da sua parte, o período de suspensão aplicável será anulado.

1.3. O Código AMA e a natureza subjectiva da responsabilidade do praticante desportivo em casos de *doping*

Com o Código AMA, o combate à dopagem a nível europeu e mundial entrou numa nova fase. O código pretende introduzir uma nova forma de olhar o fenómeno do *doping* no desporto, numa tentativa desesperada de pôr fim a um fenómeno que actualmente se considera ter já ultrapassado as fronteiras do desporto competitivo.

Numa primeira aproximação ao código ficamos com a sensação de que este veio consagrar um modelo de responsabilidade disciplinar objectiva do atleta, desde logo porque, nos termos do disposto no artigo 2.1., é considerada como violação da norma antidopagem "a presença de uma substância proibida, dos seus metabolitos ou marcadores, numa amostra recolhida a partir de um praticante desportivo."

E, nos termos do disposto no art. 2.1.1, é um dever pessoal de cada praticante desportivo assegurar que não introduz no seu organismo nenhuma substância proibida. Os praticantes desportivos são responsáveis por qualquer substância proibida, ou seus metabolitos ou Marcadores que sejam encontrados nas suas amostras orgânicas. Deste modo, não é necessário fazer prova da intenção, culpa, negligência ou do uso consciente por parte do praticante desportivo de forma a determinar a existência de uma violação das normas antidopagem nos termos do artigo 2.1..

"Para efeito das infracções às normas antidopagem que envolvam a presença de uma substância proibida (ou dos seus metabolitos ou marcadores), o Código adopta a regra da responsabilidade objectiva consagrada no CAMO e na grande maioria das normas antidopagem já existentes. Nos termos do princípio da responsabilidade objectiva, verifica-se uma violação das normas antidopagem sempre que for encontrada uma substância proibida numa amostra orgânica de um praticante desportivo. A violação ocorre independentemente de o praticante desportivo ter ou não sido negligente ou de ter sido de outro modo responsável por erro".[333]

---

[333] Comentário ao artigo 2.1 do Código AMA.

Dentro da mesma orientação encontramos o art. 2.2. que considera como violação da norma antidopagem a "utilização ou tentativa de utilização de uma substância proibida ou de um método proibido."[334]

O código aqui em apreciação indicia inicialmente a aplicação da responsabilidade disciplinar objectiva ao praticante desportivo. Não obstante, determina o art. 10.5.1 que "se o praticante desportivo provar, num caso individual, que a infracção em causa não se deveu a culpa ou negligência da sua parte, o período de suspensão aplicável será anulado. Quando uma substância proibida ou os seus marcadores ou metabolitos forem detectados nas amostras de um praticante desportivo em violação do artigo 2.1 (presença de um substância proibida), o praticante desportivo tem também de demonstrar a forma como a substância proibida entrou no seu organismo de forma a ver eliminado o período de suspensão."

Desta forma, estamos perante um modelo de responsabilidade que acaba por conter elementos típicos de uma responsabilidade subjectiva. Recorreu-se a uma técnica legislativa original, e um pouco nebulosa, para se regular uma matéria tão sensível como a responsabilidade do atleta, apesar de se terem obtido alguns resultados satisfatórios.

A intenção inicial do legislador parece ter sido a de consagrar um modelo puro de responsabilidade objectiva que, no entanto, levantaria um problema de conformidade constitucional.

Isto dever-se-ia, por um lado, ao facto de o poder disciplinar de combate ao *doping* se enquadrar, em alguns Estados Europeus – como é o caso de Portugal – no poder público sancionatório ao qual se aplica o princípio *nulla poena sine culpa*; e, por outro lado, ao facto de nos Estados em que tal circunstância se não verifica – como na Alemanha – se colocar em causa o princípio da proporcionalidade: "an automatic santion would be disproportionate, and at least under German law, unconstitucional. Sanctions can therefore only be imposed if the athlete is found liable, that is in the case of intent or negligence"[335].

---

[334] Dando ainda a ideia de que a responsabilidade do praticante desportivo em casos de doping é objectiva encontra-se o artigo 21.1.3 do Código AMA, que tem como epígrafe Atribuições e responsabilidades dos praticantes desportivos: "assumir a responsabilidade, no contexto da luta contra a dopagem, por aquilo que ingerem e utilizam."

[335] Klaus Vieweg, "The definition of doping and the proof of a doping offense (an anti-doping rule violation) under special consideration of the German legal position", *Marquette Sports Law Review*, Volume 15, 2004, nº 1, p. 44.

A versão final do Código AMA de 2003, ao contrário do primeiro e segundo projectos, aditou o artigo 10.5., acolhendo a proposta da Alemanha de modo a que aquele pudesse ser adoptado pelos vários Estados interessados. Conforme refere Klaus Vieweg, há agora uma hipótese de os tribunais Alemães entenderem que o código se encontra em conformidade com a Lei Germânica[336]. Mais à frente analisaremos a compatibilidade do artigo 10.5. do Código AMA com a CRP.

A interpretação a fazer do código passará, então, pela distinção entre a violação das normas antidopagem estabelecidas no Código AMA, em que se aplica o princípio da responsabilidade objectiva – para se considerar haver uma violação a essas regras basta a presença de uma substância proibida na amostra do praticante – e a responsabilidade disciplinar que se baseia no princípio da culpa, em que é permitido ao atleta anular a aplicação do período de suspensão.

Em suma, o praticante desportivo que cometer uma infracção das normas antidopagem estabelecidas no Código AMA, sem que lhe possa ser imputado um juízo de censura ao nível da culpa – dolo ou negligência – apenas será sancionado desportivamente[337]. Como assinala Millán Garrido, "debe advertirse, sin embargo, que, en puridad, esta responsabilidad objetiva sólo determina la anulación de los resultados, esto es, la pérdida de reconocimiento oficial de lo acontecido en la competición, siendo necesario un principio de culpabilidad, para la imposición de las sanciones propiamente dichas"[338].

Parece ser este entendimento, o de aplicar o princípio da responsabilidade objectiva às sanções desportivas e o princípio da culpa à responsabilidade disciplinar, que encontramos no comentário ao artigo 2.1.1 do Código AMA: "a regra da responsabilidade objectiva em caso de detecção de uma substância proibida numa amostra de um praticante desportivo, com a possibilidade de as sanções a aplicar poderem ser alteradas com base nos critérios enunciados, proporciona um justo equilíbrio entre a

---

[336] Klaus Vieweg, *ob. cit.*, pp. 43-44.
[337] Nos termos do disposto no art. 9º do Código AMA "Uma violação dos regulamentos no âmbito de um controlo em competição conduz automaticamente à invalidação do resultado individual obtido nessa competição com todas as consequências daí resultantes, incluindo a retirada de quaisquer medalhas, pontos e prémios."
[338] Antonio Millán Garrido, *ob. cit.* [2], p. 161.

aplicação efectiva das regras antidopagem, em benefício do todos os praticantes desportivos que respeitam o Código e a equidade, nas circunstâncias excepcionais em que uma substância proibida foi introduzida no organismo de um praticante desportivo sem que se tenha verificado qualquer negligência ou culpa da sua parte. É importante sublinhar que, independentemente da determinação da violação de uma norma antidopagem ter de ser apreciada de acordo com um juízo de responsabilidade objectiva, a verdade é que não é automática a aplicação de qualquer sanção de suspensão das competições"[339].

Pelo facto de terem existido algumas dúvidas quanto ao tipo de responsabilidade adoptado pelo Código AMA, esta agência veio esclarecer que "a determinação de haver ou não uma violação às normas *antidoping* é baseada no princípio da responsabilidade objectiva; no entanto, a aplicação da pena de suspensão não é automática"[340].

---

[339] Não deixa de ser interessante a continuação da anotação ao referido artigo: O fundamento da regra da responsabilidade desportiva foi bem expresso pelo Tribunal de Arbitragem do Desporto no caso Quigley contra UIT. "É verdade que as regras da responsabilidade objectiva se podem revelar injustas em determinados casos individuais, como por exemplo o de Q., em que o praticante desportivo pode ter tomado um medicamento em resultado de uma etiquetagem defeituosa ou enganadora pela qual ele ou ela não é responsável – em particular no caso de doença súbita num país estrangeiro. Mas não deixa de ser de alguma forma "injusto" que um praticante desportivo sofra uma intoxicação alimentar na véspera de uma competição importante. E, no entanto, em nenhum dos casos as regras da competição serão alteradas de forma a fazer desaparecer a injustiça. Da mesma forma que a competição não será adiada para aguardar pela recuperação do Praticante Desportivo, também a proibição que impende sobre uma substância não será levantada devido ao facto de a sua absorção ter sido acidental. A competição, tal como acontece com a vida em geral, comporta vicissitudes que podem gerar muitos tipos de injustiças, quer sejam acidentais ou imputáveis a negligência por parte de pessoas que não podem ser responsabilizadas, vicissitudes que a lei não está em condições de corrigir. Para além disso, parece ser um objectivo político louvável não reparar uma injustiça acidental para com uma pessoa através da criação de uma injustiça intencional para com todo um conjunto de outros concorrentes. Seria isso que iria acontecer se tolerássemos as substâncias que melhoram o rendimento desportivo nos casos em que aquelas foram absorvidas de forma inadvertida. Por outro lado, é ainda provável que muitos casos em que tivesse existido abuso intencional poderiam escapar a qualquer punição, por impossibilidade de provar a existência de intenção culposa. E é certo que uma exigência de uma demonstração da intenção iria dar origem a processos onerosos que poderiam bem paralisar as federações desportivas – em especial as que dispõem de menores recursos – na sua luta contra a dopagem."

[340] AMA, *Q&A: Strict Liability in Antidoping*, Abril 2007, consultado em www.wada-ama.org,

Se nada há a apontar em relação à opção legislativa de aplicar a responsabilidade objectiva no que diz respeito à adopção de sanções desportivas e o princípio da culpa na responsabilidade disciplinar, já se contesta o facto de a igualdade entre os praticantes e a verdade desportiva não constarem entre os fundamentos do Código AMA[341]. Não serão estes dois fundamentos que legitimam a aplicação do princípio da responsabilidade objectiva às sanções desportivas?

Em jeito de síntese, podemos concluir que o princípio da responsabilidade objectiva, enquanto critério de aplicação de sanções disciplinares, não só não se encontra consagrado na Lei 27/2009, de 19 de Junho, como também não é acolhido nem pela doutrina nem pela jurisprudência nacional e internacional, nem ainda pelo próprio Código AMA.

Por fim, a aplicação de tal princípio à responsabilidade disciplinar não é consentânea nem com o ordenamento jurídico-constitucional português nem com os princípios de direito internacionalmente reconhecidos. Assim, a responsabilidade disciplinar de um praticante desportivo que cometeu uma infracção às normas de combate e prevenção à dopagem terá de ser aferida, por exigência do princípio de Estado de direito e da dignidade da pessoa humana, tendo em consideração o princípio da culpa.

Como escreveu Aaron Wise, "o mundo, os tribunais e os verdadeiros grupos arbitrais, vão provavelmente seguir o entendimento do caso Foschi e os casos acima resumidos mostram que os regulamentos *antidoping* de «responsabilidade estrita» são ilegais e inaceitáveis... Em resumo, a regra de «responsabilidade estrita» tem como finalidade punir a maioria das partes «culpadas» sacrificando algumas «inocentes»: um conceito incompatível com os princípios jurídicos fundamentais das sociedades civilizadas"[342].

Tendo em consideração que a dopagem é incontestavelmente um problema contra o qual é necessário lutar com todas as armas legais[343], e que

---

[341] Apesar de a igualdade e a verdade desportivas se encontrarem nos objectivos do programa Mundial Antidopagem e do Código.

[342] Aaron Wise, "De la Légalité des règles anti-dopage et du système de la «responsabilité stricte»", *Revue Juridique et Economique du Sport*, Lamy, nº 42, Mars 1997, págs. 5 a 22.

[343] "Armas legais" num duplo sentido. No sentido de armas jurídicas, entendidas como os vários institutos jurídicos existentes e no sentido de esses mesmos institutos se encontrarem dentro da legalidade.

o desporto tem princípios próprios como a verdade e igualdade desportiva, torna-se imprescindível aplicar o princípio da *strict liability* às sanções desportivas e o da responsabilidade subjectiva – dolo ou negligência – às sanções disciplinares. Deve assim permitir-se um combate à dopagem mais eficaz, mesmo que por via indirecta, sem, contudo, descurar os direitos dos praticantes desportivos.

Este entendimento é partilhado por Michael Beloff: "in my view, the reconciliation of interest of the sports world al large, and the athlete in particular, require disqualification from the event to be automatic, but further sanctions to depend upon degree of fault"[344].

2. O critério de apreciação da culpa

Chegados à conclusão de que em matéria disciplinar sobre *doping* vigora o princípio da responsabilidade subjectiva, coloca-se uma outra questão bastante mais controversa. O conceito de culpa assume-se nos casos de *doping* com o mesmo conteúdo do direito penal? Aceita-se no direito administrativo sancionador o conceito de culpa jurídico-penal?

Tendo em consideração a complexidade da matéria aqui em análise e o facto de a jurisprudência e doutrina administrativas não se encontrarem num estado suficientemente maduro no que ao conceito de culpa diz respeito, parece-nos de todo indispensável proceder à análise da problemática em causa de modo a procurarmos avançar com algum contributo para a resolução da referida questão.

Em Espanha, Alejandro Nieto Carcía entende que "la culpabilidade es exigible en las infracciones administrativas, pero no en los mismos términos que en el Derecho Penal y a los juristas corresponde determinar cuáles son sus peculiaridades... en consecuencia, su responsabilidad le será exigida no ya por sus conocimientos reales sino por los conocimientos exigibles a la diligencia debida"[345]. No mesmo sentido o Comité Espa-

---

[344] Michael Beloff, *Drugs and Doping in Sport – Sócio-Legal Perspectives*, editado por John O'Leary, LLB, M Phil, Cavendisch, Londres, 2001, p. 49.
[345] Alejandro Nieto Carcia, *ob. cit.*, p. 347. Neste sentifo v., também, J. Jesús de Val Arnal, "¿Se respetan los derechos fundamentals y los principios informadores del derecho sancionador de los deportistas en el informadores del derecho sancionador de los deportistas en el Código Mundial Antidopaje?", Revista Jurídica del Deporte, nº 11, Aranzadi, 2004, pp. 55-56.

ñol de Disciplina Deportiva escreveu que "... la responsabilidad le será exigida por los conocimientos exigibles a la diligencia debida, y esta diligencia es variable en atención a las circunstancias personales de cada uno, teniendo especial relevancia el de la profesión o actividad especial que realiza, y el conocimiento específico, por los intereses públicos en juego, de determinadas normas, entre las que se encuentra el de las sustancias dopantes prohibidas"[346].

Nesta mesma linha, e particularmente sobre os casos de *doping*, Antonio Millán Garrido refere que "... se considera en definitiva que, en él âmbito sancionador, es pressuposto subjectivo mínimo una actuación culpable por parte del agente, si bien el grado de culpabilidad exigible en el régimen disciplinario puede ser menor que el requerido en el orden penal, siendo suficiente, a veces, la «simple inobservancia»... el deportista debe actuar con diligencia y buena fe para evitar que ninguna sustancia proihibida se introduzca en su organismo"[347].

Destarte, constatamos que a doutrina[348] e a jurisprudência espanholas entendem que em matéria de *doping* a culpa não é apreciada pelas capacidades e conhecimentos pessoais de cada tipo de pessoa, mas sim pelo conhecimento exigido de uma diligência concreta imposta ao praticante desportivo que, e apesar de tudo, não deixa de ter em consideração as circunstâncias profissionais do praticante desportivo.

De modo a melhor percebermos esta posição, que tem ganho inúmeros seguidores, convém salientar as peculiaridades avançadas por Alejandro Nieto Garcia que na sua opinião sustentam a aplicação ao direito administrativo sancionador de um conceito próprio, específico, de culpa. Este autor destaca três características directamente relacionadas com a culpa administrativa que a distinguem da culpa jurídico-penal: 1) diligência devida, 2) boa-fé e 3) o carácter formal das infracções administrativas[349].

---

[346] Comité Español de Disciplina Deportiva, Resolución de 31 de Octubre de 2003, *Revista Juridica del Deporte*, nº 9, Aranzadi, 2003, p. 409.
[347] Antonio Millán Garrido, *ob. cit.* [2], p. 157 e 160, respectivamente.
[348] Neste sentido, como veremos *infra*, Alberto Palomar Olmeda, "Las sanciones administrativas en matéria de dopaje", *Revista Española de Derecho Deportivo*, nº 3, enero/junio, 1994, pp. 144-148 [1].
[349] Sobre este assunto V. Alejandro Nieto Garcia, *ob. cit.*, 347-352.

A maior relevância é dada ao conceito de diligência devida. Sustentam os defensores desta tese que, ao contrário do que acontece no direito penal, no direito administrativo os ilícitos são em tão grande número que se torna impossível exigir aos cidadãos que os conheçam todos.

Com base nesta premissa sustenta-se que a aplicação do critério de culpa jurídico-penal ao direito administrativo sancionador teria como consequência a frequente punição sem que ao agente fosse dada a possibilidade de ter conhecimento da ilicitude.

Assim, ou se protegem os interesses do desporto, sacrificando a aplicação do princípio da culpa mediante a presunção de que o infractor conhece a ilicitude da sua acção; ou se protege a ignorância do agente não o responsabilizando pelo facto de desconhecer a ilicitude.

Recordando, por um lado, que a possibilidade de o agente se refugiar na sua ignorância constitui uma "desculpa" muito simples e significa um forte prejuízo para os interesses protegidos pelo ilícito e, por outro lado, que não se pode defender uma condenação genérica resultante da presunção de que se conhecem todos os ilícitos, Alejandro Nieto Garcia refere que a obrigação genérica não é a de conhecer todos os ilícitos, passando a responsabilidade a exigir-se não pelo conhecimento real do infractor, mas pelo conhecimento exigido à diligência devida.

Por sua vez, a boa-fé, que se complementa com a diligência devida, funciona como um factor de exclusão da responsabilidade que consiste na confiança legítima em uma determinada conduta tolerante da administração. Apreciada a existência de boa-fé do infractor pela circunstância de a actividade ser tolerada pela administração, a responsabilidade há-de ser excluída.

Por fim, o carácter formal das infracções administrativas é aqui utilizado no sentido de o incumprimento de um mandato ou proibição ser já, por si mesmo, uma infracção administrativa, presumindo muitas vezes o legislador administrativo o risco da lesão de um bem jurídico (perigo abstracto), ao contrário do que sucede no direito penal em que se relaciona mais fortemente com a lesão efectiva de um bem jurídico.

Dito por outras palavras, a circunstância de no direito administrativo o desvalor do resultado ter maior relevância do que o desvalor da acção, pouco importando a vontade do administrado infractor, há-de reflectir-se no conceito de culpa, uma vez que na maioria das situações a culpabilidade não reside no próprio conteúdo da acção, mas no facto de esta não se encontrar autorizada administrativamente[350].

Posto isto, e transportando este entendimento para o campo desportivo, nomeadamente para os casos de *doping*, não faltará quem entenda que, mesmo tendo em atenção as sanções em causa e a prevenção de valores especificamente desportivos, a diligência devida não deverá ter em consideração as circunstâncias da situação, nem as capacidades pessoais do autor do facto, não se erigindo, portanto, um juízo de censura ético-jurídico.

Isto é, não deixará de haver quem entenda que, com vista à protecção de valores eminentemente desportivos, se deva proceder à imputação subjectiva do facto ao agente com base num nexo psicológico objectivo, em que aquele pode ser sancionado por ter tido um comportamento diferente do exigido pelos compromissos e deveres especificamente desportivos, sem que se tenham em conta as circunstâncias da situação e as suas capacidades pessoais.

Assim, autores como Palomar Olmeda e Antonio Millan Garrido acabam por aceitar a transposição para o âmbito da responsabilidade disciplinar nos casos de *doping* da posição avançada por Alejandro Nieto Garcia sobre o conceito de culpa. Aqueles autores entendem assim que o praticante desportivo deve ser sancionado por não ter procedido com o cuidado a que está obrigado perante os seus compromissos sócio-desportivos – "su responsabilidad le será exigida... por los conocimientos exigibles a la diligencia debida"; "el grado de culpabilidad exigible en el régimen disciplinario puede ser menor que el requerido en el orden penal, siendo suficiente, a veces, la «simple inobservancia.»"[351].

Outro argumento usualmente avançado a favor da tese de que a culpa aparece no direito administrativo sancionador, nomeadamente no direito

---

[350] "Por DESVALOR DE ACÇÃO compreende-se o conjunto de elementos subjectivos que conformam o tipo de ilícito (subjectivo) e o tipo de culpa, nomeadamente a finalidade delituosa, a atitude interna do agente que ao facto preside e a parte do comportamento que exprime facticamente este conjunto de elementos. Por DESVALOR DE RESULTADO compreende-se a criação de um estado juridicamente desaprovado e, assim, o conjunto de elementos objectivos do tipo de ilícito (eventualmente também do tipo de culpa) que perfeccionam a figura de delito." (Figueiredo Dias, *ob. cit* [4]. p. 269).
[351] Como parece ser o caso de Palomar Olmeda, ob. cit. [1], pp. 144-148 e Antonio Millán Garrido, *ob. cit.* [2], 154-162.

disciplinar desportivo, de uma forma distinta da conhecida em termos penais, diz respeito ao facto de as sanções administrativas terem uma especial finalidade preventiva. Carretero e Gamero Casado entendem haver na disciplina desportiva uma sobrevivência de objectividade em consequência dessa mesma finalidade preventiva. O primeiro daqueles autores[352] afirmou mesmo que "la finalidad preventiva y la no necessaria produción de un resultado dañoso, siendo suficiente el mero peligro de que se produzca, justifican la no exigência de culpabilidade en su comisión".

Uma primeira consideração deve desde logo ser feita: se é verdade que não se pode impôr ao administrado o conhecimento de todos os ilícitos administrativos, ao contrário do que se verifica em relação aos ilícitos penais, com tal afirmação apenas se pode pretender influenciar a aplicação das sanções administrativas gerais e não a aplicação de uma sanção administrativa especial, sectorial.

Estas sanções, especiais/sectoriais, que surgem para punir as infracções que afectam determinada ordem colectiva de interesse público, que diz respeito, em primeiro lugar, às pessoas que dela fazem parte e que, por inerência, só podem restringir direitos dos administrados infractores que estejam fortemente ligados à entidade administrativa sancionadora – neste caso a federação desportiva – são aplicadas em função do incumprimento de regras específicas relacionadas com aquela colectividade[353].

Como as sanções em análise dizem respeito à violação de regras específicas da ordem desportiva não vale aqui o primeiro argumento avançado

---

[352] Carretero Lestón, *Régimen disciplinario en el ordenamiento deportivo español*, Universidad de Málaga/Diputación Provincial de Málaga/Consejería de Cultura de la Junta de Andalucia, Málaga, 1985 [1].

[353] Cfr. Marcelo Madureira Prates, *ob. cit.*, p. 220-221. Sobre a relação especial de poder das federações desportivas sobre os atletas atente-se nas palavras de Gamero Casado: "...la disciplina deportiva se apoya tanto en el otorgamiento de un poder sanciador por obra de la ley com base en el interés público de la actividad, como en el vinculo contractual derivado dela adhesión voluntária a la organiación deportiva... la voluntariedade n la incoporación a la organización sancionadora es un *requisito* para el ejercicico de la potestad, pero no su *fundamento*." (Gomero Casado, ob. cit. [2], p. 63). Sobre as relações especiais e poder v. Luís Cabral de Moncada, "As relações especiais de poder no direito português", *Revista Jurídica da Universidade Moderna*, ano I, nº 1, 1998, p. 181-210.

pelos defensores da aplicação do conceito da diligência devida previamente estabelecido, uma vez que a aplicação do conceito de culpa jurídico-penal aos casos de *doping* jamais terá a consequência de uma condenação genérica sem que seja exigível ao atleta o conhecimento da ilicitude.

Um segundo comentário merece o argumento das chamadas infracções formais administrativas. Este ponto deixa algumas dúvidas quanto à aplicação de um conceito de culpa específico, "administrativista", ao direito administrativo sancionador disciplinar, nomeadamente ao desportivo.

Um dos critérios que permite distinguir, de certa forma, o direito penal do direito sancionador administrativo é, precisamente, o específico conteúdo dos ilícitos[354]. No entanto esta afirmação, sem mais, não é exactamente correcta.

"Já se pensou – e continua a pensar-se na Alemanha mesmo de forma predominante – em negar a possibilidade de delimitação *material* do ilícito penal e do ilícito de mera ordenação social com base no argumento de não se poder reconhecer a existência de um ilícito ético-socialmente indiferente, mesmo que ele seja de mera ordenação social"[355].

Apesar de esta posição ser válida, não deixa também de ser verdade que a delimitação entre aqueles dois ilícitos está na sua materialidade. Necessário é que a perspectiva da «indiferença ético-social» se dirija não imediatamente aos ilícitos – que supõem já realizada a valoração legal – mas às condutas que os integram. "Existem na verdade condutas a que, antes e independentemente do desvalor da ilicitude, corresponde, e condutas a que não corresponde um mais amplo desvalor moral, cultural ou social"[356].

Não restam dúvidas de que a toda a norma jurídica sancionadora está subjacente um determinado valor, um determinado bem jurídico. Porém, enquanto o direito penal tutela bens jurídicos relacionados eminentemente com a ordem axiológica e com os interesses fundamentais à vida em sociedade (vida humana, honra, integridade física, etc) e "... de

---

[354] Neste sentido Eduardo Correia, ob. cit. p. 28-29.
[355] Figueiredo Dias, *ob. cit.* [4], p. 145.
[356] Figueiredo Dias, *Temas Básicos da Doutrina Penal (Sobre os fundamentos da doutrina penal; sobre a doutrina geral do crime)*, Coimbra, Coimbra Editora, 2001, p. 146 [3].

maneira essencial, se prendem com a vida comunitária do homem e com a livre expansão da sua personalidade moral", o direito administrativo sancionador visa alcançar "simples valores de criação ou manutenção de uma certa ordem social e por consequência mais ou menos estranhos – isto é: indiferentes – à ordem moral."[357]

Referindo-se às contra-ordenações, Figueiredo Dias salienta que, "a verdade porém é que não se pode dizer aqui – como nos crimes – que estes bens são *jurídico-penais*, que *preexistem* à proibição da sua lesão e que possuem uma referência obrigatória à ordenação axiológica jurídico-constitucional; antes se trata de bens jurídico-administrativos que, como tal, para efeitos sancionatórios são constituídos através da proibição e por força dela."[358]

Por assim ser, por a ordem jurídica penal pretender preservar valores fundamentais e primários conexionados com a ordem axiológico jurídico-constitucional, os factos puníveis hão-de expressar uma personalidade do agente contrária a esses mesmos valores[359] e, consequentemente, o juízo de culpa que recai sobre o autor do facto concreto deverá, forçosamente, ser um juízo de censura eticamente fundado.

Pelo contrário, como o regime sancionador administrativo visa tutelar bens jurídico-administrativos axiologicamente neutros, i. e., bens jurídi-

---

[357] Eduardo Correia, *ob. cit.*, p. 29.
[358] Figueiredo Dias, *ob. cit.* [2], p. 56.
[359] Pretendemos apenas avançar de uma forma bastante simples com um conceito do conteúdo material da culpa. Deixamos, no entanto, o estudo de Figueiredo Dias sobre o conteúdo material da culpa jurídico-penal: "Nisto residirá a autêntica liberdade pessoal do homem, a sua característica irrenunciável: ele, no concreto existir, é sempre ser-livre. Daqui derivará a legitimidade de uma acepção material de culpa jurídico-penal como violação pelo homem do *dever* de conformar a sua existência por forma tal que, na sua actuação da vida, não lese ou ponha em perigo bens jurídico-penais. E, se acrescentarmos, por um lado que toda a culpa jurídico-penal, como tem vindo a insistir-se, se refere ao facto, isto é, ao ilícito típico realizado (aliás agora, como se vê, num *triplo* sentido: no de que, como culpa jurídico-penal, só se assume relativamente à lesão ou perigo de lesão de bens jurídico-penais; no de que a liberdade da pessoa só se realiza na acção concreta; e ainda no de que a personalidade do agente só releva para a culpa na medida em que se exprime num ilícito-típico e o fundamento); e por outro lado, que o substracto derivado da decisão do homem sobre si mesmo é o que se chama a *personalidade* (não o simples carácter naturalístico) – ficam dadas as condições para se afirmar que toda a culpa é materialmente, em direito penal, O TER QUE RESPONDER PELA PERSONALIDADE QUE FUNDAMENTA UM FACTO ILÍCITO-TÍPICO E NELE SE EXPRIME." (Figueiredo Dias, *ob. cit.* [1], pp. 485-486).

cos que são constituídos para efeitos sancionatórios através da proibição e por força dela[360], os factos por ele sancionados não exprimem em si qualquer carga ôntica capaz de fundamentar um juízo de culpa ético-jurídico. É que "o substracto da valoração jurídica não é aqui constituído apenas pela conduta como tal, antes por esta acrescida de um elemento novo: a proibição legal.[361]"

Assim, a imputação subjectiva do facto ao agente, que é como quem diz *a culpa*, basta-se com a existência de um nexo psicológico – *a simples inobservância* da diligência devida. "Em consequência, para a administração, a repercussão de um descumprimento doloso é próxima, se não igual, àquela que se observa em face de um ilícito culposo, pois o que importa em primeiro lugar é o dano causado de forma injustificável à ordem administrativa, à organização pretendida em determinado sector administrativo para equilibrar os diversos interesses em causa, independentemente da vontade manifestada pelo infractor, que nesse sentido, acaba por ser indiferente. Tudo isso ocorre basicamente porque falta à acção administrativa ilícita a mesma ressonância ético-social que permeia a conduta criminosa, ressonância essa a impor com maior instância que se determine se o odioso resultado criminal foi ou não conscientemente querido pelo agente infractor."[362]

A propósito deste assunto, no caso sobre as contra-ordenações, referiu Figueiredo Dias que "...não se trata de uma culpa, como a jurídico-penal, baseada numa censura ética, dirigida à pessoa do agente e à sua atitude interna, mas apenas de uma imputação do facto à responsabilidade social do seu autor"[363].

E salientou Eduardo Correia que "enquanto a imputação subjectiva do ilícito criminal de justiça – em virtude da sua estreita ligação com os valores éticos da vida social – supõe sempre um juízo pessoal de *censura* ao agente por ter agido como agiu, a do ilícito criminal administrativo

---

[360] Neste sentido, Figueiredo Dias, *ob. cit.* [2], p. 56.
[361] Figueiredo Dias, *ob. cit.*, [1], p. 151.
[362] Marcelo Madureira Prates, *ob. cit.*, pp. 90-91.
[363] Daí o autor concluir que o princípio da culpa não vincula, necessariamente, o domínio das contra-ordenações – Figueiredo Dias, "O Movimento da Descriminalização e o Ilícito de Mera Ordenação Social", *in Direito Penal Económico e Europeu: Textos Doutrinários*, Vol. I (Problemas Gerais), Coimbra Editora, 1998, p. 29 [2].

pode bem bastar-se com a produção do evento proibido a título de dolo ou negligência (sem que tenha de intervir o elemento ético-jurídico da censura), isto é, com a existência de um nexo psicológico entre o facto e o seu autor"[364].

No que diz respeito ao objecto do nosso estudo devemos ter sempre presente que:

- De acordo com o artigo 79º da CRP "todos têm direito à cultura física e ao desporto", e, de acordo com o art. 3º, nº 1 e nº 2, respectivamente, da Lei de Bases da Actividade Física Desportiva[365] "a actividade física é desenvolvida em observância dos princípios DA ÉTICA, DA DEFESA DO ESPÍRITO DESPORTIVO, da verdade desportiva e da formação integral de todos os praticantes", "incumbindo ao Estado adoptar as medidas tendentes a prevenir e a punir as manifestações antidesportivas, designadamente... a dopagem";
- O poder disciplinar das federações dotadas do estatuto de utilidade pública desportiva tem natureza pública (art. 11º do Decreto-Lei nº 248-B/2008, de 31 de Dezembro, e art. 19º, nº 2 da Lei nº 5/2007, de 16 de Janeiro);
- O preâmbulo do Decreto-Lei nº 183/97, de 26 de Julho, que consagrava o regime jurídico de combate e prevenção à dopagem, afirmava que se cumpriam os normativos vigentes "em termos de defesa da ÉTICA E DA SAÚDE DOS DESPORTISTAS E DO PRÓPRIO DESPORTO", sendo certo, como já tivemos oportunidade de referir, que o "verdadeiro" bem jurídico tutelado por este diploma era a ética desportiva;
- O preâmbulo do Decreto-Lei nº 390/91, de 10 de Outubro – que nos termos do art. 5º, nº 1 criminalizava a administração ao atleta de substâncias ou produtos, ou a utilização de outros métodos susceptíveis de alterarem artificialmente o rendimento desportivo do praticante – referia que o interesse fundamental a ter em vista e a proteger será a LEALDADE, A CORRECÇÃO DA COMPETIÇÃO E DO SEU RESULTADO E O RESPEITO PELA ÉTICA NA ACTIVIDADE DESPORTIVA.

---

[364] Eduardo Correia, *ob.cit.*, p. 29.
[365] Lei nº 5/2007, de 16 de Janeiro.

Ou seja, os bens jurídicos protegidos pelo ordenamento jurídico-penal eram precisamente os mesmos que se visam proteger com as sanções disciplinares aplicáveis em casos de *doping*.

- A Lei nº 27/2009, de 18 de Junho, proíbe o recurso ao *doping* sobre quem provavelmente participa em competições – atletas federados – ou sobre quem, não sendo federado, compita. Isto é, o doping é proibido em competição e não nos desportos de lazer. O que significa que o COMBATE À DOPAGEM ESTÁ INTIMA E DIRECTAMENTE LIGADA, EM PRIMEIRA LINHA, À VERDADE E ÉTICAS DESPORTIVAS. Para além do mais, como já tivemos oportunidade de ver, no actual regime manteve-se a punição da administração de substâncias e métodos proibidos, independentemente do consentimento dos praticantes desportivos, tal com o anterior Decreto-Lei 390/91, valendo aqui as considerações supra avançadas quanto à pretensa protecção da saúde dos atletas.

Do exposto resulta que, nos casos de *doping*, à inteira semelhança do que se passa no direito penal, a conduta, quando separada da sua proibição legal, é axiológico-socialmente relevante, suportando imediatamente uma valoração – social, moral, cultural – na qual contém já a ilicitude. Isto porque a prevenção e o combate ao *doping* passam, obrigatoriamente, pela protecção de bens jurídicos intimamente relacionados com a ordem axiológica – lealdade e honestidade, correcção da competição e do seu resultado, respeito pela ética na actividade desportiva, *fair play*.

Assim, também aqui o juízo de culpa deverá ser eticamente fundado[366]. Isto é, ao regime jurídico do combate ao *doping*, através do qual se estabelece a responsabilidade disciplinar do atleta, deve aplicar-se um critério de culpa capaz de punir unicamente os comportamentos contrários aos bens jurídicos tutelados, que, como vimos, exprimem necessariamente certas qualidades do autor contrárias a esses mesmos bens.

---

[366] Ao estabelecer a diferença entre o ilícito criminal administrativo e o disciplinar, Eduardo Correia, *ob. cit*, pp. 35-37, respectivamente, afirma que "também este último, à inteira semelhança do que acontece com o ilícito criminal de justiça, é eticamente fundado, na medida em que protege valores de obediência e disciplina, em face de certas pessoas que estão ligadas a um especial dever perante outras", "evidente se torna assim que também consoante a falta disciplinar se possa considerar dolosa ou simplesmente negligente, assim dever variar a graduação da responsabilidade disciplinar".

Para sustentar tal posição poderá avançar-se que a adopção de um "mero nexo psicológico de imputação do facto ao agente", como hoje se defende para o domínio sancionador administrativo geral, poderá ter como consequência a punição de comportamentos sem dignidade disciplinar, indo-se mais além do que se pretende.

Por um lado, não nos encontramos perante uma questão de justiça comutativa que se resume em saber quem deverá suportar os danos, como acontece na responsabilidade civil extracontratual, que poderia eventualmente justificar a apreciação da culpa sem se ter em atenção as capacidades pessoais do praticante desportivo. Não cabe, pois, aqui o fortíssimo argumento utilizado no direito civil de que "não seria justo que a inaptidão, a imperícia, a incompetência, as taras, as reacções anormais, de temperamento ou de carácter, em lugar de onerarem o próprio agente, prejudicassem antes a pessoa ou o património dos terceiros com quem ele contacta (vítimas dos danos)"[367].

Por outro lado, não nos encontramos no domínio do direito administrativo sancionador geral em que por a conduta ser axiológico-socialmente neutra não se efectua um juízo ético-jurídico de imputação subjectiva do facto à conduta.

E não se pode dizer, para além do mais, que os bens jurídicos tutelados pelo combate à dopagem não se encontram relacionados com a ordem axiológica jurídico-constitucional. Se assim fosse, parece que os artigos 43º a 46º da Lei nº 27/2009, de 19 de Junho – que criminalizam condutas relacionadas com a dopagem – deveriam ser declarados inconstitucionais.

O ordenamento jurídico de prevenção e combate ao *doping* aproxima-se, em termos materiais, substanciais e axiológicos, ao Direito Penal Secundário[368]. De forma a perceber-se melhor o alcance desta afirmação

---

[367] Antunes Varela, *ob. cit.*, p. 579. Conclui ainda este autor que, "não está aqui fundamentalmente em causa a ideia da sanção do agente, como sucede no direito criminal." (Antunes Varela, *ob. cit.*, p. 579).

[368] Mesmo em relação ao Direito Penal Clássico ou de Justiça, Figueiredo Dias realça que, "o direito disciplinar e as respectivas sanções conformam porventura o domínio que, de um ponto de vista teórico, mais se aproxima do direito penal e das penas criminais. Diferentemente do que sucede com o direito das contra-ordenações, os comportamentos integrantes do ilícito disciplinar não podem dizer-se axiologicamente neutros, como tão pouco pode afir-

convém ter presente a distinção entre o direito penal de justiça e o direito penal secundário/administrativo.

Como refere Figueiredo Dias, "é nesta acepção, e só nela, que os bens jurídicos protegidos pelo direito penal de justiça se devem considerar concretizações dos valores constitucionais ligados aos direitos, liberdades e garantias, os protegidos pelo direito penal administrativo concretizações dos ligados aos direitos sociais e à organização económica"[369]. O autor refere que a actividade do Estado é determinada pelo reconhecimento da dupla maneira de realização do homem na comunidade – por um lado a sua realização pessoal, que acarreta para o Estado a obrigação de proteger directamente a esfera de actuação própria da pessoa, autolimitando-se perante ela, e por outro lado a sua realização pessoal, como membro da comunidade, que vincula o Estado à satisfação dos interesses decorrentes dos princípios e objectivos de conformação comunitária – que fundamenta a autonomização relativa dos dois grupos de direitos consagrados na Constituição[370].

Como vimos, os bens jurídicos tutelados pelo combate ao *doping* são concretizações dos valores ligados aos direitos e deveres culturais – todos têm direito à cultura física e ao desporto (art. 79º nº 1 da CRP), incum-

---

mar-se que o ilícito respectivo é aqui constituído também pela proibição." (Figueiredo Dias, *ob. cit.* [1], p. 157).

Sobre o Direito Penal Secundário v. Figueiredo Dias, "Para uma Dogmática do Direito Penal Secundário – Um contributo para a reforma do Direito Penal Económico e Social Português", *Direito Penal Económico e Europeu: Textos Doutrinários*, Vol. I, Problemas Gerais, Coimbra Editora, 1998, pp. 37-74 [1].

Questionando se a culpa é pressuposto das sanções disciplinares desportivas, Rui Alexandre Silva relembra o entendimento de Westermann: "as medidas disciplinares desportivas não se distanciam muito da pena criminal, como o atesta a ideologia da imposição de um mal sensivelmente eficaz para a expiação da infracção. Integram-se num plano que, no fundamental, trata de aplicar castigos aos transgressores como tal identificados, para assegurar a vigência de regras essenciais a uma estrutura associativa, a uma máquina organizadora que, sendo caso disso, não pensa duas vezes em segregar os infractores por si considerados graves, senão num espaço temporal definitivo, pelo menos por um lapso de tempo parcial". (H. P. Westermann, *Die Verbandsstaffgewalt und das allgemeine Recht*, Ed. Biellifed – 1972, pp. 340 e ss, *apud*, Rui Alexandre Silva, "Da infracção à Sanção Disciplinar na Regulamentação Desportiva", *O desporto e o Direito – Prevenir, Disciplinar, Punir*, Ana Celeste Carvalho/Mara João Brazão de Carvalho/Rui Alexandre Silva, Livros Horizonte, Lisboa, 2001, pp. 79-80.

[369] Figueiredo Dias, *ob. cit.* [1], p. 58.
[370] Figueiredo Dias, *ob. cit.* [1], p. 59.

bindo ao Estado, em colaboração com as escolas e as associações e colectividades desportivas, promover, estimular, orientar e apoiar a prática e a difusão da cultura física e do desporto (art. 79º nº 2 da CRP) – e, numa segunda linha, concretizações de valores ligados aos direitos e deveres sociais – todos têm direito à protecção da saúde, sendo que o direito à saúde é realizado pela promoção da cultura física e desportiva (art. 64º nºs 1 e 2, al. *b*) da CRP), incumbindo prioritariamente ao Estado disciplinar e controlar a produção, a distribuição, a comercialização e o uso de produtos químicos, biológicos e farmacêuticos e outros meios de tratamento e diagnóstico (art. 64º, nº 3, al. *e*) da CRP).

Assim, a pretensão de aplicar ao regime disciplinar de infracções às normas *antidoping* o conceito de culpa jurídico-penal, que também é aplicado ao Direito Penal Secundário ou Administrativo, ganha fortes argumentos.

Como referimos, o princípio da culpa aplica-se a todo o direito sancionatório por via do princípio do Estado de direito (art. 2º da CRP) e do princípio do respeito pela dignidade da pessoa humana (art. 1º CRP). A culpa adquire "uma função limitadora do intervencionismo estatal, visando defender a pessoa do agente de excessos e arbitrariedades que pudessem ser desejados e praticados pelo poder do Estado"[371].

Se a culpa se encontra funcionalizada, na medida em que visa limitar o intervencionismo estatal em nome da defesa da dignidade da pessoa, ela tem de consistir num juízo de censura eticamente fundado, como a violação pela pessoa do dever de conformar a sua existência por forma tal que, na sua actuação na vida, não lese ou ponha em perigo os bens jurídicos que se visam tutelar[372].

O conteúdo material da culpa é, assim, o ter de responder pela personalidade que fundamenta um determinado facto e nele se exprime. Ou seja, não bastará uma conduta contrária ao direito para que se possa castigar o seu autor, torna-se necessário que "...o facto possa ser pessoalmente censurado ao agente, por aquele se revelar expressão de uma atitude interna pessoal juridicamente desaprovada e pela qual ele tem por isso de responder..."[373].

---

[371] Figueiredo Dias, *ob. cit.* [4], p. 259.
[372] Neste sentido, Figueiredo Dias, *ob. cit.* [4], p. 475.
[373] Figueiredo Dias, *ob. cit.* [4], p. 259.

Tudo isto no intuito de se sancionarem apenas os factos que lesam ou ponham em perigo os bens jurídicos pretendidos tutelar, e que exprimam uma personalidade do agente contrária a esses mesmos bens.

Relacionado com toda esta problemátca encontra-se o entendimento de Figueiredo Dias sobre a tese de que não faz sentido distinguir dolo e negligência no direito penal administrativo, nos mesmos termos em que tais conceitos se distinguem no direito penal clássico: "há nesta concepção, o reconhecimento exacto de que os critérios que modernamente se põem como fronteira entre dolo e negligência – *v. g.* os da «indiferença do agente» perante a realização típica ou da sua «conformação» com esta realização – implicam uma vasta ressonância ética e não podem, por isso, ter aplicação relativamente a condutas (ou a elementos) axiologicamente neutras. A concepção em causa tem pois interesse para o âmbito do direito das contra-ordenações, não para o direito penal secundário, onde as condutas são por princípio, tal como no direito penal clássico, axiologicamente relevantes"[374].

A resolução desta problemática dependerá fortemente do substrato das condutas que são consideradas ilícitas. Talvez não seja ir longe demais defender a aplicação da culpa jurídico-penal a domínios onde se pretendem punir condutas em si axiologicamente relevantes, como é o caso das condutas consideradas proibidas pela luta antidopagem, e um tipo de culpa administrativista a domínios onde se pretende punir condutas axiologicamente neutras, como é o caso do regime das contra-ordenações.

Comentando a eliminação pelo Decreto-Lei nº 244/95, de 14 de Outubro, do artigo 2º, nº 1 do Decreto-Lei nº 433/82, de 27 de Outubro – que instituiu o ilícito de mera ordenação social e respectivo processo, e segundo o qual "a lei determinará os casos em que uma contra-ordenação pode ser imputada independentemente do carácter censurável do facto" – Figueiredo Dias refere que: "... não sendo a conduta contra-ordenacional, em si mesma tomada, um substrato axiologicamente relevante, a culpa contra-ordenacional não pode ser igualada à (e confundida com a) culpa jurídico-penal; da mesma forma que desde o nosso primeiro escrito defendemos acontecer com a culpa jurídico-civil. Reconhecendo que, em matéria de culpa contra-ordenacional, a última palavra pertence à ciência do direito administrativo, não cremos que ela possa vir a ser material-

---

[374] Figueiredo Dias, *ob. cit.* [1], p. 70.

mente concebida... como o ter o agente que responder pela personalidade – pela atitude pessoal – que se exprime no facto ilícito-típico e o fundamenta; com o cortejo de implicações dogmáticas e prático-normativas que aquela determinação material contém."[375]

A aplicação do conceito de culpa jurídico-penal ao domínio do *doping* é sustentada, também, pelas consequências para o atleta da aplicação das sanções disciplinares.

Como já tivemos oportunidade de referir, a suspensão da prática da actividade desportiva por um determinado período de tempo, ou mesmo em termos vitalícios – como consagra o Código AMA[376] – restringe alguns direitos fundamentais dos atletas, nomeadamente o direito à cultura física e ao desporto (art. 79º da CRP) e o direito ao trabalho (art. 58º da CRP). A limitação dos direitos fundamentais implica uma maior protecção e segurança dos atletas, que serão garantidas com a aplicação do conceito de culpa jurídico-penal.

Por fim, não nos parece que o argumento da específica finalidade preventiva do desporto seja capaz de fundamentar a aplicação de um conceito de culpa mais objectivista. Em primeiro lugar, também no direito penal as penas têm a prevenção como finalidade principal. Em segundo lugar, as especificidades próprias do desporto já se reflectem nas sanções desportivas – eliminação dos resultados obtidos – de modo a que a verdade desportiva seja reposta.

Perante uma matéria extremamente complexa e sensível como esta, não faltarão argumentos a sustentar ambas as teses. Se por um lado, e em termos de princípio, se tem por aconselhável elaborar uma "doutrina administrativista sancionadora", de modo a melhor satisfazer as pretensões do Estado – satisfação que pelo supra exposto não poderá ser alcançada pela doutrina da culpa aplicável à sanção administrativa geral –, por outro lado parece haver quem sustente ser "pacífico que os conceitos informadores dos diversos regimes sancionatórios nas múltiplas áreas do Direito se devem adequar aos princípios e conceitos informadores do direito penal, onde estão mais solidificados e têm recebido desenvolvido tratamento"[377].

---

[375] Figueiredo Dias, *ob. cit.* [4], p. 153-154.
[376] V. artigos 10.2 e 10.3.
[377] Sentença do Tribunal de Contas nº 12/2003, Processo nº 4-M/2003.

3. Aproximação objectiva e afastamento subjectivo do conceito "diligência devida" previamente estabelecido – pertencente à teoria da culpa administrativa – ao conceito "cuidado objectivamente devido" da culpa jurídico-penal

Nos vários domínios do ordenamento jurídico português – direito civil, direito penal, direito das contra-ordenações e disciplinar – a responsabilidade subjectiva comporta os vários níveis do dolo e da negligência[378].

Do mesmo modo, e como implicitamente deixámos transparecer no ponto anterior, a infracção às normas de combate à dopagem – entendida esta como a administração ou o uso de substâncias ou de métodos proibidos – capaz de originar a responsabilidade disciplinar do praticante desportivo, não tem necessariamente de se traduzir numa conduta dolosa, exprimindo uma conduta contrária ou indiferente ao direito. Para tal é bastante uma atitude de descuido ou de leviandade perante o direito e as suas normas – negligência.

Especificamente sobre o *doping*, o Comité Español de Disciplina Deportiva[379] escreveu que "la infracción se comete no sólo cuando queda

---

[378] Dispõe o art. 483º, nº 1 do Código Civil que "aquele que, com dolo ou mera culpa, violar ilicitamente o direito de outrem ou qualquer disposição legal destinada a proteger interesses alheios fica obrigado a indemnizar o lesado pelos danos resultantes da violação". Por sua vez, dispõe o artigo 13º do Código Penal que "só é punível o facto praticado com dolo ou, nos casos especialmente previstos na lei, com negligência.". Exactamente igual é a redacção do artigo 8º, nº 1, do Decreto-Lei nº 244/95, de 14 de Setembro de 1995, que institui o ilícito de mera ordenação social e respectivo processo: "só é punível o facto praticado com dolo ou, nos casos especialmente previstos na lei, com negligência." Por fim, dispõe o artigo 3º do Estatuto Disciplinar dos Funcionários e Agentes da Administração Central, Regional e Local (Decreto-Lei nº 24/84, de 16 de Janeiro) que "considera-se infracção disciplinar o facto, ainda que meramente culposo, praticado pelo funcionário ou agente com violação de alguns deveres gerais ou especiais decorrentes da função que exerce."

Sobre o Estatuto Disciplinar dos Funcionários e Agentes da Administração Central, Regional e Local, João Castro Neves refere que "a substituição da expressão «facto voluntário» (do anterior estatuto) pela de "facto culposo" ou «meramente culposo» deve, pois, ser entendida como a deliberada adopção do princípio da culpa, ainda à maneira clássica, englobando o dolo e a negligência." (João Castro Neves, *O Novo Estatuto Disciplinar – Algumas Questões*, Rev. MP, 5º ano, nº 20, p. 15).

Sobre a punição a título de negligência Figueiredo Dias – *ob. cit.* [2], p. 350 – evidencia que "A decisão político-criminal, comum à generalidade das legislações, de punir a negligência relativamente a um determinado número de tipos de crime é inquestionavelmente justificada. De um duplo ponto de vista: da *dignidade penal*, sempre que estão em causa bens jurídicos, individuais ou colectivos, que se contam entre os mais importantes da ordem legal dos bens probado un dolo específico de incrementar artificialmente el rendimiento deportivo mediante la utilización de estas sustancias, sino también cuando por simple culpa, esto es, por falta de la diligencia debida en evitarlo, se ingerí alguna de tales sustancias con la consecuencia que se altera artificialmente el rendimiento aun si una explicita intención de hacerlo."

Consistindo a *mera culpa*, em qualquer das suas modalidades, na omissão de um dever de diligência ou na omissão de um cuidado objectivamente devido[380], coloca-se a seguinte questão: para os defensores da prévia fixação de uma diligência devida – o que se entende e em que actuações se concretiza a diligência devida? Para os adeptos da aplicação dos conceitos penais aos casos de *doping* – quais os critérios concretizadores do cuidado objectivamente devido?

Tentando definir a diligência devida capaz de excluir a responsabilidade do desportista, Palomar Olmeda[381] refere que "...uno de los elementos essenciales de la misma debe ser la de cumplir escrupulosamente las normas federativas de carácter informativo previas a la toma y simultáneas con la misma. Dichas reglas suelen prever sistemas de conocimiento de los productos suministrados, tales como libros oficiales, comunicaciones a la federación.". Continua o autor, "sobre los participantes en lo âmbito del deporte recae la obligación de conocer qué productos pueden provocar un resultado analítico positivo".

---

jurídicos; e da *carência de pena*, sobretudo quando se trata da contenção de fontes de perigo grave para a existência das pessoas em comunidade, ainda mais se for frequente que delas derivem resultados lesivos por falta de cuidado na sua manipulação".
O mesmo autor – *ob. cit.* [4], pp. 71, 72. – salienta que "a proposta de criação de um geral *crimen culpae* em lugar de singulares *crimina culposa* pode dizer-se hoje tão abandonada neste âmbito quanto o está no direito penal clássico. A razão está em que a solução representaria sempre uma fuga à ideia do tipo-de-culpa e uma inevitável extensão da punibilidade a comportamentos sem dignidade punitiva".
[379] Resoluciones de 9 de mayo de 1997 (*JD*, 1997, p. 105), 27 de febrero de 1998 (*JD*, 1998, p. 345), 9 de julio de 1999 (*RJD*, 2, p. 62), entre outras.
[380] Dispõe o artigo 15º do Código Penal: "age com negligência quem, por não proceder com o cuidado a que, segundo as circunstâncias, está obrigado e de que é capaz:
Representar como possível a realização de um facto que preenche um tipo de crime mas actuar sem se conformar com essa realização;
Não chegar sequer a representar a possibilidade de realização do facto."
[381] Alberto Palomar Olmeda, *ob. cit.* [1], pp. 144-149.

Sobre o atleta recai a obrigação de conhecer e agir conforme todas as normas informativas emitidas pelas federações desportivas sobre a medicação e suplementos nutricionais. Esta obrigação deve ser contrabalançada com o trabalho da Administração Pública, nomeadamente com o do Conselho Nacional Antidopagem e com o das Federações Desportivas, por forma a que a lista de substâncias proibidas chegue ao conhecimento de todos os atletas.

Diga-se, no entanto, como melhor se perceberá da leitura deste número, que não se pode exigir ao atleta que conheça todas as substâncias e métodos contidos nos tratamentos e medicamentos que lhe são ministrados. Uma coisa é o atleta consumir oralmente um medicamento por ele próprio adquirido na farmácia, outra, algo diferente, é ele ser sujeito a um tratamento de complexos métodos medicinais no departamento médico do clube. Se na primeira situação se pode exigir ao atleta a confirmação de que alguma substância contida na bula faz parte da lista proibida – apesar de, naturalmente, se excluirem dessa exigência as substâncias que são proibidas por possuírem estruturas químicas ou efeitos sociológicos similares –, já na segunda nos parece desproporcionado exigir tal comportamento, nomeadamente porque aquele se encontra perante um médico especializado em medicina desportiva.

Para tal obrigação não se torna necessário, contudo, fixar um conteúdo comportamental *a priori*. Na verdade, recorrendo aos critérios penais concretizadores do cuidado objectivamente devido verificamos que a mesma exigência pode derivar do segundo elemento concretizador do cuidado objectivamente devido: "normas corporativas e do tráfego corrente na actividade desportiva" – "trata-se aqui de normas escritas de comportamento, fixadas ou aceites por certos círculos profissionais e análogos e destinadas a conformar as actividades respectivas dentro de padrões de qualidade e, nomeadamente, a evitar a concretização de perigos para bens jurídicos que de tais actividades pode resultar"[382].

Durante muito tempo entendeu-se que a diligência devida jamais poderia exigir um cuidado que fosse além do que se encontra estabelecido na bula dos medicamentos.[383]

---

[382] Figueiredo Dias, *ob. cit.* [4], p. 643, 644.
[383] Neste sentido Palomar Olmeda, *ob. cit.* [1], p. 147.

No entanto, parece ser hoje seguro poder responsabilizar-se disciplinarmente os praticantes desportivos nos casos em que o resultado laboratorial positivo foi causado pela ingestão de suplementos nutricionais contaminados ou que continham erro na bula[384]. Este entendimento é sustentado pelo facto de as federações nacionais e internacionais insistirem na informação aos praticantes desportivos da existência no mercado de suplementos nutricionais contaminados com substâncias incluídas na lista de substâncias e métodos proibidos da AMA, sem que a bula lhes faça qualquer referência, e do facto de não haver qualquer tipo de controlo na entrada desses produtos no mercado.

Sobre este assunto, tomou o CNAD a seguinte posição: "a responsabilidade de um caso positivo motivado pela ingestão de um suplemento nutricional contaminado é sempre do atleta, pelo que, embora esse facto possa explicar o sucedido e servir de eventual atenuante, não pode ser interpretado como uma desculpa que justifique a infracção cometida"[385].

Cremos, no entanto, que este entendimento deverá ser aplicado de forma mais contida. O uso de suplementos nutricionais contaminados é considerado uma conduta negligente, já que sobre o atleta recai um especial dever de cuidado em relação às substâncias que consome. Aquando da toma de suplementos nutricionais o controlo *antidoping* acusa, por vezes, a presença de vestígios de substâncias proibidas. Recorrendo ao "floodgate argument" – que significa que se qualquer desculpa fosse válida seria impossível combater o fenómeno do *doping* – a presença desses vestígios é tida como restos de uma aplicação de uma substância proibida. Ao atleta deve ser dada a possibilidade de provar que realmente se trata de uma contaminação dos suplementos nutricionais e não de restos de uma dose maior da substância proibida.[386]

Apesar de esta matéria, a nível nacional, não se encontrar regulada em normas jurídicas, nem por isso deixa de constituir um dever para os atletas, recorrendo mais uma vez às "normas corporativas e do tráfego corrente na actividade desportiva".

---

[384] Cfr. acórdão do TAD – CAS 2000/A/317, Federation Internationale des Luttes Associées (FILA), award of 9 July 2001, *Digest of Cas Awards* III, 2001-2003, Kluwer Law International, pp. 159-172
[385] Posição do CNAD publicada em www.idesporto.pt.
[386] Neste sentido v. Klaus Viewg, *ob. cit.*, p. 46.

Neste sentido o TAD[387] entendeu que um atleta que ingere suplementos nutricionais, levando a resultados positivos no controlo, não pode pretender excluir a sua responsabilidade por negligência por não demonstrar grande prudência (*utmost caution*), na medida em que as possibilidades de contaminação e/ou de imprecisões na bula destes produtos foram objecto de observações expressas e repetidas há já alguns anos por parte das federações internacionais e nacionais, das comissões nacionais *antidoping* e da AMA.

Em terceiro lugar, e acompanhando de perto o discurso de Palomar Olmeda, quando existe um médico do clube este tem o dever de conhecer os produtos que pode administrar e a forma de o fazer sem incorrer em responsabilidade. Por outro lado, quando não existe esta figura, a responsabilidade deve recair sobre o praticante[388].

Somos de entender que esta posição é em parte consentânea com um outro critério concretizador do cuidado objectivamente devido – o "princípio da confiança ou da auto-responsabilidade de terceiros": "segundo este princípio, quem se comporta no tráfico de acordo com a norma de cuidado objectivo deve poder confiar que o mesmo sucederá com os outros; salvo se tiver razão concretamente fundada para pensar ou dever pensar de outro modo"[389].

A fortiori "o princípio da confiança vale ainda na medida em que, por regra, o agente deve poder contar com que outros não cometerão factos dolosos; salvo se, uma vez mais, as circunstâncias concretas do caso derem claro, imediato e fundado motivo para pensar que um tal cometimento pode muito bem ocorrer"[390].

Se o atleta recorre aos serviços do médico do clube ou escolhe um médico especialista em medicina desportiva para lhe tratar uma lesão, comunicando-lhe com a devida antecedência[391] a sua qualidade de atleta,

---

[387] A título de exemplo, CAS 2005/A/847 Knauss v. FIS, de 20 de Julho de 2005.
[388] Alberto Palomar Olmeda, [1], p. 144.
[389] Figueiredo Dias, *ob. cit.* [4], pp. 647.
[390] Figueiredo Dias, *ob. cit.* [4], pp. 649, 650.
[391] De acordo com o art. 4.4 do código AMA, esta Agência adoptará uma norma internacional para o processo de concessão de autorizações de uso para fins terapêuticos. De acordo com o ponto 4.1 da segunda parte da norma internacional sobre autorizações de utilização terapêutica, o atleta deve apresentar uma solicitação para obtenção de uma autorização de utili-

e este lhe prescreve um medicamento que contém uma substância proibida, apesar de o informar que não contém qualquer substância desse tipo, aquele não deverá ser sancionado, a não ser que haja alguma razão fundada para o atleta desconfiar do médico e/ou do medicamento.

Assim, "as outras pessoas", *v.g.* o médico, "são também seres responsáveis; se se comportam descuidadamente, tal só poderá afectar, antes de tudo, a sua própria responsabilidade[392]. Dito por outras palavras: por regra geral não se responde pela falta de cuidado alheio, antes o direito autoriza que se confie em que os outros cumprirão os deveres de cuidado"[393].

Situação diferente é a do atleta que se auto-medica sem dar conhecimento ao médico do clube ou a qualquer outro médico, ou do atleta que contrata os serviços de um médico especializado e não lhe comunica que é desportista e que está sujeito a controlos *antidoping*. Aqui o praticante desportivo não actuou de acordo com o cuidado objectivamente devido.

Para terminar refira-se apenas mais uma situação em que o atleta deverá ser responsabilizado. Imagine-se que um tenista de altíssimo nível

---

zação terapêutica no máximo até 21 dias antes de participar num evento. A referida norma pode ser consultada na versão inglesa e portuguesa em www.wada-ama.org.

[392] "en la mayor parte de los deportes el deportista es el responsable de los resultados analíticos de un positivo. No importa si no ha existido intencionalidad o si el fármaco responsable del positivo lo ha recetado un médico. Posiblemente esta medida tan indiscriminada fuese práctica en los comienzos de la lucha contra el dopaje, pero en la actualidad el deporte de alta competición es más complejo y esta mejor estructurado que antaño. La única persona con capacidad legal para recetar un fármaco es el médico. Por lo tanto no parece descabellado pensar que la responsabilidad debería repartirse entre médico y deportista. El médico se hace exclusivamente responsable de aquello que prescribe y vía de administración. El deportista es responsable de todo aquello que no esté documentado en estas recetas. Este proceso tan sencillo tiene el inconveniente de que son pocos los médicos implicados profesionalmente en el deporte. En la alta competición cada vez es más frecuente la presencia de médicos especialistas, pero en el deporte «aficionado» las federaciones deberían disponer de este servicio para todos sus praticantes." (José A. Casajús, *ob. cit.*, p. 170).

[393] Figueiredo Dias, *ob. cit.* [4], pp. 647 e 648. Note-se, que este entendimento não é estranho ao direito civil. Já em 1957, Vaz Serra põe a seguinte hipótese: "Quando o devedor exerce uma profissão ou actividade que, segundo o conceito geral, supõe uma certa aptidão, de sorte que o credor, contratando com ele, está autorizado a admitir que o devedor possui essa aptidão... mas, se o credor se dirige a certo profissional, sabendo que este não tem a aptidão usual, sujeita-se à inaptidão ou à menor aptidão daquele." (Vaz Serra, *ob. cit.*, p. 26 e ss).

toma um medicamento com substâncias proibidas para tratar uma doença que despontou na noite anterior à final do torneio de Wimbledon, sem contudo ter conseguido (p. ex. por não ter à mão a lista de substâncias proibidas ou por não saber ler) certificar-se de que o medicamento continha alguma substância proibida[394]. Podemos sempre recorrer ao entendimento penal de que "a violação da norma objectiva de cuidado assumirá... um relevo muito particular em *domínios altamente especializados*, que importam *especiais riscos* para bens jurídicos significativos das outras pessoas ou da colectividade.

Há neste domínio que pôr em relevo uma exigência, de certo modo especial: a de que o agente não deve actuar antes de se ter convenientemente informado ou esclarecido sobre aqueles riscos, sempre que se não encontre em posição de os avaliar correctamente. Se não conseguir alcançar a informação ou o esclarecimento necessários, deve omitir a conduta projectada; se o não faz e o resultado surge em consequência, a violação deste dever pode integrar o tipo de ilícito negligente."[395]

Do exposto resulta que, e sendo certo que os atletas estão obrigados a comportarem-se de acordo com todas as regras jurídicas emitidas pelas federações, p. ex. contidas no regulamento geral, a diligência devida previamente definida ou o dever de cuidado objectivamente devido, capaz de desresponsabilizar um atleta em casos de *doping*, deverá ser concretizado pelas *normas jurídicas de comportamento existentes* (sejam gerais e abstractas – leis, decretos-lei, regulamentos – sejam individuais, contidas em ordens ou prescrições da autoridade competente); e *pelas normas corporativas e do tráfego, devendo esse cuidado assumir relevo particular em domínios alta-*

---

[394] Apesar de nesta situação não ter sido solicitada a autorização para fins terapêuticos dentro dos 21 dias que o ponto 4.4 da norma internacional para fins terapêuticos estipula, tenha-se em consideração que de acordo com o ponto 4.7, da mesma norma, a autorização pode ser requerida em caso de tratamento de emergência ou tratamento necessário a uma situação patológica aguda, ou quando, devido a circunstâncias excepcionais, não existe tempo suficiente ou oportunidade para o requerente apresentar, ou para a Comissão para autorizações de utilização terapêutica avaliar uma solicitação antes da realização do controlo antidopagem.
[395] Figueiredo Dias, *ob. cit.* [4], p. 645. Também referido pela Procuradoria-Geral da República no conhecido caso "Nuno Assis", parecer da Procuradoria-Geral da República nº 93/2006, publicado no DR, 2ª série – nº 16 – 23 de Janeiro de 2007.

mente especializados, não podendo deixar de ser delimitado pelo *princípio da confiança*.[396-397]

Last but not least, Palomar Olmeda conclui, e bem, que o conteúdo do dever de diligência deve estabelecer-se "...de forma que no incline la balanza de una forma definitiva para ninguno de los extremos..." e que "...la diligencia debida no puede llevar a extremar el cuidado más allá de lo que es normal en las relaciones sociales..."[398]. Ora, recorrendo aos conceitos de direito penal, constatamos objectivamente que também aqui, e uma vez mais, as duas posições se encontram em consonância. Isto porque o cuidado objectivamente devido segundo a doutrina dominante concretiza-se com o apelo às capacidades do "homem médio"[399].

Em suma, o conteúdo da diligência que se exige aos praticantes desportivos nos casos de *doping* não será muito diferente consoante se opte

---

[396] Sobre os critérios concretizadores do cuidado objectivamente devido Cfr. Figueiredo Dias, *ob. cit.* [1], p. 641-554.

[397] Não será difícil de fazer uma tentativa de comparação com o dever de diligência do *bonus pater famílias*, entendido nos termos do direito civil. "Hoje o bom pai de família é o cidadão ou o produtor lembrado dos próprios compromissos e de cautelas que todo o devedor deve normalmente empregar na satisfação da sua obrigação, tendo em atenção a natureza da relação particular e todas as circunstâncias de facto que concorram para a determinar. Trata-se de um critério objectivo e geral, não subjectivo e individual; de modo que não bastaria ao devedor, para se eximir de responsabilidade, demonstrar ter feito quanto nele estava para procurar cumprir exactamente a obrigação. Mas, por outro lado, é um critério que se regula pelo especial tipo de relação singular; por isto... tratando-se de obrigações inerentes ao exercício (e, assim à organização) de uma actividade profissional, a diligência deve apreciar-se em relação à natureza da actividade exercida". (Vaz Serra, *ob. cit.*, p. 33). Mas as consonâncias não se ficam por aqui. Na verdade, sustenta-se, ainda, que "se o contrato ou a lei estabelecem precauções ou providências especiais, haverá já negligência no mero facto de as omitir, mesmo que não existam razões para prever o dano – (Von Tuhr, *apud*, Vaz Serra, *ob. cit.*, p. 38).

[398] Alberto Palomar Olmeda, *ob. cit.* [1], pp. 135 e147.

[399] Dizemos "segundo a doutrina dominante" porque para certos autores, como é o caso de Roxin e Figueiredo Dias, as capacidades especiais ou superiores de um agente concreto devem relevar no âmbito do típico de ilícito, fazendo com que este seja concretizado não só por critérios objectivos mas também por critérios individualizadores (Figueiredo Dias, *ob. cit.* [4], p. 651 a 654). Contudo, nem por este facto deixa de haver concordância entre aquelas duas posições, uma vez que, mesmo atribuindo-se relevo às capacidades especiais ou superiores do agente concreto verifica-se que não se leva o cuidado mais além do que é normal nas relações sociais, já que Figueiredo Dias acaba por evidenciar que em sede de ilícito típico a figura-padrão é formada segundo as classes mais ou menos gerais e padronizadas (Cfr. Figueiredo Dias, *ob. cit.* [1], p. 664).

pela aplicação dos critérios gerais concretizadores do cuidado objectivamente devido aplicáveis em sede de Direito Penal ou pela fixação prévia de um dever de diligência. Isto porque, tudo indica, como não poderia deixar de ser, que a prévia fixação do conteúdo da diligência devida é efectuada com base em critérios em tudo idênticos aos aplicáveis ao direito penal. Ou seja, a diligência devida previamente estabelecida corresponde, no essencial, ao tipo objectivo de ilícito como este é hoje compreendido na doutrina do facto punível.

Não obstante, e na linha de raciocínio que expusemos no número anterior, existe uma fundamental diferença entre as duas doutrinas.

Ao contrário do que pretende a doutrina espanhola para os casos de *doping*, aplicando os conceitos de direito penal o padrão de comportamento objectivo de cuidado deverá alterar-se conforme as circunstâncias do caso. Convém ter presente que o tipo de ilícito se identifica com a violação do cuidado a que, SEGUNDO AS CIRCUNSTÂNCIAS O AGENTE ESTÁ OBRIGADO, e o tipo de culpa com a violação do cuidado que o agente, segundo os seus conhecimentos e capacidades pessoais, ESTÁ EM CONDIÇÕES DE PRESTAR[400].

Consequentemente, pode-se apontar contra a doutrina da prévia fixação de um padrão de comportamento[401], exactamente por não se terem em consideração as circunstâncias de cada situação em concreto e as capacidade pessoais do atleta, a hipótese de poder sancionar-se comportamentos não considerados desleais, desonestos e que não atentam contra a ética desportiva: deste modo, recupera-se aquela ideia já atrás enunciada de que pode constituir um critério incapaz de fundamentar um juízo ético-jurídico[402].

---

[400] Cfr. artigo 15º do Código Penal.
[401] Tendo apenas em consideração as circunstâncias pessoais do agente, nomeadamente a profissão especial que realiza, como se infere da Resolução do Comité Español de Disciplina Deportiva de 31 de Outubro de 2003, publicada na *Revista Jurídica del Deporte*, Aranzadi, nº 9, 2003, p. 409
[402] Imagine-se, por exemplo, um atleta inscrito pela primeira vez numa federação portuguesa de um desporto não profissional, tendo anteriormente jogado no INATEL, que se encontra a estudar na Holanda e que tem por hábito fumar cannabis em algumas festas. O praticante nessa época inscreveu-se nessa equipa apenas para uma eventual necessidade. No último jogo da época é necessária a sua contribuição devido a algumas lesões de outros membros da equipa. Depois de no dia anterior ter fumado cannabis numa daquelas festas, o atleta des-

O que dizer quanto à relevância das capacidades pessoais do atleta? Como vimos, autores há que defendem que o padrão para apreciar a conduta do praticante desportivo não é só o do homem diligente, cuidadoso, zeloso, mas também o do homem medianamente capaz[403]. A favor desta tese pode dizer-se que se trata da solução mais educativa ou pedagógica, do ponto de vista individual, e da que mais favorece as exigências e os interesses gerais de todo o mundo do desporto. Na verdade, ela constitui um incentivo para que os atletas procurem, na medida do possível, corrigir

loca-se para Portugal a fim de participar no último encontro da época que se realiza nesse mesmo dia, sendo certo que a sua equipa vai ficar classificada em último lugar da respectiva divisão. Por sorteio cabe a esse mesmo atleta fazer o controlo antidoping que vem a acusar positivo. Ora, poder-se-á dizer que o atleta teve uma conduta descuidada, leviana, perante a ética desportiva? Perante todo este circunstancialismo exigia-se ao atleta que conhecesse a lista de substâncias proibidas? E, em caso afirmativo, exigia-se que não fumasse cannabis? Ou o homem médio, segundo aquelas circunstâncias, fumaria? Ou pelo menos tinha conhecimento de que tal substância era proibida?
Perante um padrão de comportamento previamente definido, nos termos expostos pela doutrina espanhola, parece não haver dúvidas quanto à aplicação da sanção de suspensão da actividade física por um período de, no mínimo, 6 meses – Cfr. artigo 15º do Decreto-Lei nº 183/97, de 26 de Julho. Já perante um padrão em que as circunstâncias do caso são tidas em consideração, parece que o atleta não deverá ser sancionado disciplinarmente, por a sua conduta não ter dignidade disciplinar, na medida que não exprime qualquer qualidade sua contrária à ética desportiva, não podendo ser considerada desonesta ou desleal para com os seus companheiros. Na verdade o tipo de homem da espécie e com as qualidades e capacidades do agente, naquelas circunstâncias, teria agido da mesma forma, isto é, não teria recusado jogar.
Não obstante tenha-se presente que para muitos, entre os quais se encontra Fetisov Vyacheslav – Presidente do Comité dos Desportistas da AMA – o cannabis deve estar sempre presente na Lista de Substâncias, independentemente de poder ou não aumentar o rendimento desportivo, isto porque os atletas são modelos para os mais novos e como tal devem dar o exemplo (Fetidov Vyacheslav, in World Conference on Doping in Sport, 2007, Madrid). Posições como esta transportam o problema do *doping* para um plano diferente da lealdade, honestidade e verdade desportiva.
[403] Neste sentido, referindo-se ao conteúdo do dever de diligência Alberto Palomar Olmeda: "El reto debe passar porque las citadas normas sean capaces de establecer el citado marco de diligencia debida en condiciones razoables, de forma que no incline la balanza de una forma definitiva para ninguno de los extremos..." e que "...la diligencia debida no puede llevar a extremar el cuidado más allá de lo que es normal en las relaciones sociales..." (Alberto Palomar Olmeda, *ob. cit.* [1], pp. 135-147).
À semelhança do que alguns autores defendem para a responsabilidade civil extracontratual. Entre nós, Cfr. Antunes Varela *ob. cit.*, pp. 577-581.

as suas deficiências naturais ou a sua falta de competência, até se aproximarem do praticante desportivo comum, do tipo médio e normal, que a ordem jurídica toma como ponto de referência nas suas exigências[404].

Por outro lado, pode também afirmar-se que quanto às deficiências pessoais mais vincadas, aquelas que colocam o atleta em plano acentuadamente inferior ao praticante médio ou normal, a orientação proposta sempre terá a vantagem de levar aquele muitas vezes a coibir-se dos actos que escapam de todo ao círculo das suas aptidões naturais[405].

Por fim, pode ainda defender-se que a noção de culpa definida por tal padrão não leva o julgador a exigir do praticante um esforço superior às suas forças, impondo-lhe um dever que ele é naturalmente incapaz de cumprir. Isto porque "não é fácil demarcar o extremo limite das capacidades de cada indivíduo e, se não se aceitam limitações quanto às possibilidades de correcção ou aperfeiçoamento da sua vontade em face da vontade do homem médio, mal se compreende que elas hajam forçosamente de ser estabelecidas em relação às outras faculdades do homem"[406].

Porém, não ter em consideração as capacidades pessoais é esquecer que o princípio da culpa se aplica aos casos de *doping* por via do princípio do Estado de direito e do princípio do respeito pela dignidade humana. É que a função da culpa em domínios sancionatórios reside numa incondicional proibição de excesso. Desta forma, cabendo à culpa uma função limitadora do intervencionismo estatal, o juízo de censura não deverá ir além dos limites necessários para proteger os bens jurídicos em causa. Não se tendo em consideração as capacidades pessoais do praticante desportivo poder-se-á acabar, mais uma vez, por punir comportamentos sem dignidade disciplinar.

Pelo exposto melhor se entende o disposto no art. 15º do Código Penal: "age com negligência quem, por não proceder com o cuidado a que, segundo as circunstâncias, está obrigado e de que É CAPAZ" (destaque nosso). "São, deste modo, insusceptíveis de fundar a materialidade da culpa negligente – por IMPOSSIBILIDADE PESSOAL DE PERCEBER OU DE

---

[404] Neste sentido, em relação à responsabilidade extracontratual em direito civil, Antunes Varela, *ob. cit.*, p. 579.
[405] Neste sentido, Antunes Varela, *ob. cit.*, p. 581.
[406] Mais uma vez, Antunes Varela, *ob. cit.*, p. 580.

CUMPRIR O DEVER OBJECTIVO DE CUIDADO – *defeitos corporais, faltas de inteligência, de saber, de experiência ou de sensibilidade"*[407]. Toda a questão reside mais uma vez no facto de que "só nesta medida se pode afirmar que ele documentou no facto as qualidades pessoais de descuido ou leviandade pelas quais tem de responder"[408].

Apesar de as principais diferenças entre as teses que analisámos se fundarem ao nível da culpa e ao nível da relevância dada às circunstâncias concretas de cada situação, é a própria jurisprudência espanhola que acaba por complementar o conceito de diligência devida com o da boa-fé. Boa-fé que se identifica nos casos de *doping* com a falta de intenção, e que constitui uma causa de exclusão da responsabilidade disciplinar, parecendo acentuar que a responsabilização do atleta há-de ter em consideração também elementos subjectivos[409].

4. O dever de diligência máxima – *utmost caution* – do Código AMA

Como tivemos oportunidade de referir, a versão final do Código AMA acabou por consagrar o requisito da culpa na aplicação das sanções disciplinares. "Se o praticante desportivo provar, num caso individual, que a infracção em causa não se deveu a culpa ou negligência da sua parte, o período de suspensão aplicável será anulado" – artigo 10.5.1º do Código AMA.

O Código define inexistência de culpa ou negligência como: "the Athlete's establishing that he or she did not know or suspect, and could not reasonably have known or suspected even with the exercise of UTMOST CAUTION, that he or she had used or been administered the prohibited substance or prohibited method" (destaque nosso).

Da leitura deste preceito resulta desde logo a coexistência de dois conceitos de alguma forma conflituantes.

Diz-se, primeiramente, que a inexistência de culpa ou negligência é a demonstração por parte do praticante desportivo de que não sabia ou

---

[407] Figueiredo Dias, *ob. cit.* [4], p. 665.
[408] Figueiredo Dias, *ob. cit.*[4], p. 663.
[409] Cfr. sentença do STS, de 15 de Junho de 1982. Sobre o conceito de boa-fé utilizado nos casos de doping em Espanha v. Alberto Palomar Olmeda, *ob. cit.* [1], p. 135.

suspeitava, e não podia RAZOAVELMENTE saber ou suspeitar que usou ou lhe foi administrada a substância proibida ou o método proibido.

Portanto, não há culpa se não for exigido ao atleta, em termos razoáveis, saber ou suspeitar – tendo por padrão o homem médio – que tenha usado ou lhe tenha sido administrada alguma substância proibida ou método proibido.

Depois, diz-se que a inexistência de culpa ou negligência é a demonstração por parte do praticante desportivo de que não sabia ou suspeitava, e não podia razoavelmente saber ou suspeitar, mesmo actuando conforme a diligência máxima (UTMOST CAUTION) que usou ou lhe foi administrada a substância proibida ou o método proibido.[410]

Parece então que o relevante não é a razoabilidade da suspeição de ter usado ou de lhe ter sido administrada alguma substância proibida, mas sim a verificação de um comportamento de um atleta extremamente prudente, entendido este de acordo com o comentário ao artigo 10.5.1 e conforme a jurisprudência, como veremos de seguida. O conceito *utmost caution* acaba, portanto, por "engolir" o conceito da razoabilidade, exigindo-se ao atleta um comportamento extremamente prudente.

Em que consiste este comportamento extremamente prudente/esta diligência máxima?

O comentário ao art. 10.5 do Código AMA começa por indicar que esta disposição não se aplica a não ser que as circunstâncias sejam verdadeiramente excepcionais, e não na maioria dos casos.

A este propósito, Niggli e Sieveking referem que "essa aplicação restritiva justifica-se facilmente, já que uma abordagem diferente, mais permissiva, abriria portas a abusos; os desportistas poderiam proteger-se no erro do seu médico a fim de evitar a sanção. Tal situação não seria nada benéfica para uma luta eficaz contra o doping..."[411].

---

[410] Não desconhecemos que a tradução para a língua portuguesa utilizou a expressão "forma prudente". No entanto a expressão *"utmost caution"* deverá ser interpretada do acordo com o comentário ao artigo 10.5.1 e de acordo com a jurisprudência internacional. Desta forma a tradução feita é susceptível de gerar erros de compreensão do tema aqui em causa. Para além do mais, relembre-se que em caso de dúvidas interpretativas do código é a versão inglesa que prevalece.
[411] Olivier Niggli e Julien Sieveking, "Éléments choisis de jurisprudence rendue en application du Code mondial antidopage.", publicado em www.wada-ama.org, p. 2.

Neste sentido, o Tribunal Independente Anti-doping da Federação Internacional de Ténis, no "caso ITF v. Koubek", pronunciou-se da seguinte forma: "The reasonableness of the athlete's conduct is no longer the applicable criterion. The criterion is now use of the *utmost caution*, every high standard which will only be met in the exceptional cases"[412]. Também o TAD concluiu que "any elite rugby player knows that he must monitor carefully anything he eats or drinks and it was extremely careless of this player to take drinks from strangers in a club where drugs were likely to be present"[413].

Desta forma, e no que diz respeito à relação particular com o médico, referem aqueles autores que esta *utmost caution* deve ser demonstrada em cada uma das etapas do processo a que o praticante é submetido: escolha do médico, informações transmitidas ao médico, comportamento geral do desportista antes e durante o tratamento.

O grau de diligência dependerá desde logo do profissional escolhido. O grau de diligência é diferente consoante o atleta escolha um médico especialista em medicina desportiva ou que exerça a função de médico oficial da delegação nacional do desporto para os jogos olímpicos, ou um médico de família ou mesmo um médico consultado numa urgência de um hospital público.

Neste sentido, concluem Niggli e Sieveking, "observamos que o grau de diligência de que cada atleta faz prova deve ser apreciado em face de todas as circunstâncias do caso em questão, a fim de determinar a negligência do atleta em todos os passos que levaram até ao contolo positivo. Este código atribui enorme responsabilidade pessoal aos desportistas que devem assegurar-se de que o tratamento médico recebido não viola em caso algum as regras *antidoping* aplicáveis. Mesmo se o desportista não é directamente responsável pela falta do médico, é obrigado a escolhê-lo com cuidado e a informar-se sobre as suas acções e omissões, bem como das acções e omissões daqueles que o rodeiam"[414].

---

[412] Independent Anti-Doping Tribunal of International Tennis Federation, ITF v. Koubek (18.01.2005), publicado em *www.itftennis.com*.

[413] CAS 2006/A/1067 IRB v. Keyter, publicado em *www.irb.com*. Em causa estava um teste positivo de Jason Keyter, cidadão norte americano e jogador profissional de rugby numa equipa inglesa, efectuado em 22 de Outubro de 2005, durante um jogo da 2ª divisão entre Escher RFC e Moseley Rugby Football Club.

[414] Olivier Niggli e Julien Sieveking, *ob. cit.*, p. 4.

Não obstante o exposto, o comentário ao artigo 10.5.1 do Código AMA – que faz parte integrante do mesmo[415] – para além de referir que o artigo apenas é aplicável aos casos em que as circunstâncias são verdadeiramente excepcionais, adianta também que não constituem circunstâncias que façam eliminar a negligência daquele:

  a) Um resultado positivo originado por uma vitamina ou por um suplemento alimentar contaminados ou cuja embalagem tinha um erro de etiquetagem;
  b) A administração de uma substância proibida por parte do médico pessoal do Praticante Desportivo ou do seu treinador, mesmo sem terem dado conhecimento ao atleta; e
  c) A sabotagem da comida ou bebida realizada por alguém pertencente ao círculo de pessoas restrito daquele.

Estas circunstâncias podem, no entanto, dar origem a uma sanção reduzida com base na inexistência de culpa significativa, de acordo com o art. 10.5.2 do Código AMA.

Da análise a este comentário parece resultar uma ampliação verdadeiramente excessiva do dever de diligência que recai sobre o praticante desportivo, ideia que é fortalecida na medida em que se estabelece o seguinte: "um exemplo em que a inexistência de Culpa ou Negligência daria origem a uma eliminação total da uma sanção seria um caso em que o praticante desportivo conseguisse provar que apesar de todas as precauções por si tomadas ele foi sabotado por parte de um adversário".

O artigo 10.5.1 bem como a definição de inexistência de culpa ou negligência contida no Código AMA, suscitam a seguinte questão: o desportista pode ser desresponsabilizado disciplinarmente quando actuou com um cuidado extremo e ainda assim a substância proibida entrou no seu organismo devido a sabotagem efectuada por uma pessoa pertencente ao seu círculo?

Por outras palavras, o que releva para a ausência de culpa ou negligência do praticante é o comportamento do máximo cuidado, da diligência extrema perante as circunstâncias concretas do caso? Ou, em certas cir-

---

[415] Estamos perante uma técnica legislativa conhecida dos países da "common law", que não tem equivalente nos sistemas jurídicos do sul da Europa.

cunstâncias, mesmo actuando com a máxima prudência, o atleta pode ser sancionado disciplinarmente porque estava obrigado a prever e a evitar que a substância proibida entrasse no seu organismo?

Desde logo, da leitura do conteúdo do artigo 10.5.1 e da definição de ausência de culpa ou negligência parece resultar que o que releva é a conduta da máxima prudência. Ou seja, desde que o praticante actue conforme a *utmost caution* não deverá haver lugar à sanção.

No entanto, para além do artigo em análise ter como epígrafe, "Eliminação ou redução do período de suspensão com base em circunstâncias excepcionais", no seu comentário diz-se, como vimos, que este artigo apenas é aplicável aos casos em que as circunstâncias são verdadeiramente excepcionais e referem-se três situações concretas em que jamais pode a sanção disciplinar ser eliminada.

Apenas da leitura e consequente interpretação do código não se nos afigura ser possível tirar qualquer conclusão sobre esta questão. Ainda que a doutrina releve o comportamento do praticante desportivo, torna-se necessário recorrer à jurisprudência.

Ora, o grau de diligência demonstrado pelo praticante desportivo foi considerado suficiente para eliminar a sanção disciplinar aplicada a Oliferenko, por este se ter limitado a seguir o conselho do médico de equipa dos jogos olímpicos: "she just followed the advice of her team doctor in order to combat her medical condition."[416] Isto porque, ao ter sido imposto pelo Conselho Nacional Olímpico um médico ao atleta, a prova de diligência deste ficou desde logo limitada. Por outro lado, para além de não ter existido naquele caso qualquer razão para o praticante desportivo não confiar no seu médico, uma vez que a substância ingerida não figurava na lista de substâncias proibidas mas entrava na categoria de "outras substâncias similares", aquele não teria possibilidades de saber que tal substância era considerada ilegal.

Já consequências diferentes teve um praticante desportivo que consultou um médico num hospital público sem o informar do seu estatuto de profissional: "Yet he knew the doctor was not sports medicine doctor. He also knew that he had not told his doctor that he was a professional

---

[416] Anti-doping Hearing of FISA, Fisa v. Olefirenko (09.02.2005), publicado em www.worldrowing.com.

athlete who plays tennis under the ATP Anti-Doping Program"[417]. Neste caso concreto a conduta do praticante foi considerada negligente.

Consideremos agora o famoso caso que opôs o tenista Stefan Koubek à Federação Internacional de Ténis. Em causa estava um teste positivo no controlo *antidoping* efectuado em 29 de Maio de 2004, por ocasião do Open de Roland Garros. Em meados de Março de 2004, o tenista começou a sentir uma dor no pulso direito antes do Open de St. Pölten, na Áustria. Conforontado com essa dor, consultou um médico austríaco referenciado no mundo do desporto por ter sido nomeado médico coordenador da Federação Internacional de Hóquei no Gelo e escolhido para o lugar de médico director do Campeonato do Mundo de Hóquei no Gelo de 2005. Em 14 de Maio de 2004 o referido médico injectou ao tenista uma substância proibida – Glucocorticosteróide – apesar de, quando questionado pelo atleta sobre a existência nessa injecção de alguma substância considerada dopante, ter respondido negativamente.

Perante esta situação o tribunal referiu o seguinte: "Applying the criterion of the *utmost caution*, the player could and should have done more than ask one question of Dr. Leixnering and accept his answer. He was aware that doping offences can be committed inadvertently, without intention to cheat, even where substances are prescribed by a doctor. He should have thought to himself: what if Dr. Leixnering is wrong?" E, depois de adiantar que o praticante desportivo poderia ter pedido informações a outros médicos e ao Comité Austríaco Anti-Doping, o tribunal concluiu da seguinte forma: "we appreciate that this is asking a lot of the player, but it is the programme with its criterion of the «utmost caution» which makes those demands of the player"[418].

Se do primeiro e segundo casos não é possível tirar qualquer conclusão definitiva sobre a questão em análise, visto que no primeiro o médico não era médico pessoal mas pertencia ao evento desportivo, e no segundo caso não era especialista em medicina desportiva, já o terceiro caso parece conclusivo.

---

[417] ATP tour Anti-Doping Tribunal, ATP v. Vlasov (24.03.2005), publicado em *www.itftennis.com*.
[418] ITF Independent Anti Doping Tribunal, ITF v. KOUBEK (18.01.2005), publicado em *www.itftennis.com*.

Neste, apesar de o tenista ter recorrido aos serviços de um médico pessoal e especialista em medicina desportiva, o tribunal acabou por sancioná-lo, entendendo que ele não actuou conforme o critério da prudência máxima, já que podia e devia ter feito mais do que perguntar a opinião de um só médico, mesmo depois de admitir que estavam a exigir-lhe demasiado, mas que o critério da máxima prudência assim o impõe.

Ou seja, para o que aqui nos interessa, verificamos que o atleta apenas foi punido por não ter actuado conforme a máxima prudência. Caso contrário, não teria sido sancionado mesmo que a substância em causa tivesse sido administrada por um médico pessoal do tenista.

Ao contrário do que parecia resultar do comentário ao artigo 10.5.1º, e para além de o artigo em análise só se aplicar em casos excepcionais, o relevante para determinar a eliminação da sanção disciplinar é, efectivamente, o comportamento do atleta. Isto é, a interpretação a fazer do comentário ao artigo 10.5.1 não comporta a conclusão de que há lugar a sanção disciplinar quando o atleta prove que actuou com a diligência máxima, como se a verificação de um resultado positivo do exame laboratorial e a falta de prova, por parte do atleta, de que a substância se encontra no organismo do praticante desportivo devido a conduta de terceiro alheio ao círculo restrito deste, fossem os pressupostos da punição.

Na verdade, em tese pode acontecer que a substância proibida seja encontrada no organismo do praticante desportivo devido a conduta do seu médico ou de pessoa pertencente ao seu círculo restrito e, mesmo assim, não haver lugar à sanção disciplinar, precisamente por aquele ter agido de acordo com a prudência extrema.

O artigo 10.5.1 não deixa, contudo, de estabelecer um regime disciplinar bastante rígido e capaz de responsabilizar determinados atletas por condutas de terceiros.

Mesmo demonstrando ter tomado todas as precauções de um homem prudente, nomeadamente por ter escolhido um médico altamente especializado em medicina desportiva ou por ter informado variadíssimas vezes o seu treinador e/ou o seu cozinheiro para não colocarem certas substâncias na sua alimentação, e mesmo cumprindo todas as directivas dos órgãos oficiais desportivos quanto aos medicamentos e suplementos nutricionais, o praticante pode ser sancionado disciplinarmente por uma conduta considerada negligente, se não utilizou a "extremíssima diligência" que lhe é exigida.

Ilustrativo do que se acabou de dizer é o "caso Guillermo Cañas". O teste antidoping efectuado ao tenista argentino, no torneio de Acapulco (México), a 21 de Fevereiro de 2005, acusou a presença no seu organismo de hydrochlorothiazide (HCT), substância proibida por ser mascarante.

O atleta alegou ter ingerido "Rufocal", um medicamento que contém a substância proibida, que lhe tinha sido fornecido pelo pessoal do torneio e receitado pelo médico do torneio para tratar de uma congestão.

Apesar de o TAD ter dado como provado que o atleta demonstrou a forma como a substância entrou no seu organismo, e de se ter convencido que o atleta não teve qulaquer intenção de se dopar, entendeu que sobre o praticante recai o dever de confirmar se o medicamento que lhe foi fornecido pelo pessoal do torneio corresponde ao medicamento prescrito pelo médico: "the player has a duty of utmost caution after visiting the Tournament doctor, when actually ingesting medications. It would have been normal for him to rely on the trustworthiness and knowledge of the Tournament doctor if the doctor had handed the medications to him but any professional athlete these days has to be wary when, as in this case, he receives medications which, he knows, have gone through several hands"[419].

O TAD, depois de entender que este caso é substancialmente diferente dos casos típicos de doping, qualificando-o de excepcional, nomeadamente por ter havido um erro no aviamento do medicamento por parte do pessoal do torneio, apenas reduziu a sanção de suspensão da actividade desportiva, previamente fixada em 2 anos, para 15 meses. Para efectuar esta redução o TAD considerou que o comportamento do tenista argentino não foi significativamente culposo ou negligente.

Em suma, mesmo que o medicamento seja prescrito pelo médico do torneio, especialista em medicina desportiva, e aviado pelo pessoal do torneio, o atleta deverá, ainda, assegurar-se não só que o medicamento que lhe é fornecido corresponde ao prescrito, como comparar a bula como o "wallet card". É que, entendeu o TAD, "without player's negligence, there would not be a doping offense"[420].

---

[419] CAS 2005/A/951 Cañas v/ATP, publicado em *www.itftennis.com*.
[420] CAS 2005/A/951 Cañas v/ATP, publicado em *www.itftennis.com*. Parece que se acaba por sancionar o atleta por comportamentos de terceiros. No "caso Guillermo Cañas" o TAD san-

O critério de apreciação de culpa baseada na extrema diligência, consagrado no artigo 10.5.1º, e entendido conforme a jurisprudência internacional, vai mais além do que um padrão de comportamento que só homens especialmente diligentes tomam[421], colocando o regime da responsabilidade disciplinar "... no limiar da responsabilidade objectiva, a coberto da manutenção da responsabilidade subjectiva"[422], em que se tem de provar a não culpa, só se exonerando o praticante desportivo da responsabilidade disciplinar em casos verdadeiramente excepcionais.

Estamos perante um padrão de comportamento demasiado exigente para ser adoptado em domínios disciplinares. Assim, esta norma levanta sérias e fundadas dúvidas quanto à sua legalidade, nomeadamente quanto à sua concordância com o princípio da culpa.

4.1. O dever de diligência máxima e o princípio da proibição do excesso ou da proporcionalidade em sentido amplo

O combate ao fenómeno do *doping* no desporto só pode aspirar alcançar os objectivos propostos – preservação do espírito desportivo, que se traduz no "jogo limpo", e se caracteriza na ética, *fair play* e honestidade, saúde, excelência no rendimento, igualdade entre os praticantes e verdade desportiva – mediante um regime jurídico severo, duro.

---

cionou disciplinarmente o atleta, ainda que tenha dado como provado que houve um erro do pessoal do torneio no aviamento do medicamento prescrito pelo médico também do torneio. Sobre a infracção ao princípio da culpa pelo facto de se sancionar o atleta por comportamentos de terceiro, no caso sobre a infracção contida no art. 2.6 do Código AMA, v. J. Jesus de Val Arnal, *ob. cit.*, pp. 56-57.

[421] Como a negligência é susceptível de graus, já os romanos viram a necessidade de estabelecer vários tipos de diligência. As fontes romanas mencionavam uma *culpa levíssima* que consistia em o autor do facto não observar a diligência que só os homens especialmente diligentes adoptam. No entanto, o devedor só responderia por culpa levíssima quando o interesse que advinha da relação era apenas deste. Para maiores desenvolvimentos v. Vaz Serra, *ob. cit.*, p. 31. Hoje, dispõe o artigo 493º do CCivil que, "quem causar danos a outrem no exercício de uma actividade, perigosa por sua própria natureza ou pela natureza dos meios utilizados, é obrigado a repará-los excepto se mostrar que empregou todas as providências exigidas pelas circunstâncias com o fim de os prevenir". Luís Manuel Teles de Menezes Leitão refere que este artigo parece apontar para o critério de apreciação de culpa levíssima, apesar de concordar que nem a doutrina nem a jurisprudência apontam para esse sentido – Luís Manuel Teles de Menezes Leitão, Direito das Obrigações, vol. I, 4ª ed., Almedina Coimbra, 2005, p. 309. Cfr., também, acórdão do STJ de 21/11/2006, nº SJ200611210034191, em www.dgsi.pt.

[422] João Calvão da Silva, *ob. cit*, p. 412.

Com o fim de alcançar tais objectivos o Código AMA adoptou o padrão de cuidado máximo, de extrema diligência (*utmost caution*), pelo qual se afere a conduta do praticante desportivo.

Mediante uma maior responsabilização dos praticantes desportivos em casos de *doping*, a AMA visa a promoção do espírito desportivo, do *Fair Play*. Este, como definido no Código da Ética Desportiva[423], significa muito mais do que o simples respeitar das regras: "cobre as noções de amizade, de respeito pelo outro, e de espírito desportivo, um modo de pensar, e não simplesmente um comportamento. O conceito abrange a problemática da luta contra a batota, a arte de usar a astúcia dentro do respeito das regras, o *doping*, a violência, a desigualdade de oportunidades, a comercialização excessiva e a corrupção".

Temos então que, como confirma o Código da Ética Desportiva, "a sociedade e o indivíduo só poderão aproveitar plenamente as vantagens potenciais do desporto se o *fair play* deixar de ser uma noção marginal para tornar-se uma preocupação central", e que "a este conceito deve ser concedida prioridade absoluta por todos aqueles que, directa ou indirectamente, influenciam e promovem a experiência vivida pelas crianças e adolescentes no desporto".

O espírito desportivo e o *fair play* assumem, desta forma, uma posição de destaque no mundo do desporto, elevando-se a princípios fundamentais. "A dopagem é contrária ao espírito desportivo, destrói a confiança do público e afecta a saúde e o bem-estar dos atletas"[424]. As condutas consideradas anti desportivas, como o *doping*, não só são prejudiciais à saúde dos próprios atletas como influenciam negativamente a opinião pública. Havendo lugar a práticas de dopagem prejudica-se a verdade e a lealdade desportivas. Prejudicadas a verdade e a lealdade desportivas, descredibiliza-se o desporto. A descredibilização do desporto leva à perda de público, o que, por sua vez, conduz ao afastamento da publicidade que, como sabemos, é o motor desta indústria.

É todo este encadeamento lógico que fundamenta a intervenção dos órgãos públicos, e privados, no combate às práticas de *doping*.

Toda a problemática do *doping* tem adquirido uma importância e uma visibilidade cada vez maiores. Os regimes jurídicos não têm conseguido

---

[423] Elaborado em Rhodes, em 13 de Maio de 1992.
[424] Guia do Atleta, publicado em www.wada-ama.org.

travar os casos desta natureza, que parecem multiplicar-se, apesar de os números poderem ser falaciosos, já que os meios de combate têm-se desenvolvido e o alerta é cada vez maior.

Perante uma enorme preocupação mundial para as situações de dopagem, entendeu-se criar um regime jurídico bastante severo, onde se destaca o padrão de comportamento pelo qual o praticante desportivo deverá pautar as suas condutas – *utmost caution* – com a finalidade de pôr fim às inúmeras tentativas levadas a cabo pelos praticantes desportivos de se "escudarem" no conceito de cuidado objectivamente devido tendo em consideração o comportamento do homem-médio.

Os desportistas alegam frequentemente erro médico ou erro por parte de uma outra pessoa pertencente ao círculo do atleta – *v.g.* directores ou médicos do clube –, demonstrando terem actuado conforme uma diligência razoável com a finalidade de se eximirem à responsabilidade disciplinar, quando, na verdade, se verifica um conluio entre todos os intervenientes – jogador, treinador, directores e médicos.

Em suma, com o intuito de pôr cobro à fraude à lei passou-se a exigir do praticante desportivo um comportamento de extrema prudência.

Contudo, o dever de diligência de *utmost caution*, consagrado no Código AMA e reafirmado pela jurisprudência internacional[425], constitui em certa medida, e somente em determinadas situações – precisamente naquelas em que o desportista actuou com uma diligência superior à do atleta médio mas inferior à diligência do cuidado máximo – uma limitação à garantia de só ser sancionado disciplinarmente nos casos em que a sua conduta lhe possa ser censurada a título de dolo ou negligência, isto é, decorrente do princípio da culpa.

Não se apreciando a culpa pela diligência que, nas circunstâncias do caso, os praticantes desportivos do tipo médio tomam, mas sim por uma máxima diligência que nem os desportistas especialmente diligentes adoptam, sancionam-se condutas, comportamentos, sem dignidade disciplinar, na medida em que não atentam contra os bens jurídicos tutelados. Por outras palavras, por vezes censura-se o atleta apesar de, perante

---

[425] Entre muitos Cfr. CAS OG 06/001, WADA v. Lund, 10 de Fevereiro de 2006, publicado em *www.wada-ama.org*; CAS 2006/A/1067, IRB v. Keyter, 13 Outubro de 2006, publicado em *www.irb.com*; International Tennis Federation, ITF v. Koubek, 18 de Janeiro de 2005, publicado em www.itftennis.com.

as circunstâncias do caso, não se poder concluir que este tomou uma atitude descuidada ou leviana perante o direito, as suas normas, e, mais precisamente, perante os valores que essas normas visam tutelar, na medida em que todos, ou quase todos os praticantes desportivos naquelas circunstâncias específicas e com as suas capacidades teriam procedido da mesma forma.

O critério do máximo cuidado é insusceptível de fundar um juízo ético-jurídico de imputação do facto ao agente. O problema da questão não se encontra no facto e na atitude interna do praticante desportivo, mas sim no padrão de comportamento que se adopta como moralmente correcto. Ir mais além do que o padrão do homem médio, exigindo ao atleta um esforço superior às suas capacidades, impondo-lhe um dever que ele e quase todos os que o rodeiam são naturalmente incapazes de cumprir, é consagrar não uma culpa mas uma *criptoculpa*[426], violando portanto o princípio *nulla poena sine culpa*, entendido nos termos do direito penal e aplicável ao direito administrativo sancionador pelo princípio constitucional do Estado de direito democrático em nome da dignidade da pessoa humana.

A responsabilidade disciplinar deve apoiar-se, tanto quanto possível, na responsabilidade moral. Na negligência consciente o resultado é previsto como possível; na negligência inconsciente devia ter sido previsto. Como salienta Vaz Serra: "a probabilidade de produção do resultado há-de ter certo grau, pois de contrário teria o agente de se abster da prática de muitos actos, dado que raro será aquele que não possa, embora com probabilidades mínimas, dar lugar ao resultado"[427].

Ao apreciar-se a culpa por um padrão de comportamento de máxima diligência, em que só em casos excepcionais se conclui pela inexistência de culpa do praticante desportivo, está-se, como já referimos, a estabelecer um regime de responsabilidade disciplinar muito próximo da responsabilidade objectiva ou, por outras palavras, da responsabilidade pelo resultado. Com o estipular de um dever de cuidado tão lato, basta na grande maioria dos casos a verificação de um resultado positivo no exame laboratorial para se responsabilizar disciplinarmente o praticante des-

---

[426] Nipperdey, *apud* Antunes Varela, *ob. cit.*, p. 580.
[427] Vaz Serra, *ob. cit.*, pp. 28, 29.

portivo sob uma ainda denominada responsabilidade subjectiva que, em abono da verdade, de subjectividade tem muito pouco.

Convém recordar que à culpa se liga a liberdade concebida como autodeterminação da pessoa na sociedade e como "...expressão da autonomia e da inviolabilidade na regência da sua conduta pessoal."[428] Um critério estabelecido nestes termos, em que a liberdade de acção dos praticantes desportivos é limitada, jamais tem como fundamento o respeito pela eminente dignidade humana, ficando posta em causa a função limitadora do intervencionismo estatal que cabe à culpa.

Sancionar os atletas pelo cometimento de infracções às normas antidopagem constitui, só por si, uma ofensa à honra e à posição social do atleta em questão, representando um estigma para o seu futuro. Se a estas consequências juntarmos as consequências indirectas da aplicação da sanção de suspensão da prática da actividade desportiva – limitação do direito ao desporto de competição e, na maioria do casos, do direito ao trabalho – ficamos com o quadro completo de prejuízos causados ao atleta.

Com um critério desta natureza sobra pouco espaço para o praticante desportivo demonstrar que, apesar de o exame laboratorial ter sido positivo, a sua atitude interna, e correspectivamente o seu comportamento, não foram descuidados ou levianos perante os valores jurídicos que o direito e as suas normas visam tutelar.

Em suma, encontramo-nos perante uma limitação da garantia de o praticante desportivo só ser sancionado nos casos em que agiu de forma descuidada perante os valores tutelados juridicamente, garantia esta que advém do princípio da culpa que hoje é considerado um princípio implícito do sistema jurídico-constitucional[429].

Se o exposto tem razão de ser para quem sustente – como é o nosso caso – que aos casos de *doping* se deve aplicar o conceito de culpa jurídico-penal, outrossim vale para quem seja adepto de a esses casos se aplicar um conceito de culpa mais objectivista. Como referiu Palomar Olmeda, o conteúdo do dever de diligência deve estabelecer-se de forma a que não se incline a balança de uma forma definitiva para nenhum dos

---

[428] Figueiredo Dias, *ob. cit.* [4], p. 475.
[429] Neste sentido Figueiredo Dias, *ob. cit.* [4], p. 471.

extremos e que a diligência devida não pode colocar o cuidado devido mais além do que é normal nas relações sociais[430].

Não obstante, os objectivos propostos alcançar com a medida vertida no artigo 10.5.1º são dignos, constituindo mesmo concretizações de valores constitucionais, como é o caso do direito à protecção da saúde e do direito à cultura física e ao desporto (artigo 64º e 79º da CRP, respectivamente). Temos, então, de um lado os objectivos comummente apontados no combate ao *doping*: promoção da ética e da verdade desportiva, protecção da saúde dos atletas e da saúde pública; e do outro lado, a garantia de que o atleta só seja sancionado quando actue de forma culposa, a liberdade de autodeterminação, o direito à personalidade moral, o respeito e a garantia da efectivação da dignidade da pessoa humana, o direito ao desporto (de competição) e ao trabalho.

Apesar de continuarmos a pensar que os grandes objectivos do combate ao *doping* são a promoção da verdade e espírito desportivos, conceitos que se encontram fortemente interligados, o certo é que se tem verificado uma tendência de incluir também a saúde dos atletas, e mesmo a saúde pública, entre os objectivos de combate a este fenómeno.

Submeteremos em seguida o regime consagrado no artigo 10.5.1º, 2ª parte, do Código AMA ao controlo do princípio da proibição do excesso ou princípio da proporcionalidade em sentido amplo[431].

O princípio da proibição do excesso pode decompor-se em três subprincípios: a) princípio da conformidade ou adequação de meios; b) princípio da exigibilidade ou da necessidade; c) princípio da proporcionalidade em sentido restrito.

---

[430] Alberto Palomar Olmeda, *ob. cit.* [1], pp. 135 e147.
[431] Sobre o Princípio da proibição do excesso Gomes Canotilho refere que o "...princípio da proporcionalidade dizia primitivamente respeito ao problema da limitação do poder executivo, sendo considerado como medida para as restrições administrativas da liberdade individual." Posteriormente, continua o autor, o princípio da proporcionalidade em sentido amplo, também conhecido por princípio da proibição de excesso, foi erigido à dignidade de princípio constitucional. O autor acaba por concluir que o presente princípio sofreu uma europeização, "...tratando-se afinal, de um controlo de natureza equitativa que, não pondo em causa os poderes constitucionalmente competentes para a prática de actos autoritativos e a certeza do direito, contribui para a integração do «momento da justiça» no palco da conflitualidade social." (Gomes Canotilho, *ob. cit.*, pp. 259 e ss).

Segundo o PRINCÍPIO DA CONFORMIDADE OU ADEQUAÇÃO, a medida adoptada para a realização do interesse em vista deve ser apropriada à prossecução dos fins a ele subjacentes. Constituirá o regime do artigo 10.5.1 um meio adequado/idóneo para a promoção da ética e verdade desportiva? E da saúde pública e dos atletas?

O regime estabelecido no artigo 10.5.1 torna-se, efectivamente, um meio de promover a verdade e o espírito desportivos, o respeito e a igualdade entre os praticantes, a saúde dos atletas e a saúde pública, porquanto, para além de constituir uma forte ameaça sobre os praticantes desportivos, aquando da toma de suplementos alimentares ou mesmo de medicamentos, desincentiva as condutas dolosas de fraude à lei, em que os praticantes desportivos alegam falha do médico ou do treinador.

Apesar de tudo, este meio não é, por si só, bastante para que se alcancem esses objectivos. O fenómeno do *doping* no desporto sempre se deparou com um fortíssimo problema que cria obstáculos significativos, e talvez inultrapassáveis, na prossecução da ética e da verdade desportivas. É do conhecimento geral que os meios e técnicas de detecção da presença de substâncias proibidas nos organismos dos praticantes desportivos andam sempre um passo atrás relativamente aos meios e técnicas capazes de aumentar o rendimento desportivo. Ou seja, o alcançar do espírito desportivo não depende só da apreciação da culpa do atleta mediante o critério da máxima diligência. É necessário também, entre muitas outras medidas, controlar a entrada no mercado de novas substâncias e novos métodos capazes de alterar a verdade desportiva e de colocar em causa o espírito desportivo e a saúde dos atletas. Diga-se, também, que a protecção da saúde dos atletas e da saúde pública jamais se basta com medidas ao nível do *doping*.

Não significa isto, porém, que o regime estabelecido no artigo 10.5.1 do Código AMA seja desadequado/inidóneo para se atingir aqueles objectivos. É certo existir aqui uma relação medida-fim adequada e bastante forte, contribuindo aquela para este. Não deixa de ser verdade que com a consagração de um critério de apreciação da culpa menos exigente os praticantes desportivos, os médicos e os directores, são mais tentados a defraudar a lei, alegando culpa do médico, do treinador ou de qualquer outra pessoa do seu círculo, aquando da administração de um determinado medicamento ou de um outro produto qualquer, de forma a tentarem eximir o atleta às sanções disciplinares.

Concluímos, portanto, que o critério da *utmost caution* estabelecido no artigo 10.5. do Código AMA é uma medida apropriada e adequada à promoção do espírito e da verdade desportiva, da honestidade e lealdade entre os praticantes e à protecção da saúde pública e dos praticantes desportivos.

O PRINCÍPIO DA EXIGIBILIDADE OU NECESSIDADE, também conhecido por princípio da menor ingerência possível, impõe que para a obtenção de determinados fins não seja possível adoptar outro meio menos oneroso. Será possível utilizar outras medidas porventura igualmente eficazes e menos lesivas do princípio *nulla poena sine culpa* e consequentemente da liberdade de autodeterminação e da dignidade da pessoa humana?

A consagração de uma responsabilidade do tipo objectiva[432] é exactamene a "opção" que mais violentamente atenta contra o *principio nulla poena sine culpa*. Se é verdade que este tipo de responsabilidade constitui uma alternativa mais eficaz na promoção dos objectivos referidos, também é verdade que, tendo em consideração a lesão criada nos direitos e liberdades dos praticantes desportivos, transforma-se numa medida altamente condenável.

Ao sancionar-se disciplinarmente um praticante desportivo com um ano de suspensão da actividade desportiva com base apenas na verificação de um mero resultado laboratorial positivo – independentemente, portanto, da existência de dolo ou negligência – está-se exactamente a partir do lado oposto ao princípio *nulla poena sine culpa*, aplicável às sanções disciplinares administrativas por via do princípio constitucional do Estado de direito (art. 2º da CRP) e da dignidade da pessoa humana (art. 1º da CRP), violando indirectamente o direito ao desporto e ao trabalho. Como já tivemos oportunidade de referir, um regime de responsabilidade objectiva não é consentâneo com o direito administrativo sancionador.

É costume apontar-se a consagração de uma presunção legal de culpa, com a consequente inversão do ónus da prova, como um meio idóneo à promoção dos objectivos do combate ao *doping*[433]. Não se contesta tal

---

[432] Os estudos preparatórios do Código AMA apontavam para a consagração de uma responsabilidade objectiva.

[433] Entre nós, Nuno Barbosa: "A solução acertada parece-me que ficará no meio destas duas. Não se dispensa a culpa do atleta, mas tal culpa é presumida, cabendo ao atleta demonstrar que a presença da substância proibida no seu organismo não lhe é imputável". (Nuno Barbosa, *ob. cit.*, p. 101).

posição. Porém, e em primeiro lugar, a consagração de uma presunção legal de culpa não tem a mesma eficácia, tendo em consideração os objectivos em vista, que a que resulta da aplicação do critério da extrema diligência adoptado pelo Código AMA. Isto porque, apesar de o praticante desportivo se presumir culpado, e de ter de fazer prova do contrário para ilidir tal presunção, continuaria a ser possível invocar erro médico ou culpa do treinador de forma a se desresponsabilizar.

Ou seja, presumindo-se o praticante desportivo culpado, e invertendo-se o ónus da prova, dificulta-se substancialmente o modo pelo qual este pode eximir-se à sanção disciplinar de suspensão da actividade desportiva, nomeadamente por se conseguir evitar a desresponsabilização nos casos em que os atletas invocam desconhecer por completo a origem da substância. Ora, como esta sanção disciplinar tem efeitos preventivos, promove-se indubitavelmente o espírito desportivo.

Contudo, ainda muitas situações de facto ficam por sancionar.

Apenas pelo aumento da carga probatória do praticante desportivo não se consegue pôr fim a todas as situações em que é invocada culpa do médico ou de um dirigente técnico. Em segundo lugar, a consagração de uma presunção legal de culpa, que tem como consequência a inversão do ónus da prova, atenta contra o princípio da presunção de inocência – *in dubio pro reo* – consagrado no art. 32º, nº 2, da CRP, aplicável às sanções disciplinares também por via do princípio do Estado de direito e da dignidade da pessoa humana.

A consagração de uma presunção legal de culpa não constitui, em nosso enendimento, a alternativa mais válida ao regime consagrado no artigo 10.5.1 do Código AMA.

No entanto, não se torna difícil avançar hipóteses menos lesivas para os desportistas. Antes de mais, entendemos que, independentemente das medidas que se tomem para tentar proteger a ética desportiva, temos de ter presente que o *doping* é um fenómeno complexo onde estão envolvidos variadíssimos interesses de distintas entidades. Desde atletas e clubes às federações desportivas, passando pelos laboratórios que produzem e comercializam as substâncias, todos comparticipam no aumento deste fenómeno.

Desta forma, ao analisarmos de forma concreta as várias medidas anunciadas pelos mais diversos estudiosos para combater a dopagem no desporto, jamais poderemos aspirar a encontrar a "poção mágica" capaz de, com uma só medida legislativa, pôr fim a todas as práticas dopantes.

Posto isto, entendemos que a melhor solução de *iure condendo* é exactamente a de aplicar a "técnica probatória" da presunção judicial/natural de culpa, prova *primae facie*[434], mas em que o dever objectivo de cuidado tem por padrão de comportamento o do homem médio, efectuando-se complementarmente algumas alterações às sanções actualmente existentes.

O combate ao *doping* tem nas sanções estritamente desportivas um forte meio de repressão das condutas contrárias às normas de antidopagem. Tanto a nível interno como a nível internacional verificamos que a detecção de uma substância proibida no organismo de um atleta dá origem à imediata invalidação dos resultados desportivos, no caso de se tratar de modalidade desportiva individual[435].

Como já referimos, se este é o regime instituído para os desportos individuais mal se percebe que não o seja também para os desportos colectivos. Um combate ao *doping* que se quer sério e eficaz terá, em nosso entender, de passar também pela "penalização" obrigatória em termos desportivos – por exemplo, perda de pontos ou eliminação num determinado encontro – quando em causa estejam também desportos colectivos. Uma sanção desportiva deste tipo terá finalidades de prevenção geral[436], positiva e negativa, e também de prevenção especial[437]. Ao invés, a Lei nº 27/2009, de 19 de Junho, apenas prevê a possibilidade de as pessoas colectivas serem desclassificadas, não impondo o dever de aplicação de qualquer sanção (artigo 70º).

No que diz respeito às sanções disciplinares, entendemos que a aplicação de sanções pecuniárias elevadas sobre os clubes tem não só uma finalidade de prevenção geral positiva e negativa, e de prevenção especial negativa, como permite ainda angariar recursos financeiros que tornem

---

[434] Como veremos no ponto 5 do presente capítulo.
[435] Artigo 14º, nº 1 do Decreto-Lei nº 183/97, de 26 de Julho e artigo 9º do Código AMA.
[436] Referimo-nos a prevenção geral no sentido de a finalidade se estender à generalidade dos clubes e não, como no direito penal, em que a pena é um instrumento que tem como finalidade actuar sobre a generalidade dos membros da comunidade. Sobre o fim das penas cfr., entre outros, Figueiredo Dias, *ob. cit.* [4], pp. 41-82.
[437] Quando nos referirmos à prevenção especial queremos indicar que a sanção tem a finalidade de actuar sobre aquele concreto clube.

possível um maior investimento do Estado nos laboratórios que efectuam as análises aos desportistas.

Ainda no âmbito disciplinar, poder-se-á aplicar a sanção de suspensão da actividade desportiva competitiva aos clubes e, em determinadas situações, a retirada do estatuto de utilidade pública às federações, quando em causa estejam atletas dopados a competir em representação das selecções nacionais.

Como está bom de ver, entendemos que a responsabilidade disciplinar em casos de *doping* se estende às pessoas colectivas[438].

É que, provindo de pessoas colectivas as mais graves e frequentes ofensas aos valores tutelados pelo combate ao *doping*, a irresponsabilidade daquelas com a consequente transferência da responsabilidade para os desportistas significa uma solução inexplicável e incompreensível. "Acresce que a «transferência» da responsabilidade, que verdadeiramente caiba à pessoa colectiva *qua tale*, para o nome individual de quem actue como seu órgão ou representante, conduziria muitas vezes... à completa impunidade, por se tornar impossível a comprovação do nexo causal entre a actuação de uma ou mais pessoas individuais e a agressão do bem jurídico produzida ao nível da pessoa colectiva"[439].

A nova redacção do Código AMA, que entrou em vigor em Janeiro de 2009, operou, neste âmbito, uma imporante alteração. Em vez de se estipular, no artigo 11.2, que a organização do evento pode ("may be") aplicar as sanções adequadas às pessoas colectivas, constituiu-se um verdadeiro dever de aplicar tais sanções ("shall").

Pena é que o legislador português tenha perdido esta oportunidade, tendo-se mantido fiel, na Lei nº 27/2009, de 19 de Junho, à versão ante-

---

[438] Tem-se debatido a aplicação do princípio da individualidade da responsabilidade penal no domínio do direito penal secundário. Entende Figueiredo Dias que "se, em sede político-criminal se conclui pela alta conveniência ou mesmo imperiosa necessidade de responsabilização das pessoas colectivas em direito penal secundário, não vejo então razão dogmática de princípio a impedir que elas se considerem agentes passíveis dos tipos-de-ilícito respectivos... Fica assim aberto, do ponto de vista dogmático, o indispensável caminho para se admitir uma responsabilidade no direito penal secundário, ao lado da eventual responsabilidade das pessoas individuais que agem como seus órgãos ou representantes" (Figueiredo Dias, *ob. cit.* [4], pp. 68, 69).

[439] Sobre a responsabilidade penal das pessoas colectivas v. Figueiredo Dias, ob. cit. [4], pp. 69.

rior do Código AMA[440]. Fica, no entanto, aberto o caminho para a construção de um regime jurídico de combate ao *doping* sério e eficaz, com o mínimo de lesão da liberdade dos desportistas.

Apesar de tudo, nada impede que os dirigentes dos clubes ou médicos, ou outras quaisquer pessoas do círculo do desportista, venham a ser sancionados conjunta ou separadamente com a pessoa colectiva, nomeadamente quando se prove que a infracção disciplinar é resultado de uma actuação para além das suas atribuições.

A par das sanções já referidas, torna-se necessário dotar os órgãos de investigação criminal – ministério público e polícias criminais – de melhores conhecimentos e meios de combate ao *doping*. Urge "dar vida" à "perseguição criminal", de acordo com os artigos 42º a 46º da Lei nº 27//2009, de 19 de Junho, que consagra a responsabilidade criminal das pessoas colectivas.

Constatamos, portanto, que existem outras medidas eficazes no combate ao *doping*, sem que se produzam os mesmos prejuízos à ordem jurídica, e mais precisamente aos praticantes desportivos. Não podemos deixar de referir, contudo, que as medidas apontadas podem eventualmente não ter a mesma eficácia que o critério adoptado no artigo 10.5 do Código AMA e, porventura, dependendo do modo como são consagradas, podem também causar algumas limitações à actividade dos clubes.

Entendemos plenamente os objectivos pretendidos alcançar pela AMA. Obrigando os praticantes desportivos a comportarem-se de acordo com uma diligência de máximo cuidado obvia-se a "desculpabilização" dos atletas, alegando-se por exemplo erro médico. Tendo em consideração as hipóteses *supra* referidas poder-se-á afirmar que o padrão de comportamento de um atleta médio abre espaço para o atleta se defender nesse conceito, eximindo-se à suspensão da actividade desportiva por ter confiado no médico, sujeitando-se este a uma sanção.

No entanto, e em primeiro lugar, dir-se-á que tal consideração não é exactamente correcta. Desde logo, o julgador terá de ter sempre em consideração todas as circunstâncias do caso: a influência que aquela substância proibida pode ter no rendimento do atleta; a capacidade que a substância tem para mascarar outras substâncias proibidas; a probabili-

---

[440] Cfr. Artigo 70º da Lei nº 27/2009, de 19 de Junho.

dade de realmente ter havido erro médico, tendo em consideração todas as provas carreadas para o processo, nomeadamente testemunhos de outros médicos especialistas e de outras instâncias relacionadas com *doping*.

Ou seja, a instância julgadora apenas deverá relevar em sede processual as típicas "desculpas" apresentadas pelos atletas, como p. ex. o erro médico, nos casos em que todas as provas criem sérias e fundadas dúvidas.

Isto é, não bastará a alegação por parte do atleta e a confirmação do médico de ter havido erro, para se poder ajuizar devidamente a situação. Torna-se necessário averiguar todas as circunstâncias, sendo certo que havendo prova científica de que a substância entrou no organismo do atleta é a este que cabe criar uma dúvida fundada no julgador de ter actuado de forma não culposa.

Na verdade, existe uma diferença significativa entre a prova efectuada pelo exame laboratorial (prova pericial) e a prova efectuada pelos depoimentos do atleta e do médico ou de qualquer outra pessoa do seu círculo (prova testemunhal). Enquanto que, de acordo com o art. 163º de Código Penal, o juízo técnico inerente à prova pericial presume-se subtraído à livre apreciação do julgador, de acordo com o art. 127º a prova testemunhal é apreciada segundo as regras da experiência e a livre convicção da entidade competente.

Não cremos, portanto, que com a adopção de um critério baseado no comportamento do atleta médio seja fácil aos praticantes desportivos eximirem-se à sua responsabilidade pela mera alegação de erro médico ou erro de outro membro pertencente ao seu círculo. Com base nas regras da experiência e na livre convicção do julgador, por si só, grande parte das situações que se visam tutelar com a consagração do critério da *utmost caution* serão resolvidas.

Em segundo lugar, como já ficou escrito, não vemos qualquer obstáculo ao agravamento das sanções disciplinares sobre os médicos, a uma melhor efectivação da investigação criminal e a uma responsabilização dos clubes pelo comportamento dos médicos, uma vez que estes fazem parte dos quadros daqueles. Aliás, pugnamos mesmo pela aplicação de tais medidas.

O atleta tem direito a utilizar substâncias e métodos proibidos sempre que tal se justifique terapêuticamente. Este direito existe apenas, de acordo com a norma internacional de autorização para fins terapêuticos, relativamente a determinadas substâncias e mediante certas condições Se o médico não só não dá conhecimento ao atleta da substância como procede ao preenchimento da AFT, a sua responsabilidade terá de ser proporcional a esses factos.

Por fim, numa técnica legislativa tipicamente disciplinar, poderá sempre proceder-se à consagração de deveres concretos sobre os atletas na escolha dos médicos, dependendo, entre outras circunstâncias, da modalidade e do profissionalismo do praticante.

Depois de se concluir pela adequação e admitindo, apenas como hipótese académica, a necessidade de adoptar a medida contida no artigo 10.5.1 de forma a atingir-se os tão proclamados objectivos, uma vez que as opções existentes apesar de serem menos prejudiciais para os atletas também não têm a mesma eficiácia na prossecução dos objectivos propostos alcançar, cumpre questionar SE O RESULTADO OBTIDO É PROPORCIONAL À LIMITAÇÃO DO PRINCÍPIO CONSTITUCIONALMENTE GARANTIDO *NULLA POENA SINE CULPA* (PRINCÍPIO DA PROPORCIONALIDADE EM SENTIDO ESTRITO).

O regime estabelecido no artigo 10.5.1 do Código AMA, como já repetidamente foi referido, tem em vista tutelar o espírito e a verdade desportiva, a saúde dos atletas e a saúde pública, objectivos essenciais à manutenção da credibilidade e à própria sobrevivência de toda a indústria desportiva.

Cumpre uma vez mais notar que se torna conveniente não elevar a luta pelos referidos objectivos a um estatuto divino. A promoção da ética e da verdade desportivas, da lealdade, da honestidade e do fair play entre os atletas, e mesmo da saúde individual dos atletas e pública, não se basta com a consagração de um critério desta natureza.

O combate ao *doping* é hoje um fenómeno complexo que terá de beneficiar de medidas educacionais, preventivas e de consciencialização de toda a comunidade, não podendo partilhar de medidas "dissimuladas" que põem em causa a dignidade da pessoa humana. Da mesma forma que é impossível erradicar da sociedade práticas criminosas ou que atentam contra outras regras jurídicas, jamais se poderá aspirar à completa erradicação de práticas dopantes.

Não queremos com isto dizer que se deva abdicar da luta pelo alcance dos objectivos propostos, mas tão só que deverão ser respeitados determinados limites por forma a que não se ofendam outros princípios e direitos, também eles fundamentais à luz do nosso ordenamento jurídico.

O regime vertido no artigo 10.5.1º permite que o praticante desportivo possa ser responsabilizado disciplinarmente por actos negligentes ou dolosos do seu médico e das pessoas que pertençam ao seu círculo restrito, como por exemplo do seu treinador. Como se lê no referido comentário, "os praticantes desportivos são responsáveis pela escolha dos médicos com os quais trabalham..." e "por aquilo que ingerem e pela conduta das pessoas às quais confiam o acesso à respectiva comida e bebida."

Porém, e apesar de nos encontrarmos perante um dever de diligência máximo, as circunstâncias do caso concreto serão tidas em consideração. Se o praticante demonstrar que não sabia ou suspeitava, e que não poderia razoavelmente saber ou suspeitar, mesmo actuando de forma extremamente prudente, que usou ou que lhe foi administrada a substância proibida ou o método proibido, será eliminada a sanção disciplinar[441].

Para além das consequências imediatas da consagração de um regime de responsabilidade em que a apreciação da culpa é tida por padrões elevadíssimos de comportamento, como no caso do art. 10.5 do Código AMA, que consistem na impossibilidade de invocação de erro médico ou de erro cometido por qualquer outra pessoa pertencente ao círculo do praticante desportivo, podem vislumbrar-se algumas consequências mediatas benéficas.

A consagração e respectiva aplicação de um tal regime pode levar, efectivamente, ao aumento da consciência e ao desenvolvimento das capacidades pessoais dos praticantes desportivos, que desde jovens começam a ser alertados para determinadas realidades. Desta forma, o número de casos de atletas sancionados disciplinarmente por não terem um comportamento de acordo com os altos padrões de diligência exigidos poderá passar a ser maior nas modalidades ditas amadoras, diminuindo o número nas modalidades profissionais – tendo em conta essencialmente o nível de recursos financeiros e a maior informação e dedicação de todos os intervenientes nestas competições – onde precisamente acaba por haver mais fiscalização e controles *antidoping*. Pelo exposto haverá, simultaneamente, uma maior eficácia no combate ao *doping*, verificando-se um

---

[441] Cfr. definição de Inexistência de Culpa ou Negligência, constante no Código AMA.

reforço da credibilidade desportiva e um número cada vez menor de casos em que os praticantes são responsabilizados sem culpa.

Não obstante, todo este panorama apresenta-se num cenário hipotético, sendo certo que por um lado, e até se concretizarem as consequências previstas, continuar-se-á a violar significativamente o princípio da culpa e da dignidade da pessoa humana e, por outro lado, as consequências pretendidas obter apenas dirão respeito a um pequeno número de desportistas.

Um sistema de responsabilidade disciplinar muito próximo da responsabilidade objectiva, em que se pretende sancionar a todo o custo os desportistas, não se coaduna com os princípios constitucionais vigentes nos sistemas jurídicos do sul da Europa, nomeadamente com o princípio da culpa. Apesar de, por razões óbvias, tais situações raramente chegarem ao conhecimento público, ainda hoje muitos desportistas, nomeadamente menores de idade, são forçados a doparem-se sob a ameaça de serem expulsos do clube ou da respectiva selecção nacional[442].

---

[442] O Comité Olímpico da Alemanha (DOSB) e a farmacêutica Jenapharm indemnizaram, com cerca de 2,9 milhões de euros, 157 atletas oficialmente reconhecidos como vítimas do doping estatal da ex-República Democrática Alemã (RDA), que lhes causou danos graves e incapacitantes ao nível da saúde. O acordo alcançado em Dezembro de 2006 previa o pagamento de 18200 euros para cada um dos 184 atletas oficialmente reconhecidos como vítimas pelas autoridades de saúde da Alemanha (nem todos terminaram o processo de exames médicos exigido pelas entidades que fizeram os pagamentos). A antiga acção judicial movida pelos atletas contra o DOSB deve-se ao facto de este ter recebido os fundos do comité olímpico da ex-RDA. O envolvimento da Jenapharm é mais profundo: esta empresa era uma farmacêutica estatal da antiga Alemanha de Leste e produziu o Oral Turinabol, o anabolizante que os médicos e treinadores envolvidos no esquema davam aos atletas adolescentes dizendo que se tratava de vitaminas e proibindo-os de falarem no assunto com terceiros. O sistema de doping estatal permitiu à ex-RDA conquistar o terceiro lugar do quadro de medalhas dos Jogos Olímpicos de Munique, em 1972, objectivo alcançado sacrificando a saúde de muitos atletas, que eram dopados por vezes desde o início da adolescência, principalmente as raparigas, cujo desempenho desportivo era mais facilmente manipulável através do derivado de testosterona que era o composto principal do Oral Turinabol. "As vítimas sofrem de deformidades cardiovasculares, mudanças definitivas na voz e crescimento anormal de pêlos — e estes são apenas os efeitos menos graves. Outras têm cancro ou tiveram filhos com mutações genéticas", explicou à Reuters o advogado dos atletas, Michael Lehner, depois de um audiência realizada a 6 de Abril do ano passado (consultado em http://podium.publico.pt).
Geneviève Jeanson, atleta canadiana, poderia ter sido uma estrela no ciclismo feminino, mas abandonou a sua carreira aos 24 anos. Cumpriu só cinco épocas como profissional, o que, para esta atleta, representou uma eternidade. Marcada pelo doping, logo desde a adolescên-

O praticante desportivo aos olhos da AMA é visto como o autor ou pelo menos como cúmplice das práticas de *doping*, sendo que, na verdade, não raras são as situações em que ele é a vítima. Esta última afirmação parece estar na base do entendimento que fundamentou a decisão de apenas criminalizar a conduta de administração de substâncias proibidas, mesmo com o consentimento do atleta, e já não o uso dessas mesmas substâncias[443].

Estamos de acordo que sobre o praticante desportivo deve recair uma maior responsabilidade do que a exigida ao cidadão comum, não desportista, nas suas relações pessoais diárias.

Nos casos de modalidades individuais, como por exemplo o ténis, em que o atleta não representa nem tem por trás de si toda uma equipa, ele próprio deverá saber quais são as substâncias proibidas que constam na lista e deverá ser responsabilizado em caso de se auto-medicar. O atleta deverá, também, ser obrigado a escolher um médico especialista em medicina desportiva ou, nos casos em que tal seja completamente impossível por força das circunstâncias, deverá informar o médico de que é atleta e de que está sujeito a controlos *antidoping*. Da mesma forma, o atleta que se encontre integrado numa equipa deverá também saber quais são as substâncias proibidas constantes da lista.

Contudo, todos estes deveres derivam logo à partida da sua condição de atleta. Ou seja, tais deveres deverão resultar imediatamente ou das normas jurídicas de comportamentos existentes ou das normas do tráfego corrente no domínio da actividade desportiva ou dos costumes da própria actividade, sendo certo que quanto mais profissional for o atleta mais exigentes serão, à partida, os seus deveres. Agora, ir para além deste tipo de exigências e responsabilizar-se o atleta em casos de erro de médico altamente especializado parece-nos ser excessivo.

Em primeiro lugar, como vimos, não só o argumento da fraude à lei é posto em causa tendo em consideração a livre convicção do julgador, que não deve atribuir relevo a "desculpas" pouco fundadas, como há outras medidas a adoptar por forma a fazer diminuir os casos de fraude à lei. Por exemplo, para além da presunção judicial/natural, a consagração de uma

---

cia, e pelos abusos verbais e físicos que alega ter sofrido por parte do antigo treinador e marido, Jeanson acusa o seu pai de ter aceite a dopagem com EPO. (*http://podium.publico.pt*).
[443] Cfr. art. 5º do Decreto-Lei nº 390/91, de 10 de Outubro.

mais forte responsabilização do médico ou de qualquer outra pessoa pertencente ao círculo do atleta.

Em segundo lugar, por tudo o que foi sendo dito, não nos parece que sejam estas situações as que mais problemas suscitem na promoção dos objectivos propostos alcançar, mas sim aquelas em que as substâncias nem sequer são detectadas pelos controlos *antidoping*.

Em terceiro lugar, mal estaria a ordem jurídica se tivesse que consagrar um modelo de responsabilidade próximo da responsabilidade objectiva sempre que houvesse qualquer possibilidade de fraude à lei. A boa norma é aquela que em equilíbrio consegue tutelar determinados bens e interesses jurídicos sem restringir, ou restringindo no mínimo, direitos e liberdades fundamentais do indivíduo. Cada norma terá o objectivo de abarcar o maior número possível de situações susceptíveis de colocar em causa os bens jurídicos tutelados, e não "preocupar-se" em evitar situações de fraude à lei. Estas continuarão sempre a existir.

Por fim, como se pode pretender impor uma sanção disciplinar – nomeadamente uma sanção que pode ir até à suspensão vitalícia da actividade desportiva (irradiação) – pelo facto de uma pessoa confiar nos serviços profissionais de outra?

Não é exactamente o princípio contrário que deve valer no nosso, e em qualquer outro, sistema jurídico? Quem dedicou toda a vida a uma profissão, quem tira honorários avultadíssimos de uma profissão, não deverá ser responsabilizado?

Parece que as respostas a estas questões terão de ser positivas. Aliás, nesta linha de pensamento encontra-se o já referido princípio da confiança ou da auto-responsabilidade de terceiros[444] – segundo o qual, quem se comporta no tráfico de acordo com a norma de cuidado objectivo deverá poder confiar que o mesmo sucederá com os outros –, que ganha eminente relevo em matéria de divisão de tarefas no seio de uma equipa[445]: "Também nestes casos qualquer membro de uma equipa deve poder contar com uma actuação dos outros adequada à norma de cuidado"[446].

---

[444] Para maiores desenvolvimentos cfr. Figueiredo Dias, *ob. cit.* [4], p. 646 a 651.
[445] Neste sentido Figueiredo Dias, *ob. cit.* [4], p. 649.
[446] Figueiredo Dias, *ob. cit.* [4], p. 649.

Todo o exposto ganha maior perceptibilidade se tivermos em conta a "ameaça" e as consequências que as sanções disciplinares têm sobre os atletas. A consagração de um critério daquele tipo não só limita a liberdade de acção do atleta numa fase prévia, em que tem de decidir se irá recorrer a tratamento médico, como também numa fase posterior restringe certos direitos fundamentais, como o direito ao desporto e ao trabalho[447].

Que sentimento geral provocaria a situação de um jogador da nossa selecção nacional de futebol ser suspenso da actividade desportiva por um período de dois anos, por a substância proibida lhe ter sido administrada pelo médico da selecção, sem o seu conhecimento?

O direito visa, antes de tudo, regular relações estabelecidas entre sujeitos que, numa perspectiva global, cada vez mais são pessoas do mundo, inseridas num determinado meio comunitário. Se estas relações humanas carecem de normas para as regular, se o ser humano, no seu relacionamento comunitário, necessita de regras exteriores a ele próprio de forma a não ultrapassar certos e determinados limites, essas próprias regras terão também elas de ser norteadas e limitadas. Por mais que se pretenda atingir os objectivos propostos, haverá que respeitar os princípios fundamentais ou limitá-los no mínimo. Independentemente do tipo de responsabilidade disciplinar que se adopte, certo é que os casos de *doping* continuarão a existir.

O critério *utmost caution* causa demasiados prejuízos quando estes são comparados com os ganhos alcançados. Os ganhos alcançados na promoção do espírito e da verdade desportivos, na protecção da saúde individual dos atletas e mesmo na saúde pública, não justificam as lesões directas causadas pela violação do princípio *nulla poena sine culpa* à liberdade de autodeterminação individual, à honra, à dignidade da pessoa humana. Já para não falar das lesões indirectamente causadas ao direito ao desporto (pelo menos de competição) e ao trabalho, pertencentes ao atleta[448].

---

[447] Artigo 79º e 58º da CRP

[448] Ao compararem a letra do artigo 10.5.1 com a que constava na versão 2.0 do Código AMA, e que violava o princípio *nulla poena sine culpa*, António Rigozzi, Gabrielle Kaufmann-Kohler e Giorgio Malinverni concluem o seguinte: "the principle of *nulla poena sine culpa* requires that an innocent athlete is not sanctioned at all. The opinion so stated and, therefore, the wording

Pelo exposto, percebe-se que a reforma do regime jurídico português de luta contra o *doping*, agora vertido na Lei nº 27/2009, de 19 de Junho, não tenha adoptado o critério de comportamento de extrema diligência, idêntico ao adoptado pelo Código AMA, sob pena de ser considerado inconstitucional.

4.2. O dever de diligência máxima e o princípio da precisão ou da determinabilidade das normas jurídicas

Mesmo admitindo-se que a violação do princípio *nulla poena sine culpa* se justificaria face aos interesses que se pretendem tutelar com tal violação, sempre se dirá que o critério da máxima diligência viola também o princípio da precisão ou determinabilidade das normas jurídicas que se constitui como subprincípio do princípio geral da segurança jurídica relativamente a actos normativos.

Segundo Gomes Canotillho[449] uma das ideias a que se reconduz este princípio aponta para a *exigência de densidade suficiente na regulamentação legal*, pois um acto legislativo (ou um acto normativo em geral) que não contém uma disciplina suficientemente concreta (densa, determinada) não oferece uma *medida* jurídica capaz de: (1) alicerçar *posições* jurídica-

---

was changed to provid that «if the athlete establishes... that he or she bears no fault or negligence for the violation, the otherwise applicable period of ineligibility shall be eliminated». This wording fully complies with the requirement of the principle *nulla poena sine culpa*". (António Rigozzi/Gabrielle Kaufmann-Kohler/Giorgio Malinverni, *ob. cit.*, p. 58).

Estes autores parecem esquecer-se da definição de "no fault or negligence" constante no Código AMA, que contém o critério da "*utmost caution*", e do próprio comentário ao artigo 10.5.1. É que, se se considera que o artigo 1.9.2.3.3 da versão 2.0 do Código AMA – que dispunha que a sanção podia ser "lessened or eliminated in proportion to the EXCEPTIONAL CIRCUMSTANCES of a particular case, but only if the athlete can clearly establish that the anti-doping rule violation was NOT THE RESULT OF HIS OR HER FAULT OR NEGLIGENCE" – viola o princípio *nulla poena sine culpa*, por estabeler dois requisitos concomitantes para a eliminação da suspensão – 1º circunstâncias excepcionais e 2º ausência de culpa ou negligência do atleta – então, *a fortiori*, o artigo 10.5.1 também viola o mesmo princípio. Para além dos dois requisitos estabelecidos pela versão 2.0, o artigo 10.5.1 estabelece ainda um 3º requisito: "demonstrar a forma como a substância proibida entrou no seu organismo".

Ou seja, transferiu-se o requisito "em circunstâncias excepcionais" – que em termos práticos tem o mesmo resultado do critério da "*utmost caution*" – da letra do artigo 10.5.1 para a definição de "no fault or negligence", que acabará obrigatoriamente por ser aplicado, continuando o referido artigo a violar o princípio *nulla poena sine culpa*.

[449] Gomes Canotillho, *ob.cit.*, p. 250.

mente protegidas dos cidadãos; (2) constituir uma *norma de actuação* para a administração; (3) possibilitar, como *norma de controlo*, a fiscalização da legalidade e a defesa dos direitos e interesses dos cidadãos."

O Código AMA consagra um dever geral – "é um dever de cada praticante desportivo assegurar que não introduz no seu organismo nenhuma substância proibida" – e, posteriormente, quando se pretende aferir da existência ou não de culpa por parte do praticante desportivo na violação desse dever tem-se como critério a diligência de cuidado máximo (*utmost caution*).

Desta forma, o praticante desportivo *a priori* apenas sabe que tem o dever de assegurar que não introduz no seu organismo qualquer substância proibida. Quando confrontado com a necessidade de escolher um médico ou de tomar algum medicamento terapêutico, fica sem saber como proceder.

Se, por um lado, em algumas situações o facto de proceder de acordo com o indicado pelo médico do clube, da selecção nacional ou da própria organização do evento desportivo, é tido como suficiente para preencher o conceito *utmost caution*[450], noutras situações a consulta de um médico do mundo desportivo, ainda que não pertencente à organização do evento desportivo, não foi considerada de extrema diligência. Se, por um lado, a letra do artigo parece só responsabilizar o atleta quando ele não tenha agido de forma extremamente prudente, por outro, do comentário ao artigo parece resultar que o atleta é sempre responsável pelos actos dos médicos que escolhe, independentemente de esta escolha ter sido efectuada de forma extremamente prudente. Tudo porque a norma legal recorre a um conceito estranho ao direito actual.

O conceito *utmost caution* não se encontra densificado nos actuais ordenamentos jurídicos como o conceito de "diligência do homem-médio" que remonta ao direito romano. O recurso à letra do artigo 10.5.1º, ao seu comentário, e à definição de "no fault or negligence", consagrada no próprio Código AMA, não é suficiente para se chegar a um concreto padrão de comportamento exigível. Aliás, como já referimos, parece mesmo existir uma contradição entre os termos "razoavelmente" e "*utmost caution*" utilizados na definição de inexistência de culpa ou negligência. Daí que também a jurisprudência seja bastante controvertida.

---

[450] Como foi o caso, p. ex., do atleta Romeno Oliferenko.

Temos para nós que uma norma jurídica capaz de desencadear sanções que podem ir até à suspensão da prática da actividade desportiva por um determinado período de tempo ou até mesmo à irradiação da actividade desportiva[451] carece de maior precisão.

O regime consagrado no artigo 10.5.1, completado pela definição de inexistência de culpa ou negligência, viola o princípio da precisão ou determinabilidade das normas jurídicas, princípio constitutivo de um Estado de direito[452], porquanto a norma em análise não é, em nosso entender, suficientemente clara, transparente e fiável, de forma a permitir que o praticante veja garantida a segurança nas suas disposições pessoais e nos efeitos jurídicos dos seus próprios actos.

5. Algumas considerações sobre o regime de prova da culpa do praticante desportivo

5.1. Presunção de culpa *vs. In dubio pro reo*

Um dos maiores problemas com que o combate ao fenómeno do *doping* se tem deparado relaciona-se com a difícil tarefa de provar o elemento subjectivo da infracção disciplinar, havendo quem refira que se o ónus da prova da culpa recaísse sobre a entidade desportiva então, "todas as medidas de combate ao *doping*, que se traduzem na imposição de sanções penais, contra-ordenacionais, desportivas e disciplinares, seriam meras declarações de intenção, com exígua possibilidade de aplicação prática"[453].

Pretende-se, nas situações em que se verifica um resultado positivo no exame laboratorial efectuado às amostras previamente recolhidas, presumir a culpa do praticante desportivo na violação de normas de combate à dopagem, com a consequência de o ónus da prova se inverter, passando então a caber ao atleta provar que tomou as diligências que lhe são exigidas e que, ainda assim, o resultado do teste foi positivo.

---

[451] A sanção de irradiação da actividade desportiva levanta também ela sérias dúvidas de legalidade. Por se afastar por completo do objecto do presente estudo entendemos não nos debruçar sobre tal assunto.
[452] Neste sentido Gomes Canotilho, *ob. cit.*, p. 250.
[453] Nuno Barbosa, *ob. cit.*, p. 101.

Perante casos de *doping* puramente internos, nacionais, e à luz do regime anterior (Decreto-Lei nº 183/97, de 26 de Julho), entendia-se[454] – com base no modo como a lei qualifica o conceito de dopagem e as sanções disciplinares associadas à verificação de um resultado positivo – bastar a verificação de um resultado positivo nas análises para que estejam preenchidos todos os pressupostos necessários à responsabilização disciplinar do atleta. Isto porque, defendia-se existir uma presunção legal de culpa que só pode ser afastada mediante a prova do contrário.

Já na altura não era este o nosso entendimento. Percorrendo todo o Decreto-Lei nº 183/97, de 26 de Julho, não se encontrava qualquer presunção legal de culpa, capaz de inverter o ónus da prova estabelecido no artigo 342º do CCiv. Consistindo as presunções em ilações que a lei ou o julgador tiram de um facto conhecido para firmar um facto desconhecido[455], há que fazer a distinção entre as presunções legais e as presunções judiciais.

As presunções legais ou de direito são as que decorrem da própria lei. Do disposto no nº 1 e nº 2 do artigo 350º do CCiv, resulta que quem tem a seu favor uma presunção legal escusa de provar o facto a que ela conduz, sendo que estas presunções podem ser ilididas, excepto nos casos em que a lei o proibir, mediante prova em contrário. Atentemos nos escritos de Rui Rangel: "sempre que exista uma presunção legal a favor da pretensão de alguma das partes em litígio, incumbe a essa parte alegar e provar o facto que serve de base à presunção. À contraparte incumbe, se pretender destruir a prova feita através da presunção, fazer a prova do contrário do facto que serve de base à presunção legal ou do próprio facto presumido"[456].

Por sua vez, as presunções naturais, judiciais, têm como fundamento as regras práticas da experiência. O juiz, com base no saber de experiência, tira ilações de um facto conhecido para firmar um facto desconhecido. Como refere aquele autor[457] "...as presunções naturais consistem no tirar ilações pelo juiz de um para outro facto que se encontram ligados por uma especial e particular relação, apoiando-se esta actividade num

---

[454] Nuno Barbosa, *ob. cit.*, p. 100.
[455] Cfr. art. 349º do CCiv.
[456] Rui Manuel de Freitas Rangel, *O Ónus da Prova no Processo Civil*, Almedina, Coimbra, p. 220.
[457] Rui Manuel de Freitas Rangel, *ob. cit.*, p. 246.

instrumento probatório constituído pelo facto-base da presunção... mesmo nos casos em que o autor consegue criar no espírito e na convicção do juiz um juízo de certeza relativamente ao facto-base, jamais consegue, em relação ao facto presumido ou principal, criar esse mesmo juízo, uma vez que este consiste em meras ilações do juiz. Trata-se de um juízo de probabilidade em relação ao facto presumido, pelo que as presunções naturais podem ser ilididas mediante simples CONTRAPROVA do réu" (destaque nosso).

Enquanto as presunções legais, para serem ilididas, carecem de prova do contrário – art. 350º, nº 2 do CCiv –, já as presunções judiciais podem ser ilididas mediante a criação de dúvida sobre a realidade do facto presumido no espírito e mente do juiz[458] – artigo 516º do CPC.

Posto isto, e como conclui Rui Rangel[459], "se a simples contraprova é bastante para colocar em crise o juízo de probabilidade do juiz relativamente ao facto presumido, é de concluir que NÃO EXISTE QUALQUER INVERSÃO DO ÓNUS DA PROVA". (destaque nosso)

Na verdade, a inversão do ónus da prova estabelecida nos artigos 342º e 343º do CCiv, apenas ocorre quando haja presunção legal, dispensa ou liberação do ónus da prova, ou convenção válida nesse sentido, e, de um modo geral, sempre que a lei o determine – artigo 344, nº 1, do CCiv.

Um exame laboratorial positivo é sinónimo da presença de uma substância proibida no organismo do atleta. Perante a prova científica deste facto, e de que a substância proibida não pode ter sido produzida pelo organismo, pode-se presumir, com base em experiências de vida (presunções naturais), que o atleta a consumiu ou a usou e de forma culposa. Ou seja, a partir de um facto provado cientificamente faz-se uma dupla presunção: primeira, o uso ou consumo da substância proibida; e segunda, a culpa do praticante desportivo. É este, também, o entendimento de

---

[458] Sobre a distinção entre contraprova e prova do contrário, Rui Manuel Freitas Rangel, *ob.cit.*, p. 191, "O ónus da contraprova ocorre quando a parte onerada com a prova consegue fazer prova bastante, só por si, sujeitando a parte contrária a ter que fazer prova que crie no espírito do juiz dúvida ou incerteza sobre os factos que constem na base instrutória da causa. Não precisa de provar que tais factos não são verdadeiros. Diferente da contraprova é a prova do contrário que tem como fundamento demonstrar que determinado facto que foi provado, não é verdadeiro".

[459] Rui Manuel de Freitas Rangel, *ob. cit.*, p. 246.

Klaus Vieweg[460] que pugna pela aplicação da prova *prima facie,* ou prova da primeira aparência, terminologia utilizada nos países da *common law.*

Por estarmos perante uma presunção natural, ao atleta basta criar dúvidas no julgador sobre o facto presumido de forma a não ser sancionado disciplinarmente.

As dificuldades em provar a culpa do atleta alegadamente dopado, por parte das federações desportivas, à luz do anterior regime jurídico, podiam ser diminuídas com o recurso a esta figura técnica probatória – presunção natural, judicial, ou prova *prima facie* – sem se tornar necessário proceder à inversão do ónus da prova.

"Nuns casos, e designadamente quando se tratar de substâncias que, pela sua natureza ou pela quantidade encontrada, conjugadas com o tipo de desporto praticado e com o aumento de rendimento que nele proporcionam, não possam, segundo as regras da experiência, deixar de ter sido ingeridas pelo atleta com o conhecimento da sua natureza e com a intenção de, mediante o seu uso, melhorar a sua prestação competitiva, indiciar-se-á o dolo na sua forma mais grave (*dolo directo*). Noutras situações, tendo em consideração a natureza da substância e a quantidade detectada, se for admissível, em face das regras da experiência, que o atleta a possa ter ingerido inadvertidamente com um determinado suplemento alimentar, sem se assegurar previamente da real composição de tal suplemento, mas sem que a possibilidade da presença da substância dopante no mesmo fosse por ele admitida, indiciar-se-á mera *negligência inconsciente*"[461].

Não havendo qualquer inversão do ónus da prova limita-se, no mínimo, a violação do princípio constitucional *in dubio pro reo*. A prova dos factos constitutivos da infracção às leis de combate à dopagem cabe à acusação. Em caso de exame laboratorial positivo sem que resulte, da investigação, qualquer circunstância que crie dúvidas no julgador sobre a existência de culpa do praticante, deverá haver lugar a sanção disciplinar. Se

---

[460] "The prima facie proof therefore consists of a double presumption: first, of the use or application of the substance, and second, of a culpable element." (Klaus Vieweg, *ob. cit.*, p. 45).
[461] Parecer da Procuradoria-Geral da República nº 93/2006, publicado no DR, 2ª série – nº 16-23 de Janeiro de 2007.

da investigação, composta pelas declarações do atleta ou por qualquer outro meio de prova, resultar a certeza no julgador da inexistência de culpa do praticante desportivo na ingestão da substância proibida, o processo disciplinar deverá ser arquivado. Por fim, se da investigação resultar uma dúvida insanável (por o praticante desportivo ter apontado alguma causa bastante provável, "não culposa", que justifique a presença da substância no seu organismo) o processo disciplinar deverá igualmente ser arquivado pela aplicação do princípio *in dubio pro reo*.

Apesar do exposto, não deixa de ser verdade que se por qualquer razão o praticante não conseguir criar no espírito do julgador essa dúvida insanável, ele será punido disciplinarmente sem se ter feito prova absoluta da sua culpa. Saber se este desvio ao princípio *in dubio pro reo* é justificável perante os interesses em jogo é o que iremos analisar adiante.

E o que dizer, neste âmbito, quanto ao novo regime jurídico da luta contra a dopagem previsto na Lei nº 27/2009, de 19 de Junho?

A Lei nº 27/2009, de 29 de Junho, limita-se a regular o ónus da prova relativo à determinação da existência de uma violação a uma norma antidopagem, nada prevendo para a aferição da culpa do praticante desportivo.

Nos termos do artigo 9º (Prova de dopagem para efeitos discilpinares), o ónus da prova de dopagem, para efeitos disciplinares, recai sobre a ADoP, cabendo-lhe determinar a exitência da violação de uma norma antidopagem.

Quanto ao ónus da prova da culpa do praticante desportivo nada é dito. Isto é, também no novo regime de luta contra a dopagem não existe qualquer presunção legal de culpa, capaz de inverter o ónus da prova estabelecido no artigo 342º do CCiv. Pelo que, todas as considerações supra expostas para o regime anterior valem para o novo regime.

E o Código AMA na nova versão de 2009? Consagrará uma verdadeira presunção legal que importe a inversão do ónus da prova da culpa, cabendo ao praticante desportivo provar não só a origem da substância, mas também que a presença da substância proibida ou dos seus metabolitos ou marcadores no seu organismo, ou a utilização de uma substância proibida ou de um método proibido, não se deveu a culpa ou negligência da sua parte?

Nos termos do disposto no artigo 3.1, segunda parte, do Código AMA, nos casos em que o código coloca o ónus da prova sobre o praticante desportivo, como forma de se defender de uma acusação ou ilidir uma presunção ou determinados factos ou circunstâncias que lhe são imputados – como é o caso do artigo 10.5 em que o praticante tem de provar não só a origem da substância mas também que a infracção em causa não se deveu a culpa ou negligência da sua parte – o grau de prova exigível será fundado no justo equilíbrio das probabilidades, excepto nos casos previstos nos artigos 10.4 e 10.6.

Mais uma vez não estamos perante uma verdadeira inversão do ónus da prova. O praticante desportivo que pretenda ver eliminada a sanção disciplinar não tem de provar, com um grau de certeza absoluta, a origem da substância e a sua ausência de culpa. Bastar-lhe-á alegar e provar factos que impeçam a entidade sancionadora de concluir, com um grau de certeza superior a um justo equilíbrio de probabilidades, pela existência de culpa sua.

Ou seja, ao praticante desportivo apenas é exigido fazer prova dos factos que coloquem a entidade sancionadora perante uma dúvida insanável. Bastando a contraprova, fundada no justo equilíbrio das probabilidades, para evitar a sanção disciplinar, concluímos não estarmos perante uma verdadeira inversão do ónus da prova, em que caberia ao praticante desportivo provar, com um grau de certeza absoluta, a sua ausência de culpa.

Ainda assim, o praticante desportivo continua a poder ser sancionado disciplinarmente sem que haja a certeza absoluta da existência de culpa da sua parte, indiciando a violação do princípio da presunção de inocência do atleta. A resultado semelhante[462] se chegaria mesmo que não houvesse uma presunção. É que o artigo 3.1 do Código AMA dispõe que nos casos em que o ónus da prova recai sobre a organização antidopagem, "... o grau de prova exigido... será sempre superior a um mero equilíbrio de probabilidades mas sempre inferior a uma prova para além de qualquer dúvida razoável."[463]

---

[462] Semelhante mas não exactamente igual, uma vez que agora nos encontramos num "degrau de prova" acima.
[463] Sobre os diferentes graus de prova estabelecidos pelo Código AMA, que são estranhos pelo menos aos ordenamentos jurídicos do sul da Europa, James A. R. Nafziger conclui que, "of gratest interest is the standard of «comfortable satisfaction» that is defined to be «greater than a mere balance of probability but less than proof beyond a reasonable doubt". Thus the Code adopts a standard whose rigor lies somewhere between what is normally applied in private law and what is applied under public (penal or criminal) law" (James A. R. Nafziger, "Circumstancial Evidence of Doping: Balco and Betond", *Marquette Sports Law Review*, Volume 16, 2005, nº 1, p. 51).

Chegado a este ponto cumpre, então, questionar se as limitações à plena aplicação do princípio *in dubio pro reo* são justificáveis tendo em consideração que nos encontramos perante um verdadeiro conflito de interesses, em que de um lado se encontra o interesse público de combate à dopagem, e os demais interesses que fundamentam tal combate – nomeadamente a promoção da verdade e igualdade desportivas, a prevenção da saúde individual e mesmo pública, e a preservação do espírito desportivo – e do outro lado, o interesse do praticante desportivo em não ser sancionado disciplinarmente nos casos em que a sua culpa não seja provada pela entidade desportiva competente, ou seja, em não ser sancionado disciplinarmente nos casos em que não haja a certeza de merecer um juízo de censura, que em suma e em termos gerais significa a protecção da dignidade da pessoa humana.

De acordo com o nº 2 do art. 6º da Convenção Europeia dos Direitos do Homem[464], que tem como epígrafe *direito a um processo equitativo*, "qualquer pessoa acusada de uma infracção presume-se inocente enquanto a sua culpabilidade não tiver sido legalmente provada". Apesar de, desde logo, parecer que tal presunção viola este artigo, note-se que o Tribunal Europeu dos Direitos do Homem foi bem claro ao concluir que "...does not therefore regard presumptions of fact or of law provided for in the criminal law with indifference. It requires States to confine them within reasonable limits which take into account the importance of what is at stake and maintain the rights of the defence".[465] Com base nesta decisão Kaufmann-Kohler, Malinverni e Rigozzi[466] consideram que uma presunção de culpa é compatível com o princípio *in dubio pro reo*, desde que se encontre dentro de limites razoáveis.

O significado e interpretação dos princípios constitucionais penais, aquando da sua aplicação a matérias disciplinares, podem, perante uma justa ponderação de interesses, sofrer alguns desvios, desde que dentro de limites razoáveis. Ou seja, a aplicação do princípio constitucional *in dubio pro reo*, que em matéria penal significa que o arguido só poderá ser

---

[464] Cfr.. *A Convenção Europeia dos Direitos do Homem: anotada*, Irene Cabral Barreto, 2ª ed., Coimbra Editora, 1999.
[465] Tribunal Europeu dos Direitos do Homem, no caso Salabiaku V. France, Decisão de 7 de Outubro de 1988, parágrafo 27, série A114-A (1988).
[466] Kaufmann-Kohler, Malinverni e Rigozzi, *ob. cit.*, parágrafo 134.

condenado quando a prova efectuada pela acusação leve à certeza absoluta da existência de culpa da sua parte, pode ser limitada por meio de uma justa ponderação de interesses.

No que ao regime disciplinar por *doping* diz respeito, todos os interesses em jogo são dignos de salvaguarda, e não há dúvidas de que a consagração de uma presunção nos termos já expostos pode levar a determinadas injustiças, nomeadamente nos casos em que um praticante desportivo inocente não consegue provar, *by a balance of probability*, a ausência de culpa. No entanto, como já referimos, é bastante difícil, senão mesmo impossível, para a entidade desportiva competente provar, *beyond a reasonable doubt*, a culpa do praticante. *In casu*, as medidas de combate ao *doping* não passariam de meras intenções teóricas inexequíveis, comprometendo-se verdadeiramente o alcance dos tão proclamados objectivos, dos quais se destacam a promoção da verdade e igualdade e do espírito desportivos.

Este é exactamente o entendimento de Marcelo Madureira Prates quando refere que, "havendo a prova da existência da infracção e da sua autoria, i. e., da materialidade do ilícito, e não existindo a favor do administrado nenhuma justificação desde logo evidente... julgamos que a administração pode, ou antes, que ela deve abrir o procedimento administrativo visando sancionar o infractor. E não nos parece que haja, nessa hipótese, ofensa alguma ao princípio da presunção de inocência, invocável no direito administrativo sancionador por extensão do regime constitucional-penal de garantias." Isto porque, conclui o autor, "a presunção de inocência tem por finalidade principal impedir o comportamento das autoridades repressivas que possa deixar a impressão de que o administrado é culpado".[467]

Este princípio impõe a proibição de a Administração "prejulgar" o administrado, acusando-o sem a apresentação de provas sobre a configuração, material e moral, da infracção ou sem lhe dar a oportunidade de trazer ao processo as provas justificativas dessa mesma infracção ou do cumprimento da diligência devida.[468]

Por fim, como se viu, quer por via de uma presunção natural de culpa, quer por via da presunção legal consagrada no Código AMA, nunca o pra-

---

[467] Marcelo Madureira Prates, *ob. cit.*, pp. 96 e 97.
[468] Neste sentido também Marcelo Madureira Prates, *ob. cit.*, p. 97.

ticante desportivo tem de fazer prova absoluta da sua ausência de culpa, bastando-lhe efectuar a contraprova, fundada num mero juízo de probabilidades.

Por tudo o *supra* exposto entendemos que a limitação à aplicação do princípio *in dubio pro reo* decorrente da consagração de presunções de culpa deste tipo apenas pode, eventualmente, "beliscar" a dignidade da pessoa humana nas escassas situações em que o atleta não conseguiu criar no julgador a dúvida de que a substância se encontrava no seu organismo devido a uma conduta não negligente ou, o mesmo é dizer, nas escassas situações em que não conseguiu sequer criar a dúvida de ter agido de acordo com o cuidado objectivamente devido. Tal limitação torna-se bastante razoável tendo em consideração a eficácia na promoção do espírito e da verdade e igualdade desportivas que estas medidas podem alcançar. Consideramo-las, portanto, compatíveis com o princípio da presunção de inocência.

Este entendimento é partilhado por Kaufmann-Kohler, Malinverni e Rigozzi[469], "we conclude that the presumption of the athlete's fault provided for in articles 10.2 and 10.5 is compatible with the principle of the presumption of innocence, and more generally with human rights and fundamental principles of law."

Não obstante o TAD, no célebre acórdão de 9 de Julho de 2001, acaba por ir um pouco mais além do nosso entendimento:

> "Ao ter estabelecido o princípio de que a suspensão de um atleta por violação das normas antidopagem implica a existência de culpa por parte dele/dela, isto não significa, do ponto de vista do Tribunal, que caiba à federação fazer prova plena de todos os factos da violação, tal como acontece em relação a um crime, no qual a presunção de inocência recai a favor do arguido. Não há dúvida de que a federação tem de estabelecer e – em caso de contestação – fazer prova dos elementos objectivos da violação, especialmente, por exemplo, provar que a amostra foi recolhida adequadamente, que ocorreu uma cadeia de custódia da amostra no trajecto para o laboratório completa e que a análise da amostra foi efectuada com tecnologia de ponta. Este procedimento segue a regra geral de que uma pessoa que alega um facto tem

---

[469] Kaufmann-Kohler, Malinverni e Rigozzi, *ob. cit.*, parágrafo 140.

o ónus da prova... No entanto, se fosse exigido às federações fazer prova dos necessários elementos subjectivos da violação, i. e., da intenção ou negligência por parte do atleta, seria posto fim à luta antidopagem... Na realidade, uma vez que nem a federação nem o TAD detêm os meios necessários para conduzir a sua própria investigação ou para obrigar as testemunhas a prestar depoimento, meios que estão disponíveis ao Ministério Público em procedimentos criminais, seria muito simples para um atleta refutar qualquer intenção ou negligência declarando simplesmente que ele/ela não faz a mínima ideia de como a substância proibida chegou ao seu organismo... Por este motivo, o Tribunal crê que, tendo em vista os elementos subjectivos de uma violação às normas antidopagem, ao pesar os interesses da federação em combater a dopagem e os interesses do atleta em não ser punido sem culpa, a balança inclina-se para o lado da luta antidopagem. Na verdade, a dopagem apenas acontece na esfera do atleta: ele/ela controla o seu corpo, o que ele/ela come e bebe, qual a medicação que ele/ela toma, etc... Nestas circunstâncias é apropriado presumir que o atleta consumiu em consciência ou pelo menos de forma negligente a substância que conduziu ao teste de dopagem positivo... O princípio de presunção da culpa por parte do atleta não o deixa, no entanto, sem protecção, porque ele/ela tem o direito de refutar a presunção, i.e., demonstrar que a presença da substância proibida no seu corpo não foi devida a qualquer intenção ou negligência da sua parte... O atleta pode, por exemplo, fazer prova de que a presença da substância proibida é o resultado de um acto com intento malicioso levado a cabo por terceiros... O princípio de presunção da culpa e o ilidir a mesma pelo atleta também tem sido aplicado por várias decisões do TAD, não só no que se refere às normas da FEI que determinam expressamente a presunção da culpa, mas também no que diz respeito aos regulamentos que surgem para seguir um sistema de responsabilidade sem culpa...

O Tribunal reconhece que as opiniões dos tribunais e das autoridades legais diferem no que diz respeito à possibilidade de se inverter o ónus da prova. Como exemplo, o OLG de Frankfurt, na sua decisão de 18 de Maio de 2000, é a favor de uma norma de acordo com a qual a presença de uma substância proibida no corpo de um atleta faz prova *prima facie* da culpa por parte do atleta; isto deixa o atleta com o ónus da prova de que, no seu caso específico, os factos foram diferentes da sequência habitual dos acontecimentos. Em muitos casos, os resultados práticos de ambos os cenários – uma inversão do ónus da prova ou a destruição da prova *prima facie* – serão os mesmos, mas o Tribunal reconhece que o ónus no atleta é ligeiramente menor no último caso. No entanto, o Painel crê que, por princípio, a inversão do ónus da prova, fazendo com que o atleta tenha de efectuar prova plena da ausência de intenção ou negligência, é adequada e apropriada ao pesar os interesses de ambas as partes."[470]

5.2. "A forma como a substância proibida entrou no organismo"

Detectada a presença de uma substância proibida numa amostra de líquido orgânico de um determinado atleta é corrente este alegar que actuou sempre com o máximo de cuidado e que, ainda assim, o exame laboratorial foi positivo, desconhecendo, no entanto, como é que a mesma entrou no seu organismo.

Para evitar este tipo de situações estipulou-se no art. 10.5.1 do Código AMA que "quando uma substância proibida ou os seus marcadores ou metabolitos forem detectados nas amostras de um praticante desportivo em violação do art. 2.1 (presença de uma substância proibida), o praticante desportivo tem de demonstrar A FORMA COMO A SUBSTÂNCIA PROIBIDA ENTROU NO SEU ORGANISMO de forma a ver eliminado o período de suspensão".

Também nesta situação o grau de prova exigível é fundado no justo equilíbrio de probabilidades[471].

O Código Mundial Antidopagem consagra, por esta via, um modelo misto de ilidir a culpa, contendo um elemento subjectivo – demonstração de ausência de dolo e negligência em caso de infracção às normas antidopagem nos termos do artigo 2.1 – e simultaneamente um elemento objectivo – demonstração da forma como a substância proibida entrou no seu organismo.

Refira-se contudo que o atleta, ao pretender ilidir a presunção de culpa mediante a demonstração de que actuou com diligência máxima

---

[470] Arbitration CAS 2000/A/317, A./FILA, award og 9 og July 2001, Digest of CAS Awards III, 2001-2003, Kluwer Law International, pp. 166-167.
[471] Artigo 3.1 do Código AMA.

acabará, se não em todos pelo menos na grande maioria dos casos, por indicar a forma provável como a substância proibida entrou no seu organismo.

Nos casos em que os praticantes desportivos invocam erro médico para justificarem a presença da substância proibida têm, também, p. ex., que apresentar um dossier clínico em que conste a prescrição de um medicamento contendo a substância proibida, demonstrando assim a forma como esta entrou no seu organismo. Como vimos, o praticante desportivo que pretenda ilidir a presunção terá que demonstrar que não sabia ou suspeitava, e não poderia razoavelmente saber ou suspeitar, mesmo actuando de forma extremamente prudente, que usou ou lhe foi administrada a substância[472]. Demonstração essa que jamais atinge o grau de prova exigível – justo equilíbrio de probabilidades[473] – se não for indicada a forma provável de entrada da substância no organismo do atleta.

Ou seja, independentemente da consagração expressa do requisito constante na parte final do artigo 10.5.1 do Código AMA, tal circunstância já se tornava exigível pela segunda parte do mesmo artigo. Isto é, ao ilidir o elemento subjectivo o atleta ilidirá também o elemento objectivo.

Parece, porém, que com a consagração expressa deste dever se pretendeu esclarecer qualquer tipo de dúvida que pudesse surgir aquando do ilidir da presunção de culpa. A consagração deste requisito veio assim confirmar o que já era nosso entendimento.

Por tudo isto, a consagração deste elemento objectivo não cria dificuldades de maior na análise do artigo 10.5.1.

Por esta mesma ordem de ideias, mesmo não havendo qualquer presunção legal, como no caso do novo regime de luta contra a dopagem previsto na Lei nº 27/2009, de 19 de Junho, perante um exame laboratorial positivo em que o julgador presume, com base em experiências de vida (presunção natural ou prova *prima facie*), a culpa do praticante desportivo, este, de modo a efectuar a contraprova – criação naquele de uma dúvida fundada sobre a efectiva verificação da culpa – terá, naturalmente, que indicar a forma como a substância entrou no seu organismo. Não o fazendo não cremos que consiga criar no julgador essa dúvida fundada.

---

[472] Definição de inexistência de culpa ou negligência do Código AMA.
[473] Cfr. art. 3.1, segunda parte, do código AMA.

O praticante desportivo tem, então, não só de provar a ausência de culpa[474] pelo cometimento da infracção ao artigo 2.1, como também a forma como a substância proibida entrou no seu organismo – sempre com o grau de prova exigível a ser o do justo equilíbrio de probabilidades – se pretender ver eliminada a sanção disciplinar.

Não estamos perante uma verdadeira "prova diabólica" que colocaria em causa os princípios fundamentais de um Estado de direito.

5.3. Como provar uma infracção às normas antidopagem com base em provas indirectas, circunstanciais – "circumstantial evidence"?

Se até aqui analisámos a infracção às normas antidopagem com base numa "prova directa" – exame laboratorial positivo efectuado num controlo *antidoping* – situações há em que com base apenas em provas indirectas, circunstanciais, se prova o cometimento de uma infracção às normas antidopagem.

À luz do Código AMA, os casos típicos de *doping* em que não há o resultado positivo no exame laboratorial reconduzem-se à manipulação ou contaminação das amostras dos praticantes desportivos.

Encontramo-nos, agora, perante uma violação das regras antidopagem que se traduz na utilização de métodos proibidos, e que só por si dá origem à imediata invalidação dos resultados obtidos numa competição individual. Este método proibido encontra-se consagrado na lista de substâncias e métodos proibidos de 2010, do Código AMA: M2, Manipulação Química e Física, al. *a)*, "a adulteração, ou tentativa de adulteração, de forma a alterar a integridade e validade das amostras recolhidas nos controlos de dopagem é proibida, incluindo mas não limitado à caracterização e à substituição ou alteração da urina (ex: proteases)".

Ou seja, apesar de não haver um resultado positivo no exame laboratorial, provando indirectamente que foram utilizados métodos proibidos aplica-se também a regra da responsabilidade objectiva às sanções desportivas – invalidação dos resultados obtidos numa competição individual[475].

---

[474] Culpa esta apreciada pelo dever de diligência máximo que recai sobre a actuação do praticante.
[475] De acordo com o artigo 9º do Código AMA.

Ao mesmo resultado chegamos pela aplicação do regime de prevenção e combate à dopagem português, nomeadamente pela aplicação em conjunto do artigo 3º, nº 2 al. *b*), do artigo 69º, nº 1 e da já referida lista de substâncias e métodos proibidos de 2010 do Código AMA, ratificada pela Conferência de Partes da Convenção Internacional contra a Dopagem no Desporto da UNESCO em 28/10/2009 e pelo Grupo de Monitorização da Convenção Contra a Dopagem do Conselho da Europa em 18/11/2009.

O problema destas situações reside no facto de apenas haver provas indirectas de ter sido o praticante a manipular as amostras, apesar de o laboratório revelar que estas foram efectivamente alteradas.

Neste tipo de casos, o TAD defende que havendo provas, superiores a um mero equilíbrio de probabilidades[476], de que a amostra foi alterada enquanto se encontrava sob a alçada do atleta, cabe a este avançar com alguma explicação que refute essas mesmas provas[477]. Conforme atesta Richard McLaren[478], até hoje não houve nenhum atleta suspeito que conseguisse convencer o tribunal de que as amostras tivessem sido alteradas por terceiros ou de que as embalagens onde aquelas são transportadas pudessem ter sido abertas.

No "caso Galabin Boevski", o laboratório revelou que as amostras de urina de Boevski, Zlatan Vanev e Georgi Markov, todos eles halterofilistas húngaros, eram provenientes da mesma pessoa. Depois de todos terem sido suspensos, Boevski recorreu para o TAD que não deu como provado que a amostra tivesse sido aberta por terceiro sem possibilidade de ser detectado. O praticante não ofereceu provas que pudessem indiciar alguém que tivesse manipulado as amostras, e todas as existentes no processo eram inconsistentes com a possibilidade de sabotagem. E, apesar de um agente de controlo de *doping* ter visto Boevski a urinar para o recipiente, a verdade é que o praticante desportivo não foi controlado por ninguém pertencente ao dispositivo dos halterofilistas. Perante a oportunidade e os motivos que Boevski tinha, o TAD entendeu que havia uma probabilidade muito alta de essa manipulação ter ocorrido durante ou

---

[476] Cfr. artigo 3º do Código AMA.
[477] Arbitration CAS 2004/A/607, Galabin Boevski v. IWF, ponto 7.9.6.
[478] Richard McLaren, *ob. Cit.* [2], p. 10.

depois de os atletas urinarem e fecharem os recipientes, convencendo-se de que Galabin Belovski manipulou a amostra sozinho ou ajudado por alguém.

No "caso Michelle Bruin", havia provas de que a nadadora irlandesa tinha contamindo a amostra de urina com álcool, nomeadamente com whisky. Durante o tempo em que a nadadora esteve a urinar para o recipiente, a sua vagina não era visível por parte da pessoa que se encontrava a efectuar o devido controlo. Para além deste facto, as análises indicavam uma forte possibilidade de utilização de substâncias proibidas, "some metabolic precursor of testoterona".

Tal como no caso anterior, não foram trazidas para o processo provas capazes de fundamentar quer a teoria de que o recipiente foi aberto posteriormente, quer a possibilidade de sabotagem, ou mesmo que tenha ocorrido algum erro durante as análises da amostra.

Mais uma vez as provas indirectas, circunstanciais, foram suficientes para declarar que a atleta cometeu uma infracção às normas antidopagem – "... the absense of direct evidence of manipulation was in no way fatal to Appellant's case. The substantial circumstantial evidence clearly sufficed."[479]

Também neste tipo de situações o ónus da prova recai sobre a AMA, ou qualquer Federação Internacional que acuse um atleta do cometimento de uma infracção. Contudo, e de acordo com o artigo 3º do Código AMA, o grau de prova exigido será sempre superior a um mero equilíbrio das probabilidades, mas sempre inferior a uma prova para além de qualquer dúvida razoável, "... less than the criminal standard, but more than the ordinary civil standard."[480]

---

[479] Arbitration CAS 98/211, Bruin, FINA, acórdão de 7 de Junho de 1999, *Digest of CAS Awards II 1998-2000*, Kluwer Law International, p. 255-273.

[480] O TAD esclareceu que, "the Panel is in no doubt that the burden of proof lay upon FINA to establish that an offence had been committed. This flows from the language of the doping control previsions as well as general principles of Swiss civil Law (article 8, Swiss Civil Code). The presumption of innocence operates in the Appellant's favour until FINA discharges that initial burden. The Panel is equally in no doubt that the standard of proof requires of FINA is high: less than the criminal standard, but more than the ordinary civil standard. The Panel is content to adopt the test set out in Korneev and Ghouliev v. IOC (see CAS award OG 96/003-004) "Kourneev": "ingredients must be established to the confortable satisfaction of the Court having in mind the seriousness of the allegation which is made". To adopt a cri-

Assim, a presunção de inocência opera a favor do atleta até ao momento em que a acusação consegue afastar o ónus da prova, colocando-o do lado do praticante. A partir daqui é este que tem de carrear ao processo as provas necessárias de modo a convencer o tribunal de que tal infracção não foi por ele cometida. Tarefa esta que até se encontra de alguma forma facilitada na medida em que o grau de prova aqui exigível será fundado no justo equilíbrio das probabilidades[481].

Diferentemente das situações em que a amostra é manipulada, encontram-se os casos em que os atletas são punidos mesmo quando as amostras não são alteradas e os exames laboratoriais têm um resultado negativo – "NON ANALYTICAL DOPING OFFENCES"[482].

Um dos casos mais famosos de *doping* em todo o mundo desportivo, que teve também repercussões a nível extra-desportivo, ficou conhecido como o "caso BALCO"[483]. O *Bay Area Laboratory Co-operative* ficou famoso quando em 2004 foi associado ao maior escândalo do mundo de uso de substâncias dopantes indetectáveis, ou quase indetectáveis. Este laboratório foi acusado de ter distribuído substâncias proibidas (tetrahidrogestrinona – THG e eritropoietina – EPO) a vários atletas olímpicos, a atletas de futebol americano e de basebol. Para além dos atletas foram envolvidos neste processo, entre outros, o presidente do laboratório (Victor Conte), o vice-presidente, o director executivo e um treinador profissional.

---

minal standard (at any rate, where the disciplinary charge is not criminal is not a criminal offence) is to confuse the public law of the state with the private law of an association." (CAS 98/211, Bruin, Fédération Internationale de Natation (FINA), acórdão de 7 de Junho de 1999, *Digest of CAS Awards II 1998-2000*, Kluwer Law International, p. 266).
[481] Cfr. Artigo 3º do Código AMA, *in fine*.
[482] Sobre este ponto em concreto v., entre outros, Richard McLaren, ob. cit. [2], p. 10-11; James Nafziger, *ob. cit.*, p. 45-56.
[483] Entre os atletas que estiveram envolvidos neste caso destacam-se Tim Montgomery, Marian Jones, Michele Collins, Chryste Gaines e Alvin Harrison.
Marion Jones acusada de falsas declarações a agentes federais, no âmbito de dois processos – um relacionado com o seu envolvimento à dopagem e outro relacionado com fraude bancária e lavagem de dinheiro em que esteve envolvido o seu ex-marido Tim Montgomery – acabou por admitir em Outubro de 2007 perante o tribunal de Nova York que se dopou várias vezes com THG (tetrahidrogestrinona), antes e depois dos Jogos Olímpicos de Sydney de 2000. As cinco medalhas obtidas pela atleta nestes jogos olímpicos – 3 de ouro e 2 de bronze – foram devolvidas ao COI.

Neste processo, um dos casos com mais visibilidade foi o de Michele Collins[484]. Atleta Campeã do Mundo de pista coberta em 2003, na classe de 200 metros, Collins foi suspensa em 2004 por um período de oito anos, por ter usado substâncias e métodos proibidos disponibilizados pelo BALCO. Perante as normas da International Association of Athletics Federations (IAAF) que estiveram em vigor até 2004 – portanto durante grande parte do processo – cabia à USADA provar para além de qualquer dúvida razoável que Collins usou uma substância ou recorreu a um método proibido.

Apesar de estas normas terem sido alteradas de modo a harmonizarem-se com o Código AMA, passando então a ser exigido à USADA fazer prova da infracção com base numa certeza superior a um mero equilíbrio das probabilidades mas sempre inferior a uma prova para além de qualquer dúvida razoável – "confortable satisfaction" – o certo é que o tribunal arbitral entendeu que a "USADA has proved, beyond a reasonable doubt, that Collins took EPO, the testerone/epitesterone cream, anf THG, and that Collins used these substances to enhance her performance and elude the drug testing that was available at the time". Collins recorreu deste acórdão para o TAD e mais tarde acordou em que o processo baixasse novamente de modo a que a USADA reduzisse a suspensão para quatro anos.

Este foi o primeiro caso em que um tribunal declarou ter havido violação das normas antidopagem sem que tenha havido um teste laboratorial positivo por uso de uma substância ou método proibido ou por um teste adulterado. Entre as provas que fundamentaram esta decisão estavam e-mails trocados entre a atleta e o presidente do BALCO, nos quais aquela admitia ter usado substâncias e métodos proibidos sem que os laboratórios conseguissem detectar. Estamos perante um caso de *doping* atípico em que a dificuldade de provar a infracção às normas antidopagem é extrema. Por isto mesmo este é um dos poucos "non-analytical positive cases" em que o tribunal acabou por declarar o cometimento de uma infracção.

Todos estes casos em que são utilizadas substâncias e métodos indetectáveis, ou dificilmente detectáveis, levaram à utilização do perfil

---

[484] United States Anti-Doping Agency v. Collins, AAA nº 30 190 00658 04 (2004), consultado em www.usantidoping.com.

médico de cada atleta, retirado de exames realizados periodicamente, que passou a constar de um cartão individual. Sempre que ocorram desvios significativos aos valores sanguíneos e urinários constantes nesse cartão, o atleta passa a ser alvo de investigação específica. Este instrumento permitirá estabelecer o perfil hematológico e de esteróides, e vigiar com mais eficácia se um atleta recorreu a manipulações sanguíneas ou de esteróides. Com origem nos inúmeros casos de *doping* verificados ao longo da história do *Tour de France*, esta medidas foram utilizadas inicialmente para fins estatísticos e académicos sobre o combate ao *doping*.

Em Outubro de 2007, na cidade de Paris, a AMA e a UCI assinaram um documento prevendo a obrigatoriedade de todos os ciclistas do circuito de elite – o ProTour – possuírem um passaporte biológico. Obtido o consenso científico sobre as condições necessárias à realização de perfis fiáveis, e sobre os parâmetros sanguíneos a ter em conta e o método estatístico a utilizar, falta, além de alguns detalhes operacionais, "apenas" acordar os termos jurídicos de implementação do passaporte biológico. Esta tarefa terá de ter em consideração questões pertinentes, como saber qual o valor probatório a atribuir aos desvios aos paramêtros sanguíneos contidos no passaporte, e não poderá em caso algum violar os direitos fundamentais dos atletas, nomeadamente o direito à reserva da vida privada.

Em suma, "the new specter of undetectable or difficult-to-detect doping, highlighted by the BALCO controversy in the United States, serves as a reminder that we have entered a Brave New World of doping and doping control in sports"[485].

---

[485] James Nafziger, *ob. cit.*, p. 56.

Capítulo 3º
Consequências do doping na relação laboral desportiva

Quando se fala em *doping* raramente se pensa na relação entidade patronal/trabalhador. Não podemos esquecer que o praticante desportivo profissional é também ele trabalhador, que detém direitos e está sujeito a deveres perante a entidade patronal – clube – por forma a serem garantidos interesses privados de ambos e, deste modo, manter-se estável a relação laboral.

De acordo com a alínea *e)* do artigo 13º da Lei nº 28/98, de 26 de Julho[486], "é dever do praticante desportivo, em especial, conformar-se, no exercício da actividade desportiva, com as regras próprias da disciplina e da ÉTICA DESPORTIVA" (destaque nosso).

Como já repetidamente fomos referindo, o exercício da actividade desportiva com recurso ao *doping* é o exemplo típico de uma conduta eticamente anti-desportiva. Assim, e tendo em consideração que nas relações laborais comuns a entidade patronal detém poder disciplinar sobre o trabalhador que se encontre ao seu serviço, podendo aplicar sanções que vão desde a repreensão até ao despedimento (art. 328º do CT), torna-se legítimo questionar se o clube, como entidade patronal do praticante "apanhado" nas malhas do *doping*, detém algum meio de o punir.

---

[486] A Lei nº 28/98, de 26 de Julho, estabelece o regime jurídico do contrato de trabalho do praticante desportivo e do contrato de formação desportiva e revogou o Decreto-Lei nº 305/95, de 18 de Novembro,

Ora, também no domínio laboral desportivo, nomeadamente nos termos do disposto no nº 1 do artigo 17º da Lei nº 28/98, de 26 de Julho, "... a entidade empregadora desportiva pode aplicar ao trabalhador, pela comissão de infracções disciplinares, as seguintes sanções: repreensão, repreensão registada, multa, suspensão do trabalho com perda de retribuição e despedimento com justa causa."

Em suma, às já enunciadas sanções desportivas e disciplinares aplicáveis pelas federações desportivas aos atletas em caso de *doping*, somam-se agora as sanções laborais, aplicadas pelo próprio clube.

De uma perspectiva de conteúdo/substancial[487], o poder disciplinar do empregador é entendido como um poder de aplicar sanções ao trabalhador[488]. Apesar de nem o ordenamento jurídico-laboral, em geral, nem o regime jurídico do contrato de trabalho de praticante desportivo, em concreto, definirem o conceito de sanção disciplinar, ambos estabelecem um conjunto de sanções e enunciam alguns princípios gerais a que o empregador se encontra sujeito enquanto detentor do poder disciplinar, que nos ajudam a perceber melhor todo este poder: o princípio do respeito pelos direitos e garantias gerais do trabalhador (artigo 17, nº 4 da Lei nº 28/98); o princípio da proporcionalidade entre a gravidade da infracção, a culpabilidade do infractor e a sanção (artigo 17, nº 5 da Lei nº 28/98); o princípio da processualidade, em que se destaca a garantia de defesa do trabalhador (artigo 17, nº 4 da Lei nº 28/98); e o princípio da cumulação da responsabilidade disciplinar com outros tipos de responsabilidade do trabalhador pelo incumprimento laboral (artigo 27º, nº 1, da Lei nº 28/98).

---

[487] Neste sentido Palma Ramalho, *Do fundamento do Poder Disciplinar Laboral*, Almedina, Coimbra, 1993, pp. 189-222.
[488] Sobre o poder disciplinar da entidade empregadora v., entre outros, Monteiro Fernandes, Direito do Trabalho, 12ª Edição, Almedina, Coimbra, 2004, 262-275 [3]; Monteiro Fernandes, "Sobre o Fundamento do poder disciplinar", *Estudos Sociais e Corporativos*, Ano V, 1966, nº 18, pp. 60-83 [2]; Monteiro Fernandes, "As sanções disciplinares e a sua Graduação", *Estudos Sociais e Corporativos*, II série, Ano IX, 1979, nº 36, pp. 23-54 [1]; Palma Ramalho, *Do fundamento do Poder Disciplinar Laboral*, Almedina, Coimbra, 1993; Palma Ramalho, *Direito do Trabalho*, Parte II, Almedina, Coimbra, 2006; Isabel Lage, "O poder disciplinar da entidade empregadora – Fundamentação Jurídica", Revista Jurídica, nº 15, Jan./Jun. 1991, pp. 71-83.

Outra característica do poder disciplinar do clube sobre o atleta retira-se do artigo 17º, nº 1 da Lei nº 28/98, "...a entidade empregadora desportiva PODE APLICAR ao trabalhador, pela comissão de infracções disciplinares, as seguintes sanções..." (destaque nosso), que caracteriza o poder disciplinar não como um dever mas como uma faculdade.

Em suma, o poder disciplinar laboral[489] caracteriza-se por ser uma faculdade de exercício livre, discricionário, não um poder-dever, na medida em que a lei não faz corresponder a cada infracção uma concreta sanção, constituindo-se o empregador um juiz que determina a gravidade da infracção e o GRAU DE CULPA do infractor de modo a aplicar uma adequada sanção tendo em consideração a tipologia das sanções[490].

Para a aplicação de uma sanção disciplinar laboral é necessário, portanto, que haja culpa por parte do trabalhador: "Entende-se por *infracção disciplinar* o comportamento (acção ou omissão) imputável ao trabalhador a título de culpa que se traduz na violação dos deveres, ou na negação dos valores, inscritos no círculo dos deveres ou dos valores da ordem jurídico-laboral estabelecidos no interesse do empregador."[491] Age com culpa quem actuar em termos de a conduta ser pessoalmente consurável ou reprovável.

A culpa é entendida à maneira clássica e pode revestir uma dupla forma: dolo ou negligência. No primeiro caso há uma adesão da vontade ao comportamento ilícito, que é a falta de cumprimento do dever. No segundo, a censura funda-se no facto de o trabalhador não ter agido com a diligência ou com o discernimento exigíveis para evitar a falta de cumprimento do dever. Não há culpa do trabalhador sempre que o não cumprimento do dever seja imputável a facto do empregador ou de terceiro.

Feita uma breve análise do conteúdo do poder disciplinar do empregador analisaremos, também de forma sumária, os fundamentos e as fina-

---

[489] Acompanhando a metodologia analítica de Palma Ramalho, *ob. cit.* [1], p. 194-196.
[490] V. artigo 17, nº 5, da Lei nº 28/98 de 26 Junho.
[491] Jorge Leite, *Direito do Trabalho*, Vol. II, Serviços da Acção Social da U.C., Serviços de texto, Coimbra 1999, pp. 109-110.
"Pode definir-se infracção disciplinar como toda a acção ou omissão intencional ou apenas negligente do trabalhador que viole os seus deveres profissionais"(António Jorge da Motta Veiga, *Lições de Direito do Trabalho*, 8ª ed., Universidade Lusíada, Lisboa, 2000, p. 343).

lidades desse mesmo poder, de forma a melhor entendermos a sua aplicação aos casos de *doping*.

Tradicionalmente existem duas doutrinas sobre o fundamento do poder disciplinar laboral. A tese contratualista, em que o fundamento do poder disciplinar laboral é o próprio contrato de trabalho, e a tese institucionalista, que aponta os interesses e as exigências da própria empresa como fundamento do respectivo poder.[492] Uma das principais críticas apontadas à tese contratualista baseia-se no facto de o contrato, do qual emana o poder disciplinar e que deveria ter subjacente um acordo de vontades, não representar realmente esse acordo, sendo porém, cada vez mais, uma adesão simples do trabalhador a um conjunto de cláusulas previamente fixado. Por outro lado, uma das principais críticas apontadas à tese institucionalista radica no facto de não conseguir fundamentar a existência do poder disciplinar numa relação laboral extra-empresa.

Desta forma, entendemos, tal como Monteiro Fernandes[493], "que não se pode explicar o poder de disciplina sem directa ligação à estrutura de relações de trabalho, tal como resultam do correspondente contrato". Através deste transfere-se a disponibilidade da força de trabalho do trabalhador para o empregador, o que implica uma modelação da vontade daquele pelas regras deste, passando o uso da força pela sua própria pessoa, que por sua vez se traduz não só no trabalho concreto específico (ex. realizar quatro corridas de ciclismo durante uma época desportiva), mas também se exprime em variadíssimas condições do seu uso (ex. conformar-se, no exercício da sua actividade, com as regras da ética desportiva).

Destarte, a acção disciplinar traduz-se num "conjunto de medidas destinadas a agir, de modo contraposto, sobre a vontade do trabalhador, procurando modificá-la no sentido desejado – isto é, procurando recuperar a disponibilidade perdida ou posta em causa."[494]

Se o poder disciplinar visa recuperar a disponibilidade perdida ou posta em causa, as sanções disciplinares laborais têm, então, primariamente, finalidade preventiva (prevenção especial e, eventualmente geral) e não retributiva. As sanções disciplinares laborais não têm a principal finalidade de com um prejuízo retribuir a falta cometida pelo praticante,

---

[492] Para maiores desenvolvimentos v. Monteiro Fernandes, *ob. cit.* [2], pp. 60-83.
[493] Monteiro Fernandes, *ob. cit.* [3], p. 274.
[494] Monteiro Fernandes, *ob. cit.* [3], p. 275.

mas sim a de agir sobre os comportamentos do trabalhador e por esta via modificá-los no sentido desejado pela entidade patronal. Por conseguinte, estas sanções têm ainda e secundariamente uma função conservatória, uma vez que, destinando-se a recuperar a disponibilidade de trabalho, visam também assegurar as condições de viabilidade do próprio contrato de trabalho.

1. A esfera disciplinar desportiva vs. a esfera disciplinar laboral desportiva na perspectiva do atleta

Aqui chegados coloca-se a importante questão de saber se a esfera disciplinar desportiva coincide com a esfera laboral desportiva. Isto é, será que uma conduta que é considerada infracção pelo domínio disciplinar desportivo também o é pelo domínio disciplinar laboral desportivo?

Entendemos que o atleta não se conforma com as regras da ética desportiva, violando, consequentemente, o dever laboral que sobre ele recai, quando, por culpa sua, exerce a actividade desportiva dopado. A verificação da culpa é, assim, pressuposto do exercício do poder disciplinar. Neste sentido, o nº 5 do artigo 17º, da Lei nº 28/98, estipula que "a sanção disciplinar deve ser proporcionada à gravidade da infracção e À CULPABILIDADE do infractor..." (destaque nosso).

Verificamos, portanto, que à semelhança do que foi referido para a esfera disciplinar desportiva, também na esfera laboral desportiva o princípio da culpa aparece como pressuposto inultrapassável de aplicação de sanções. Culpa esta que, de acordo com o Supremo Tribunal Administrativo[495], deve ser entendida no seu sentido lato, abrangendo o dolo e a culpa *stricto sensu* ou negligência.

Verificando-se a culpa do infractor, e consequentemente a violação do dever laboral de o praticante se conformar, no exercício da actividade desportiva, com as regras próprias da ética desportiva, estará, sempre, a entidade empregadora legitimada a exercer o respectivo poder disciplinar?

Pense-se no caso de ser a própria entidade empregadora a tratar de todo o processo de dopagem e a administrar *doping* ao atleta, tendo este

---

[495] Acórdão de 16-10-73, R. 8039, ADSTA 145, p. 115, tendo a parte que aqui nos interessa sido citada por Pedro Cruz, *A Justa Causa de Despedimento na Jurisprudência*, Almedina, Coimbra 1990.

completa consciência desta circunstância. O praticante, ao exercer a sua actividade, participando numa competição desportiva, tendo perfeita consciência de estar dopado, não se conformou com as regras da ética desportiva, agindo culposamente. Apesar disso, a entidade empregadora carece de legitimidade para agir disciplinarmente, uma vez que ela própria contribuiu para a verificação da conduta infractora. Caso contrário, no dizer de João Leal Amado, tal situação configuraria mesmo "um intolerável *venire contra factum proprium* por parte da entidade empregadora"[496].

De igual modo, carece de legitimidade disciplinar a entidade empregadora que tinha conhecimento do facto de o seu atleta se ter dopado e mesmo assim o autorizou a participar na competição desportiva.

Porém, dúvidas surgem nos casos em que é o próprio atleta a dopar-se, sem conhecimento da entidade empregadora, por ser prática corrente no seio do clube o uso de substâncias dopantes. Ou seja, se o próprio clube em situações passadas administrou ou autorizou o uso de substâncias dopantes, e numa concreta situação não só não administrou como nem sequer teve conhecimento, terá este legitimidade para agir disciplinarmente?

O domínio disciplinar é um domínio bastante sensível, sendo necessário analisar as circunstâncias concretas de toda a situação.

Ora, no caso aqui em hipótese seria necessário avançar com mais detalhes. Se é política desportiva do clube participar em competições com recurso ao *doping* e naquela situação em concreto não o fez por, devido a qualquer razão, terem acabado as substâncias dopantes, parece claro que o mesmo carece de legitimidade para sancionar o praticante. Já situação diferente é o caso de o *doping* ter sido autorizado numa única competição e posteriormente ter sido comunicada aos atletas a proibição do uso de tais substâncias. Aqui, parece-nos legítimo o exercício do poder disciplinar por parte da entidade empregadora. Tal como, obviamente, no caso de o clube se ter manifestado desde sempre contra o uso de substâncias dopantes e um atleta seu ter acusado positivo no controle *antidoping*.

Desta forma, verificamos que a esfera disciplinar desportiva não coincide com a esfera disciplinar laboral, podendo uma certa e determinada

---

[496] Leal Amado, *ob. cit.*, p. 252.

conduta ser censurável em termos desportivos, mas não em termos laborais: "a esfera desportiva e a esfera laboral não são duas esferas estanques, totalmente isoladas uma da outra, mas são duas esferas, não uma só: elas têm, é certo, pontos de intersecção, de intercomunicação, mas isso não autoriza a equiparar, mecanicamente, a falta disciplinar desportiva à falta disciplinar laboral"[497].

Estamos, então, em condições de poder afirmar que, por princípio, o jogador que prossiga os interesses do clube não viola as obrigações decorrentes do contrato de trabalho, apesar de poder ser responsabilizado pela disciplina desportiva.

Não obstante, em determinadas situações concretas a esfera disciplinar pode concidir com a esfera laboral. Neste sentido encontramos o artigo 42º, al. *f)* do Contrato Colectivo de Trabalho dos Jogadores de Futebol, o qual dispõe que "a repetida inobservância das regras da disciplina e da ética desportivas, CONTRA OS INTERESSES DO CLUBE...", pode constituir justa causa de despedimento (destaque nosso). Não quer isto significar que um comportamento contrário à ética desportiva não possa constituir, por si só, fundamento de justa causa de despedimento. Assim acontecerá quando este comportamento se constitua grave em si mesmo de uma perspectiva laboral. Tudo depende, portanto, de cada caso e das circunstâncias que o compõem.

2. O exercício do poder disciplinar laboral nos casos de *doping*[498]

Imagine-se um caso em que um praticante de atletismo se dopa com a finalidade de obter maior rendimento durante a actividade desportiva e assim conseguir o seu próprio objectivo, e o do clube que representa – a vitória. Muito provavelmente este atleta vai ser alvo, por parte da Federação de Atletismo, de uma sanção desportiva – invalidação do resultado obtido[499], e de uma sanção disciplinar – de 6 meses a 2 anos de suspensão da actividade desportiva, no caso de primeira infracção[500].

---

[497] Leal Amado, *ob. Cit.*, 2002, p. 248.
[498] Sobre este tema v. Jean Mouly, "L'exercice du pouvoir disciplinaire de l'employeur à l'encontre d'un sportif salarié convaincu de dopage", *Droit Social*, 1998, nº 12, pp. 1033 e ss.;
[499] Cfr. Artigo 14º nº 1 do Dec-Lei nº 183/97, de 26 de Julho.
[500] Cfr. Artigo 15º nº 1, al. a) do Dec-Lei nº 183/97, de 26 de Julho.

Será que o clube, como entidade empregadora, poderá, ou terá, ainda interesse em exercer o poder disciplinar laboral? Será que os interesses e finalidades do poder disciplinar laboral desportivo têm a mesma intensidade que no poder disciplinar laboral extra-desportivo?

No tipo de relação clube/praticante verificam-se características próprias que fazem com que o poder disciplinar assuma contornos distintos dos verificados numa relação laboral comum. Contornos esses que ganham maior especificidade quando se têm em conta, somente, casos de *doping*.

Dependendo das circunstâncias concretas de cada caso, por via da aplicação, pela federação desportiva, da sanção de suspensão da prática da actividade desportiva, podem-se atingir, indirectamente, as finalidades de prevenção especial e geral inerentes à sanção disciplinar laboral desportiva, levando o clube a coibir-se de sancionar o atleta. Esta situação ocorrerá mais frequentemente quando ao cometer a infracção o atleta pretenda beneficiar o clube, com a obtenção de um maior rendimento pessoal que se reflicta no colectivo. Não pretendemos subtrair às entidades patronais desportivas qualquer autoridade disciplinar sobre os seus atletas, mas somente frisar que, ao contrário do domínio laboral comum em que o infractor se não for sancionado pelo empregador passa incólume, em certos casos deixa de haver motivos para agir disciplinarmente sobre o praticante desportivo.

O clube, ao agir disciplinarmente sobre o atleta, terá de efectuar duas escolhas: qual a sanção a aplicar e, nos casos de multa e de suspensão, qual a medida concreta da punição. O artigo 17º da Lei nº 28/98, de 26 de Junho, dá resposta a ambas.

Quanto à primeira escolha estabelece-se, em termos gerais, que "a sanção disciplinar deve ser proporcionada à gravidade da infracção e à culpabilidade do infractor, não podendo aplicar-se mais de uma pena pela mesma infracção".

Quanto à segunda escolha estabelece limites concretos. O nosso ordenamento jurídico deixa, desta forma, larga margem ao clube para agir disciplinarmente sobre o atleta. Nas palavras de Monteiro Fernandes[501],

---

[501] *Ob. cit. supra*, nota nº 9, p. 265.

"apenas lhe estará vedado, a priori, criar novas sanções, e ultrapassar, dentro de cada tipo ou espécie, o máximo legal."

A repreensão e a repreensão registada deverão ser aplicadas, por princípio, às infracções menos graves e havendo mera culpa do atleta. É o caso de um atleta numa prova de fim de época, com pouca importância desportiva para o clube, acusar positivo no controle por ter tomado medicamentos para uma qualquer finalidade, sem se ter certificado de que não continham substâncias dopantes. Entendemos que tais sanções são, ainda, passíveis de aplicação a infracções de maior gravidade mas em que se verifica, apenas, mera culpa ou negligência por parte do infractor. De notar, ainda, que a repreensão registada satisfaz mais eficazmente finalidades de prevenção geral, enquanto que a mera repreensão se destina à prevenção especial.

Por outro lado, a multa[502], se visse aumentados os limites fixados no artigo 17º da Lei nº 28/98[503], constituiria em nosso entender a sanção disciplinar laboral mais eficaz no sancionar de infracções graves e dolosas, tendo em conta as desvantagens que para a entidade empregadora desportiva podem advir da aplicação quer da suspensão do trabalho, quer do despedimento com justa causa, como veremos seguidamente. Isto porque a multa não implica qualquer prejuízo para a entidade patronal e toca num bem sensível e essencial dos atletas – o salário.

Se à sanção de suspensão por 6 meses, aplicada pela federação, se somar uma suspensão do trabalho, que pode ir até 24 dias[504], em que o atleta não pode participar nos treinos nem em outras actividades preparatórias ou instrumentais das competições, perdendo consequentemente o nível competitivo anteriormente adquirido, verificamos que é a própria entidade patronal que pode acabar por ficar prejudicada. Parece-nos que esta sanção não se encontra em consonância com o próprio desporto e

---

[502] Registe-se que esta multa nada tem que ver com as multas aplicadas frequentemente pelos clubes, nomadamente de futebol, sem quaisquer limites e sem instauração de procedimento disciplinar, em completo desacordo com o nosso ordenamento jurídico.

[503] Note-se, que mesmo assim, tem um limite máximo superior ao verificado fora do âmbito desportivo (o artigo 17º do Lei nº 28/98, de 26 de Junho, impõe como limite máximo metade da retribuição diária, enquanto o Código do Trabalho, art. 368º, estabelece um terço).

[504] Cfr. Artigo 17º nº 3 do Decreto-Lei nº 28/98, de 26 de Junho, enquanto o Art. 368º do Código deo Trabalho fixa 30 dias.

muito menos com o espírito dos dirigentes máximos dos clubes que procuram insaciávelmente a vitória, relegando para segundo plano o sancionar de comportamentos menos correctos dos seus atletas, como o uso de substâncias dopantes, de modo a alcançarem o tão almejado objectivo. As possíveis vantagens de aplicação da suspensão com perda de retribuição a infracções gravíssimas e dolosas – como são exemplo alguns casos de *doping* – são atenuadas pelo inconveniente referido.

O despedimento, pelas suas particularidades será tratado no número seguinte. A aplicação de qualquer destas sanções disciplinares laborais não prejudica, naturalmente, a indemnização civil a que o clube tem direito nos termos gerais[505], nomeadamente pelos prejuízos causados pelo atleta durante o período em que está suspenso do exercício da actividade desportiva e pela invalidação do resultado desportivo.

3. O despedimento e o poder disciplinar laboral da entidade empregadora desportiva

A Lei nº 28/98, de 26 de Junho, no art. 26º nº 1 al. *c)*, permite a cessação do contrato de trabalho desportivo por despedimento com justa causa promovido pela entidade empregadora desportiva.

Da conjugação do artigo 17º nº 1 da Lei nº 28/98 com o artigo 396º, nº 1 do CT[506], resulta que o despedimento com justa causa é a sanção máxima do poder disciplinar, aplicável quando o comportamento culposo do trabalhador, pela sua gravidade e consequências, torne imediata e praticamente impossível a subsistência da relação de trabalho[507]. "Na apreciação da justa causa deve atender-se, no quadro de gestão da empresa, ao grau de lesão de interesses do empregador, ao carácter das relações entre as partes ou entre o trabalhador e os seus companheiros e às demais circunstâncias que no caso se mostrem relevantes" (art. 351º, nº 3, do CT).

---

[505] "Se uma das partes faltar culposamente ao cumprimento dos seus deveres torna-se responsável pelo prejuízo causado à contraparte" – Artigo 363º do Código do Trabalho, aplicável ao contrato de trabalho do praticante desportivo ex vi do artigo 3º da Lei nº 28/98, de 26 de Junho.
[506] Aplicável *ex vi* do artigo 3º da Lei nº 28/98, de 26 de Junho.
[507] Cláusula geral para a verificação de justa causa.

Apesar de figurar entre umas das sanções disciplinares susceptíveis de serem aplicadas pela entidade empregadora desportiva, o despedimento, utilizando as palavras de Monteiro Fernandes[508], "é conflituante com a natureza e o fundamento do poder disciplinar, conforme resulta do nosso direito positivo." Se, como vimos, o poder disciplinar visa modelar os comportamentos do atleta às regras do clube, com a finalidade de recuperar a disponibilidade da força de trabalho perdida ou posta em causa, então qualquer sanção expulsiva, por ter fundamento e finalidades distintas desse mesmo poder, constitui-se como uma sanção *sui generis*.

O despedimento figura, em termos literais, como sanção disciplinar, por ser um possível desfecho da acção disciplinar, aplicável quando o comportamento, em si, for tão grave que não possa ser modelado à vontade do clube por via de uma medida conservatória, determinando uma crise contratual irremediável (pense-se, p. ex., num atleta, de uma modalidade colectiva, sem valor venal no mercado de transferências, que se dope no último jogo do campeonato nacional, quando já tinha sido advertido pela entidade patronal desportiva para o não fazer, com a consequência de a vitória ser invalidada e desta forma o clube perder o título de campeão que tanto ambicionava).

Apesar de o despedimento não ter qualquer função preventiva, no domínio laboral desportivo este não pode ser visto apenas com carácter punitivo, como acontece no domínio laboral comum.

Nos casos de despedimento com justa causa promovido pela entidade empregadora desportiva, o praticante que der causa à cessação incorre em responsabilidade civil pelos danos causados EM VIRTUDE DO INCUMPRIMENTO DO CONTRATO, sendo que a indemnização não pode exceder o valor das retribuições que ao praticante seriam devidas se o contrato de trabalho tivesse cessado no seu termo – artigo 27º da Lei nº 28/98.

O despedimento adquire uma vertente indemnizatória à imagem da rescisão com justa causa por iniciativa do praticante. Recorrendo às palavras de Leal Amado sobre esta matéria, "não se trata de responsabilizar civilmente o praticante desportivo por danos causados pelo seu comportamento infraccional, pelo próprio facto constitutivo da justa causa; trata-se de o responsabilizar pelos danos resultantes da frustração do contrato,

---

[508] Monteiro Fernandes, *ob. cit.* [1], p. 37.

isto é, pelos danos derivados da sua dissolução ante tempus, dissolução imputável ao praticante."[509]

Contudo, e mesmo com a particularidade acima descrita, o despedimento nas relações laborais desportivas não adquire a mesma importância que tem nas relações laborais comuns.

É que, lembre-se, quando um atleta é despedido fica no mercado de transferências, em princípio, a custo zero. Ou seja, a entidade empregadora desportiva deixa de ter em sua mão "o passe" do praticante.

Tudo depende, portanto, das circunstâncias de cada caso, nomeadamente do valor do atleta no mercado de transferências, do tempo que resta para a finalização do contrato e do salário pago pelo clube, de modo a saber se compensa receber a indemnização pela frustração do contrato ou o valor da transferência para outro clube.[510]

Em jeito de síntese, perante o leque de sanções disciplinares existentes no nosso ordenamento jurídico, aquando da violação por parte do atleta do dever laboral de conformar-se com as regras próprias da ética desportiva, a entidade empregadora com legitimidade disciplinar deverá ter em conta todas as circunstâncias do caso, nomeadamente a gravidade da infracção e a culpabilidade do infractor, de modo a modelar o comportamento do atleta com as suas regras, necessitando de ter especial cuidado, devido às especificidades próprias do desporto, com possíveis prejuízos que algumas sanções lhe possam causar.

---

[509] Leal Amado, *ob. cit.*, p. 236.
[510] Para maiores desenvolvimentos sobre a cessação do contrato de trabalho desportivo v., Leal Amado, *ob.cit.*, Albino Mendes Baptista, *Direito Laboral Desportivo*, Vol. I, Quid Iuris, Lisboa, 2003; António Pinto Monteiro, "Sobre as «cláusulas de rescisão» dos jogadores de futebol", *Revista de Legislação e Jurisprudência*, ano 135º, Setembro-Outubro de 2005, nº 3934, Coimbra Editora, pp. 5-26; Nuno Manuel Pinto Oliveira, "Clubes de Futebol, jogadores e tranferências: o problema da validade das «cláusulas de rescisão» – Ac. Do STJ de 7.3.2007, Proc. 1541/06", *Cadernos de Direito Privado*, nº 17, Janeiro/Março, CEJUR, pp. 53-68; Remédios Ruqueta Buj, *El trabajo de los deportistas profissionales*, Tirant Lo Blanch, 1996, Valência, pp. 278-299; Alberto Palomar Olmeda, "La incidencia del dopaje en la relación laboral: apuntes sobre una polémica en ciernes", *Revista Jurídica del Deporte*, Aranzadi, 2004, nº 11, pp. 199-230 [4].

Capítulo 4º
A singularidade dos vários poderes sancionatórios exercidos sobre os atletas dopados

Após termos passado em revista as sanções desportivas, disciplinares e laborais que podem ser aplicadas aos praticantes desportivos que acusem positivo num exame laboratorial *antidoping*, cumpre comparar os vários poderes que lhes estão subjacentes – "poder estritamente desportivo", "poder disciplinar desportivo" e "poder disciplinar laboral" – estabelecendo pontos de contacto e de afastamento entre eles[511].

Comum ao poder disciplinar desportivo e disciplinar laboral é a finalidade punitiva. Tanto o poder disciplinar como o laboral recaem sobre a pessoa do infractor, enquanto que o poder desportivo apenas tem uma finalidade reparadora ou repristinatória – repor a verdade desportiva. Destarte, as penas disciplinares e laborais têm uma finalidade de natureza preventiva[512], não retributiva, quer de prevenção geral – destinado a actuar, no primeiro caso, sobre todos os membros da comunidade desportiva e, no segundo caso, sobre todos os membros de uma determinada equipa – quer de prevenção especial – que actua sobre a própria pessoa do infractor[513].

---

[511] Sobre as divergências e convergências do poder penal, disciplinar administrativo e disciplinar laboral v. Palma Ramalho, *ob. cit.* [1], pp. 197-209.
[512] Com excepção, naturalmente, do despedimento.
[513] Sobre as várias teorias dos fins das penas, no caso penais, v. Figueiredo Dias, *ob. cit.* [4], pp. 41-82.

Outra semelhança entre o poder disciplinar e o poder laboral, que deriva exactamente da finalidade punitiva das sanções que lhes está associada, consiste na obrigatoriedade de verificação de um determinado processo para a aplicação de ambas as sanções. Tal processo, que assegura os direitos e as garantias de defesa do alegado infractor, só pode culminar na aplicação de uma sanção existindo culpa deste. Ao contrário, as sanções estritamente desportivas têm carácter automático e prescindem daquele elemento subjectivo.

A comunhão verificada entre o poder disciplinar e o poder laboral não obsta nem à autonomização deste último relativamente ao primeiro, nem à constatação de uma aproximação entre o laboral e o estritamente desportivo. Desde logo, enquanto que o poder disciplinar desportivo nos casos de *doping* é um poder do Estado, exercido é certo pelas Federações Desportivas, mas no âmbito de competência delegada[514], o poder disciplinar laboral é um poder do empregador, exercido com alguma discricionariedade – é ele próprio quem valora a infracção e a sanção. O poder estritamente desportivo insere-se fora da órbita do Estado, já que não constitui uma medida tendente a prevenir ou a punir comportamentos antidesportivos – art. 3º, nº 2 da LBAFD, *a contrario* – pertencendo às federações desportivas no âmbito da sua própria competência de promover, regulamentar e dirigir a prática de uma modalidade desportiva – art. 14º da LBAFD.

Desta diferença deriva uma outra que se relaciona com os interesses prosseguidos por aqueles poderes. O poder disciplinar desportivo nos casos de *doping* visa a prossecução de interesses públicos, como o fair play e a ética desportiva, a verdade e a igualdade desportivas, a saúde dos praticantes ou mesmo a saúde pública; o poder disciplinar laboral é exercido no interesse próprio do seu titular; por sua vez as federações desportivas sancionam desportivamente os seus atletas, nos casos de *doping*, com a finalidade apenas de restituição da verdade desportiva.

Por existirem diferenças ao nível dos interesses prosseguidos, o poder disciplinar desportivo e o poder estritamente desportivo são vinculativos e o poder disciplinar laboral é discricionário, livre, cabendo ao seu titular a decisão de o aplicar ou não. Especificidades próprias do desporto, como

---

[514] Sobre a natureza pública do poder disciplinar nos casos de doping v., *supra*, Parte I, Cap. 6º, nº 3.

a competição directa entre os vários atletas, fazem com que o poder estritamente desportivo seja vinculativo, encontrando-se a federação desportiva obrigada a exercê-lo pelo menos quando em causa está um desporto individual.

Todas estas diferenças reflectem-se na aplicação do princípio da processualidade que vigora no poder disciplinar desportivo e no poder laboral, na medida em que acaba por assumir-se de uma forma mais ténue quando aplicado neste último domínio. Sendo simultaneamente "juiz" do processo, "vítima"[515] da infracção e credor da prestação laboral, o empregador terá a tendência para aplicar a sanção que mais lhe convém, e não a proporcional à gravidade da infracção e à culpabilidade do infractor[516], como também a defesa do jogador infractor ficará prejudicada pelo natural receio da perda do lugar na equipa.

Pelo exposto, concluímos pela autonomia e singularidade de cada um dos poderes sancionatórios analisados. Para além de que, e de acordo com o disposto no artigo 4º do Regime Disciplinar das Federações Desportivas, "o regime da responsabilidade diciplinar é independente da responsabilidade penal ou civil".

---

[515] Utilizamos aqui as felizes expressões de Palma Ramalho, *ob. cit.* [1], pp. 208 e 209.
[516] Como impõe o nº 5 do artigo 17º da Lei nº 28/98, de 26 de Junho.

Capítulo 5º
A responsabilidade civil do vencedor dopado[517]

No âmbito de uma modalidade desportiva individual, sempre que um desportista seja considerado dopado há lugar à imediata invalidação dos resultados obtidos e à consequente perda de prémios, medalhas e pontos.[518]

Como consequência da invalidação dos resultados obtidos, os desportistas classificados atrás do atleta dopado acabam por subir um lugar na classificação geral da prova. Isto, naturalmente, se estivermos a pensar numa modalidade como a maratona em que todos os atletas se encontram em competição no momento em que o atleta se encontrava dopado.

No caso de modalidades em que a mesma competição se desenrola por várias rondas, etapas, eliminatórias (p. ex. ténis) tudo se passa de um modo diferente. Aqui, se o atleta foi considerado dopado depois da realização de um controlo *antidoping* efectuado imediatamente após ter ganho a final de um torneio, ele é desclassificado, passando o 2º classificado (1º não dopado) para a posição de vencedor. No entanto, o 3º classificado, que perdera nas meias-finais com o atleta dopado, não é considerado 2º, uma vez que não se provou que nessa eliminatória o organismo

---

[517] De acordo com Jorge Sinde Monteiro "responder, ser (civilmente) responsável, tem o sentido de impor a uma pessoa a obrigação de reparar um dano causado a outrem". (Jorge Sinde Monteiro, Estudos Sobre a Responsabilidade Civil, Coimbra, 1983 p. 7 [1]).
[518] V. Artigo 9º do Código AMA e Artigo 13º do Decreto-Lei nº 183/97, de 26 de Julho.

do atleta contivesse substâncias dopantes. Tal tratamento é imposto pelo princípio da verdade desportiva.

Ora, passando o segundo classificado (1ª não dopado) a ser considerado o grande vencedor da competição, é legítimo que este possa tirar partido de todo o mediatismo que tal posição lhe confere.

A verdade é que na grande maioria das vezes a desclassificação do atleta dopado ocorre depois de os atletas terem subido ao pódio, depois das inúmeras fotografias e entrevistas concedidas para os jornais desportivos de todo o mundo. Ou seja, ao ser atribuído todo o mediatismo, ou quase todo, ao atleta que posteriormente veio a ser desclassificado, o verdadeiro vencedor acaba por não poder tirar partido de toda a publicidade e benefícios da imagem que legitimamente lhe caberiam[519].

Estaremos perante um caso de responsabilidade civil extracontratual?

A responsabilidade civil extracontratual como fonte das obrigações é uma das figuras jurídicas que mais relevo assume na jurisprudência e doutrina portuguesas.[520]

Tendo uma função essencialmente reparadora ou indemnizatória[521], a responsabilidade civil extracontratual, que se encontra consagrada no artigo 483º do CCiv, depende da verificação de vários pressupostos[522]:

---

[519] Cfr. Berbard Bouloc e Alexis Gramblat, "Le Dopage d'un sportif peut-il donner lieu à indemnisation de ses concurrents ou des sponsors de ces derniers?", *Recueil Dalloz*, nº 42, 30 de Novembro, 2006, pp. 2868-2869.
Reconhecendo-se os benefícios que a imagem e o mediatismo desportivo podem trazer para os atletas, dispõe o artigo 10º da Lei nº 28/98, de 26 de Junho, que "todo o praticante desportivo profissional tem direito a utilizar a sua imagem pública ligada à pratica desportiva e a opor-se a que outrem a use ilicitamente para exploração comercial ou para outros fins económicos."
[520] Já em 1983 Jorge Sinde Monteiro realçava que "a responsabilidade civil tornou-se em muitos países – em todos os países industrializados, com excepção dos socialistas – num dos mais importantes sectores de direito do ponto de vista da sua aplicação prática, a ponto de ameaçar o bom funcionamento dos tribunais... para além disto, assiste-se também em outros países a um enorme desenvolvimento das responsabilidades profissionais (médicos, advogados, notários, arquitectos e engenheiros, banqueiros, etc.)." (Jorge Sinde Monteiro, *ob. cit.* [1], pp. 25-26).
[521] Antunes Varela refere que "...embora a responsabilidade civil exerça uma função *essencialmente reparadora ou indemnizatória*, não deixa de desempenhar *acessória ou subordinadamente* uma função de carácter *preventivo, sancionatório ou repressivo*, como se demonstra através de vários aspectos do seu regime." (Antunes Varela, *ob. cit.* [1], p. 542).
[522] Para maiores desenvolvimentos sobre os pressupostos da responsabilidade civil extracontratual v., entre muitos, Antunes Varela, *ob. cit.* [1], pp. 525-629; Almeida Costa, *ob. cit.*, pp. 509- -560; Menezes Leitão, *Direito das Obrigações*, Vol. I, 3ª edição, 2003, Almedina, pp. 285-350.

"aquele que, com dolo ou mera culpa, violar ilicitamente o direito de outrem ou qualquer disposição legal destinada a proteger interesses alheios fica obrigado a indemnizar o lesado pelos danos resultantes da violação".

Da leitura do preceito resulta que se torna necessário, para impor ao lesante a obrigação de indemnizar, a existência de UM FACTO VOLUNTÁRIO do agente e não um mero facto natural causador de danos, já que só aquele pode, enquanto destinatário das normas jurídicas, "... violar ilicitamente o direito de outrem ou qualquer disposição legal destinada a proteger interesses alheios...". Caímos, então, no segundo pressuposto, a ILICITUDE. É necessário, também, que o facto seja imputado ao lesante a título de DOLO OU MERA CULPA. Com a responsabilidade civil imputa-se ao agente do facto a obrigação de indemnizar o DANO causado. Por fim, estabelece a lei que só os danos resultantes da violação são indemnizáveis. Ou seja, torna-se necessário que haja um NEXO DE CAUSALIDADE entre o facto ilícito e aquele dano concreto causado ao lesado.

Resumindo, os pressupostos da responsabilidade civil são os seguintes: facto voluntário; ilicitude; culpa em qualquer das suas modalidades (dolo ou negligência); dano; nexo de causalidade entre o facto e o dano.

Tendo em consideração os casos de *doping* constata-se que sempre existirá um acto voluntário, "um facto *dominável* ou *controlável* pela vontade, um *comportamento* ou uma *forma de conduta humana*"[523]. É verdade que há substâncias consideradas dopantes que podem ser produzidas de forma endógena; no entanto a lei estabelece valores próprios para que a presença de tais substâncias seja considerado *doping* e que não são compatíveis com a produção do organismo humano.

Se é verdade que em termos gerais o facto voluntário pode ser traduzido numa omissão (quando há um dever legal de praticar um acto que teria impedido a consumação do dano), nos casos de *doping* o facto voluntário traduz-se num facto positivo – vg. consumo ou injecção de substâncias proibidas – e é, na maioria das vezes, praticado pelo próprio atleta, pelo médico ou por um director do clube que aquele representa.

Esse facto voluntário tem necessariamente de ser ilícito. A ilicitude comporta duas variantes fundamentais: a violação de um direito de

---

[523] Cfr. Antunes Varela, *ob. cit.* [1], p. 527.

outrem e a violação da lei que protege interesses alheios[524]. Apesar de na introdução ao Código AMA constar que um dos objectivos do Programa Mundial Antidopagem e do Código é proteger o direito fundamental de os praticantes desportivos participarem em competições desportivas sem dopagem, torna-se duvidoso que o artigo 79º da CRP consagre o direito subjectivo dos atletas ao desenvolvimento da competição de "forma limpa". Mesmo que se entenda não haver um verdadeiro direito subjectivo dos atletas a competirem sem dopagem, o nosso caso cabe na segunda forma da ilicitude.

De forma a impor-se ao lesante a obrigação de reparar o prejuízo causado ao lesado pela violação da lei torna-se necessária a verificação de três requisitos. Primeiro, à lesão dos interesses do particular terá de corresponder uma violação de uma norma legal. Dito de outra maneira, é necessário haver um comportamento definido em termos precisos pela norma. Segundo, entre os fins da norma violada tem de figurar a protecção dos interesses dos particulares. Ou seja, é necessário que a norma violada tenha em vista a protecção dos interesses daqueles. Por fim, o dano tem de se inscrever no círculo dos interesses privados que a lei visa tutelar.

Um atleta que consuma substâncias contidas na lista de substâncias proibidas acusa positivo no teste antidoping, violando o disposto no artigo 3º, nº 2, al. *a*) da Lei nº 27/2009, de 19 de Junho.

Já o segundo e terceiro requisitos levantam alguns problemas. Como já tivemos oportunidade de referir, quando se combate o *doping* no desporto vários são os fundamentos que normalmente são avançados, vg., preservação da ética e da verdade desportivas e protecção da saúde dos atletas e da saúde pública. A preservação da verdade desportiva, como um dos fundamentos do combate à dopagem, impõe a invalidação automática dos resultados obtidos pelo praticante desportivo, passando o segundo classificado para primeiro. A questão coloca-se em saber se a norma tem também em vista a protecção dos praticantes desportivos não dopados ou se estes apenas são beneficiados reflexamente.

---

[524] É certo que também o abuso de direito (artigo 334º do CCiv) e os vários factos jurídicos especialmente previstos na lei (factos ofensivos do crédito ou bom nome das pessoas, artigo 484º; conselhos, recomendações ou informações geradoras de danos, artigo 485º; e omissões, artigo 486º) podem gerar responsabilidade civil extracontratual.

Tendo o combate à dopagem entre os seus fundamentos a *par conditio*, o desenrolar da competição verificando-se o máximo de igualdade de circunstâncias possível – em suma, a verdade desportiva – a proibição de os atletas consumirem substâncias dopantes tem necessariamente entre os seus fins "directos" a tutela dos interesses dos atletas não dopados. Esclarecedor parece ser o comentário ao artigo 9º do Código AMA: "quando um praticante desportivo ganha uma medalha de ouro tendo no seu organismo uma substância proibida, esse facto constitui uma injustiça para os outros praticantes desportivos em competição, independentemente da infracção concreta que o praticante desportivo cometeu. Apenas um praticante desportivo «limpo» pode tirar partido dos resultados obtidos em competição."

Este é também o entendimento de Berbard Bouloc e Alexis Gramblat[525], para quem a lei, ao proibir o recurso a substâncias dopantes, pretende proteger a veracidade da competição e os próprios desportistas que não obtiveram a classificação merecida.

Como já repetidamente tivemos oportunidade de referir, a invalidação automática dos resultados desportivos obtidos em modalidades individuais repõe a verdade desportiva, procedendo à reclassificação da competição e à justa atribuição de medalhas, prémios e pontos.

Tanto o artigo 9º do Código AMA, como o artigo 69º, nº 1 da Lei nº 27/2009, de 19 de Junho, de forma a protegerem o atleta "limpo", consagram uma presunção *juris et de jure* de que o resultado obtido pelo atleta "sujo" ficou a dever-se ao *doping*.

Diferentemente, num desporto colectivo, como p. ex. o futebol, a presença de um atleta dopado não tem como consequência a imediata invalidação do resultado desportivo. Neste caso o legislador entendeu que a influência no resultado de um só atleta dopado não é suficiente para a invalidação daquele. A equipa que perdeu o jogo, e que não tinha qualquer atleta dopado, não beneficia da presunção inilidível como o atleta de um desporto individual[526].

---

[525] Berbard Bouloc e Alexis Gramblat, *ob. cit.*, p. 2868.
[526] E parece que não tem sequer hipótese de tentar provar que o resultado se deveu ao doping do único atleta que acusou positivo nos respectivos controlos. Isto porque, mesmo que a equipa derrotada conseguisse efectuar tal prova diabólica, jamais a vitória lhe seria atribuída, única situação em que poderia aspirar a ser ressarcida dos prejuízos causados.

Já diferente é a situação em que dois atletas da mesma equipa de futebol acusam positivo nos controlos antidoping. Dispõe o artigo 65º, nº 1, do Regulamento Antidopagem da FPF que "Se se apurar que mais do que um jogador de um clube ou sociedade anónima desportiva cometeu uma violação de uma norma antidopagem durante uma competição, podem ficar sujeitos a uma ou mais das seguintes sanções:

a) Dedução de 1 a 6 pontos;
b) Exclusão da equipa da fase final de uma competição ou desclassificação;
c) Multa de € 2.500,00 a € 10.000,00."

Ora, entre os interesses tutelados por todas estas normas hão-de encontrar-se não só a atribuição dos devidos prémios monetários, medalhas e pontos, mas todos os outros que provêm da "verdadeira" classificação final, nomeadamente os benefícios que derivam do mediatismo e da imagem; Numa expressão, da *publicidade* que deriva do desporto, encontrando-se desta forma preenchido o terceiro requisito da ilicitude.

Pelo contrário, e de modo diverso do que sugerem Bernard Bouloc e Alexis Gramblat[527], os danos sofridos pelos *sponsors* do primeiro atleta não dopado não se verificam no âmbito do círculo de interesses tutelados pela norma violada, pelo que não terão direito a qualquer indemnização.

Especificidades próprias do "direito do desporto" fazem, no entanto, com que os danos oriundos do facto ilícito só sejam tutelados pelas normas que combatem a dopagem a partir do momento da desclassificação do atleta dopado pelas instâncias competentes, já que é nesse momento que o segundo classificado (primeiro não dopado) passou a ter direito às honras de vencedor.

Contando que nos casos não se verifica qualquer causa justificativa da ilicitude (acção directa, art. 336º CCiv; legítima defesa, 337º CCiv; estado de necessidade, 339º CCiv; consentimento do lesado, art. 340º, nºs 1 e 2 CCiv), cumpre analisar o nexo de imputação do facto ao lesante (culpa).

---

[527] Bernard Bouloc e Alexis Gramblat, *ob. cit.* pp. 2868 e 2869.

A culpa é definida, no direito civil, como um juízo de censura ao agente por ter adoptado a conduta que adoptou, quando de acordo com norma legal estaria obrigado a adoptar conduta diferente[528]. Assim, a conduta do lesante é reprovável quando se concluir pela sua capacidade e, em face das circunstâncias concretas da situação, que ele podia e devia ter agido de outro modo[529].

Tendo o atleta dopado capacidade natural para prever os efeitos e medir o valor dos actos que pratica e para se determinar de acordo com o juízo que faça acerca deles – imputabilidade – só será responsabilizado, estabelece a lei[530], se actuar "...com dolo ou mera culpa..."[531].

Não será difícil vislumbrar situações em que o atleta consome substâncias proibidas com o objectivo de aumentar o rendimento desportivo – dolo directo – ou situações em que o atleta consome substâncias proibidas não para beneficiar de um aumento do rendimento desportivo mas para fins terapêuticos, sem, contudo, ter previamente consultado o médico do clube, ou no caso de inexistência deste, sem ter consultado um médico especialista em medicina desportiva informando-o da sua condição de desportista – negligência inconsciente. Não suscitando a primeira situação qualquer questão, centremo-nos um pouco na segunda. Sendo a mera culpa a omissão de um dever de diligência cumpre questionar, primeiramente, quais são efectivamente as coordenadas que definem esta diligência e, posteriormente, qual o verdadeiro conteúdo desse dever.

---

[528] Neste sentido, Menezes Leitão, *ob. cit.*, p. 315.
[529] Cfr. Antunes Varela, *ob. cit.* [1], p. 562.
[530] Artigo 383º do CCiv
[531] O dolo pode ser directo – o agente quis directamente realizar o facto ilícito –, necessário – o agente não quis directamente o facto ilícito, tendo-o, no entanto, previsto como consequência segura da sua conduta – ou eventual – o agente previu a produção do facto ilícito como consequência possível da sua conduta não confiando que tal efeito possível não acontecesse. A negligência, que consiste na omissão da diligência exigível ao agente, pode ser consciente – o autor prevê a produção do facto ilícito como possível, mas não acredita, por desleixo, incúria, precipitação, que tal efeito possível aconteça, não tomando as providências necessárias para o evitar – e inconsciente – o autor não chega sequer a conceber a possibilidade da ocorrência do facto ilícito por imprevidência, descuido ou inaptidão.
Para maiores desenvolvimentos sobre a culpa no direito civil v., entre outros, Antunes Varela, *ob. cit.* [1], pp. 569-597.

Quanto à primeira questão tenha-se em consideração o artigo 487º, nº 2, do CCiv: "a culpa é apreciada, na falta de outro critério legal, pela diligência de um bom pai de família, em face das circunstâncias de cada caso." O nosso Código Civil consagra a tese da culpa em abstracto, em que o padrão de comportamento devido é aferido "...pelo modelo de um homem-tipo, pelo padrão de um sujeito ideal, a que os romanos davam a designação prosaica de *bonus pater familias*, e que é, no fundo, o tipo de homem-médio ou normal que as leis têm em vista ao fixarem os direitos e deveres das pessoas em sociedade"[532].

Com relevância para o presente estudo encontra-se a segunda questão. Qual o conteúdo da mera culpa consagrada por nós: será a culpa como deficiência da vontade ou como conduta deficiente?

Tudo passa por saber se o padrão razoável do *bonus pater famílias* exige que se tenha somente um comportamento cuidadoso, zeloso ou se exige também que o homem seja medianamente capaz, avisado. Antunes Varela, salientando por um lado que aqui não está fundamentalmente em causa a ideia da sanção do agente, como sucede no direito penal, mas sim uma ideia de justiça cumulativa, que se resume em saber quem deverá, tendo em consideração os padrões de justiça, suportar o dano, e por outro que se deve exigir às pessoas a procura, no exercício da actividade profissional, da correcção das suas deficiências naturais ou da sua falta de competência até se aproximarem do homem médio, afirma que "... melhor orientação de *iure constituendo* e a que mais fielmente se coaduna com a opção da lei pelo critério em abstracto, é a que, dando à diligência exigível do homem o conteúdo mais amplo, define a mera culpa como uma conduta deficiente e não restringe à condição de uma simples deficiência do factor vontade no acto."[533]

À semelhança do que vimos para a responsabilidade disciplinar também aqui a situação é distinta consoante o clube ou selecção nacional que o atleta representa disponha ou não de departamento médico.

Tendo em consideração toda a polémica e importância que hoje os órgãos de comunicação social e a sociedade atribuem aos casos de *doping*,

---

[532] Antunes Varela, *ob. cit.* [1], pp. 574. A tese da culpa em concreto, não adoptada pelo Código Civil português, tem como bitola a diligência que o agente costuma aplicar nos seus actos, de que ele se revela habitualmente capaz.
[533] Antunes Varela, *ob. cit.* [1], pp. 579.

é dever do atleta, antes de iniciar qualquer tratamento, comunicar ao departamento médico do clube respectivo, ou, caso aquele não exista, a um médico especializado em medicina desportiva, a sua intenção de proceder a tal acto.

No caso de não existir médico do clube o atleta deve, naturalmente, também comunicar a sua condição de praticante desportivo federado ou de alta competição, conforme o caso, ao médico especialista em medicina desportiva que consultou. Aliás, parte dos clubes de futebol portugueses, mesmo aqueles pertencentes aos escalões inferiores, entregam a todos os atletas, no início de cada época desportiva, a lista de substâncias proibidas, e avisam-nos para não se medicarem sem previamente serem aconselhados pelo médico da equipa.

Caso o departamento médico ou o médico especializado transmita ao atleta que o tratamento se pode efectuar sem ser necessário o preenchimento da autorização para fins terapêuticos prevista no artigo 4.4 do Código AMA, por o tratamento não conter qualquer substância proibida, temos para nós que a responsabilidade civil não deverá recair sobre o atleta. O agente previu a possibilidade de o tratamento conter substâncias proibidas e como tal agiu de acordo com o seu dever de diligência: deu conhecimento de tal facto ao médico do clube, com a antecedência exigível[534], de modo a proceder-se à entrega do pedido de autorização de utilização terapêutica de substâncias proibidas constante da respectiva norma internacional, se tal fosse necessário.

Será razoável exigir a um atleta que conheça todas as substâncias que contêm os medicamentos que lhe são administrados, e se são ou não permitidas, quando se encontra perante um profissional de saúde, normalmente um médico de medicina desportiva?

Não só nos parece pouco ou nada razoável, como mesmo absurdo. Até porque, como já vimos, a lista de substâncias é uma lista aberta que proíbe todas as substâncias ali enumeradas "... e outras substâncias com estrutura química similar ou efeitos biológicos similares." Temos consciência de que com esta posição abrimos portas para que os desportistas sejam

---

[534] De acordo com o ponto 4.1 da segunda parte da norma internacional sobre autorizações de utilização terapêutica, o atleta deve apresentar uma solicitação para obtenção de uma autorização de utilização terapêutica no máximo até 21 dias antes de participar numa manifestação.

protegidos pelos clubes, assumindo estes a responsabilidade nos casos em que efectivamente o atleta sabia e pretendia mesmo consumir substâncias proibidas. Não obstante, para além de nos encontrarmos em sede de responsabilidade civil, em que a finalidade principal é a reparação dos danos causados ao lesado, caso se optasse pela consagração de uma responsabilidade quase objectiva, ou mesmo objectiva, estaríamos a abrir as portas à responsabilização de atletas inocentes, vítimas de clubes ou federações.

Bastante diferentes são as situações em que o atleta se "auto-medica" sem dar conhecimento ao médico do clube ou a qualquer outro médico. Não temos dúvidas de que neste caso o praticante desportivo não actuou conforme o padrão do homem-médio, actuando de forma negligente. Saber se nesta situação a negligência foi consciente ou inconsciente, ou mesmo se houve dolo eventual, depende da convicção interior do próprio atleta.

Se o atleta previu a possibilidade de o medicamento consumido conter substâncias proibidas não se convencendo, no entanto, de que as não estava a ingerir, estamos perante dolo eventual. Se o atleta previu aquela possibilidade tendo-se convencido, por desleixo ou incúria, que efectivamente o medicamento não continha tais substâncias e portanto que as não estava a ingerir, e não tomou a medida devida para a evitar, o atleta agiu de modo negligente mas conscientemente. Por fim, se o atleta nem sequer previu que o medicamento continha tais substâncias, o atleta agiu com negligência inconsciente.

Entre as situações analisadas anteriormente existem outras que se colocam na fronteira entre a existência/não existência de culpa. Assim, se o atleta consulta um médico, p. ex., num hospital público ou no seu consultório privado e não lhe comunica que é praticante desportivo federado e que, consequentemente, pode ser sujeito a controlos *antidoping*, o médico não tem que questionar, nem tão pouco que adivinhar tal circunstância, cabendo antes ao atleta o dever de prestar tal informação. Também deverá ser responsabilizado o atleta que, p. ex., tome um medicamento com substâncias proibidas para tratar uma doença[535] que tenha

---

[535] Apesar de nesta situação não ter solicitado a autorização para fins terapêuticos dentro dos 21 dias que o ponto 4.4 da norma internacional para fins terapêuticos estipula, tenha-se em consideração que de acordo com o ponto 4.7 da mesma norma a autorização pode ser reque-

despontado na noite anterior à competição, não obstante não consiga ler a bula, por ser analfabeto, ou que não consiga, por ser mudo ou não falar a mesma língua, explicar ao médico que está perante um praticante desportivo. Isto porque, perante deficiências pessoais mais vincadas que colocam o atleta em plano acentuadamente inferior ao homem médio ou normal, aquele deverá coibir-se dos actos que escapam de todo ao círculo das suas aptidões naturais[536].

Nestas situações a indemnização deverá ser fixada, equitativamente, em montante inferior ao que corresponderia aos danos causados, desde que o grau de culpabilidade do agente, a situação económica deste e do lesado e as demais circunstâncias do caso o justifiquem – art. 494º do CCiv.[537]

Quanto à prova da culpa, refira-se que também em sede civil, à semelhança do que vimos para as sanções disciplinares, o julgador deve presumir, sempre que haja um controlo *antidoping* positivo, e com base na experiência de vida, que o atleta usou ou consumiu a substância dopante e de forma culposa. Ao praticante desportivo caberá criar no julgador uma dúvida fundada sobre a ausência de culpa.

Como os motivos que nos levam a pugnar pela aplicação do princípio *nulla poena sine culpa* ao domínio disciplinar não valem para o domínio civil, não se pode arredar, sem mais, a hipótese de o atleta dopado ser obrigado a indemnizar os seus opositores independentemente da culpa. Para tal, essa obrigação necessita de estar especificada na lei – art. 483º, nº 2 do CCiv. Não obstante, feita uma justa ponderação de interesses, aos casos de *doping* parece ser mais adequada, de *iure condendo*, a inversão do ónus da prova mediante a consagração de uma presunção legal de culpa, cabendo ao atleta dopado, se pretender não ser responsabilizado

---

rida em caso de tratamento de emergência ou tratamento necessário a uma situação patológica aguda, ou quando, devido a circunstâncias excepcionais, não existe tempo suficiente ou oportunidade para o requerente apresentar, ou para a Comissão para autorizações de utilização terapêutica avaliar uma solicitação antes da realização do controlo antidopagem.

[536] Cfr. Antunes Varela, *ob. cit.* [1], p. 581.

[537] Este artigo 494º, em conjugação com o artigo 497, nº 2, justifica só por si a afirmação de que a responsabilidade civil tem uma função exclusivamente reparadora, já que em ambos os artigos o grau de culpa reflecte-se na indemnização a pagar ao lesado – à semelhança do que sucede no direito penal em que a medida da pena não pode ser superior ao grau de culpa – podendo acontecer que o lesado não seja ressarcido de todos os danos sofridos.

civilmente, provar que não consumiu ou usou a substância proibida de forma dolosa ou negligente; as presunções legais podem ser ilididas mediante prova em contrário – presunção *juris tantum*.

Analisada a questão do nexo de imputação do facto ao agente, fica por examinar o dano e o nexo de causalidade entre o facto e o dano nos casos de *doping*. Tendo em consideração a proximidade que estes dois requisitos assumem no caso em estudo optámos por efectuar a sua análise em conjunto.

A função essencialmente reparadora da responsabilidade civil coloca o dano numa posição de destaque, assumindo-se como o elemento nuclear deste instituto. Ao contrário, quem pugna por uma função essencialmente preventiva ou punitiva acabará por transformar a produção de risco de lesão de um qualquer bem jurídico num verdadeiro dano, o que levará a accionar o instituto em estudo num maior número de situações e a tornar mais onerosa a prática de uma conduta ilícita[538].

O dano, para ser ressarcível, terá de ser certo. Ao contrário, o dano eventual, "não certo", não pode ser ressarcido. Apesar de este requisito aparentar uma enorme simplicidade, importa efectuar algumas considerações.

Quando se afirma que só o dano certo é ressarcível exige-se tão só uma certeza relativa e não absoluta. É que, dentro do dano patrimonial cabe o dano emergente – prejuízo causado nos bens ou nos direitos já existentes na titularidade do lesado à data da lesão – e o lucro cessante – benefícios que o lesado deixou de obter por causa do facto ilícito, mas a que ainda não tinha direito à data da lesão[539].

O lucro cessante nunca chegou a verificar-se como dano e jamais existirá, constituindo-se como uma realidade hipotética pertencente ao domínio das probabilidades[540]. Por isso dizemos que a certeza do lucro cessante é meramente relativa, mas real, segura e efectiva[541]. Caso con-

---

[538] Neste sentido, Júlio Gomes, "Sobre o dano de perda de chance", *Direito e Justiça, Universidade Católica Portuguesa, Faculdade de Direito*, Vol. XIX, Tomo II, 2005, p. 10.
[539] Cfr. Antunes Varela, *ob. cit.* [1], pp. 599.
[540] Júlio Gomes, *ob. cit.*, p. 11.
[541] V. Maria Luísa Arcos Vieira, "La perdida de oportunidad como daño indemnizable", *Estudo de Direito do Consumidor, Faculdade de Direito da Universidade de Coimbra*, nº 7, 2005, pp. 151-158.

trário, se se exigisse uma certeza absoluta, o lucro cessante ficaria de fora do dano indemnizável, já que seria sempre possível negar a sua existência.

Apesar de tudo é no domínio da prova que o lucro cessante cria algumas dificuldades ao demandante. A este cabe demonstrar a existência do dano, sem a qual não haverá direito à indemnização. No entanto, já não carece de prova a sua extensão, o seu concreto montante, que dificilmente o demandante conseguirá efectuar[542]. Não se estranhe, portanto, que se recorra com alguma frequência à equidade para se fixar o valor do dano – artigo 566º, nº 3 do CCiv.

Tendo em consideração os casos de *doping*, Bernard Bouloc e Alexis Gramblat[543] defendem a aplicação da doutrina da "oportunidade perdida" por forma a que o segundo classificado numa determinada competição (primeiro não dopado) possa ser ressarcido.

Entendem estes autores que o segundo classificado perdeu a hipótese de beneficiar de todo o mediatismo que o primeiro lugar proporciona, entre o qual se encontra a probabilidade de efectuar contratos de publicidade. "A jurisprudência invocada será a da «perda de chance» que prevalece quando é constatada a desaparição, por causa do delito, da probabilidade de um acontecimento favorável, ainda que por definição a realização de uma oportunidade não seja nunca certa."

A ideia de que a "perda de chance"[544], "perda de oportunidade", constitui um dano autónomo civilmente indemnizável e tem sido aceite por vários países, nomeadamente França, Espanha, Inglaterra e E.U.A.. Como escreve Sinde Monteiro, "entre as hipóteses de dano futuro juridicamente considerado como certo e aquelas em que é meramente eventual ou hipotético (não indemnizável), situam-se os casos em que o facto gerador de responsabilidade faz perder a outrem a possibilidade (chance) de realizar um lucro ou evitar um prejuízo...[545]".

---

[542] Júlio Gomes, *ob. cit.*, p. 12; V. Maria Luísa Arcos Vieira, *ob. cit.*, p. 152.
[543] Bernard Bouloc e Alexis Gramblat, *ob. cit.* p. 2869.
[544] Sobre a perda de chance v., Luís Medina Alcoz, *La teoría de la perdida de oportunidad – Estúdio doctrinal y jurisprudencial de derecho de daños público y privado*, Thomson Civitas, 2007; Júlio Gomes, *ob. cit.*, pp. 9-47; Maria Luísa Arcos Vieira, *ob. cit.*, pp. 137-173; Sinde Monteiro, "Aspectos particulares da responsabilidade médica", *Direito da saúde e bioética*, Lex, 1991, pp. 146-152.
[545] Sinde Monteiro, *ob. cit.* [2], p. 146.

Nascida em França a partir de 1960, a ideia de "perda de chance" teve origem na jurisprudência que impôs ao advogado que, por culpa sua, fez perder ao seu constituinte por interposição de recurso extemporâneo a possibilidade de ganho de causa, a obrigação de indemnização, ainda que parcial, tendo em conta o prejuízo final de perda de pedido[546].

Actualmente vários são os casos em que a jurisprudência estrangeira tem dado relevo à "perda de chance". Um médico que não garantiu a presença e a intervenção imediata do anestesista comprometeu a sobrevivência do paciente[547], ou o médico que efectua mal o diagnóstico privou o paciente da oportunidade de cura ou de sobrevivência; um concurso de uma obra em que a empresa de correios, por culpa sua, não procedeu à entrega da candidatura impediu o candidato de participar nesse concurso; um médico que não informou a mãe grávida do risco de a criança padecer da síndroma de Down, tirou-lhe a oportunidade de se decidir pelo aborto – wrongful life/wrongful birth[548].

---

[546] Em Espanha a STS de 26 de Janeiro de 1999, no âmbito de um processo em que o advogado não interpôs o recurso dentro do prazo devido, indeferiu o pedido indemnizatório da autora por considerar que "el daño no ha sido probado al basarse en una mera expectativa y no en un perjuicio cierto". Posteriormente o Supremo Tribunal entendeu que "la Sala de instancia confunde la falta de relevancia de un determinado índice de valoración del daño producido com la inexistencia de los daños mismos. Es cierto que, en casos análogos al presente, de negligencia profesional se ha acudido, en ocasiones, al criterio de la prosperabilidad del asunto sometido (o que hubiera debido someterse) a decisión judicial, según las actuaciones dejadas de practicar o practicadas mal, como elemento, que pese a las reservas y controles, con que debe ser manejado, puede proporcionar una pauta de valoración de los eventuales daños. Mas este índice o pauta orientativa no es exclusivo, ni por ello impide que se tengan en cuenta otros, en concurrencia, o aisladamente. En el caso, la simple pérdida de la oportunidad procesal que todo recurso como extraordinario confiere, objectiva la producción del daño y la necesidad de su reparación, daño imputable a quien con su conducta negligente omitió la realización del encargo aceptado, sin que consten ni se hayan probado excusas justificadas sobre la no interposición del recurso, comunicadas a tiempo a la otra parte contratante.". Sobre este caso v. Maria Luísa Arcos Vieira, "La perdida de oportunidad como daño indemnizable", Estudo de Direito do Consumidor, Faculdade de Direito da Universidade de Coimbra, nº 7, 2005, pp. 142-146.

[547] Cour d'appel de Grenoble, de 24 de Outubro de 1961. Sobre este caso v. Júlio Gomes, *ob. cit.*, p. 34.

[548] Por sentença de 6 de Junho de 1997 o Tribunal Espanhol condenou solidariamente o médico e o Serviço de Sáude de Valência a uma indemnização de 50.000.000 de pesetas. Cfr. Júlio Gomes, *ob. cit.* p. 20.

Comum a todas estas hipóteses é o facto de todas aquelas pessoas serem detentoras de uma chance. Esta chance, oportunidade, apesar de ser certa acaba por ser "um dano" especial, distinto do dano final[549]. Escreve Caroline Ruella que "pode assim distinguir-se entre um prejuízo actual, imediato, e um prejuízo mediato ou futuro, por essência, eventual. O prejuízo intermédio representado pelo desaparecimento da situação em mutação é apreendido pelo direito através da qualificação como perda de chance. Caso a chance seja real o seu desaparecimento consiste num prejuízo ou dano real"[550].

De modo a aferir-se o dano, é usual proceder à comparação entre a situação actual e aquela que se verificaria não fosse a conduta ilícita do agente. Nas situações em análise verifica-se que o dano final aparece sempre como hipotético, nunca como uma certeza. O constituinte do advogado, se não fosse a conduta faltosa, podia ou não obter ganho de causa; não fosse a actuação culposa do médico o paciente poderia ter tido o mesmo destino trágico, da mesma forma que o candidato ao concurso poderia não ver a obra ser-lhe adjudicada. Tudo se passa no plano probabilístico, não sendo possível fazer qualquer prova da existência do dano final. Certa e real é a perda de oportunidade.

Se por um lado, como vimos, o dano para ser indemnizável tem de ser certo, por outro nem todos os danos sobrevindos ao facto ilícito são incluídos na responsabilidade do agente, mas somente os "... resultantes da violação." – art. 483º do CCiv. Desta forma, torna-se necessário que entre o dano e o facto ilícito haja um concreto nexo de causalidade.

Ora, deste problema trata o artigo 563º do CCiv: "a obrigação de indemnização só existe em relação aos danos que o lesado provavelmente não teria sofrido se não fosse a lesão". Nas palavras de Antunes Varela, "a indemnização só cobrirá aqueles danos cuja verificação era lícito nessa altura prever que não ocorressem, se não fosse a lesão.

Ou, por outras palavras: o autor do facto só será obrigado a reparar aqueles danos que não se teriam verificado sem esse facto e *que, abstraindo deste, seria de prever que não se tivessem produzido*"[551].

---

[549] Júlio Gomes, *ob.cit.*, p. 22.
[550] Caroline Ruella, "La perte de Chance en Droi Privé, Revue de Recherche Juridique", 1999, 738, *apud* Júlio Gomes, *ob. cit.*, p. 22.
[551] Antunes Varela, *ob. cit.* [1], p. 899.

Apesar de a letra da lei sugerir a adopção da teoria da equivalência das condições – causa jurídica capaz de responsabilizar o agente é toda a *condição sine qua non* do dano – o autor refere que o nosso código consagrou a teoria da causalidade adequada – não basta que o facto seja a *condição sine qua non* do dano, é necessário também que em abstracto ou em geral o facto seja causa adequada do dano. "Há que escolher, entre os antecedentes históricos do dano, aquele que, segundo o curso normal das coisas, se pode considerar apto para o produzir, afastando aqueles que só por virtude de circunstâncias extraordinárias o possam ter determinado"[552].

Enunciando o artigo 563º do CCiv o princípio da causalidade adequada sem dar preferência a umas das duas variantes (positiva/negativa) cumpre ao intérprete, de acordo com o artigo 10º, nº 3 do CCiv, adoptar a posição mais consentânea com o espírito do sistema, o que leva Antunes Varela a adoptar a formulação negativa[553]. Mediante esta formulação, o facto que actuou como condição do dano só deixará de ser considerado como causa adequada se, dada a sua natureza geral, se mostrar de todo

---

[552] Antunes Varela, *ob. cit.* [1], p. 889.
[553] Antunes Varela, *ob. cit.* [1], p. 900. Neste sentido, o STJ no acórdão nº SJ20070306001381, de 06 de Março de 2007 – em causa estava o cometimento de um facto ilícito por parte de uma empresa de serviços postais que por culpa sua não procedeu à entrega no prazo estipulado – entendeu o seguinte: "no âmbito do direito civil, o artigo 563º do Código Civil consagra a vertente mais ampla da causalidade adequada, ou seja, a sua formulação negativa. Esta vertente negativa da causalidade adequada não pressupõe a exclusividade do facto condicionante do dano, nem exige que a causalidade tenha de ser directa e imediata, pelo que admite: – não só a ocorrência de outros factos condicionantes, contemporâneos ou não; – como ainda a causalidade indirecta, bastando que o facto condicionante desencadeie outro que directamente suscite o dano. No entanto, para esta modalidade, o facto-condição já não deve ser considerado causa adequada do dano quando se mostre, pela sua natureza, de todo inadequado e o haja produzido apenas por ocorrência de circunstâncias anómalas ou excepcionais. No caso dos autos, como a possibilidade de a recorrente ganhar o concurso estava envolta em manifesta álea, por dependente da vontade de outrem, que não os contraentes, pelo que era imprevisível, (no sentido de coisa fortuita ou acidental que ocorreria ou deixaria de ocorrer), não poderá ser imputado esse facto – não ter ganho o concurso – à recorrida, como consequência ainda do incumprimento do contrato celebrado. Só esta conclusão é compatível com o conceito de causalidade adequada, sendo que o lesante é responsável por todos os prejuízos que "necessariamente" resultem do não cumprimento do contrato. A mesma teoria da causalidade adequada visa excluir da indemnização os danos que resultaram de "desvios fortuitos", com o objectivo de libertar o lesante do risco de suportar, quase em termos de *versari in re illicita*, todos os danos a que o seu acto deu origem."

em todo indiferente para a verificação do dano, tendo-o provocado só por virtude das circunstâncias excepcionais, anormais, extraordinárias ou anómalas, que intercederam no caso concreto.

Pela aplicação da teoria da causalidade adequada verificamos que em todas as situações referidas – a do advogado que interpõe um recurso extemporâneo com a consequência de o seu constituinte perder a chance de obter ganho de causa, a do médico que efectua mal o diagnóstico e faz o doente perder a oportunidade da cura... – não existe o exigido nexo de causalidade entre o facto ilícito e o dano final.

Na verdade, se não fosse o facto ilícito o cliente do advogado poderia perder a acção e o doente, se não fosse o facto ilícito culposo do médico, poderia morrer na mesma. Constituindo-se o dano aleatório jamais existirá o referido nexo de causalidade. Não se poderá afirmar que o facto ilícito do advogado ou do médico foi a condição *sine qua non* para a verificação da perda da acção ou da morte do doente, respectivamente. Neste sentido refere Júlio Gomes que "a aceitação do dano de perda de chance não representa uma alteração no sistema da responsabilidade civil vigente, mas constitui antes uma ruptura significativa com a noção de causalidade, comummente aceite. É certo que a teoria da causalidade adequada também tem em conta a probabilidade ou verosimilhança, quando selecciona entre as várias condições *sine qua non* aquela ou aquelas que vai considerar adequada(s). No entanto, a probabilidade é tratada como um meio de aceder a uma certeza (embora relativa), que se tem por indispensável, quanto à existência de um nexo de causalidade"[554].

Mas, o certo é que o facto ilícito culposo levou à perda da oportunidade de o cliente ver apreciado o recurso e de o doente poder curar-se, carecendo tais situações de protecção jurídica.

Nesta medida, e como não se levantam quaisquer dúvidas quanto à existência de um nexo causal entre o facto ilícito e a perda de chance, não

---

[554] Júlio Gomes, *ob. cit.*, pp. 41-42. Em sentido contrário, ainda que reconheça que a sua proposta não se torne evidente, tratando-se tão só de uma orientação defensável com dificuldades de fundamentação, Sinde Monteiro refere que "se esta possibilidade existia realmente e era séria, então a chance parece entrar no domínio do dano ressarcível. Aceita-o hoje pacificamente a jurisprudência francesa, e também entre nós, embora esta terminologia não costume ser utilizada, não parece levantarem-se objecções ponderosas, quer vistas as coisas pelo ângulo do nexo causal (art. 563º do Código Civil), quer directamente pelo prisma do dano (art. 566º, nº 3)". (Sinde Monteiro, *ob. cit.* [2], pp. 146-147).

falta quem considere esta perda de chance como um dano em si mesmo, como um dano autónomo. Assim, a reparação não é a do dano final, que é hipotético, aleatório, mas diz respeito apenas a uma parte do benefício total esperado: o cliente do advogado só seria indemnizado por parte do valor do pedido, consoante as probabilidades de ganho de causa.

Deste modo, "pode assim dizer-se que, ao indemnizar a perda de uma chance, se reconhece o papel da sorte ou do acaso na vida humana. Além disso, ao reparar este prejuízo o juiz aprende a atribui um valor patrimonial à chance individual pelas suas próprias virtualidades..."[555]. Se assim é, fica por explicar que tipo de dano constitui a perda de chance: se dano emergente se lucro cessante; e como se pretende qualificar como autónomo um dano que se insere num complexo processo causal, que daria lugar ao dano final.

De forma sumária[556], diremos que a perda de chance se distingue do lucro cessante pela certeza deste e incerteza daquela. A prova do lucro cessante passa pela evidência dos pressupostos e requisitos de que ele se verificaria, constituindo-se numa certeza relativa.

Para os defensores da teoria da perda de chance como dano emergente esta é entendida como uma entidade autónoma relativamente ao resultado favorável esperado, dotada de valor autónomo. Consequentemente a perda dela seria um prejuízo certo e actual[557]. O problema é que o valor da oportunidade está sempre dependente dos resultados hipotéticos esperados. Como salienta Júlio Gomes, com excepção de escassas situações como a do bilhete de lotaria, a chance apesar de qualquer valor que lhe seja atribuído não pode ser objecto de câmbio e "... é insusceptível de qualquer gozo económico autónomo"[558]. No sentido de a oportunidade não poder ser avaliada autonomamente diga-se, em abono da verdade, que ela sempre dependerá da verificação e da extensão do dano final.

Tendo a perda de oportunidade um valor autónomo ficam por explicar as situações em que no momento do julgamento já se sabe que os benefícios esperados não se teriam realizado ou que os prejuízos teriam sem-

---

[555] Júlio Gomes, *ob. cit.*, pp. 25.
[556] Para maiores desenvolvimentos sobre este assunto v. Júlio Gomes, *ob. cit.*, pp. 25-47.
[557] Neste sentido Júlio Gomes, *ob. cit.*, p. 29.
[558] Júlio Gomes, *ob. cit.*, p. 30.

pre ocorrido; apesar de se saber que independentemente do facto ilícito os benefícios não teriam ocorrido, a verdade é que a chance foi destruída.

Para quem defende a tese da chance como dano autónomo haverá lugar a indemnização mesmo tendo-se a certeza da inexistência dos benefícios esperados[549]. Em suma, a perda de oportunidade acaba por constituir uma antecipação ou redução do dano final que não se consegue provar. Trata-se, com efeito, de uma espécie de «antecipação» de um dano hipotético, e que não se consegue demonstrar. Mesmo os autores que o defendem reconhecem o quanto existe de artificial neste procedimento.

No entendimento de Júlio Gomes a doutrina da perda de chance acaba por ser um meio artificial de cobrir situações que à luz de inúmeros ordenamentos jurídicos, entre os quais o nosso, acabariam por ficar desprotegidas. Sendo, para este autor, impraticável de *iure condito*, e apesar de alertar para a injustiça do sistema português do "tudo ou nada"[560], esta doutrina poderá ganhar relevo no caso de a regra da causalidade adequada ser alterada[561].

---

[559] A este propósito Júlio Gomes escreve o seguinte: "... configure-se, por exemplo, que se subtraiu ou destruiu um bilhete de lotaria, cujo número se sabe agora que não foi premiado. Parece que os defensores da perda de chance como dano autónomo deveriam defender que a chance foi, em si mesma, destruída e, portanto, defender a indemnização da mesma, independentemente da inexistência de qualquer lucro cessante."
[560] Sobre a perda de chance e a teoria do "tudo ou nada" v. Luís Medina Alcoz, *ob. cit.*, pp. 321--347.
[561] "No puede desconocerse que la jurisprudencia española está acudiendo a mecanismos distintos de la *condicio sine qua non* para la determinación de la causalidad material. Manteniendo el requisito de la certeza del nexo, los tribunales lo entienden suficientemente acreditado mediante expedientes que suavizam el rigor de la prueba que incumbe al demandante. Interesa ahora destacar el expediente del «juicio de probabilidad cualificada» que, aplicado a la relación causal, permite tenerla por probada cuando se concluye que responde a lo que aparece como más probable (con una probabilidad cercana a la certeza). Aplicando esta doctrina, algunos supuestos encuadrables en principio en la "pérdida de oportunidad" pueden llegar a resolverse haciendo inútil el recurso a aquella figura, lo que ocurrirá cuando las probabilidades de alcanzar la utilidad perdida alcancen la importancia que el juez requiera para su consideración como «cualificada». (Maria Luísa Arcos Vieira, *ob. cit.*, p. 172). Este entendimento encontra-se na STS de 23 de dezembro de 2002. O Tribunal Supremo Espanhol entendeu que é à médica que cabe descartar a hipótese mais verosímil da nascença do bebé com paragem cerebral, "no se trata de exigir la prueba de la causa, sino la de desechar las hipóteses que sin estar dotada de certeza aparece como más razonable, y revestida de la verosimilitud que proporcona un juicio de probabilidad cualificada". Diga-se, no entanto, que com a aplicação de esta teoria de causalidade a indemnização acabará por ser um género do "tudo ou nada".

Não obstante, de *iure condendo* parece preferível adoptar medidas alternativas capazes de chegar a resultados práticos idênticos, como é o caso da inversão do ónus da prova ou da prova *prima facie*[562].

Voltando aos casos de *doping*, Bernard Bouloc e Alexis Gramblat entendem que se deve avaliar a diferença de impacto em termos de imagem entre o segundo lugar e o primeiro para, de acordo com a doutrina da perda de chance, se avaliar o dano[563].

Façamos, então, a distinção entre os vários danos decorrentes da actividade desportiva. Tenhamos como exemplo o caso da competição dos 100 metros de velocidade nos Jogos Olímpicos de Sydney. Corria o ano de 2000 quando Marion Jones obteve a medalha de ouro na referida competição, tendo a grega Ekaterini Thanou ocupado o segundo lugar do podium[564].

Passados sete anos a norte americana Jones veio confessar que se dopou várias vezes antes e depois dos Jogos Olímpicos de Sydney. Perante esta situação o COI retirou as medalhas à atleta Marion Jones. Não obstante, EKaterini Thanou não só não pôde subir ao palco como campeã olímpica e "colocar o hino nacional da Grécia como o mais rápido dos jogos na competição de 100 metros", como deixou de poder auferir durante todos estes anos dos benefícios de ser campeã olímpica.

Ora, para além dos danos não patrimoniais causados à atleta grega por toda esta situação, que devem ser ressarcíveis, pode verificar-se também a existência de danos patrimoniais, nomeadamente lucros cessantes.

Todos os benefícios que a atleta Marion Jones obteve, nomeadamente provenientes do direito de imagem, pelo facto de ter ganho a medalha de ouro nos 100 metros deverão, desde logo, ser considerados como lucros cessantes pertencentes a Ekaterini Thanou. Isto naturalmente se esta conseguisse fazer prova de que todos esses benefícios tiveram origem no facto de Jones se ter sagrado campeã olímpica. Thanou teria de fazer prova da certeza, ainda que relativa, dos lucros cessantes, não recaindo contudo nesta atleta o ónus de provar o real montante do dano.

---

[562] V. Júlio Gomes, *ob. cit.*, p. 44.
[563] Sobre a teoria da perda de chance em competições desportivas v., Luís Medina Alcoz, *ob. cit.*, pp. 65-67 e 232-233.
[564] Como já tivemos oportunidade de referir a atleta norte americana obteve 3 medalhas de ouro e duas de bronze durante os Jogos Olímpicos de Sydney.

Se, imediatamente após a referida competição dos Jogos Olímpicos de Sydney, Marian Jones celebrou um contrato de publicidade com uma determinada empresa apenas por ter sido campeã olímpica de 100 metros, parece que tal benefício poderá vir a ser considerado como lucro cessante pertencente à atleta grega.

Tratamento diferente merecem todos aqueles benefícios que Marion Jones obteve devido às suas próprias qualidades, características e conhecimentos, ainda que relacionados com a vitória nos 100 metros.

Tudo depende do carácter de previsibilidade dos benefícios que a atleta Thanou deixou de auferir. É que os lucros cessantes correspondem a novas utilidades que o lesado teria presumivelmente conseguido se não se tivesse verificado o facto ilícito[565].

Se a atleta grega conseguisse fazer prova dos pressupostos e requisitos necessários para que um determinado dano de imagem viesse a existir, teria certamente direito à devida indemnização a título de lucro cessante. Os danos finais imprevisíveis apenas podem ser tidos em consideração para quem defenda a aplicação da doutrina da perda da oportunidade. Mas nunca a indemnização será correspondente ao valor total dos prejuízos hipotéticos.

Se a atleta segunda classificada, primeira não dopada, se encontrasse a finalizar negociações com vista à celebração de um contrato de trabalho desportivo e tal desfecho não se verifica apenas porque esta não conseguiu conquistar a medalha de ouro, não temos dúvidas de que o prejuízo daqui proveniente deveria ser considerado como lucro cessante. Na verdade encontrar-se-iam preenchidos os dois últimos requisitos da responsabilidade civil: dano certo (ainda que baseado numa certeza relativa) e nexo de causalidade entre o facto ilícito e o dano[566]. O mesmo já não

---

[565] Júlio Gomes, *ob. cit.*, p. 26.
[566] Interessante não deixa de ser também o caso de um piloto de automóveis que competia na fórmula 3000 que viu o seu contrato ser resolvido, alegadamente por incumprimento da sua parte, apesar de o Tribunal Italiano de Monza ter vindo mais tarde a dar-lhe razão, condenando a equipa a uma indemnização por perda de chance. Alessio Pacce entende, contudo, que o essencial do dano se reconduz não a uma verdadeira perda de chance mas ao lucro cessante. Como refere o autor, "... é razoável presumir que, na ausência de incumprimento, o piloto continuaria a pilotar e, face ao já sucedido, poder-se-ia afirmar, com base num critério de normalidade, que teria continuado a ganhar na F3000, com resultados presumivelmente não menos brilhantes do que os até agora obtidos, beneficiando de um crescente retorno

aconteceria com outro tipo de benefícios que hipoteticamente poderiam advir caso não fosse o facto ilícito.

Curiosa seria a situação de também a segunda classificada se encontrar dopada nessa mesma competição. Não se pense que estamos apenas perante um exemplo de escola improvável de se verificar, uma vez que a grega Ekaterini Thanou foi também ela suspensa por dois anos depois de não ter comparecido a um controlo *antidoping* efectuado na véspera dos Jogos Olímpicos de 2004, realizados na Grécia[567].

Avancemos outro exemplo. Em Espanha, na Av. Diagonal de Barcelona, a polícia interceptou um automóvel por equívoco, no qual transitava um atleta inscrito na Real Federação Espanhola de Atletismo.

A polícia causou lesões ao atleta que o impediram de participar em cinco competições oficiais, tendo este perdido a possibilidade de obter patrocínios, prémios de classificação e a renovação da bolsa atribuída pelo Estado Espanhol. Depois de a polícia ter assumido que não era aquela pessoa que pretendia deter, o atleta instaurou uma acção de responsabilidade civil.

O Conselho de Estado[568] entendeu que se deveria fixar a indemnização tendo em conta os lucros cessantes que o atleta deixou de receber

---

económico em termos de imagem e de uma maior experiência. A privação desse benefício, que poderá considerar-se esperado com razoável certeza, representa não uma perda de chance, mas um lucro cessante." Já a passagem à F1 e todos os benefícios daí resultantes constitui uma verdadeira perda de chance. Alessio Pacces, Rivista do Diritto Sportivo, Ano XLVI, 1994, pp. 447 e ss., *apud* Vieira Gomes, *ob. cit*, p. 16 e 17.

[567] Com o objectivo de faltar ao controlo antidoping a atleta Ekaterini Thanou simulou um acidente de moto. Tendo em consideração o disposto no ponto 23.2.1 da Carta Olímpica Internacional parece que a medalha de ouro dos 100 metros dos Jogos Olímpicos de Sidney pertencerá mesmo à atleta grega, uma vez que esta só passados quatro anos veio a ser suspensa. O ponto 23.2.1 da Carta Olímpica Internacional dispõe o seguinte: "...in the case of desqualification or exclusion, the medals and diplomas obtained in relation to the relevant infringement of the Olympic Charter shall be returned to the IOC. In addition, at the discretion of the IOC Executive Board, a competitor or a team may lose the benefit of any ranking obtained in relation to other events at the Olympic Games at which he or it was disqualified or excluded: in such case the medals and diplomas won by him or it shall be returned to the IOC (executive board). (destaque nosso)

[568] Parecer nº 1040/2001, de 31 de Maio. Órgão consultivo do governo que, como o próprio nome indica, tem uma função exclusivamente consultiva, limitando-se a dar a sua fundada opinião sobre o objecto da consulta ou a propor outra solução mais adequada – www.consejo-estado.es.

pelos trinta dias que esteve impedido de praticar a actividade desportiva e pelas cinco competições em que não pôde participar. Quanto aos restantes prejuízos reclamados, o Conselho de Estado entendeu que não deveriam ser indemnizados, apesar de não ter fornecido qualquer fundamentação.

Ao contrário, para Luís Medina Alcoz parece evidente que alguns dos restantes prejuízos poderiam ter sido objecto de consideração positiva, já que cabem no conceito de perda de chance: "lo coherente con la doctrina de la pérdida de oportunidad habría sido medir el grado aproximado de probabilidad con que el atleta contaba en orden a la consecución de las vantajes pretendidas, para, entonces, siendo insuperable el elemento de aleatoriedad que la misma conlleva, ponderar, de acuerdo con los antecedentes proporcionados (en particular, la beca con la que ya contaba, con consideración de su importe, y el dato de los resultados obtenidos durante el año anterior), fijar la indemnización correspondiente a esa pérdida de oportunidades que, siendo reales, dejaron de ser consideradas"[569].

Atentemos numa última situação. Imagine-se um atleta de um desporto individual (p. ex. bilhar), que disputou e venceu o último encontro da fase de qualificação para os campeonatos do mundo, tendo sido desclassificado num momento posterior à realização desse evento, pelo facto de o controlo *antidoping* realizado no final desse encontro de qualificação ter acusado positivo.

O adversário vencido, que seria o primeiro jogador da sua nacionalidade a poder estar presente nos campeonatos do mundo desse desporto, mais tarde declarado vencedor da referida qualificação, não pôde estar presente no tão desejado evento e deixou de auferir vários benefícios monetários certos, como apoios do estado e alguns contratos de publicidade pré-celebrados. Todos estes benefícios deverão ser indemnizáveis a título de lucro cessante tendo em conta a certeza do prejuízo causado.

Imagine-se agora que a mesma situação se passava não na última eliminatória da qualificação mas na penúltima. Neste caso, e em princípio, os prejuízos supra enunciados são hipotéticos pois tudo dependeria do resultado da última eliminatória de qualificação.

---

[569] Lui Medina Alcoz, *ob. cit.*, p. 233.

O atleta que mais tarde foi considerado vencedor da primeira eliminatória da fase de qualificação não conseguiria provar os pressupostos e requisitos necessários de modo a que o julgador pudesse ter como certa a produção desses danos, já que apenas haveria a hipótese de o atleta vencer ou perder essa última eliminatória.

Mesmo considerando todos os resultados anteriores favoráveis ao atleta não se pode afirmar com certeza, ainda que relativa, que aquele iria ganhar esse encontro final: "la suerte y el azar marcan también el devenir de las actividades deportivas que cuentan con un componente aleatório igualmente característico"[570]. Assim sendo, não podemos afirmar que o facto ilícito culposo foi a condição *sine qua non* da produção do prejuízo final esperado, não se encontrando preenchidos os requisitos da responsabilidade civil extracontratual.

Apesar de estarmos totalmente de acordo com a ideia de que estas situações merecem tutela jurídica, como já referimos, o nexo de causalidade entre o facto ilícito culposo e o dano, consagrado no artigo 563.º do CCiv, não nos permite pugnar pela indemnização desse danos finais. Quanto muito, apesar de *de iure condito* se tornar pouco ou nada convincente, poder-se-á alegar que a perda de hipótese é certa e merecedora de indemnização, ainda que esta jamais possa aspirar a situar-se no valor total dos benefícios totais esperados.

Independentemente da adopção ou rejeição da teoria da perda de chance, certo é que o instituto da responsabilidade civil extracontratual constitui mais um meio de combate à dopagem ainda "negligenciado" por parte dos intervenientes desportivos. Deixemos, agora, mais algumas considerações sobre a responsabilidade civil em casos de *doping*.

Tendo como referência os casos *supra* referidos, perguntar-se-á se não será mais justo que os efeitos da insuficiência económica do atleta dopado recaiam sobre o seu clube em vez de recaírem sobre o atleta lesado, já que foi aquele que o escolheu para a prática da actividade desportiva por sua conta e direcção. Naturalmente que sim. Sempre que o atleta dopado se encontre a representar um clube ou selecção nacional e se encontrem preenchidos os requisitos da responsabilidade civil extracontratual, estamos também perante um caso de responsabilidade objec-

---

[570] Luís Medina Alcoz, *ob. cit.*, p. 65.

tiva do comitente. Dispõe o nº 1 do artigo 500º do CCiv que "aquele que encarrega outrem de qualquer comissão responde, independentemente de culpa, pelos danos que o comissário causar, desde que sobre este recaia também a obrigação de indemnizar"[571].

Para que o clube do atleta dopado seja responsabilizado, independentemente da culpa, torna-se necessário o preenchimento de certos pressupostos. Exige-se, desde logo, que o clube tenha encarregado o atleta de uma comissão. Como escreve Antunes Varela, "... o termo comissão tem aqui o sentido de serviço ou actividade realizada por conta e sob direcção de outrem, podendo essa actividade traduzir-se tanto num acto isolado como numa função duradoura, ter carácter gratuito ou oneroso, manual ou intelectual..."[572]. Importante é que haja uma relação de dependência entre o clube ou selecção nacional ou mesmo distrital e o atleta, que autorize aqueles a darem ordens ou intruções a este, pois só essa possibilidade de direcção é capaz de justificar a responsabilidade dos primeiros pelo acto do segundo.

A responsabilidade do clube só existirá, de acordo com o nº 2 do artigo 500º do CCiv, se o facto danoso for praticado pelo atleta "...*no exercício da função que lhe foi confiada*", ainda que intencionalmente ou contra as instruções daquele, portanto, no exercício da prática desportiva. A lei afastou da responsabilidade do clube os actos dos atletas que apenas têm um nexo temporal ou local com a actividade desportiva, incluindo apenas os actos praticados no exercício da actividade desportiva, por causa dela e não por ocasião dela[573].

Por fim, a responsabilidade do clube pressupõe a responsabilidade do próprio atleta – artigo 500º, nº 1, *in fine*. Ou seja, o clube só responde objectivamente quando haja culpa por parte do atleta. Se houver culpa do atleta e do clube (vg. de um director), de acordo com o disposto no artigo 497º do CCiv, qualquer deles responde solidariamente perante o atleta lesado.

O encargo da indemnização será repartido entre ambos, na medida das respectivas culpas e das consequências que delas advieram, presu-

---

[571] Neste sentido v. Berbard Bouloc e Alexis Gramblat, *ob. cit.*, p. 2869.
[572] Antunes Varela, *ob. cit.* [1], p. 640.
[573] V. Antunes Varela, *ob. cit.* [1], p. 642, nota nº 2.

mindo-se iguais as culpas das pessoas responsáveis – artigo 497, nº 2 *ex vi* do artigo 500º, nº 3, 2ª parte.

Se houver apenas culpa do atleta, o clube, após ter ressarcido o lesado, pode exigir daquele a restituição de tudo quanto pagou – artigo 500º, nº 2, 1ª parte. Esta é a solução mais justa que se fundamenta tanto na expressão *cuius commoda eius incommoda* – quem se serve de outra pessoa para a realização de certo acto, colhendo as vantagens dessa utilização, é justo que sofra também as consequências prejudiciais dela resultantes – como na posição de garantia da indemnização perante o terceiro lesado[574].

Mesmo que o clube pudesse provar o exercício de uma excelente vigilância médica sobre o atleta, tal não seria suficiente para fugir às suas obrigações, uma vez que nos encontramos em sede de responsabilidade objectiva.

Deste modo, o exposto aplica-se igualmente quando se verifique a existência de culpa não por parte do atleta mas do médico do clube.

Apesar de sair um pouco do objecto principal do nosso estudo, por a responsabilidade não recair sobre atleta dopado, entendemos ser pertinente fazer aqui uma brevíssima consideração.

Tivemos já a oportunidade de referir que os artigos 43º a 45º da Lei nº 27/2009, de 19 de Junho, punem com pena de prisão quem pratique condutas no âmbito do doping (tráfico de substâncias e métodos proibidos, administração de substâncias e métodos proibidos e associação criminosa).

Perante, por exemplo, um crime de administração de substâncias proibidas – o médico do clube administra *doping* ao atleta sem o conhecimento deste – o lesado (primeiro atleta não dopado) deverá deduzir o pedido de indemnização civil no processo penal respectivo. Assim impõe o princípio de adesão consagrado no artigo 71º do CPP. Não obstante, tal pedido poderá ser efectuado em separado sempre que se verifique qualquer situação mencionada no artigo 72º, nº 1 do CPP.

A legitimidade do atleta não dopado para deduzir o pedido de indemnização civil no respectivo processo penal é-lhe conferida pelo artigo 74º,

---

[574] V. Antunes Varela, *ob. cit.* [1], pp. 645 e 646, nota nº 2.

nº 1, do CPP: "o pedido de indemnização civil é deduzido pelo lesado, entendendo-se como tal a pessoa que sofreu danos ocasionados pelo crime, ainda que se não tenha constituído ou não possa constituir-se assistente".

Como já repetidamente fomos dizendo o interesse fundamental em cobater a dopagem e subjacente à Lei nº 27/2009, de 19 de Junho, é a lealdade, a correcção da competição e do seu resultado e o respeito pela ética na actividade desportiva.

Ora, se um dos interesses fundamentais a ter em vista é a correcção do resultado da competição, poder-se-á sustentar que de acordo com o artigo 68º, nº 1, al. *a)* do CPP o atleta não dopado poderá constituir-se assistente. Nos casos em que tal aconteça, a sua intervenção processual restringe-se à sustentação e à prova do pedido de indemnização civil[575]. No entanto, como a causa de pedir se fundamenta em parte nos factos que constituem o crime, o lesado acabará, na maioria das vezes, por ter enorme influência também no processo penal.

Não existindo culpa por parte do atleta dopado, mas demonstrando-se que a equipa do desportista dopado usou um sistema organizado de *doping*, p. ex. em conjunto com um laboratório e com o médico do clube, haverá responsabilidade solidária entre todos, respondendo cada um dos devedores pela prestação integral – artigo 490º, 497º e 512º, todos do CCiv.

Uma outra consideração que não pode deixar de ser feita nesta sede diz respeito à "obrigação da indemnização". Uma vez que os danos civis resultantes dos casos de *doping* não são susceptíveis de reparação mediante a reconstituição natural, já que apenas é possível colocar o atleta lesado na posição de vencedor mas não com todos os benefícios daí provenientes, isto porque a invalidação dos resultados desportivos com o consequente reajustamento classificativo apenas tem lugar passado bastante tempo do cometimento da infracção, a indemnização será fixada por mero equivalente, em dinheiro – art. 566º, nº 1 do CCiv.

Finalmente, a eventual consagração, nos contratos de publicidade, de um dever de o atleta ter um comportamento desportivo éticamente cor-

---

[575] Artigo 74, nº 2 do CPP.

recto[576], pode levar à responsabilização do atleta através do instituto da responsabilidade civil contratual (artigo 798º), constituindo-se assim mais um meio de combate à dopagem.

É pertinente relembrar que o atleta é responsável civilmente pelos prejuízos causados à entidade patronal – v.g. clube – quando não cumpra, culposamente, com o seu dever de conformar-se, no exercício da actividade desportiva, com as regras próprias da disciplina e da ética desportivas – art. 13º al. *e*) da Lei nº 28/98, de 26 de Junho, e nº 1 do art. 323º do CT aplicável *ex vi* do art. 5º da Lei nº 28/98, de 26 de Junho.

Em conclusão, como já foi sugerido por Stéphane Diagana[577], sendo o instituto da responsabilidade civil o meio adequado para indemnizar os atletas não dopados, lesados, estamos perante mais um meio de combate ao *doping* com um efeito, ainda que indirecto, sancionatório ou punitivo.

Sabendo que a ciência ao serviço do *doping* anda sempre um passo além da ciência de despistagem[578], a acção civil pode acabar por ser um meio efectivo de combate a este fenómeno, uma vez que o prazo prescricional de três anos[579] só começa a correr a contar da data em que o lesado teve conhecimento do direito que lhe compete – "a partir do conhecimento, pelo titular do respectivo direito, dos pressupostos que condicionam a responsabilidade e não da consciência da possibilidade legal do ressarcimento"[580] – ou seja, a partir da desclassificação do atleta dopado.

---

[576] Consagração que se encontra tutelada pelo artigo 105º do CCiv.
[577] Stéphane Diagana, atleta de nacionalidade francesa, foi campeão do mundo dos 400 metros barreiras em 1997.
[578] Para além de a ciência da despistagem andar, normalmente, atrás da ciência que "inventa" novos métodos dopantes, situações há em que apesar de serem detectadas, no organismo do atleta, substâncias susceptíveis de aumentar o rendimento desportivo, nada poder ser feito, pelo menos durante algum período de tempo, por essas substâncias não se encontrarem na lista de substâncias proibidas e por não serem consideradas similares às aí referidas. É o caso Dynepo, tipo de eritropoeitina farmacêutica (EPO) diferente das existentes uma vez que é feita a partir de células humanas e não de células animais. Por ser feita a partir de células humanas pensou-se inicialmente que não poderia ser distinguida da EPO natural. No entanto os exames laboratoriais têm acusado essa substância o que levará, certamente, à sua inclusão na próxima lista de substâncias proibidas. Rasmussen – ciclista dinamarquês que foi obrigado pela sua equipa, Rabobank, a abandonar o Tour de France de 2007, quando se encontrava na frente da competição, por ter mentido sobre a sua localização nos meses anteriores à prova – acusou a presença de Dynepo durante o Tour, sem que pudesse haver lugar a alguma sanção.
[579] Sem prejuízo, naturalmente, do prazo ordinário de 20 consagrado no artigo 309º do CCiv
[580] Acórdão do STJ de 27-11-73, nº SJ197311270648361, consultado em www.dgsi.pt.

Reflexões Finais

1. Propusemo-nos analisar, ainda que de uma perspectiva individual, do atleta, um dos fenómenos mais complexos e mais falados do mundo do desporto: o *doping*.

"Escrever sobre *doping* é, também, escrever sobre números. E, muitas das vezes, escrever sobre números que não correspondem à realidade"[581]. Se o número de casos de *doping* que chegam diariamente ao nosso conhecimento é cada vez maior, já o mesmo não podemos afirmar, pelo menos com tanta certeza, quanto ao número de atletas que desenvolvem práticas dopantes.

Duas razões estão na base daquela afirmação: se é verdade que os "polícias" andam sempre atrás dos "ladrões", também é verdade que a distância entre eles tem diminuído, fazendo com que mais casos de *doping* sejam descobertos; nunca a comunicação social deu tanta importância a este fenómeno como actualmente, o que, se por um lado tem a enorme vantagem de alertar a comunidade em geral para os seus malefícios, por outro lado cria a impressão, que nem sempre corresponde à verdade, de que as práticas dopantes se estão a multiplicar. Quando os casos de *doping* deixarem de ser noticiados, estudos como este passam a não ter razão de ser: o *doping* instalou-se de vez na nossa sociedade...

2. Certo é que o *doping* está aí, e está para ficar. A tarefa de compreender a razão pela qual se combate e se proíbe o aumento do rendimento

---

[581] Afonso de Melo/Rogério Azevedo, *A triste vida do super-homem*, Cadernos Dom Quixote Reportagem, 04, 2004, p. 11.

desportivo com o recurso a determinadas substâncias – quando o aumento do rendimento físico com o recurso a essas mesmas substâncias parece ser não só permitido, mas mesmo indispensável, nas mais diversas áreas sociais, nomeadamente nas áreas artísticas – não é, nem nunca foi, tarefa fácil. Inversamente, torna-se simples perceber o porquê do recurso, na actividade desportiva, às substâncias dopantes: supremacia, glória, fama, prémios e dinheiro.

O desporto de competição, nomeadamente o de alto rendimento, é sinónimo de cansaço, de fadiga, de lesões e de traumatismos. Neste contexto é incorrecto dizer-se que o desporto é saudável. Determinadas práticas de treino e o uso de substâncias não proibidas, susceptíveis de aumentarem o rendimento desportivo, são prejudiciais à saúde dos praticantes desportivos.

A evolução global do Mundo hodierno ditou a alteração de inúmeras práticas desportivas enraizadas durante longos períodos de tempo, ao ponto de hoje os futebolistas de topo utilizarem chuteiras individualizadas, à medida do seu pé, concebidas de modo a que estes possam tirar maior rendimento das suas capacidades.

Se o combate ao *doping* não se pode fundamentar unicamente na saúde dos atletas ou na saúde pública; se os usos desportivos deram lugar a novos materiais, métodos e técnicas de competição; e se, para além de existirem vantagens no desporto derivadas a inúmeras causas (ex. situação geográfica e económica e o desenvolvimento do país de origem) a essência do desporto radica no facto de um atleta ser melhor do que o outro, tendo-se por pacífico ser benéfica a existência de diferenças físicas e psicológicas entre os praticantes desportivos, então, o combate ao *doping* tem de continuar a ter como fundamento principal a ética e a verdade desportivas, o *fair play* e a seguinte ideia capital: *que ganhe o melhor!*

"Perhaps the most reason for prohibiting performance-enhancing drugs is that otherwise sporting competition fails to be a test of person."[582]

3. Independentemente da posição adoptada quanto ao fundamento ou "móbil" do combate ao *doping*, certo é que este fenómeno coloca em

---

[582] Simon Gardiner, *ob. cit.*, p. 287. No mesmo sentido v., Janwillem Soek, *ob. cit.*, pp. 23-24.

perigo toda a indústria existente à volta do Estádio. Colocando-se em causa a verdade e a lealdade desportivas descredibiliza-se o desporto. Descredibilizado o desporto afasta-se o público dos grandes palcos. Sem público não há publicidade. E sem publicidade "morre" a indústria do desporto, que detém uma fatia significativa na economia mundial.

Consequentemente dir-se-á: fácil!!! Na presença de um controlo *antidoping* positivo punamos os atletas de modo a acabar com um fenómeno que tende, por sua vez, a terminar com o desporto. Da análise dos vários regimes jurídicos de combate à dopagem podemos afirmar que o atleta é o sujeito "alvo", como se este fosse o grande e o único responsável por todo este espectáculo. Se em algumas situações de *doping* o praticante é, efectivamente, a estrela da companhia, noutras aparece como mais um trabalhador que tem de obedecer ao presidente do "clube do *doping*".

A matéria da responsabilidade do praticante desportivo nos casos de *doping* é um dos temas que mais tem preocupado a doutrina estrangeira relacionada com a dopagem e a jurisprudência do TAD. Muita tinta tem corrido sobre a questão de saber se a responsabilidade de um atleta que acusou positivo num controlo *antidoping* é objectiva ou subjectiva.

A chave da problemática aqui em análise encontra-se na distinção entre os vários regimes de responsabilidade do praticante desportivo, aplicáveis aos casos em que o resultado de um controlo *antidoping* foi positivo: disciplinar, desportiva, laboral e civil (efectuaremos uma ou outra nota sobre a responsabilidade criminal e contra-ordenacional, ainda que estas não sejam aplicáveis a quem actue na qualidade de praticante desportivo).

3.1. Incumbe ao Estado adoptar as medidas tendentes a prevenir e a punir as manifestações antidesportivas, designadamente a dopagem. Por via do estatuto de utilidade pública desportiva o Estado confere às federações desportivas a competência para o exercício, em exclusivo, de poderes disciplinares. Desta forma, têm natureza pública os poderes das federações exercidos no âmbito da disciplina das competições desportivas.

O poder disciplinar de combate ao *doping* situa-se no âmbito do direito sancionatório, punitivo. As sanções disciplinares – v.g. suspensão por um determinado período de tempo da prática da actividade desportiva – que têm finalidade de prevenção, especial e geral, são verdadeiras penas que constituem um castigo infligido ao atleta e que, por si só, limitam a liberdade de autodeterminação e ferem a honra deste, colocando em causa a sua personalidade moral.

A suspensão da actividade desportiva por um determinado período de tempo acarreta também limitações aos direitos fundamentais dos atletas, nomeadamente ao direito ao desporto e, no caso de atletas com contrato de trabalho desportivo, ao direito ao trabalho, importando, nos planos pessoal e patrimonial, graves consequências.

Em nome do princípio do Estado de direito e da dignidade da pessoa humana os princípios de direito penal constitucionais, entre os quais se encontra o princípio *nulla poena sine culpa*, aplicam-se a todo o domínio jurídico sancionatório. Aos prejuízos causados aos atletas pela natureza punitiva das consequências disciplinares há que somar os prejuízos específicos das sanções disciplinares de *doping*, para se concluir pela inconveniência da intenção, manifestada por alguns, de aplicar uma responsabilidade objectiva.

Nos países em que o poder disciplinar não é um poder público delegado pelo Estado às federações desportivas, mas sim um poder próprio destas – como é o caso da Alemanha e da Suíça – chega-se à mesma conclusão ainda que por via diferente. Apesar de não se aplicar o princípio *nulla poena sine culpa*, deve-se rejeitar a consagração de uma responsabilidade disciplinar objectiva, por violar o princípio da proporcionalidade ou da proibição do excesso: além de existirem outros meios menos prejudiciais para os atletas, os benefícios alcançados com essa medida – preservação da ética, verdade e igualdade desportivas e da saúde pública e individual do atleta – não compensam os prejuízos causados – ofensa da liberdade de autodeterminação pessoal, da honra e do direito ao desporto e ao trabalho.

Assim, podemos afirmar que "há um consenso geral, mesmo entre aqueles que não aceitam que os processos de *doping* sejam de natureza penal, de que o princípio *nulla poena sine culpa* deve ser aplicado às sanções disciplinares desportivas"[583].

3.1.1. Aplicando-se o princípio da culpa às sanções diciplinares nos casos de *doping*, entendemos que o juízo de censura deverá ser éticamente

---

[583] V. Kaufmann-Kohler, Giorgio Malinverni, Antonio Rigozzi, *ob. cit.*, parágrafo 124 e 125.

fundado à semelhança do que se verifica no direito penal – conceito de culpa jurídico-penal.

Tendo como finalidade punir o atleta pela violação de uma norma que visa em primeiro lugar tutelar a ética e lealdade desportivas, não cabe aqui o argumento de que as infracções ao *doping* são infracções formais, para se advogar a aplicação de um conceito de culpa administrativista mais objectivo, em que não se tenham em conta nem as capacidades pessoais do agente nem as circunstâncias concretas da situação.

A qualquer comportamento considerado antidesportivo por atentar contra a ética desportiva – como o uso ou a administração de substâncias dopantes –, corresponde um amplo desvalor moral e social antes e independentemente do desvalor da ilicitude. Ao contrário das contra-ordenações, os comportamentos considerados dopantes são, em si mesmo, ético-socialmente relevantes, e os valores jurídicos pretendidos tutelar com o combate ao *doping*, à semelhança do que acontece no direito penal secundário, encontram-se conexionados com a ordem axiológica jurídico-constitucional.

Os bens jurídicos tutelados pelo combate ao *doping* são concretizações de valores ligados aos direitos e deveres culturais – todos têm direito à cultura física e ao desporto, incumbindo ao Estado, em colaboração com as escolas e as associações e colectividades desportivas, promover, estimular, orientar e apoiar a prática e a difusão da cultura física e do desporto.

A aplicação do conceito de culpa jurídico-penal ao domínio do *doping* é sustentada, também, pelas consequências já aqui analisadas que resultam para o atleta da aplicação das sanções disciplinares. A limitação dos direitos fundamentais dos atletas implica uma maior tutela e segurança jurídicas, que só serão garantidas com a aplicação do conceito de culpa jurídico-penal.

Encontrando-se a culpa funcionalizada, na medida em que visa limitar o intervencionismo estatal em nome da defesa da dignidade da pessoa humana, ela tem de consistir num juízo de censura eticamente fundado, como a violação pela pessoa do dever de conformar a sua existência por forma tal que, na sua actuação na vida, não lese ou ponha em perigo a ética, a lealdade e a verdade desportivas. O agente terá de responder pela personalidade que fundamenta um determinado facto e nele se exprime. Ou seja, não bastará uma conduta contrária ao direito para que se possa castigar o seu autor, torna-se necessário que "...o facto possa ser pessoalmente censurado ao agente, por aquele se revelar expressão de uma atitude interna pessoal juridicamente desaprovada e pela qual ele tem por isso de responder..."[584]. Nisto consiste o conceito material da culpa.

3.1.2. Em termos objectivos, o dever de cuidado objectivamente devido, capaz de desresponsabilizar um atleta em casos de *doping*, deverá ser concretizado: *1)* pelas normas jurídicas de comportamento existentes; *2)* pelas normas corporativas e do tráfego; *3)* devendo esse cuidado assumir relevo particular em domínios altamente especializados; *4)* não podendo, contudo, deixar de ser delimitado pelo princípio da confiança.

Para além do exposto entendemos que o cuidado objectivamente devido segundo a doutrina dominante concretiza-se com o apelo às capacidades do "homem médio", do "homem razoável".

3.1.3. O artigo 10.5.1 do Código AMA estabelece um regime disciplinar bastante rígido, capaz de responsabilizar determinados atletas por condutas de terceiros.

Mesmo demonstrando ter tomado todas as precauções de um homem prudente, nomeadamente por ter escolhido um médico altamente especializado em medicina desportiva ou por ter informado várias vezes o seu treinador, e mesmo cumprindo todas as directivas dos órgãos oficiais desportivos quanto aos medicamentos e suplementos nutricionais, o praticante pode ser sancionado disciplinarmente por uma conduta considerada negligente, se não utilizou a máxima diligência.

O critério de apreciação da culpa baseado na diligência máxima, consagrado no artigo 10.5.1º e entendido conforme a jurisprudência internacional, vai mais além do que um padrão de comportamento que só homens especialmente diligentes tomam, colocando o regime da responsabilidade disciplinar "... no limiar da responsabilidade objectiva, a coberto da manutenção da responsabilidade subjectiva"[585], em que se tem de provar a não culpa, só se exonerando o praticante desportivo da responsabilidade disciplinar em casos verdadeiramente excepcionais.

---

[584] Figueiredo Dias, *ob. cit.* [4], p. 259.
[585] V. João Calvão da Silva, *ob. cit.*, p. 412.

O critério da *utmost caution* é uma medida apropriada e adequada à promoção do espírito e da verdade desportivos, da honestidade e lealdade entre os praticantes, e à protecção da saúde pública e dos praticantes desportivos. Porém, existem outras medidas menos lesivas para a ordem jurídica e para os particantes desportivos, apesar de não terem a mesma eficácia do que o critério adoptado no artigo 10.5 do Código AMA.

Em nosso entendimento, o critério da máxima diligência causa demasiados prejuízos quando comparado com os ganhos alcançados. Os ganhos alcançados na promoção do espírito e da verdade desportivos, na protecção da saúde individual dos atletas e mesmo na saúde pública, não justificam as lesões directas causadas pela violação do princípio *nulla poena sine culpa* à liberdade de autodeterminação individual, à honra, à dignidade da pessoa humana, e às lesões indirectamente causadas ao direito ao desporto e ao trabalho, pertencentes ao atleta. Por assim ser, bem se percebe que o legislador nacional não tenha adoptado semelhante critério.

Para além do exposto, sempre se dirá que o critério da diligência máxima viola também o princípio da precisão ou determinabilidade das normas jurídicas, que se constitui como subprincípio do princípio geral da segurança jurídica relativamente a actos normativos. O critério da *utmost caution* é um critério impreciso, pouco claro, pouco transparente e não fiável, insusceptível de em relação a ele o praticante desportivo ver garantida a segurança nas suas disposições pessoais e nos efeitos jurídicos dos seus próprios actos.

3.1.4. Ao entendermos que a suspensão de um atleta por violação das normas antidopagem implica a existência de culpa por parte deste, não queremos dizer que não se deva recorrer à presunção judicial, natural ou prova *primae facie*, de modo a atenuar as dificuldades, por parte da federação desportiva, de provar o elemento subjectivo da violação, a culpa.

Cabendo à federação desportiva a prova dos elementos objectivos da violação que levou ao resultado positivo do exame laboratorial – recolha adequada da amostra do líquido orgânico, cadeia de custódia da amostra no trajecto para o laboratório e análise da amostra efectuada nos termos legais – com base nas regras práticas da experiência de vida (presunções naturais) o julgador pode presumir que o atleta consumiu ou usou a substância proibida e de forma culposa. Ou seja, a partir de um facto provado cientificamente presume-se, primeiro, o uso ou consumo da substância proibida e, segundo, a culpa do praticante desportivo. Perante um juízo de probabilidade em relação ao facto presumido, as presunções naturais podem ser ilididas mediante simples contraprova do réu, não existindo, portanto, nem uma inversão do ónus da prova, nem uma limitação desproporcional ao princípio *in dubio pro reo*.

3.2. As consequências desportivas da detecção de dopagem consistem na imediata invalidação dos resultados desportivos obtidos, com todas as consequências daí resultantes, incluindo a retirada de quaisquer medalhas, pontos e prémios.

Com a aplicação destas sanções não se visa punir, castigar o atleta pelo cometimento de uma infracção, mas sim recolocar a igualdade e a verdade desportivas feridas, mediante a rectificação da ilegalidade verificada. Estamos perante uma medida de reparação, repristinatória, que tem a finalidade de recuperar a legalidade atingida pela acção ilícita mediante o retorno, tanto quanto possível, à situação que existiria se não fosse a infracção cometida às normas *antidoping*. Desta forma, eliminando a vantagem obtida pelo atleta dopado restabelece-se parte da igualdade e verdade desportivas atingidas pela infracção cometida.

A imediata invalidação dos resultados obtidos tem lugar independentemente da intenção de o atleta se dopar, constituindo no mundo do *doping* um exemplo típico de *responsabilidade objectiva*. Não sendo justo que um atleta aumente artificialmente, com recurso a determinadas substâncias e métodos, o seu rendimento desportivo, o fundamento da invalidação dos resultados obtidos é a eliminação da injustiça criada aos outros praticantes desportivos que se encontram a competir com o infractor. Ao direito do desporto pertence a exclusividade de alguns princípios relacionados com o respectivo fenómeno social, entre os quais se destacam a *par conditio* e a verdade desportiva. A aplicação de uma responsabilidade do tipo objectiva não sofre aqui qualquer contestação.

O poder de aplicar sanções desportivas aos casos de *doping*, não constituindo uma medida tendente a prevenir ou a punir manifestações antidesportivas, encontra-se fora da órbita do Estado, pertencendo antes às federações desportivas, no âmbito da sua competência própria de promover, regulamentar e dirigir a prática de uma modalidade desportiva. Apesar de privado, este poder, pelo menos no que respeita aos desportos individuais, é vinculativo e não discricionário, não se encontrando na disponibilidade da respectiva federação a opção de o exercer ou não exercer.

As medidas repristinatórias surgem como importante alternativa às sanções disciplinares, nomeadamente às pecuniárias, uma vez que estas encontram-se sujeitas a limites rígidos. Para além do mais, estas medidas, consequências ou sanções, podem em muito auxiliar o propósito de prevenção das infracções às normas *antidoping* pela disseminação da ideia de que *o ilícito não compensa*.

3.3. Ao praticante desportivo que violar o dever de se conformar, no exercício da actividade desportiva, com as regras próprias da disciplina e da ética desportivas, a entidade empregadora desportiva – vg. clube – pode aplicar as seguintes sanções: repreensão, repreensão registada, multa, suspensão do trabalho com perda de retribuição e despedimento com justa causa.

As sanções disciplinares laborais não têm como finalidade principal retribuir a falta cometida pelo praticante, mas sim a de agir sobre o comportamento do trabalhador e por esta via modificá-lo no sentido desejado pela entidade patronal. Para além das finalidades principais preventivas (prevenção especial e, eventualmente geral), estas sanções têm ainda e secundariamente uma função conservatória, uma vez que, destinando-se a recuperar a disponibilidade de trabalho, visam também assegurar as condições de viabilidade do próprio contrato de trabalho.

Na medida em que a lei não faz corresponder a cada infracção uma concreta sanção, o poder sancionatório do empregador/clube caracteriza-se por ser uma faculdade de exercício livre, discricionário, não um poder-dever, assumindo o empregador a função de um juiz que determina a gravidade da infracção e o grau de culpa do infractor de modo a aplicar uma adequada sanção tendo em consideração a tipologia das sanções. Para a aplicação de uma sanção disciplinar laboral é necessário, portanto, que haja culpa por parte do trabalhador. Age com culpa quem actuar em termos de a conduta ser pessoalmente consurável ou reprovável, sendo aquela entendida à maneira clássica, que pode revestir uma dupla forma: dolo ou negligência.

Sendo simultaneamente "juiz" do processo, "vítima" da infracção e "credor" da prestação laboral, o empregador terá a tendência para aplicar a sanção que mais lhe convém, e não a mais proporcional ou adequada à gravidade da infracção e à culpabilidade do infractor. A defesa do atleta infractor ficará também prejudicada pelo natural receio da perda do seu lugar no clube.

3.4. A imediata invalidação dos resultados obtidos e a consequente perda de prémios, medalhas e pontos, resultante de um controlo *antidoping* positivo efectuado no âmbito de uma modalidade desportiva individual, tem como consequência a reclassificação geral da competição.

Se em algumas competições, nomeadamente naquelas em que todos os participantes competem ao mesmo tempo, todos os desportistas classificados atrás do atleta dopado podem subir um lugar na classificação, noutras, naquelas em que a prova se desenvolve por eliminatórias, apenas o segundo classificado (1ª não dopado) deve passar a ser considerado o grande vencedor da competição.

A verdade é que, na grande maioria das vezes, a desclassificação do atleta dopado ocorre depois de os atletas terem subido ao pódium, depois das inúmeras fotografias e entrevistas concedidas para os jornais desportivos de todo o mundo, fazendo com que todo o mediatismo, ou quase todo, seja atribuído ao atleta desclassificado. Para além dos danos patrimoniais e não patrimoniais directos, os atletas não dopados podem, também, deixar de celebrar contratos de trabalho ou de publicidade pelo facto de não lhes ter sido reconhecido imediatamente o lugar que lhes era devido. Especificidades próprias do direito do desporto fazem, no entanto, com que os danos provocados pelo facto ilícito só sejam tutelados pelas normas de prevenção e de combate à dopagem a partir do momento da desclassificação do atleta dopado pelas instâncias competentes, já que é nesse momento que o segundo classificado (primeiro não dopado) passou a ter direito às honras de vencedor e, eventualmente, todos os outros atletas ao lugar devido.

Sempre que estejam preenchidos os requisitos da responsabilidade civil extracontratual – acto voluntário, ilicitude, culpa, dano e nexo de causalidade entre o facto ilícito e o dano – o atleta dopado deverá ser responsabilizado pelos danos causados aos atletas não dopados.

À semelhança do que vimos para as sanções disciplinares, também aqui o julgador deverá presumir, sempre que haja um controlo *antidoping* positivo, com base na experiência de vida, que o atleta usou ou consumiu a substância proibida e de forma culposa. Ao praticante desportivo caberá criar no julgador uma dúvida fundada sobre a ausência de culpa. Apesar de nem o regime jurídico português de combate ao *doping* nem o Código AMA estabelecerem uma presunção legal de culpa que inverta o ónus da prova, tendo em consideração que nos encontramos no domínio civil, a solução acima preconizada não pode ser rejeitada *a priori*.

Sempre que o atleta dopado se encontre a representar um clube ou selecção nacional estamos perante um caso de responsabilidade objectiva do comitente. O clube que encarrega o atleta da prática da actividade desportiva responde, independentemente de culpa, pelos danos que o atleta causar, desde que sobre este recaia também a obrigação de indemnizar.

A eventual consagração, nos contratos de publicidade, de um dever de o atleta ter um comportamento desportivo éticamente correcto, pode levar à responsabilidade civil contratual deste. Não nos podemos esquecer de que o atleta é ainda responsável civilmente pelos prejuízos causado à entidade patronal – v.g. clube – quando não cumpra, culposamente, o seu dever de conformar-se, no exercício da actividade desportiva, com as regras próprias da disciplina e da ética desportivas.

Como referiu Stéphane Diagana, sendo o instituto da responsabilidade civil um meio adequado para indemnizar os atletas não dopados, lesados, estamos perante mais um meio de combate ao *doping* que acaba por ter um efeito indirecto sancionatório ou punitivo. Sabendo que a ciência ao serviço do *doping* anda sempre um passo além da ciência de despistagem, a acção civil pode acabar por ser um meio efectivo de combate a este fenómeno, uma vez que o prazo prescricional de três anos só começa a contar a partir da data em que o lesado teve conhecimento do direito que lhe compete, ou seja, a partir da desclassificação do atleta dopado.

4. Ao analisarmos o fenómeno do *doping* no desporto, e mais concretamente as várias medidas susceptíveis de o combater, jamais poderemos aspirar a encontrar a "poção mágica" capaz de eliminar, de uma vez por todas, as práticas dopantes.

É imprescindível, no nosso ponto de vista, não elevar a luta pela promoção da ética e da verdade desportivas, da lealdade, da honestidade e do fair play entre os atletas, e mesmo da saúde pública e individual dos atletas, a um "estatuto divino".

A pretensão de consagrar um critério jurídico capaz de responsabilizar todos os atletas, ou quase todos, que acusem positivo no controlo *antidoping*, independentemente da consideração de todas as circunstâncias do caso, em que se inclui o comportamento levado a cabo pelo praticante desportivo, deriva da incapacidade de as autoridades competentes encontrarem forma de detectarem todas as substâncias dopantes presentes no organismo dos atletas, ou seja, da incapacidade que os "polícias" sempre demonstraram em apanhar os "ladrões".

O fenómeno do *doping* é um fenómeno complexo que belisca princípios fundamentais sociais e que faz com que o combate necessite de medidas educacionais, preventivas e de consciencialização de toda a comunidade, não podendo partilhar de medidas "astuciosas" que coloquem em causa a liberdade, a honra e a dignidade dos praticantes desportivos.

A melhor solução de *iure condendo* para combater o *doping* consiste, no nosso entendimento, na adopção e aplicação de um regime jurídico equilibrado – que passa por sancionar o atleta, disciplinar, desportiva, laboral e civilmente – em que o princípio da culpa deverá, obrigatoriamente, ser aplicável nos domínios jurídicos em que as sanções tenham carácter punitivo, sancionatório.

Um combate ao *doping* que se queira sério e eficaz deverá ainda, quando em causa estejam desportos colectivos, sancionar desportivamente, mas de forma obrigatória, os clubes que apresentem em competição um único atleta dopado – por exemplo, perda de pontos ou eliminação numa determinada competição. A consagração de uma sanção de suspensão da actividade desportiva competitiva aplicável aos clubes e o sancionar as federações desportivas com a retirada do estatuto de utilidade pública, quando as situações concretas o exijam e sempre que em causa estejam atletas dopados a competir em representação das selecções nacionais, constituiria um forte avanço no combate à dopagem.

No que às sanções disciplinares diz respeito, entendemos que a aplicação de sanções pecuniárias elevadíssimas aos clubes tem não só uma finalidade preventiva como permite, ainda, angariar recursos financeiros que possibilitem um maior investimento do Estado nos laboratórios que efectuam as análises aos desportistas.

Provindo muitas das vezes das pessoas colectivas as graves ofensas aos valores tutelados pelo combate ao *doping*, a irresponsabilidade daquelas, com a consequente transferência da responsabilidade para os desportistas, significa uma solução inexplicável e incompreensível. Se os clubes beneficiam, directa e indirectamente, dos resultados desportivos alcançados pelas suas equipas e atletas, se o departamento médico se encontra sob a alçada dos respectivos clubes, se os clubes são a entidade patronal dos atletas, justo é que sobre aqueles recaia uma maior responsabilidade e que sejam punidos de acordo com esta.

A par das sanções já referidas, torna-se necessário dotar os órgãos de investigação criminal – ministério público e polícias criminais – de melhores conhecimentos e meios de combate ao *doping*. Só desta forma se pode pretender tirar partido da criminalização do tráfico e administração de substâncias proibidas[586] e da associação criminosa, contantes no novo regime jurídio de luta contra a dopagem no desporto.

À ADoP e ao seu presidente caberá fechar todo este sistema de combate à dopagem, procedendo à instrução dos processos de contra-ordenação e à aplicação das respectivas coimas.

Tendo em consideração todo o exposto, não podemos deixar de concluir que o Regime Jurídico da Luta Contra a Dopagem do Desporto (Lei nº 27/2009, de 19 de Junho) contitui um dos regimes mais avançados do mundo, dispondo de uma panóplia de sanções capazes de combater, eficazmente, as condutas que em causa coloquem a ética e a verdade desportivas. Assim haja vontade por parte de todos os responsáveis!

As presentes reflexões devem ser compreendidas tendo em consideração o desporto como um subsistema autónomo, que "distribui pelos seus participantes um conjunto diferenciado de papéis, marcados pela abstracção, objectivização e generalização das expectativas (normativas)" e que, consequentemente, "reduz grandemente as possibilidades de o indivíduo intervir «pessoalmente», concretizando sentidos e introdu-

---

[586] A criminalização da administração de substâncias dopantes já vem desde o decreto-lei 390/91, de 10 de Outubro.

zindo modelos próprios de acção".[587] No que diz respeito aos atletas, em parte "a sua vontade e iniciativa são secundárias. São os treinadores, a táctica, os espectadores, os massmedia e o dinheiro que os motivam, isto é, os teleguiam como a um autómato".[588]

Tenhamos sempre presente que "a credibilidade do desporto aumentará na medida em que a sua teoria e a sua prática se liguem a um entendimento do homem que acentue a ideia da sua dignidade, no sentido dos postulados filosóficos de Kant. *O homem corporiza uma dignidade* que não pode ser afectada nem ferida. Não pode ser visto como meio nem como objecto; no reino dos fins o homem é o preço supremo, sem qualquer equivalente. *O homem não tem preço, porque tem uma dignidade e esta é um preço acima de todas as coisas*".[589]

---

[587] Manuel da Costa Andrade, *ob. cit.*, p. 688.
[588] W. Schild, "Das strafrechtliche Problem der Sportverletzung (vorwiegend im Fussballkampfspiel), *Jura*, 1982, p. 465, *apud* Manuel da Costa Andrade, *ob. cit.* P. 688.
[589] Jorge Olímpio Bento, *ob. cit.*, p. 260.

BIBLIOGRAFIA

AIELLO, Giacomo, "Primme Riflessioni Sulla Legge Antidoping", *Rivista di Diritto Sportivo*, Ano LII, n.1-2, Janeiro – Março 2000/Abril – Junho 2000, Imago Media, Milão, pp. 7-21.

ALCOZ, Luís Medina, *La teoría de la perdida de oportunidad – Estúdio doctrinal y jurisprudencial de derecho de daños público y privado*, Thomson Civitas, 2007.

AMADO, João Leal, Vinculação versus Liberdade – O processo de constituição e extinção da relação laboral do praticante desportivo, Coimbra Editora, 2002.

AMADO, João Leal/José Manuel Meirim, *A Protecção dos Jovens Praticantes Desportivos*, Centro de Estudos e Formação Desportiva, Secretaria de Estado da Juventude e Desportos, 2002.

AMSON, Charles, "Le contentieux du dopage et le Tribunal arbitral du sport", Gazette du palais, nº 37, Fevereiro//2005, pp. 2-5.

ANDRADE, José Carlos Vieira de, *Os direitos fundamentais na Constituição Portuguesa de 1976*, Coimbra, Almedina, 1983.

ANDRADE, Manuel da Costa, "As lesões corporais (e a morte) no desporto", *Liber Discipulorum para Jorge de Figueiredo Dias*, Coimbra Editora, 2003, pp. 675-720.

ARNAL, J. Jesús de Val, "¿Se respetan los derechos fundamentals y los princípios informadores del derecho sancionador de los deportistas en el informadores del derecho sancionador de los deportistas en el Código Mundial Antidopaje?", *Revista Jurídica del Deporte*, nº 11, Aranzadi, 2004, pp. 55-56.

AUNEAU, G., *Dopage et mouvement sportif*, Presses Universitaires du sport, Voiron, 2001.

BAPTISTA, Albino Mendes, *Direito Laboral Desportivo*, Vol. I, *Quid Iuris*, Lisboa, 2003.

BELOFF, Michael, *Drugs and Doping in Sport – Sócio-Legal Perspectives*, editado por John O'Leary, LLB, M Phil, Cavendisch, Londres, 2001, p. 49.

BENTO, Jorge Olímpio, *O outro lado do desporto*, Campo das Letras, Porto, 1995.

BARBOSA, Nuno, "O Desporto e a Farmácia – um amor proibido", *Desporto & Direito, Revista Jurídica do Desporto*, Ano III, nº 8, Janeiro/Abril 2006, Coimbra Editora, pp. 337-342.

–, "Anotação à sentença proferida pelo TAF do Funchal no Processo nº 148/ /2002", *Desporto & Direito*, nº 10, Coimbra Editora, Set./Dez. 2006.

BARRETO, Irene Cabral, *A Convenção Europeia dos Direitos do Homem: anotada*, 2ª ed., Coimbra Editora, 1999.

BERNINI, *La responsabilità sportiva*, Giuffrè Editore, Milano 2002, pp. 26 e ss.

BOULOC, Berbard e Alexis Gramblat, "Le Dopage d'un sportif peut-il donner leu à indemnisation de ses concurrents ou des sponsors de ces derniers?", *Recueil Dalloz*, nº 42, 30 de Novembro, 2006, pp. 2868--2869.

BUENO, Cecília Rogriguez, "Perspectiva Actual de la detección de las sustancias dopantes en el deporte", *Revista Jurídica del Deporte*, Ano 2001 – 2, nº 6, Aranzadi, pp. 29-35.

BUJ, Remédios Ruqueta, *El trabajo de los deportistas profissionales*, Tirant Lo Blanch, 1996, Valência, pp. 278-299.

CANOTILHO, Gomes, *Direito Constitucional e Teoria da Constituição*, Almedina Coimbra, 2ª edição, 1998.

CANOTILHO, Gomes/Vital Moreira, *Constituição da República Portuguesa Anotada*, Volume I, Coimbra Editora, 2007, p. 463.

CARVALHO, Ana Celeste, "O contributo das organizações nacionais e internacionais na promoção da ética desportiva e do fair play. A importância da educação para a ética – o olimpismo", *O Desporto e o Direito – Prevenir, Disciplinar, Punir*, Ana Celeste Carvalho/Mara João Brazão de Carvalho/Rui Alexandre Silva, Livros Horizonte, Lisboa, 2001, pp. 15-56.

CARVALHO, André Dinis de, *Da liberdade de circulação dos desportistas na União Europeia*, Coimbra Editora, 2004.

CASADO, Eduardo Gamero, *Las Sanciones Deportivas*, Bosch, Barcelona, 2003 [1].

–, "El dopaje en los ámbitos supranacionales: evolución histórica y situación actual", *Regimen Jurídico del Dopaje en El Deporte*, Bosch, Barcelona, 2005 [2].

CASAJÚS, José A., "Dopaje en el fútbol", *Revista Jurídica del Deporte*, nº 7, 2002, pp. 167-175.

CATALÁ, José Miguel Compañy y Emílio Basauli Herrero, "El Tipo Penal", *Comentarios a la Ley Orgânica de Protección de la Salud y de Lucha contra el Dopaje en el Deporte*, Bosch, 2007, p. 419-451.

CORREIA, Eduardo, *Direito Criminal*, Volume I, Almedina Coimbra, reimpressão 2007.

COSTA, António Manuel Almeida, "A propósito do novo código do trabalho: bem jurídico e pluralidade de infracções no âmbito das contra-ordenações relativas ao «trabalho suplementar» – subsídio para uma dogmática do direito de mera-ordenação-social--laboral", *Liber Discipulorum para Jorge de Figueiredo Dias*, Coimbra Editrora, 2003.

COSTA, Faria, *O Perigo em Direito Penal (Contributo para a sua Fundamentação e Compreensão Dogmáticas)*, Coimbra Editora, Coimbra, 1992.

COSTA, Mário Júlio de Almeida, *Direito das Obrigações*, 9ª Ed., Coimbra, Almedina Coimbra.

CHARLISH, Peter, "Tennis – when strict liability is not so strict", *Sweet & Maxwell's International Sports Law Review*, 2004, issue 3.

DIAS, Jorge de Figueiredo, "Para uma Dogmática do Direito Penal Secundário – Um contributo para a reforma do Direito Penal Económico e Social Português", *Direito Penal Económico e Europeu: Textos Doutrinários*, Vol. I, Problemas Gerais, Coimbra Editora, 1998, pp. 37-74 [1].

–, "O Movimento da Descriminalização e o Ilícito de Mera Ordenação Social", *Direito Penal Económico e Europeu: Textos Doutrinários*, Vol. I (Problemas Gerais), Coimbra Editora, 1998 [2].

–, *Temas Básicos da Doutrina Penal (Sobre os fundamentos da doutrina penal; sobre a doutrina geral do crime*, Coimbra Editora, 2001 [3].

–, *Direito Penal, Questões Fundamentais/ /Parte geral*, Tomo I, Coimbra Editora, 2004 [4].

DÍAZ, Miguel/García Conlledo, in "Represíon y prevención penal del dopaje en el deporte", *Revista de la Facultad de Ciencias Humanas y Sociales de la Universidad Pública de Navarra*, Derecho I.

DUGUE, Joseph, "La loi contre le dopage: principes generaux", *Revue juridique et économique du sport*, Limoges, nº 12, 1990, pp. 3-10.

DUVAL, M., Le droit *public du sport*, Presses Universitaires d'Aix-Marseille, 2002, pp. 335 e ss.

FADALTI, Luigi, "Il delitto di doping nella giurisprudenza di legittimità", *Rivista Penale*, anno CXXX, nº 4, aprile, 2004, pp. 434-435.

FERNANDES, Monteiro, "As sanções disciplinares e sua Graduação", *Estudos Sociais e Corporativos*, II série, Ano IX, 1979, nº 36, pp. 23-54 [1].

–, "Sobre o Fundamento do poder disciplinar", *Estudos Sociais e Corporativos*, Ano V, 1966, nº 18, pp. 60-83 [2].

–, *Direito do Trabalho*, 12ª Edição, Almedina, Coimbra, 2004, 262-275 [3].

FERRARI, Luca e Vittorio Rigo, "New Anti-Doping Legislation Introduced by Italian Authorities", *Sports Law Administration & Practice*, October 2001, pp. 11-12.

FORTI, Valerio, "Riflessioni in tema di diritto disciplinare sportivo responsabilità oggettiva", *Rivista di Diritto ed Economia dello Sport*, Vol. III, Fasc. 2, 2007.

GARDINER, Simon, *Sports Law*, Simon Gardiner/Mark James/John O'Leary/ /Roger Welch, third edition, Cavendisch, 2005, p. 269-298.

GARRIDO, Antonio Millán, *Régimen jurídico del dopaje en el deporte*, Bosch, Culiacán (Sinaloa), 2004 [1].

–, *Comentarios a la Ley Orgánica de Protección de la Salud y de Lucha contra el Dopaje en el Deporte*, Bosch, 2007 [2].

GARCIA, Alejandro Nieto, *Derecho Administrativo Sancionador*, Tecnos, 3ª Edição, Madrid.

GAYA, Ana Olmedo, "La normativa Italiana de represión del dopaje deportivo", *Revista Española de Derecho Desportivo*, nº 14, Julho/Dezembro, 2001, pp. 223-224.

GIANNINI, Massimo Severo Ancora, "Sugli ordinamenti giuridici sportivi", *Rivista trimestrale di diritto pubblico*, ano 46, n.3, 1996, Milano, pp. 671-677.

GIRELA, Recuerda, "La nueva regulación del dopaje en españa: Ámbito de aplicación de la ley y atribuición de competencias", *Comentários a la Ley Orgánica de Protección de la Salud e de Lucha contra el Dopaje en el Deporte*, Bosch, Barcelona, 2007, pp. 61-65.

GOMES, Júlio, "Sobre o dano de perda de chance", *Direito e Justiça, Universidade*

Católica Portuguesa, Faculdade de Direito, Vol. XIX, Tomo II, 2005.

GONÇALVES, Pedro, *Entidades privadas com poderes públicos*, Coimbra, Almedina, 2005, pp. 835-867 [1].

–, "Responsabilidade administrativa disciplinar", parecer inédito, Março de 2007, no âmbito do Processo Judicial nº 189/07.8BECBR [2].

GONZÁLEZ, Carmen Pérez, "La Repressión del Dopaje en el âmbito de la Unión Europea", *Revista Jurídica del Deporte*, ano 2002 – 1, nº 7, Aranzadi, pp. 17-27 [1].

–, "La Repressión del Dopaje en el âmbito Europeo", *Estudios sobre el dopaje en el deporte*, Dykinson, 2006, pp. 255-266 [2].

GORDILLO, Antonio S. Ramos, *Dopage y Deporte Antecedentes y Evolución*, Universidad de Las Palmas de Gran Canaria, 2000 [1];

–, "Un problema continuado y sin final: la definición de dopaje", *Revista Jurídica del Deporte*, Ano 2004 – 1, nº 11, Aranzadi, pp. 349-355 [2].

GRAYSON, Edward and Gregory Ioannidis, "Drugs Health and Sport Values", *Drugs and Doping in Sport – Socio-Legal Perspectives*, John O'leary, LLB, M Phil, Cavendisch Publishing Limited, London, 2001.

HENRIQUES, Leal, *Estatuto Disciplinar dos Funcionários Públicos e Agentes da Administração Central, Regional e Local Anotado*, 4ª edição, Rei dos Livros, 2002.

HOWMAN, David, "Sanctions Under the World Anti-Doping Code", Novembro de 2003, consultado em www.wada-ama.org.

ISABEL, Lage, "O poder disciplinar da entidade empregadora – Fundamentação Jurídica", Revista Jurídica, nº 15, Jan./Jun. 1991, pp. 71-83.

KANT Immanuel, *Crítica da razão prática*, tradução de Artur Morão, Ed. 70, Lisboa, 1994.

–, *Fundamentação da metafísica dos costumes*; análise Manuel Matos, tradução Paulo Quintela, Areal, Porto, 2005.

KARAQUILLO, *Dictionnaire Juridique du Sport*, Dalloz, Paris, 1990, p. 147.

LAPOUBLE, J. C., *droit du sport*, L.G.D.J., Paris, 1999.

LEITÃO, Menezes, *Direito das Obrigações*, Vol. I, 3ª edição, Almedina Coimbra, 2003.

LEITE, Jorge, *Direito do Trabalho*, Vol. II, Serviços da Acção Social da U.C., Serviços de texto, Coimbra 1999.

LESTÓN, J. L. Carretero, *Régimen disciplinario en el ordenamiento deportivo español*, Universidad de Málaga/Diputación Provincial de Málaga/Consejería de Cultura de la Junta de Andalucia, Málaga, 1985 [1].

–, "La Agencia Mundial Antidopaje: naturaleza, composición y funciones", *Régimen jurídico del dopaje en el deporte*, coordenado por Antonio Millán Garrido, Bosch, 2005, pp. 77-85 [2].

LISSAVETZKY, Jaime, "Jaque al dopaje", *Revista Jurídica del Deporte y Entertenimiento*, ano 2, 2005, nº 14, Aranzadi, pp. 19-23.

LOB, Jean, "Dopage, responsabilité objective («strict liability») et de quelques autres questions", *Schweizerische Juristen-Zeitung*, 95. Jahrgang, 1999, p. 271 e ss.

MARIÑO, J. I. Maynar, "La Agencia Mundial Antidoaje (AMA): funciones, competencias y problemática para la realización de su labor", Estudios sobre el dopaje en el deporte, Dykinson, pp. 129-142.

MARTINO, Alberto Di, "Giuco Corrotto, Giuco Corruttore: Due Problemi Penali Dell'Hommo *Ludens*", *Rivista Italiana di Diritto e Procedura Penale*, Fasc. 1, Janeiro – Março 2002, Giuffrè Editore, Milão, pp. 137-149.

MCLAREN, Richard, "Doping Sanctions: What Penalty", *International Sports Law Review*, Sweet & Maxwell's, issue 2, 2002, p. 23 e 24 [1].

–, "Cas doping Jurisprudence: what can we learn?", *International Sports Law Review*, Sweet & Maxwell's, issue 1, 2006 [2].

MEIRIM, José Manuel, "Ética Desportiva – A Vertente Sancionatória Pública", *Revista Portuguesa de Ciência Criminal*, ano 2, fascículo 1, Janeiro-Março 1992 [1].

–, "A disciplina das federações desportivas no contencioso administrativo, Cadernos de Justiça Administrativa, nº 4, Julho/Agosto 1997; pp. 85-110 [2].

–, "O doping no futebol", *Boletim da Ordem do Advogados*, nº 22, Setembro Outubro, 2002 [3].

–, *A Federação Desportiva como Sujeito Público do Sistema Desportivo*, Coimbra Editora, 2002 [4].

–, "Desporto e Direito ou Direito do Desporto", *Temas de Direito do Desporto*, Coimbra Editora, 2006, pp. 233 280 [5].

–, "O papel do Estado na Educação Física e no Desporto a partir do artigo 79º da Constituição da República Portuguesa", *Temas de Direito do Desporto*, Coimbra Editora, 2006, pp. 135-166 [6].

–, "Suíça: Uma real especificidade desportiva", *Boletim da Faculdade de Direito da Universidade de Coimbra, Estudos em Homenagem ao Prof. Doutor Jorge de Figueiredo Dias,* Stvdia Iuridica 101, Ad honorem – 5, Coimbra Editora, p. 639 a 664.

MELO, Afonso de/Rogério Azevedo, A triste vida do super-homem, Cadernos Dom Quixote Reportagem, 04, 2004.

MESTRE, Alexandre Miguel, *Desporto e União Europeia – Uma parceria conflituante?*, Coimbra Editora, 2002, pp. 249-262 [1].

–, *O Desporto Na Constituição Europeia – O Fim do "Dilema de Hamlet"*, Almedina, 2004 [2].

MIRANDA, Jorge, *Manual de Direito Constitucional*, Tomo IV, 3ª edição, Coimbra Editora, 1998.

MONCADA, Luís Cabral de, "As relações especiais de poder no direito português", *Revista Jurídica da Universidade Moderna*, ano I, nº 1, 1998.

MONTEIRO, António Pinto, "Sobre as «cláusulas de rescisão» dos jogadores de futebol", *Revista de Legislação e Jurisprudência*, ano 135º, Setembro-Outubro de 2005, nº 3934, Coimbra Editora, pp. 5-26.

MONTEIRO, Jorge Sinde, *Estudos Sobre a Responsabildiade Civil*, Coimbra 1983 [1].

–, "Aspectos particulares da responsabilidade médica", *Direito da saúde e bioética*, Lex, 1991, pp. 146-152 [2].

MOREIRA, Vital, *Administração Autónoma e Associações públicas*, Coimbra Editora, 1997, pp. 551-558.

MOULY, Jean, "Léxercice du pouvoir disciplinaire de lémployeur à l'encontre d'un sportif salarié convaincu de doapge", *Droit Social*, 1998, nº 12, pp. 1033 e ss.

NAFZIGER, James A. R., "Circumstantial Evidence of Doping: Balco and Beyond", *Marquette Sports Law Review*, Volume 16, 2005, nº 1.

NELLA, Luca Di, *"Le federazioni sportive nazionali dopo la riforma"*, *Rivista di diritto* sportivo, ano 52, nº 1/2, Milano, Janeiro-Junho 2000, pp. 53-76.

NEVES, João Castro, *O Novo Estatuto Disciplinar – Algumas Questões*, Rev. M.P., 5º ano, nº 20.

NIGGLI, Olivier/Julien Sieveking, "Éléments choisis de jurisprudence rendue en application du Code mondial antidopage.", publicado em *www.wada-ama.org*.

O'LEARY, Jonh, "Doping Soluntions and The Problem with «problems»", *Drugs and Doping in Sport – Socio-Legal Perspectives*, John O'leary, LLB, M Phil, Cavendisch Publishing Limited, London, 2001, pp. 255-267.

OLIVEIRA, Nuno Manuel Pinto, "Clubes de Futebol, jogadores e tranferências: o problema da validade das «cláusulas de rescisão» – Ac. Do STJ de 7.3.2007, Proc. 1541/06", *Cadernos de Direito Privado*, nº 17, Janeiro/Março, CEJUR, pp. 53-68.

OLMEDA, Alberto Palomar, "Las sanciones administrativas en materia de dopaje: el replanteamiento necesario", *Revista Española de Derecho Deportivo*, nº 3, enero/junio, 1994 [1].

–, "Las alternativas en la represión del dopaje deportivo", *Revista Jurídica del Deporte*, nº 7, 2002 [2].

–, *El dopaje en el deporte: un intento de elaborar una visión sosegada y constructiva*, Dykinson, 2004, Madrid [3].

–, "La incidencia del dopaje en la relación laboral: apuntes sobre una polémica en ciernes", *Revista Jurídica del Deporte*, Aranzadi, 2004, nº 11, pp. 199-230 [4].

OLMEDA, Alberto Palomar/Antonio Guerrero Olea, "La conferencia mundial sobre el dopaje de Lausana, Desarrolo, evaluación y prospección", *Revista Jurídica del Deporte*, año 1999 – 1, número 1, Aranzadi;

OLMEDA, Palomar/Carmen Pérez González, "El dopaje en la encrucijada de la Agencia Mundial Antidopaje", *Revista Jurídica del Deporte*, ano 2001 – 2, nº 6, Aranzadi, pp. 25-44;

OLMEDA, Alberto Palomar/Cecilia Rodriguez Bueno/Antonio Guerrero Olea, *El dopaje en el ámbito del Deporte – Análisis de una problemática*, Aranzadi, 1999.

OSCHÜLTZ, Frank, "The Jurisprudence of CAS in Doping Cases, International Sports Law Jornal, 7, 2001, 2º Vol., pp. 23 e ss.

PESSANHA, Alexandra, As Federações Desportivas – Contributo para o Estudo do ordenamento Jurídico Desportivo, Coimbra Editora, 2001, p. 70.

PINHEIRO, António Robalo, "Crónica de Jurisprudência, *Desporto & Direito, Revista Jurídica do Desporto*, nº 5, Coimbra Editora.

PLANAS, Leonor Alvarez Santullano, "La lucha contra el dopaje. Marco legal", *Revista española de Derecho Deportivo*, nº 1 de 1993, Janeiro/Junho, pp. 87--95.

PRADOS, Eduardo de La Iglesia, "La represión del dopaje en Derecho comparado: los distintos modelos de control y represión", *Régimen Jurídico del*

Dopaje en el Deporte, Bosch, 2005, pp. 88-124.

PRATES, Marcelo Madureira, *Sanção Administrativa Geral: Anatomia e Autonomia*, Almedina, Coimbra, 2005.

RAMALHO, Palma, *Do fundamento do Poder Disciplinar Laboral*, Almedina, Coimbra, 1993 [1].

–, *Direito do Trabalho*, Parte II, Almedina, Coimbra, 2006 [2].

RANGEL, Rui Manuel de Freitas, *O Ónus da Prova no Processo Civil*, Almedina, Coimbra.

REYS, Lesseps Lourenço, "DOPAGEM, Abuso de drogas no desporto", *Colóquio Sobre a "Problemática da Droga em Portugal"*, Publicações do II Centenário da Academia das Ciências de Lisboa, Lisboa, 1987.

RIGOZZI, Antonio/Kaufmann-Kohler/ /Giorgio Malinverni, "Doping and Fundamental Rights of Athletes", *International Sports Law Review*, Sweet & Maxwell's, issue 3, 2003, pp. 39-67. Também publicado como, *Legal Opinion on the Conformity of Certain Provisions of the Draft World Anti-Doping Code with Commonly Accepted Principles of International Law*, 2003, em www.wada-ama.org.

RODRIGUEZ-MOURULLO, Alberto/Ismael Clemente, "Dos aspectos de derecho penal en el deporte: el dopaje y las lesiones deportivas", *Actualidad Jurídica Uría & Menéndez*, nº 9, 2004.

ROUILLER, Claude, "Legal Opinion", publicado em www.wada-ama.org, Outubro de 2005.

SERPA, Sidónio, *Dopagem e Psicologia*, Centro de Estudos e Formação Desportiva, 2000, Lisboa.

SERRA, Vaz, *Culpa do Devedor ou do Agente*, Lisboa 1957.

SHNEIDER, Angela J./Robert B. Butcher, "An Ethical Analysis of Drug Testing", *Doping in Elite Sport*, Wayne Wilson, Edward Derse, Human Kinetics, EUA, 2001.

SILVA, Calvão da, *Responsabilidade Civil do Produtor*, Almedina Coimbra, 1990.

SILVA, Rui Alexandre Silva, "Da infracção à Sanção Disciplinar na Regulamentação Desportiva", *O desporto e o Direito – Prevenir, Disciplinar, Punir*, Ana Celeste Carvalho/Maria João Brazão de Carvalho/Rui Alexandre Silva, Livros Horizonte, Lisboa, 2001.

SOEK, Janwillem, *The Strict liability principle and the human rights of the athlete in doping cases*, 2006, T.M.C. Asser Press, consultado no sítio ep.eur.nl/handle/1765/7548.

TAVITIAN, S., "Au nom de la loi", *Performance & Santé*, nº 3, 2003, apud, José Miguel Compañy Catalá y Emilio Basauli Herrero, "El tipo penal", *Comentarios a la Ley Orgánica de Protección de la Salud y de Lucha contra el Dopaje en el Deporte*, Bosch, 2007, pp. 419 e ss.

TELLES, Inocêncio Galvão, *Introdução ao Estudo do Direito*, Vol. II, 10ª Edição, Coimbra Editora.

TRIBUNAL Arbitral do Desporto (TAD), *Digest of CAS Awards II*, 1998-2000, Kluwer Law International.

–, *Digest of Cas Awards III*, 2001-2003, Kluwer Law International.

TRIVELLATO, Luigi, "Considerazioni sulla natura giuridica delle federazioni sportive", *Diritto e società*, Padova, Nuova Serie n.1, 1991, pp. 141-167.

VALLVÉ, M. Lora-Tamayo, "El dopaje en Francia", *Estudios sobre el dopaje en el deporte*, Dykinson, Colmenarejo, 2006, pp. 207 e ss.

VARELA, Antunes, *Das Obrigações em Geral*, Vol. I, 10ª Edição, Almedina Coimbra, 2000 [1].

–, *Das obrigações em Geral,* Vol. II, Almedina Coimbra, 7ª ed., 1997 [2].

VEIGA, António Jorge da Motta, *Lições de Direito do Trabalho*, 8ª edição, Universidade Lusíada, Lisboa, 2000.

VIEIRA, Maria Luísa Arcos, "Lá perdida de oportunidad como daño indemnizable", *Estudo de Direito do Consumidor*, Faculdade de Direito da Universidade de Coimbra, nº 7, 2005, pp. 151-158.

VIEWEG, Klaus, "The definition of doping and the proof of a doping offense (an anti-doping rule violation) under special consideration of the German legal position", *Marquette Sports Law Review*, Volume 15, 2004, nº 1.

VIEWEG, Klaus/Christian Paul, "The definition of Doping and the Proof of a doping Offence", *The International Sports Law Journal*, T.M.C. Asser Institut, 2002/1, pp. 1-2.

VIZCAYA, Maite Álvarez, "Necesita el deporte la tutela del derecho penal?", *Estúdios sobre el dopaje en el deporte*, Dykinson, 2006, Madrid.

WILSON, Wayne/Edward Derse, *Doping in Elite Sport – The Politics of Drugs in the Olympic Movement*, Human Kinetics, 2001.

WISE, Aaron, "De la Légalité des règles antidopage et du système de la «responsabilité stricte»", *Revue Juridique et Economique du Sport*, Lamy, nº 42, Mars 1997.

YASSER Ray L./James R. McCurdy/C. Peter Goplerud, *Sports Law, Cases and Materials*, 3ª Edição, Cincinnati, 1997.

YONNET, Paul, *Systèmes des sports*, Éditions Gallimard, 1998.

ZAHÍNOS, M. Teresa Viñuelas, "Las normas antidopaje – Actividad económica o meramente deportiva? Comentário a la Sentencia del TJCE de 30 de septiembre de 2004", *Revista Jurídica del Deporte y Entretenimiento*, ano 2005 – 2, nº 15, Aranzadi, pp. 279-282.

ÍNDICE

NOTA PRÉVIA	7
ABREVIATURAS	9
INTRODUÇÃO	11

1ª PARTE
O Fenómeno do *Doping* no Desporto

CAPÍTULO 1º – Etimologia e definição do conceito de *doping* — 17

CAPÍTULO 2º – Breve resenha histórica sobre a origem da dopagem e a evolução do combate do fenómeno do *doping* no desporto — 25

CAPÍTULO 3º – Fundamentos do combate ao *doping* — 39
1. Os bens jurídicos em jogo — 39
2. O bem jurídico protegido à luz do regime jurídico português da luta contra o *doping* — 59

CAPÍTULO 4º – O combate ao *doping* no direito comparado — 65
1. Itália — 65
2. Espanha — 70
3. França — 79

CAPÍTULO 5º – O combate ao *doping* no plano das organizações internacionias — 85
1. O Conselho da Europa — 85
2. A União Europeia — 88
3. A Agência Mundial Antidopagem — 91
   · O Código Mundial Antidopagem — 96
4. A UNESCO — 105

CAPÍTULO 6º – O combate ao *doping* em Portugal ... 109
1. Evolução Legislativa ... 109
2. Organigrama da luta contra a dopagem ... 112
3. Regime jurídico da luta contra a dopagem no desporto ... 115

CAPÍTULO 7º – A ligação dos órgãos jurisdicionais federativos portugueses às instituições internacionais de recurso ... 139

2ª PARTE
A responsabilidade do praticante desportivo nos casos de *doping*

INTRODUÇÃO ... 147

CAPÍTULO 1º – As consequências desportivas para o atleta em casos de *doping* ... 151
• Quando a responsabilidade objectiva é afinal subjectiva! ... 164

CAPÍTULO 2º – A responsabilidade disciplinar do praticante desportivo em caso de resultado positivo de um controlo antidopagem ... 167
1. Responsabilidade subjectiva ou responsabilidade objectiva? ... 167
1.1. O regime da responsabilidade subjectiva à luz do regime jurídico português da luta contra a dopagem no desporto ... 177
1.2. O TAD e a responsabilidade subjectiva nos casos de dopagem ... 185
1.3. O Código AMA e a natureza subjectiva da responsabilidade do praticante desportivo em casos de *doping* ... 193
2. O critério de apreciação da culpa ... 198
3. Aproximação objectiva e afastamento subjectivo do conceito "diligência devida" previamente estabelecido – pertencente à teoria da culpa administrativa – ao conceito "cuidado objectivamente devido" da culpa jurídico-penal ... 213
4. O dever de diligência máxima – utmost caution – do Código AMA ... 224
4.1. O dever de diligência máxima e o princípio da proibição do excesso ou da proporcionalidade em sentido amplo ... 232
4.2. O dever de diligência máxima e o princípio da precisão ou da determinabilidade das normas jurídicas ... 251
5. Algumas considerações sobre o regime de prova da culpa do praticante desportivo ... 253
5.1. Presunção de culpa vs. In Dubio Pro Reo ... 253
5.2. "A forma como a substância proibida entrou no organismo" ... 263

5.3. Como provar uma infracção às normas antidopagem com base
em provas indirectas, circunstanciais – circumstantial evidence?   265

CAPÍTULO 3º – Consequências do *doping* na relação laboral desportiva   271
1.   A esfera disciplinar desportiva vs. a esfera disciplinar laboral desportiva
na perspectiva do atleta   275
2.   O exercício do poder disciplinar laboral nos casos de *doping*   277
3.   O despedimento e o poder disciplinar laboral da entidade empregadora
desportiva   280

CAPÍTULO 4º – A singularidade dos vários poderes sancionatórios exercidos
sobre os atletas dopados   283

CAPÍTULO 5º – A responsabilidade civil do vencedor dopado   287

REFLEXÕES FINAIS   315
BIBLIOGRAFIA   329
ÍNDICE   337